수업 컨설팅 바로하기

PCK로 들여다 본 수업이야기

곽영순 · 강호선 · 남경식
백종민 · 방소윤 공저

Pedagogical Content Knowledge

도서출판 원미사

머/리/말

교사평가 실시 계획과 함께 수업평가나 수업 컨설팅이 화두가 되고 있다. 이 책은 현장 교사들의 실천지(實踐知)를 담아서 수업 컨설팅의 노하우를 수업의 흐름을 따라 추적하였다. 이 책의 특징은 구체적인 수업장면을 교수학습 이론적 관점에서 재구성하고 분석한 것이다. 일상의 수업장면과 수업 실천이 어떤 교육학 이론으로 해석될 수 있는지를 '이론 박스'를 통하여 재조명하였다. 오른쪽 날개글(이론박스)에는 관련된 이론 설명과 함께 여백을 제공하여 책을 읽어 내려가는 독자가 나름대로의 이론과 해석을 채워나갈 수 있도록 하였다.

이 책은 수업의 진행단계를 따라 모두 7개의 장으로 구성되어 있다.

1장은 '수업의 준비'와 관련된 이론적 배경을 제시한다. 무엇을 왜 배워야 하는지, 누구를 위하여 어디까지 가르칠 것인지, 어떻게 무엇으로 가르칠 것인지 등 교사들이 수업의 준비 단계에서 한번쯤 고민하게 되는 내용을 화두로 삼아서 단계별로 수업의 준비 과정을 안내하였다.

2장은 수업의 시작, 즉 도입부에 해당하는 내용이다. 수업을 구상하는 교사라면 누구나 '무슨 말을 어떻게 꺼낼까'라는 고민을 하게 된다. 다양한 주제의 수업에서 학생들의 요구를 고려하여 '알고 싶은 욕구'를 충족시킬 수 있는 수업의 도입부를 선다형 질문 형식으로 제시하였다. 이는 교사 스스로 질문에 답을 찾는 과정을 통해 자신의 수업 도입을 되돌아 볼 수 있는 기회를 제공하고자 함이다. 제시된 좋은 도입의 사례에 비추어 교사 스스로 자신만의 발전적인 도입 방법을 고민해 볼 수 있다.

3장은 구체적인 수업 전개에 해당하는 부분으로 세 명의 교사들이 같은 주제를 자신만의 독특한 방법으로 진행하는 수업장면을 비교 분석한다. 각 교사가 지향하는 수업의 목표에 따라 학생들의 목표 달성을 돕기 위해 실시하는 활동은 달라진다. 이러한 교사의 노력을 '징검다리'로 비유하고, 수업의 어디쯤에서 어떤 징검다리를 놓고 있는지를 분석하였다. 학생들은 보는 것을 믿는다고 생각하고 수업의 각 장면마다 구체적인 수업 자료들로 징검다리를 놓는 K교사, 학생들은 교사 자신이 학생 때 궁금해 했던 것을 궁금해한다고 생각하며 개념을 깊이 있고 자세하게 설명하려고 노력하는 S교사, 학생들이 자신의 말과 글로 알고 있는 것을 표현하는 것이 중요하다고 생각하며 학생들의 입을 살아있게 만들려고 하는 W교사의 수업 특징을 분석하였다. 세 명의 교사들이 같은 주제의 수업을 전개하면서 다양한 방식으로 이해의 징검다리를 놓아주는 모습을 통하여 수업에서 무엇을 주의해야 하고 어떤 측면에 주력해야 하는지를 짐작할 수 있다. 수업 장면과 교사의 말만으로 실제 수업을 충실하게 현전(現前)시키는 데는 무리가 있지만, 각 교사가 지닌 고유한 실천지(實踐知)의 단편을 짐작하는 데는 도움이 될 것으로 믿는다.

4장은 '수업의 굽이굽이'라는 제목으로 수업의 이론과 실천을 명시적으로 접목하려고 시도한 장이다. '구성주의' 학습관을 기초로 다양한 수업모델을 분류하고, 각 모델별로 실제 수업장면을 제시하여 교사들이 수업 설계의 아이디어를 얻을 수 있도록 설계하였다. 또한 수업이 어떤 이론적 관점으로 조명될 수 있는지를 오른쪽 날개글에 분석하여 제시하였다.

5장은 수업 속 평가에 해당하는 것으로 '수업과 어우러지는 평가'를 주제로 구성하였다. 교사들이 꿈꾸는 바람직한 평가와 이론에서 주장하는 바람직한 평가 사이의 징검다리 역할을 할 수 있도록 구체적인 평가 사례를 인터뷰 형식으로 제시하였다. 소개된 수업 속 (수행)평가 사례를 통하여 교사가 갖추어야 할 평가 전문성의 요소들을 짐작할 수 있기를 기대해본다.

6장은 두 교사의 '수업 되돌아보기' 사례를 담고 있다. 교사들이 한번쯤 고민해야 할 '내 수업에 대한 반성적 사고' 과정을 제시하였다. 수업 개선의 일환으로 연구 수업을 실시하지만 간단한 평가서 정도만 제출하므로 자신의 수업을 분석해볼 기회를 갖기는 어렵고, 연구 수업 후 협의회에서도 수업 개선에 도움이 될 만한 피드백을 받을 기회가 많지 않다. 이 장에서는 경력이 다른 두 교사의 사례를 통해 수업 준비에서부터 수업 후 자기 평가 및 컨설팅 협의회, 학생 인터뷰 등을 통해 실제 수업에서의 고민과 발전 방향을 제시하였다.

이 책의 마지막 장에 해당하는 7장에서는 교사평가와 수업평가를 둘러싼 최근 이론적 동향을 논의하였다. 교사가 지닌 전문성의 요체에 해당하는 교과교육학 지식(PCK)에 대한 간단한 소개와 함께 수업 컨설팅의 절차와 컨설턴트가 갖추어야 할 자격을 논하였다.

수업평가나 수업 컨설팅의 궁극적인 목적은 교사의 수업 전문성 개선을 통하여 학생들의 발달과 성취를 효과적으로 지원하려는 것이다. 같은 수업이라도 '누가, 어떤 의도로' 들여다보는지에 따라 분석의 결과는 매우 다르다. 제도와 외압에 밀려서 '학습된 무력감'을 나타내기보다 교사는 능동적으로 자신의 전문성을 드러내고 자율성을 찾아나가야 한다. 학생들을 교실에, 수업에 머물게 하는 주체는 교사임을 기억해야 한다.

이 책이 나오기까지 많은 분들의 도움을 받았다. 먼저 여러 가지 어려운 상황에서도 이 책의 출판을 허락해 주신 도서출판 원미사의 박준식 사장님 이하 관계자 여러분들께 감사드린다.

2007년 4월

저자 일동 씀

차 / 례

제 1 장 수업의 준비 • 13

1. 무엇을 왜 배워야 하나 ······ 14
2. 누구를 위하여, 어디까지 가르칠 것인가: 학습자 분석 및 교육과정 분석 ·· 18
3. 어떻게 가르칠 것인가: 수업의 얼개 구성 ······ 20
4. 무엇으로 가르칠 것인가: 자료수집 ······ 22

제 2 장 무슨 말을 어떻게 꺼낼까? - 수업의 시작 - • 27

사례 1. 지구의 크기는 어떻게 측정할까? ······ 27
사례 2. 탄성력이란 무엇일까? ······ 31
사례 3. 물질의 고유한 특성, 밀도 ······ 33
사례 4. 전기력과 자기력 ······ 36
사례 5. 마찰력 ······ 39

제 3 장 -1 수업의 징검다리 • 51

첫 번째 사례 - "개념을 알아야 현상이 보이지!" 52
두 번째 사례 - 자신의 말로 표현해 봐 69
세 번째 사례 - 보이면 믿을 수 있고, 들리면 믿을 수 있지 81
같은 주제, 다른 수업 99

제 3 장 -2 수업의 징검다리 • 121

첫 번째 사례 - 친절한 K교사 이야기 122
두 번째 사례 - 너희들이 무얼 궁금해 하는지 난 알아 144
세 번째 사례 - 수업은 학생들이 개념을 말하게 하는 것이다. 162
분석 및 논의 185

제 4 장 수업의 굽이굽이 - 다양한 수업모델과 이론 - • 197

1. 귀납적 모델 199
2. 연역적 모델 214
3. 문제 기반 모델 233
4. 사회적 상호작용 모델 248
5. 수업모델은 수업지원의 도구일 뿐 259

제 5 장 수업에서의 평가 • 263

1. 수업은 학생들이 가진 생각을 끄집어내서 그것을 올바른 방향으로 바꾸어주는 것 264
2. 수업과 평가는 분리된 것이 아니죠 272

제 6 장 -1 수업 되돌아보기 • 281

수업 컨설팅을 통한 수업 되돌아보기 281
1. 지금까지 수업을 어떻게 바라보았는가? 283
2. 수업 사례 예시 291
3. 자기 평가 298
4. 전문가 협의회를 통한 수업 컨설팅 299
5. 수업 컨설팅 후 수업 재구성 304
6. 수업 컨설팅에서 얻은 것들 307
7. 마치면서 311

제 6 장 -2 수업 되돌아보기 • 315

1. 나의 수업 일기 317
2. 수업 사례 예시 320
3. 자기 평가와 수업 컨설팅 325
4. 수업 컨설팅 후 수업 재구성 336
5. 학생이 바라본 수업 338
6. 마치면서 342

제 7 장 수업 컨설팅, 이론을 알고 해보자 • 347

1. 전문직으로서의 교사 ······ 348
2. 내용 교수법과 일반 교수법의 차이 ······ 350
3. PCK와 수업 컨설팅 ······ 351
4. 수업평가와 수업 컨설팅 ······ 353
5. 수업 컨설팅의 과정 ······ 355
4. 결 론 ······ 362

❇ 참고문헌 ······ 363
❇ 찾아보기 ······ 365

pedagogical content knowledge

수업의 준비

01

수업의 준비

1장에서는 교사가 수업을 준비하는 단계에서 반드시 짚고 넘어가야 할 질문들을 살펴본다. 다음 그림에서 볼 수 있듯이, 좋은 수업을 뒷받침하는 요소는 보는 관점에 따라 매우 다양할 수 있다. 여기서는 좋은 수업을 만들기 위해 모든 교사가 한번쯤은 점검해야 할 질문을 중심으로 수업의 준비 단계를 살펴본다. 즉, 무엇을, 왜 배워야 하는지에 대한 근본적인 질문에서부터, 누구를 대상으로 어디까지 가르칠 것이며, 무엇으로 어떻게 가르칠 것인지 등의 질문으로 구분하여 수업 준비를 위해 딛고 지나가야할 징검다리를 살펴보고자 한다.

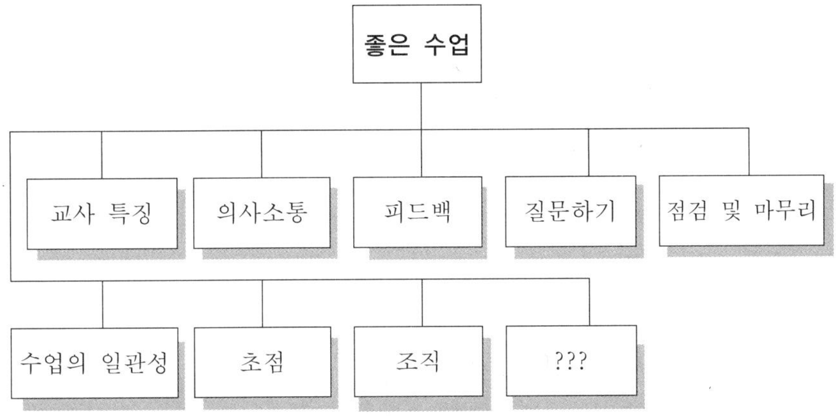

좋은 수업을 구성하는 요소

1. 무엇을 왜 배워야 하나

수업 준비 제1단계:
'무엇을 왜 배워야 하나' 질문하기

흔히 수업준비는 '주어진 내용을 어떻게 가르칠 것인가'에 대한 고민으로부터 시작된다. 그러나 어떤 수업을 할 것인지를 고민하기 전에 생각해보아야 할 것이 있다. 그것은 '이 수업을 왜 해야 하는가'라는 근본적인 질문이다. 대부분의 교사들은 교과서에 있는 내용이니까, 교육과정에 가르치라고 명시되어 있으니까, 시험에 나오니까 등등의 이유로 주어진 학습목표나 내용에서 수업 준비를 시작하곤 한다. 남들이 엿보고 싶도록 수업을 잘 하는 교사들의 수업 장면에서도 '왜 해당 차시 내용을 배워야 하는가?'에 대한 부분은 빠져 있는 경우가 많다. 가르치는 교사들은 비켜가고 싶은 질문이지만 배우는 학생들은 항상 왜 이 내용을, 나아가 왜 이 과목을 배워야 하는가에 대한 질문을 소리 없이 제기한다. 행여 아이들의 질문이 표면화되는 순간에 교사는 대답이 궁색해진다.

'크고 나면 잘 배웠다고 생각할 거야, 무엇이든 배워두면 도움이 돼, 과학을 알고 나면 세상이 다르게 보여, 원리를 알고 보면 더 잘 살게 돼, 지금은 느끼지 못해도 살아가는 데 도움이 된단다.' 등의 설명만으로는 그 많은 교과목과 그 많은 내용들에도 불구하고 왜 이 내용을 또 배워야 하는지에 대한 당위성이 부족하다. 주어진 교과서에 제시된 순서대로 내용을 의무적으로 가르치기 보다는 아이들이 한번쯤 던져보는 질문을 교사들도 스스로 제기해 보아야 한다. 예컨대 왜 아이들에게 소리의 3요소를 이 순서로, 이 시점에서 가르쳐야 하는지를 생각해보아야 한다.

∞ 자기 점검
✠ 학생의 알고 싶은 욕구(need to know)의 조건에 부응할 수 있도록 내용을 선정하고 조직해야 한다.

대부분의 수업에서는 도입단계에서 교사는 학생들의 학습 동기를 유발하고, 새로 학습할 내용이 나중에 학생들에게 어떻게 도움이 될지를 설명해야 한다. 교사는 새로운 내용을 왜, 어떻게 배워야 되는지를 설명함으로써 학생들의 동기를 유발한다.

이때 활용되는 것이 도입단계의 초점(introductory focus)이다.

학생들의 관심과 주의가 없이는 교사의 노력은 허사가 된다. 수업의 시작부에 학생들의 관심을 유발하고 수업에 끌어들이기 위해 고안된 교사의 활동이 도입 단계의 초점이다. 학생들을 수업에 끌어들이고 학생들이 학습과제에 집중하게 하는 것은 중요하지만 교사들은 종종 관심 유발 기능을 무시한다. 도입 단계의 초점을 활용하여 학생들의 주의와 관심을 유지하면서 동기유발 요소를 끌어 내야 한다.

아이들에게 설득력 있는 수업이 되려면 수업내용이 학생들에게 어떤 의미가 있는지를 보여줄 수 있어야 한다. 가르치고 배우는 것에 대한 교사의 태도와 신념은 교사의 행동을 통하여 학생들에게 전달된다. 교사가 가르치는 주제에 대한 흥미가 없거나 싫어할 경우 학생들의 학습 동기를 유발하기란 사실상 불가능하다. 학습 동기가 감소하면 학습도 떨어진다. 교사는 격려를 하거나 연극조의 언동으로 학생들을 설득하는 것이 아니라, 교사가 주어진 주제가 재미있고 의미가 있다고 생각하는 이유를 명확하게 제시함으로써 학생들의 학습 동기를 유발할 수 있을 것이다. 가르쳐야 할 주제에 대해 교사가 지니고 있는 열정을 보여주는 것은 단순히 학생들을 즐겁게 해주려는 것이 아니라, 학생들이 학습할 정보가 학습할 가치가 있다는 것을 느끼도록 하려는 것이다.

1960년대와 70년대를 지배하던 '지식의 구조' 담론에서는 교과가 학습자보다 중시되고, 그 교과에 소속된 전문가의 관심은 학습자의 관심보다 우선시되었다. 즉, 학습자 중심보다는 교과 중심이었고, 교과 전문가에게 무엇을 가르칠 것인지를 결정하는 특권이 부여되었다. 그러나 교과중심 학습과 학습자 중심 학습에 있어서, 학습자들은 교과 없이 존재할 수 없고, 학습할 교과는 학습자 없이는 존재할 수 없다. 따라서 80년대를 이끌어온 교육개혁의 주요 핵심은 교과 자체뿐만 아니라 특정 교과가 가지고 있는 사회적

의미, 인간과의 관계, 실생활과의 관계 등을 강조하는 것이었다. 일례로 과학의 경우에도 과학교육이 순수 학문을 기초로 한 교육에서 탈피하여 과학이 기술과 사회에 미치는 영향과 상호 관계도 다루도록 하여, 과학을 학습한 학생들이 과학 기술과 관련된 사회 문제 해결을 위한 합리적인 문제해결 능력과 의사결정 능력을 중시하는 교육으로 방향을 전환하게 된다.

제2차 과학교육 개혁 운동의 특징:

① 여러 다른 과학 분야에 걸쳐 공통되는 중요한 개념을 중심으로 통합을 주장하는 주제 접근 방법(thematic approach)
② 학제적 접근 방법(특히 초등학교와 중학교)
③ 구성주의 학습 이론
④ 모든 학생을 위한 과학
⑤ STS 교육과정 및 과학과 기술이 환경에 미치는 영향을 강조하는 과정

이러한 움직임은 해당 교과의 학문의 구조나 지식의 구조를 추적하여 무엇을 배워야 할지를 결정하기보다는 학생들의 '알고 싶은 욕구'를 유발할 수 있도록 내용을 구성할 것을 강조하였다. 즉, 학생 개인 생활이나 경험 또는 사회적 쟁점 등 흥미를 끌만한 내용을 주제로 선정하여 교과의 기본 개념이나 핵심 아이디어를 연계하게 되었다.

학생들의 학습 동기유발을 높이는 방법으로는 해결해야 할 문제를 도입함으로써 학생들의 호기심을 최대한 활용하고, 추상적인 개념을 실제 세계와 연결할 수 있는 실생활 속 과제를 도입하고, 학생들의 자율권과 선택 기회를 증가시켜줌으로써 동기 수준을 높일 수 있다.

따라서 교사도 수업 준비의 첫 단계에서 학생들의 알고 싶은 욕구를 유발할 수 있는 '무엇'을 먼저 구성하여 학생들이 왜 '무엇'을 배워야 하는지를 설득할 수 있어야 한다. **교사의 인성이나 배경, 학생들의 학년 수준, 공부하는 주제 등과 무관하게 어떤 교사의 행동은 학생들의 학습량을 증가**

시킨다. 즉, 학생들의 알고 싶은 욕구 유발은 무엇을 왜 배워야 하는지에 대한 교사의 인식과 열정을 필요로 한다.

학생들은 죽음, 위험, 혼동, 권력, 돈, 성, 연애 등과 같은 특정 주제에는 흥미를 가지지만, 학교 교육과정에서는 이런 주제를 거의 다루지 않는다. 따라서 교사들은 항상 학생들의 학습 흥미를 높이기 위해 고민하게 된다.

학생의 학습에 대한 흥미 유발하기

흥미를 높일 수 있는 가장 효과적인 방법은 학생 참여도를 높이는 것이다. 참여할 기회를 가지게 되면 학생들은 자율성, 통제, 자기 판단 등을 경험하게 되며, 이는 모두 내적 동기와 연결된다.

<알고 가야 할 이론>

학습자 중심 수업의 중요성이 강조되면서, 내적 동기와 학습자의 자기 주도성이 더 강조되고 있다.

① 학습자 동기 높이기: 학습자 동기는 성공적인 학교생활의 핵심이 되므로 교사는 학습 동기 향상을 위해 노력해야 한다. 수업에서는 학생의 내적 동기(활동 자체를 위해 활동에 참여하는 것)를 높일 수 있는 활동을 고안해내야 한다.

최근 이론에서는 학생들의 학습동기 제고에서 호기심, 실제 과제, 자율성 등의 역할을 강조한다.

호기심은 인간의 내재된 본성이며, 교실에서 학습을 향상시키는 데 활용될 수 있다. 호기심은 학생들의 주의를 환기시키고, 학생들의 알고자 하는 욕구를 충족시키기 위한 노력의 원동력이 된다. 교사는 이러한 학생들의 알고자 하는 욕구를 자극하는 질문을 제시함으로써 호기심과 관련된 동기를 유발할 수 있게 된다. 교사는 교실에서 학습할 내용을 추상적으로 제시하기보다는 새로운 내용을 해결해야 할 구체적인 문제로서 제시함으로써 호기심 동기를 활용할 수 있다.

학생들의 동기를 높이기 위해 활용할 수 있는 두 번째 방법은 실제 과제를 학습에 활용하는 것이다. 실제 과제란 교실 밖 세계에서 활용될 수 있는 지식을 요구하는 학습활동을 말한다. 실제 과제는 학생들이 추상적인 개념과 과정이 그들의 실제 세계와 어떻게 관련되는지를 파악하도록 돕기 때문에 학생들에게 학습 동기를 부여한다. 효과적인 교사는 수업에서 항상 실생활과의 연계를 만들어낸다.

세 번째 방법은 자율성을 통해서이다. 학생들이 무엇을 어떻게 할 것인지에 대한 선택권을 가질 때 학생의 자율성은 증가한다. 대부분의 경우에 교실에서는 학생들의 선택권은 최소화되고 모든 학생들이 동시에 똑같은 일을 하는 일차원적인 학습 환경이 제공된다. 교실에서 학생들에게 (1)해결해야 할 문제, (2)문제의 탐구 방법, (3)결과 보고 방법 등을 선택하게 함으로써 학생의 자율성을 높일 수 있게 된다. 학생들의 자율성은 동기유발 수준을 높일 뿐만 아니라 자신의 학습을 감독하는 자기주도적 학습 능력도 증가시킨다.

② 자기 주도성(self-regulation) 개발하기: 초인지 능력은 학생이 자기 주도적 학습자가 되도록 도울 수 있기 때문에 학들의 초인지 능력을 개발하는 것은 중요한 교육목표이다. 자기 주도성(self-regulation)은 개인이 자신의 사고와 학습을 개선하기 위한 목적으로 지적 전략을 의식적으로 활용하는 것이다. 자기 주도적 학습자는 자신의 학습 향상에 대한 책임을 지며, 과제의 요구사항에 따라 학습 전략을 조절한다. 학생들에게 순간적인 감정이나 고정관념을 기초로 수업에서 다루어지는 내용을 판단하는 것이 아니라, 제공된 정보를 기초로 의사결정을 내려야 한다는 것을 깨닫게 하거나, 자신의 사고 과정에 대하여 생각해보게 함으로써 학생의 자기 주도성(자율성)을 개발시킬 수 있다. 또한 학생들은 교실 밖에서도 이러한 과정이 도움이 된다는 것을 깨닫게 된다. 지속적인 경험과 연습을 통하여 학생들은 초인지 능력과 자기주도성을 점진적으로 개발해나갈 수 있다.

2. 누구를 위하여, 어디까지 가르칠 것인가: 학습자 분석 및 교육과정 분석

수업 준비 제2단계:
이 아이들에게 어디까지 가르칠 것인가?
(교육과정 분석)

∞ 자기 점검

✠ 교과서 및 교재를 맹목적으로 따라하지는 않는가? 교재나 교과서에 대한 나의 관점은 어떠한가?

특정 주제나 내용을 가르쳐야 할 이유를 파악하고 나면 어디까지 가르칠 것인지를 생각해야 한다.

가르치려는 내용을 철저하게 이해하고 있는 교사는 교과내용 배경이 약한 교사보다 명확한 언어를 사용하며 더 나은 설명을 제시한다. 학생들에게 강의를 하기보다는 학생들이 학습할 수 있도록 안내하는 수업 모델을 활용하려고 할 때 교과 내용에 대한 교사의 명확한 이해는 특히 중요하다. 학생들의 학습을 이끌고 안내할 수 있으려면 교사는 목표를 항상 유지하고 있어야하며, 학생들을 지속적으로 참여시키고, 적절한 질문을 적시에 던져야 한다. 이러한 교사의 역량은 주제에 대한 철저하고 깊이 있는 이해를 필요로 한다.

좋은 수업은 주어진 교육과정이나 교과서를 그대로 따라 하기보다는 주어진 상황과 학생들의 수준을 고려하여 교사 나름대로 교육과정을 재구성하는 수업이다. 즉, 좋은 교사는 교과교육과 교육 과정에 대한 다양한 이론적 입장들을 파악하고 있으며, 이러한 이론적 관점들이 실제 상황에서 어떻게 활용되는지를 설명할 수 있다. 교사는 학생들이 이미 지니고 있는 지적 구조와 경험을 토대로 학습이 이루어짐을 안다. 따라서 교사는 현 교과별 교육과정의 취지, 범위 및 계열을 파악하고 있어서 학생들이 사전에 어떤 내용을 배웠으며, 어떤 학습 경험을 지니고 있는지를 알고 있다. 교사는 이러한 학생들의 선수 학습 경험을 토대로 학생들의 기존 지식과 관련된 과제를 설계하게 된다.

✠ 교사는 학생을 교육적으로 어디로 데려가는지를 알며, 사전 학습내용과 앞으로의 학습내용의 명확한 연계를 고려하여 학습 내용을 선정하고 조직한다.

학생들의 배경지식 진단하기:

수업을 계획할 때 학생들의 기존 지식을 반드시 고려해야 한다. 학생들이 배경지식은 새로운 학습의 기초를 제공해주며 새로운 학습이 연계될 연결고리를 제공해준다. 학생들의 배경 지식을 진단하는 방법으로는 (1) 사전검사를 실시하거나, (2) 개념과 관련된 아이디어를 열거하고 분류하고 명명하게 하여 학생들의 배경 지식을 비공식적으로 평가하거나, (3) 교사가 제시한 용어들의 정의를 내려 보고 그 용어들 사이의 관계를 설명하게 하거나, (4) 배경 자료를 복습하는 방법 등이 있다. 이러한 진단 결과를 기초로 교사는 가장 많은 시간과 노력을 집중해야 할 주제, 자료를 다루는 속도, 유의미한 방식으로 내용을 조직하는 방법 등을 결정하게 된다.

좋은 수업을 하는 교사는 학습의 초점과 방향을 제공하는 가치 있는 수업목표를 설정하며, 이러한 목표를 달성하기 위해 일관된 활동 프로그램을 개발하여 실현가능한 교수전략을 동원한다. 이러한 교사는 학생들을 교육적으로 어디로 데려가는지를 알며, 사전 학습내용과 앞으로의 학습내용의 명확한 연계를 고려하여 학습 프로그램을 설계한다. 즉, 교사는 교육과정을 미리 결정된 판에 박힌 경로로 볼 것이 아니라 마주 앉은 학생들을 고려하여 교육과정을 적극적으로 재구성해 나가야 한다.

✠ 교사에게 있어서 교육과정은 미리 결정된 판에 박힌 경로가 아니라, 교사가 적극적으로 재구성해 나가야 할 대상이다.

3. 어떻게 가르칠 것인가: 수업의 얼개 구성

수업 준비 제3단계:
어떻게 가르칠 것인가?

∞ 자기 점검

- 학생들의 개념 이해를 돕기 위하여 내가 무엇을 할 수 있을까?
- 학생들이 학습한 것을 평가할 수 있는 가장 좋은 방법은 무엇인가?
- 목표와 일관된 학습 활동을 설계하였는가?
- 다양한 학생들의 흥미, 필요, 학습 방법 등을 반영하여 수업 목표를 학생들을 위한 유의미한 학습 경험들로 전환하고 있는가?
- 나는 설계한 교수학습 프로그램의 근거와 당위성을 제시할 수 있는가?

- 학생들이 이미 알고 있는 것은 무엇이며, 학생들이 어려워하는 것은 무엇인지 파악하고 있는가?

교사의 교과 내용 지식이 풍부하다고 해서 반드시 좋은 수업이 이루어지는 것은 아니다. 과학과의 경우 해박한 해부학적 지식을 지닌 의사와 생물 교사를 차별화하는 것은 생물 교사가 지닌 과학내용과 관련된 교수법적 지식이다. 즉, 의사는 생물학적 내용을 더 깊이 알고 있지만 학생들에게 그 지식을 전달하지 못하거나, 학생들을 과학내용 학습에 참여시키는 데 어려움을 겪을 수도 있다.

과학교사는 학생들이 해당 과학내용을 이해할 수 있도록 하는 풍부한 교과교육학 지식(subject-related pedagogy 또는 pedagogical content knowledge, PCK)을 지니고 있어서, 해당 과학 내용을 학생들이 이해할 수 있는 형태로 전환할 수 있어야 한다. 이러한 교과교육학 지식(PCK)은 효과적인 수업을 실행하기 위해 교사가 반드시 알아야 할 매우 중요한 부분이다. 교과교육학 지식을 갖추지 못한 교사는 가르칠 내용을 조직할 때 교과서에 의존하게 된다. 즉, 교사는 각 교사가 가르쳐야 할 특정 학생들에 대하여 아무 것도 모르는 교과서 개발자의 탈맥락적 처방에 전적으로 의존하게 된다(Brophy, 2001).

교과교육학 지식을 지닌 교사는 학생들이 가르치려는 내용에 쉽게 접근하고 흥미를 지닐 수 있도록 비유, 예시, 개념이나 기술의 적용 사례 등을 적절히 활용한다. 교사는 학생들이 어려운 내용을 이해하도록 돕기 위하여 복잡한 개념을 학생에게 친숙한 용어로 전환한다. 즉, 교사는 어려운 개념을 제시하는 데 활용할 수 있는 좋은 비유나 표현방법을 많이 파악하고 있으며, 언어적, 시각적 보조 자료 목록을 구축하고 확대해 나간다.

좋은 교사는 자신의 전공 영역을 깊이 있게 이해할 뿐만 아니라, 다른 사람이 해당 교과의 지식을 이해하도록 도울 수 있는 방법을 안다. 교사는 스스로 교과내용을 알 뿐만 아니라 가르치기 어려운 내용과 배우기 어려운 내용을 파악하고 있다.

좋은 수업을 하는 교사는 학생들의 필요와 흥미에 적합한 일관된 학습 프로그램을 설계할 수 있어야 한다. 교사는 학생과 교과 내용에 대한 지식을 반영하여, 가르치려는 교과 영역을 개념적으로 일관되면서 학생들에게 적절한 학습 프로그램으로 조직해야 한다.

교사는 수업설계를 통하여 수업목표를 학생들을 위한 학습 경험들로 전환한다. 비록 학생들이 주도적으로 학습에 대한 상당한 책임을 지고 있는 교실에서도 교사는 학습 환경을 조직하고, 학습 과정을 관리하며, 평가 기준을 설정할 책임을 지게 된다. 다양한 수업전략과 방법에 따라서 교사의 역할도 달라진다. 수업설계에서 결정적인 요소는 해당 수업의 목표를 달성하기 위하여 일련의 학습 활동들을 만들거나 채택하는 것이다. 이러한 활동들의 계열은 논리적이면서 학생들을 유의미한 활동에 참여시킬 수 있어야 한다. 개별 활동은 전체를 지지하고, 각 활동은 전체 맥락 속에서 중요한 역할을 담당한다. 단원의 한 부분에서 나온 주제는 다른 주제들과 연결되며, 학생들은 다양한 각도에서 주제를 탐구하고, 부분과 전체의 관계를 이해하게 된다. 활동은 쉬운 것부터 어려운 것으로, 간단한 것부터 복잡한 것으로, 하나의 학습 영역에 대한 관심으로부터 여러 영역들을 통합하는 방향으로 진행되어야 한다. 무엇보다도 활동은 학생들의 나이, 선행 지식과 흥미, 학습 방법 등의 측면에서 적절해야 한다.

교사는 차별화된 기대 수준과 학습 목표를 활용하여 특정한 학생 집단의 학습을 지원하기 위해 어떤 활동을 강조할 것인지를 판단해야 한다. 좋은 수업을 하는 교사는 자신이 설계한 교수학습 프로그램의 근거를 명확하게 제시할 수 있으며, 학습 목표를 달성하기 위한 일련의 활동들을 개발하여 학생들을 참여시킨다.

좋은 수업설계는 수업평가 기준에 반영된 최근 연구 결과와 일치해야 한다. 예를 들어, 과학의 경우 개별 지식의 단순 암기보다는 체험위주의

✠ 이 주제에서 학생들이 이해하기에 가장 어려운 측면은 무엇인가.

✠ 학습을 방해할 가능성이 있는 학생들의 선개념은 무엇인지 파악하고 있는가?

✠ 나는 교과 내용 및 가르치는 학생들의 수준과 요구를 반영하여 다양한 수업전략을 구안하고 있는가?

과학 활동을 통한 탐구력 신장과 실생활 맥락 속의 문제해결력을 장려하므로 이러한 연구 동향을 반영하여 수업을 설계해야 한다.

> 교사가 만들어낸 질문과 학생이 만들어낸 질문의 차이는 미묘하지만 강력한 것이다. 남들이 생성해낸 질문을 탐구할 경우에 학생들은 지식은 기능적이고 통합된 것이라기보다는 외적이며 비인간적인 것이라고 배우게 된다. 학생들이 자발적으로 생성해낸 학생 탐구를 통하여 학생들은 지식의 생산 방법과 지식과 자신과의 관계를 이해하게 된다.
>
> 자연발생적으로 일어나는 질문으로부터 시작된 학생들의 자발적인 탐구 기회는 대개 학생들이 명확한 답이 없는 상황에 직면할 때 발생한다. 예를 들어, 물이 담긴 컵에 두꺼운 종이로 덮어둔 경우 종이가 컵에 달라붙어서 뒤집어도 물이 쏟아지지 않게 된다. 이러한 시범실험을 보여주었을 때 초등학생들은 다음과 같은 질문을 하곤 한다.
>
> -만약 컵이 물로 완전히 채워지지 않았다면 어떻게 되나요?
>
> 이러한 질문은 각각 작은 탐구수업을 위한 출발점이 될 수 있다. 학생들에게 질문에 대한 답을 추측하게 하고 그렇게 생각한 이유를 설명하게 하고, 체계적으로 탐구를 수행하게 할 수 있다.

4. 무엇으로 가르칠 것인가: 자료수집

수업 준비 제4단계:
어떤 자료와 자원으로 가르칠 것인가?

✠ 특정한 배경과 선행 지식을 지닌 학생들에게 이 주제에 대한 적절한 이해 수준이나 태도를 의사소통하기에 가장 효과적인 비유, 은유, 사례, 시범, 시뮬레이션, 구체적 조작물 등은 무엇인가?

교사는 실험실 장비와 자료, 기술적 도구, 인쇄 자료, 주변 지역 환경 자원 등 다양한 수업자원들을 활용하여 학생들이 기억할만한 학습 경험을 조성하게 된다.

좋은 수업을 하는 교사는 수업 목표를 구현할 수 있는 관련 자원과 기법을 안다. 즉, 교사는 학생들이 유의미한 학습에 참여하도록 다양한 수업자원을 선정하고 수정하거나 또는 제작하여 활용한다. 교실에서 이러한 자원을 활용하려면 교사는 이를 먼저 파악하고 있어야 한다. 학생들의 학습을 지원할 수 있는 이러한 자원에 대한 지식은 교사가 갖추어야 할 교과교육학 지식(PCK)의 일부이다. 학습자의 잠재력은 교사가 활용 가능한 자원을 알고 있을 때만 실현될 수 있다. 가령 학습 부진아나 학습 문제아의 경우 교사가 관련된 수업보조 자료를 파악하고 있지 못하거나 다양한 수준별 학습기회를 제공하지 못한다면 학습으로부터 소외되는 학생이 생기게 된다.

한편, 교수활동을 지원하기 위한 자원에는 교실에서 사용되는 것 이외에 교실 밖의 자원도 포함된다. 이러한 교실 밖 자원에는 공원, 박물관, 공연실황, 하천, 지역 사업체로부터의 자료는 물론 다양한 인적 자원(예: 학부모, 지역 공동체나 시민 단체의 전문가)도 포함된다. 이러한 지역 환경을 활용하면 학생들의 교과내용 이해를 풍부하게 할 뿐만 아니라, 학생들이 교과 분야들 사이의 연관성을 파악하도록 도울 수 있다. 좋은 수업을 하는 교사들은 학생들의 경험을 향상시키기 위해 학교가 제공하는 자료 이외에도 더 많은 자료를 확보하려고 노력한다.

또한 교사는 활용 가능한 교수 자료에 대한 포괄적인 지식을 지니고 있으며 자료들의 장점과 단점을 평가할 수 있다. 교사는 관련된 정보나 다른 유용한 자료를 어디서 찾을지를 알며 학생들이 직접 그러한 자료에 접근할 수 있도록 가르친다. 아울러 교사는 학생들이 정보의 타당성과 출처의 신뢰도를 평가할 수 있는 역량을 기르도록 돕는다.

자기 점검

- 나는 학생들의 다양한 학습 유형을 고려하여 자료와 매체를 선정하는가?
- 나는 교재의 수준을 평가하는 명확한 준거를 가지고 있으며 학생들에게 특정 교재를 채택한 이유를 명확하게 설명할 수 있는가?
- 나는 활용 가능한 교수 자료의 장점과 단점을 평가할 수 있는가?
- 나는 학생들의 학습기회를 확대하기 위하여 교실 안에서 활용 가능한 자료 이외에 교실 밖의 다양한 지원과 자원(예: 지역 환경, 지역 공동체의 인적 자원 등)을 파악하고 있는가?

무슨 말을 어떻게 꺼낼까?

- 수업의 시작 -

02

무슨 말을 어떻게 꺼낼까?
-수업의 시작-

사람과의 만남에서 첫인상이 중요하듯이, 수업에서도 첫인상은 매우 중요하며 이후 수업의 성패를 결정하기도 한다. 수업의 시작이 그때그때 기분에 따라 달라질 수도 있지만, 숙련된 교사들은 전체 수업의 맥락과 수업 당시의 상황에 따라 매력적인 도입으로 학생들을 수업으로 끌어들이곤 한다.

∞ 나의 수업은 어떻게 시작될까?

첫 만남에서 과연 무슨 말을 어떻게 꺼낼까? 이는 수업 전체에 대한 고민과 성찰의 결과로 얻어지는 답이다. 이 고민은 수업내용에 대한 지식, 수업내용이 교육과정에서 차지하는 위치, 학생이 무엇을 알고 무엇을 모르고 있는지에 대한 지식, 그리고 학생들이 무엇에 관심이 있는지에 대한 지식 등을 토대로 학생의 동기 유발 전략에 대한 고민을 모두 아우르고 있다.

몇 가지 수업의 시작 사례를 통해 어떤 시작이 좋은 시작인지, 자신은 어떻게 수업을 시작하는 것이 좋을지 스스로 답을 찾아보기 바란다.

◈ 사례 1. 지구의 크기는 어떻게 측정할까?

- 에라토스테네스의 방법으로 지구의 크기를 측정하는 방법을 가르치는 수업에서의 도입(중학교 2학년)

에라토스테네스의 방법으로 지구의 크기를 측정하기 위해서는 세 가지 기본적인 가정이 필요하다.

∞ 에라토스테네스의 지구 크기 측정 방법

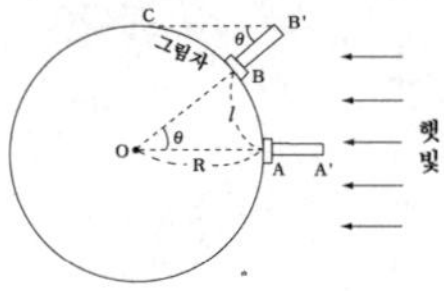

A, B두 지점의 거리(l), 지구 반지름(R), AB 호의 지구중심각(θ)이라고 하면, 다음의 비례식이 성립한다.

$360° : \theta = 2\pi R : l$

여기서 지구의 반지름 R을 구할 수 있다.

∞ 학생들의 사고를 촉진할 수 있는 도입방법으로 어떤 것이 좋을 까요?

1) 같은 경도 상에 있어야 한다. 단, 같은 위도 상에 있지 않아도 된다.

2) 지구는 완전한 구형이다.

3) 햇빛은 지구에 평행하게 들어온다.

이와 같은 기본 가정 하에서 비례식을 이용하여 지구 둘레의 크기와 지구의 반지름을 구할 수 있다.

이러한 에라토스테네스의 방법을 이용한 지구의 크기 측정 방법 에 대한 수업을 어떻게 시작하는 것이 좋을까?

〈골라 보세요〉

❒ 지구의 크기를 측정하기 위해서는 세 가지 기본적인 가정이 필요하다고 말하고, 그 세 가지 가정을 설명해 준다.

❒ '어떻게 하면 지구의 크기를 측정할 수 있을까?'라는 식의 질문을 던진다. 학생들의 대답을 들은 후 지구크기를 측정하는 방법을 설명한다.

❒ 지구 크기 측정을 위해 알고 있어야 하는 수학 시간에 배운 평형조건에서의 엇각과 동위각, 비례식 개념을 복습한다.

❒ 이외의 나만의 도입 방법은?

______

______

______

______

☆ 어느 교사의 도입사례

- 구름과 구름 그림자 중에서 어느 것이 더 클까요?

T: 여러분! 구름 그림자를 본적이 있어요?

S: (학생들 각자 여기저기서 대답한다)있어요! / 없어요!

T: 그러면 구름과 구름 그림자 중에서 어느 것이 더 클까요?

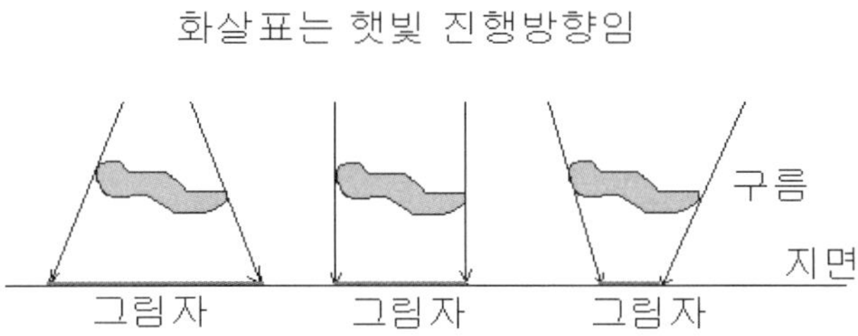

S: 커요!(여러 가지 의견이 나온다) 구름이 커 커요!/구름 그림자가 더

T: 그러면 차근차근 알아보도록 하자. 자 먼저 구름이 더 크다고 생각하는 사람? 손들어 보세요.

S: (3명의 학생이 손을 든다)

T: 어! 3명이네. 그러면 구름의 그림자가 더 크다고 생각하는 사람?

S: (여러 명의 학생들이 손을 든다).

T: (칠판에 판서하며)10명, 그러면 혹시 다른 의견을 가진 사람은 없어! 다른 의견은? (몇몇 학생이 구름 그림자가 더 크다고 추가로 손을 든다) 그러면 그림자가 더 크다고 생각하는 사람이 16명. 그러면 나머진 뭐야?

S: 의견이 없어요.

T: 좋아, 그러면 수업의 목적은 너희들이 가진 틀린 생각을 찾아내고 바르게 하는 것이니까 각 의견의 대표 말을 들어보자. 구름이 더 크다고 생각한 사람이 누구였지? 대표로 00번, 왜 그렇게 생각했는지 말해볼래?

S1: 낮 12시쯤에 보면 사람보다 사람 그림자가 더 작아요. 그래서 구름 그림자가 더 작죠.

S2: (다른 학생이 발표를 듣고 난 후 내용을 정정한다)아니지. 시간에 따라 그림자 길이가 다르지.

S2: (구름 그림자가 더 크다고 생각했던 학생 하나가 대표로 일어나 그렇게 생각한 이유를 발표 한다) 태양이 구름과 더 가까워서 구름 그림자가 더 커요.

T: 왜? 태양이 구름과 더 가까우면 왜 그림자가 더 크지?

S2: 전구 가까이 있는 물체의 그림자가 훨씬 더 커 보이잖아요.

T: 좋아, 여러분 의견을 모두 잘 들었다. 이제 여길 보자.(칠판에 태양-지구 거리 1억5천만 km 그리고 지표 2km 정도 위치에 구름 그린다.) 여기 지구에 태양빛이 비추어지면 어떨까? 거리를 생각해보렴.

S: (태양과 지구 사이의 거리가 구름에서 지표면까지의 거리보다 훨씬 더 크다는 것을 보고는) 거의 같을 거 같네요...그래도 태양빛이 조금 벌어지니까 약간 그림자가 더 크지 않을까요?

T: 거리 비가 엄청나게 차이가 난다는 점을 생각하면 구름과 구름 그림자의 크기는 같단다. 태양빛이 지구로 들어올 때 평행하게 들어온다고 할 수가 있는 거지. 최초로 지구크기를 측정한 사람도 이 방법을 사용했단다. 그 사람이 어떻게 지구의 크기를 측정했는지 그 과정을 살펴보도록 하자.(에라토스테네스의 지구 크기 측정 방법을 학습한다.)

지구의 크기가 둥글다는 가정은 실제 지구의 모습과는 다른 가정일 뿐이다. 그러나 햇빛이 지구에 평행하게 들어온다는 가정은 지구와 태양사이의 거리가 엄청나게 큰 것에서 비롯된 현상이다. 이러한 현상의 원리를 학생들이 이해하는 것은 단순하게 현상을 받아들이는 것과는 질적으로 다른 사고과정을 요구한다.

교사는 '햇빛이 지구에 평행하게 들어온다.'는 가정을 이해하도록 하기 위한 준비 활동으로서 '구름과 구름 그림자 중에서 어느 것이 더 클까?'라는 흥미로운 질문을 던졌다. 구름과 구름 그림자는 학생들이 일상생활에서 언제나 쉽게 관찰할 수 있는 현상이지만, 그 그림자의 상대적인 크기를 비교해 본 학생은 별로 없다. 학생들은 저마다의 결론을 뒷받침하기 위하여 자신이 알고 있는 거리에 따른 빛과 그림자의 관계를 떠올려 설명하였다. 교사의 질문에 답을 하면서 이미 학생들은 열심히 과학적인 사고 과정에 참여하기 시작하였으며, 햇빛이 지구에 평행하게 들어온다는 가정에 다가가고 있었다.

이렇게 도입한 내용은 단지 '태양광선이 평행하다'고 가정하고 들어가는 수업에 비해, 실제 '평행하다'는 개념을 학생 자신의 지식의 구성물로 가지고 수업에 참여하도록 하여 이후 학습 활동을 보다 효과적으로 만드는데 기여할 수 있다. 또한 일상적으로 경험하는 사례에 대한 질문은 학생들을 적극적으로 수업에 참여하도록 내적인 동기를 유발하는데 탁월한 효과가 있다.

◈ 사례 2. 탄성력이란 무엇일까?

- 힘 단원에서 여러 가지 힘의 종류 중 탄성력을 가르치는 수업 (중학교 1학년)

탄성력은 외부에서 힘을 받아 변형된 물체가 원래의 상태로 되돌아가려고 할 때 나타나는 힘으로, 복원력이라고도 한다. 힘의 일종인 탄성력의 특징을 알도록 하는 수업을 어떻게 시작할까?

〈골라 보세요〉

❒ 힘에는 여러 가지 종류가 있는데 탄성력이라는 힘이 그 중의 하나이며, 용수철이나 고무줄 같은 것이 대표적으로 탄성력을 지니고 있는 물체라고 설명한다.

❒ '다른 물체와 다르게 용수철이 갖는 특징이 무엇일까?'와 같은 질문을 던진다.

❒ 탁구공이나 농구공 등 탄성력을 가진 물체를 가지고 와서 직접 탄성에 의해 원래 상태로 되돌아가는 현상을 시범으로 보여준다. 이와 같은 현상이 일어나는 이유를 질문한다.

❒ 이외의 나만의 도입 방법은?

____

____

____

____

∞ 학생들은 어느 교사의 수업에서 가장 활발하게 학습에 참여할까?

☆ 어느 교사의 도입사례

- 우리들이 사용하는 운동기구에도 탄성의 원리가 숨어있는 거야.

중학교에 근무하는 S교사는 '마찰력과 탄성력'을 배우는 수업 시간에 일반 가정에서 쉽게 찾을 수 있는 운동기구를 보여주면서 수업을 시작하였다. 이 운동기구는 용수철로 연결되어 있는 것으로, 잡아당겼다가 놓았다 하는 운동을 통해 팔의 근력을 향상시키는 기구였다.

T: 영준아, 이리 나와서 이 운동기구 한번 작동해 봐(팔 운동하는 운동기구를 보여주고, 학생 한명에게 작동해보게 한다). 잘 하네! 해 보니 어떠니?

S: 힘들어요.

T: 힘들지? 왜 힘이 들까?

S: 이게 잘 움직이지 않아요.

T: 그래도 영준이가 힘을 주면 움직이는걸 보니 고장 난 것 같지는 않은데. 왜 힘이 드는 걸까?

S: 제가 힘을 주면 이게 자꾸 제자리로 돌아가려고 해요.

T: 어, 그러니? 어디 한번 해 보자. 다시 한 번 수축시켜 볼래? (교사의 지시에 따라 학생은 안쪽으로 힘을 줘 운동기구를 수축시킨다)

∞ 완성된 그림을 보여주는 것은 시뮬레이션의 효과가 있으며, 이러한 과제는 학생들이 도전할 만한 과제로서의 성격을 갖는다.

T: 어, 지금 상태에서 잠깐만 멈춰있어 봐. 얘들아, 지금 영준이가 어느 방향으로 힘을 주고 있지?

S: (안쪽 방향을 가리키며) 안쪽이요!

T: 영준이가 힘을 풀면 이 기구는 어떻게 될까?

S: 원래 위치로 되돌아가요!

T: 맞았어요. 원래 위치로 되돌아 갈 거예요. 왜 원래 위치로 되

돌아가는 것일까?

S: (학생들 대답하지 못한다. 한 학생이 기구를 관찰하다가 대답한다) 아, 속에 용수철이 연결되어 있어요!

T: 그래? 용수철이 연결되어 있으면 어떤데?

S: 용수철은 힘을 받으면 원래 위치로 되돌아가는 성질을 가지고 있어요.

T: 맞았어요. 용수철과 같은 물체는 힘을 받아 변형이 되면 다시 원래의 상태로 되돌아가려는 힘을 갖게 되는데, 그와 같은 성질을 탄성이라고 하고 그 힘을 탄성력이라고 해요. 그러니까 우리가 사용하는 운동 기구에 탄성의 원리가 숨어있는 거야.

∞ 교사는 학습주제를 단순히 제시하는 것이 아니라 매력적인 방법으로 제시한다.

탄성력을 이해하도록 하기 위해 교사는 탄성의 원리를 활용하여 만들어진 운동 기구를 학생들에게 보여줬으며, 운동 기구의 원리를 관찰한 학생들은 자연스레 탄성력과 복원력의 개념을 익힐 수 있었다. 이와 같이 학생들에게 친숙한 일상적인 소재를 활용한 도입은 학생들의 흥미유발에 매우 효과적이면서, 동시에 잘 선택된 소재는 관련 개념을 이해하는데 매우 좋은 출발점이 될 수 있다.

◈ 사례 3. 물질의 고유한 특성, 밀도

- 물질의 특성 중 하나인 밀도 개념을 익히는 수업(중학교 2학년)

물질은 저마다의 고유한 특성을 지니고 있으며, 단위 부피가 가지는 질량인 밀도는 물질마다 달라서 물질의 고유한 특성이 될 수 있다. 질량, 부피, 밀도의 개념을 배운 후 다양한 음료수를 이용하여 질량, 부피, 밀도라는 개념을 적용하는 실험 수업을 설계할 때, 수업의 도입은 어떻게 시작되면 좋을까?

〈골라 보세요〉

❒ 지난 시간에 배운 질량과 부피, 밀도의 개념을 복습하고, 오늘의 실험활동을 안내한다.
❒ 음료수의 밀도가 같을지, 다를지 예측하게 하고 그것을 확인하는 방법을 고안해 보도록 한다.
❒ 음료수의 부피와 질량을 직접 측정하여 밀도가 다름을 시범 실험으로 보여준다.
❒ 이외의 나만의 도입 방법은?

☆ 어느 교사의 도입사례

- 밀도가 서로 다른 음료수를 무지개 모양으로 쌓을 수 있는 방법은 없을까?

∞ 교사는 시범실험을 통해 문제 상황을 보여주고, 도전 과제를 제시한다.

T: 오늘은 여러분들이랑 지난시간에 뭐 했는지 생각이 나는지 한 번 물어보고, 실험 한 가지 해 보려고 하는데요. 여러분, 지난 시간에 물질의 특성 중 한가지인 뭐에 대해서 배웠죠?

S: 네, 밀도!

T: 선생님이 오늘 뭐 한다고 했어요?

S: 칵테일 만들기! 밀도에 대한 거

∞ 답 보다는 질문을, 설명보다는 시범을!

T: 어, 밀도에 대한 걸 하긴 한다고 하긴 했는데, 밀도를 구할 때는 밀도를 그대로 측정해서 구할 수 없으니까, 무엇을 이용

해서 측정한다고 했었지?

S: 질량과 부피

T: 질량과 부피를 이용해서 뭔가 먹을 걸 가지고 실험한다고 했어요. 기억나요?

S: 네

T: 오늘은 음료수를 이용해서 무지개 칵테일을 만들어 볼 거예요. 여러분이 음료수를 어떤 상황으로 만드는 실험을 할 건데, (음료수를 보여주며) 얘들아, 이 음료수가 뭘 거 같니?

S: 사이다요.

T: 어, 사이다라고요. 오른쪽에 있는 음료수는?

S: 오렌지 주스

T: 오렌지 주스에요. 이런 음료수도 밀도가 다를까?

S: 예

T: 확실해요?

S: 예

T: 밀도가 다르다면, 이런 음료수는 서로 섞이지 않을까요?

S: 안 섞여요! (또 다른 학생) 섞여요!

T: 섞일까요? (사이다에 오렌지 주스를 붓는다. 사이다와 오렌지 주스가 섞인다)

S: 섞인다!

T: 여러분들이 보기에는 어때요?

S: 섞였어요.

T: 어, 섞였어. 섞여 버렸는데, 이런 음료수가 서로 밀도가 다르고, 밀도 차이가 있다면 서로 다른 음료수를 섞이지 않게 쌓을 수 있는 방법은 없을까요?

S: 천천히 부어요.

T: 천천히 부으면 될까? (답을 주지 않음) 오늘은 여러분들이 이걸 할 수 있는지에 대해서 한번 생각을 해 보려고 해요. 이렇게 음료수의 밀도가 서로 다르다면, 이런 같은 부피의 요구르트 병에다가 서로 다른 음료수를 죽 넣어서 질량을 재면 질량 값이 어떨까?

(학생들 우물쭈물하며 대답하지 못한다)

∞ 교사가 학생들에게 던지는 질문에는 학생들이 이미 배웠기 때문에 대답할 수 있는 질문, 학생들이 열심히 생각하면 대답할 수 있는 질문, 학생이 열심히 생각해도 대답하기 어려운 질문, 즉 교사의 설명을 위한 질문 등이 있다.

T: 같은 부피의 서로 다른 음료수, 우유도 넣어보고 요구르트도 넣어보고, 사이다도 넣고...

S: 서로 달라요!

T: 서로 다를 수도 있을 것 같고, 같을 것 같기도 해요. 질량을 재는 방법, 어떻게 한다고 했더라?

∞ 개념은 현상의 원리를 설명을 하기 위해 이론에 이름을 붙인 것이며, 학생들은 현상을 관찰할 때 흥미와 호기심을 보인다.

S교사는 오렌지 주스를 사이다에 붓는 시범 실험을 보여주었다. **학생들에게 두 음료수가 섞이는 것을 눈으로 보여준 후, '밀도가 서로 다른 음료수가 섞이지 않게 쌓을 수 있는 방법은 없을까?'** 라는 질문을 던졌다. 일상에서 쉽게 관찰할 수 있는 현상인 두 음료수가 섞이는 것을 먼저 교사가 보여주는 것은 학생들의 일상적인 경험을 떠 올리도록 한다. 그리고 난 후 밀도가 서로 다른 두 음료수가 섞이지 않도록 쌓을 수 있는 방법을 묻는 것은 학생들에게 인지적인 갈등을 일으키며, 도전하고 싶은 마음을 일으키는 과제가 된다. 오렌지주스와 사이다라는 친숙한 소재와 '무지개 칵테일'이라는 아이디어는 학생들의 눈을 끌어 모았고, 밀도 차이가 있는 음료수를 섞이지 않게 쌓을 수 있는 방법에 대한 질문은 학생들의 호기심과 도전정신을 유발하였다. 이는 이후의 밀도에 대한 실험활동을 효과적으로 안내하였다.

숙련된 과학 교사는 과학에 대한 지식을 학습되어야 할 답변의 형태보다는 탐구되어야 할 질문의 형태로 도입한다고 한다. **답 보다는 질문을, 설명보다는 시범을** 보여주는 이와 같은 수업의 도입은 성공적인 수업을 위한 좋은 출발이 될 수 있다.

◈ 사례 4. 전기력과 자기력

- 힘의 한 종류인 전기력과 자기력을 배우는 수업(중학교 1학년)

전기력이란 전기를 띤 두 물체 사이에 작용하는 힘이고, 자기력이란 자석과 자석 사이 또는 자석과 일부 금속 사이에 작용하는 힘이다. 전기력과 자기력은 인력과 척력이 있다는 공통점이 있다. 여러 가지 힘 중 한가지인 전기력과 자기력을 배우는 수업을 어떻게 시작할 것인가?

〈골라 보세요〉

- ❐ 전기력과 자기력이 무엇인지 질문한다.
- ❐ 전기력과 자기력을 관찰할 수 있는 경우에는 어떤 경우가 있는지 질문한다.
- ❐ 전기력과 자기력이 무엇인지 정의를 말한다.
- ❐ 전기력과 자기력으로 인해 나타나는 현상을 보여준다.
- ❐ 이외의 나만의 도입 방법은?

____

____

____

____

☆ 어느 교사의 도입사례
- 선생님은 마술사, 전기력과 자기력이 보이나요?

K교사는 '전기력과 자기력' 수업시간을 시작하면서 학생들에게 일종의 마술쇼를 보여줬다. 전기력과 자기력의 인력, 척력 때문에 일어나는 다양한 현상들을 볼펜, 화장품 뚜껑, 풍선, 머리카락, 스카치테이프, 양은냄비 뚜껑 등을 이용하여 시범으로 보여주었으며 학생들은 넋을 잃고 박수를 치며 선생님을 바라보았다.

T: 오늘은 그러면 새로운 힘을 배웁니다. 학습목표를 다 같이 읽어봅시다.

S: (학습목표를 다 같이 읽는다) 전기력과 자기력의 방향을 설명할 수 있다

T: 전기력이란 전기를 띠고 있는 두 물체사이에 작용하는 힘, 그

러면 자기력은 뭘까요? 전기력과 자기력의 차이점이라면, 자기력은 어느 한쪽만 자기를 띠고 있으면 나머지 한쪽은 자기를 띠고 있지 않아도 자기력이 작용할 수 있어요. 예를 들면, 자극의 N극과 N극을 갖다 대면 서로 밀어내지만, 자석의 N극에 철을 갖다 대면 붙어요. 이것이 전기력과 자기력의 차이점이고. 그런데 사실은 어떻게 보면 비슷해요. 그걸 실험을 통해서 알아보세요. 그러면 두 번째 학습목표를 함께 읽어 보세요. 시작!

S: (학습목표를 다 같이 읽는다) 주변의 여러 가지 현상을 전기력과 자기력으로 설명할 수 있다.

T: (두 자루의 모나미 볼펜을 가지고 정전기를 유도하여 서로 밀고 당기는 모습을 보여준다. 풍선을 불어서 머리카락을 끌어당기는 것과 풍선이 천정에 달라붙는 걸 보여준다. 투명테이프를 붙였다가 떼면 서로 밀어내거나 잡아당긴다는 것을 보여준다. 네오디뮴 자석끼리 가까이 했을 때 그네처럼 흔들린다는 것을 보여주고, 자석을 이용해 양은 냄비를 돌리는 걸 보여준다. 마지막으로 TV 동영상 중 철가루가 섞인 검은 점성 물체가 움직이는 걸 보여준다)

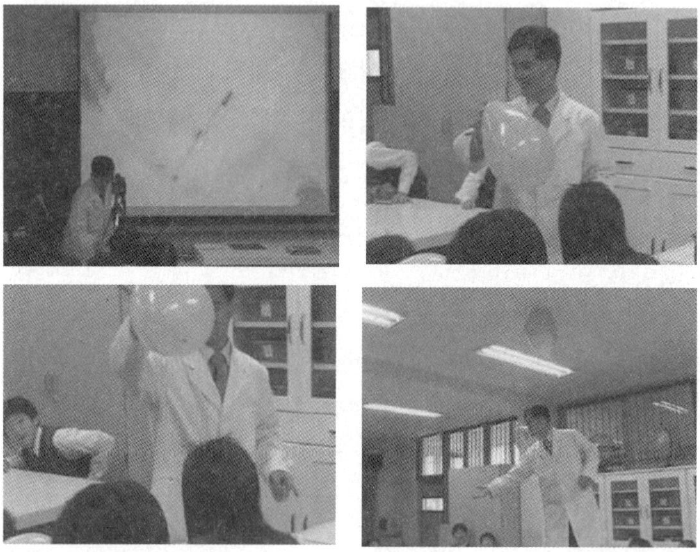

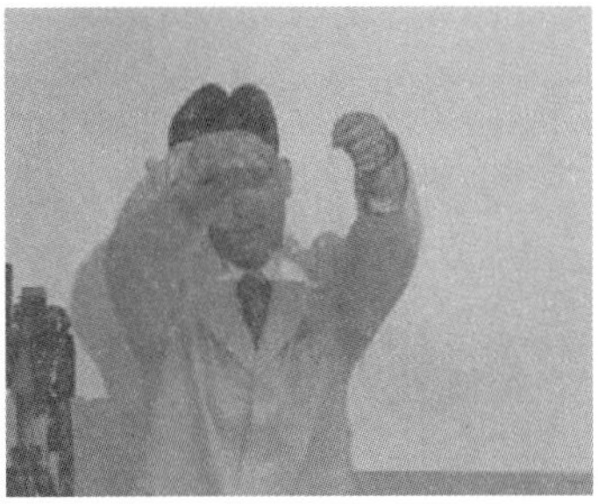 

T: 서로 다른 전기를 띠고 있는 경우 '끌어당길 인'자를 써서 인력이라고 부르고, 같은 전기를 띠고 있으면 '밀어낼 척'자를 써서 척력이라고 합니다. 자기력은 서로 다른 극끼리는 인력이 작용하고, 같은 극끼리는 척력이 작용합니다.

⚭ 교사는 과학에 대한 지식을 학습되어야 할 답변의 형태보다는 탐구되어야 할 질문의 형태로 도입한다.

선생님이 보여주는 마술쇼와 같은 신기한 모습에 학생들은 몹시 즐거워하였으며, 이러한 현상들이 나타나는 이유에 대하여 관심과 호기심을 보였다. 이후의 수업은 학생들이 교사가 시범을 보인 활동 중 4개의 활동을 직접 해 보고, 그 현상의 원인을 찾아보는 활동으로 구성되어 있었다. 학생들의 관심과 호기심을 유발하는 매력적인 도입은 이미 학생들을 과학의 세계로 빠져들도록 하였다.

☞ 해볼 만한 가치가 있는 도전적인 과제를 제시하기

◈ 사례 5. 마찰력

- 힘의 한 종류인 마찰력을 배우는 시간(중학교 1학년)

물체가 다른 물체의 표면에 접하여 움직이려고 할 때, 또는 움직이고 있을 때 그 운동을 방해하는 힘이 작용한다. 이 저항력을 마찰력이라고 한다. 중학교 1학년 교육과정에서는 여러 가지 힘의 한 종류로 마찰력을 소개하고 있다. 마찰력에 대한 수업을 어떻게 시작할 것인가?

〈골라 보세요〉

- ❐ "마찰력이 무엇인지 아는 사람?" 이라는 질문을 던진다.
- ❐ 마찰력이 무엇인지 먼저 정의를 말한다. (마찰력이란...)
- ❐ 일상생활에서 마찰력을 경험한 경우가 있는지 질문한다.
- ❐ 마찰력으로 인해 나타나는 현상을 시범실험 또는 영상자료로 보여준다.
- ❐ 이외의 나만의 도입 방법은?

____

____

____

____

☆ 어느 교사의 도입사례

- 무거운 가구를 쉽게 옮길 수 있는 방법은?

T: 집안의 TV 장이나 책장, 책상, 장롱처럼 무거운 가구를 옮겨 본 적이 있는 사람?

S: (여러 학생이 손을 든다) 저요! 저요!

T: 가구 옮길 때, 옮기기가 어때요?

S: 힘들었어요.

T: 그러면, **이 무거운 가구들을 간단한 방법으로 쉽게 옮길 수 있는 방법은 없을까요**?

S: …….

T: (한 쪽이 고무로 코팅된 면장갑을 보여주며) 이 면장갑이 그 비밀이에요. **자, 이 면장갑을 잘 이용하면 무거운 가구를 쉽게 옮길 수가 있어요. 이 장갑을 어떻게 이용하면 좋을까요**?

마찰력에 대한 수업의 첫 부분에서 교사는 마찰력이나 마찰력과 직접 관련 있는 용어를 사용하지 않았다. 대신 교사는 '한쪽이 고무로 코팅된 면장갑을 이용하여 무거운 가구를 쉽게 옮길 수 있는 방법을 알아내라'는 과제를 제시하였다. 대부분의 학생들은 무거운 물체를 옮기느라 고생해 본 경험이 있다. 이러한 일상적인 경험이 '마찰력'과 관련이 있음을 교사는 잘 포착하여 수업상황으로 연결시켰다. 수업의 도입으로 이와 같은 해결해 볼 만한 가치가 있는 도전적인 과제를 제시하는 것은 효과적으로 학습의 동기를 유발한다. 이와 같은 일상적인 어려움을 해결하는 과제는 한걸음 더 나아가 과학이 이러한 일상의 어려움을 해결해 줄 수 있다는 긍정적인 태도 함양에도 도움이 될 수 있다.

◈ 사례 6. 상태 변화

- 기화, 액화, 승화, 응고, 융해와 같은 상태변화의 학습(중학교 1학년)

물질이 고체, 액체, 기체로 상태가 변화하는 과정을 기화, 액화, 승화, 응고, 융해와 같은 낯선 용어를 도입하여 설명하는 수업을 어떻게 시작할 것인가?

〈골라 보세요〉

❒ 물질의 세 가지 상태가 무엇인지를 묻고, 이러한 상태가 변화할 수 있다고 설명하면서 용어를 도입한다.

❒ 상태변화의 사례를 기억하고 있는지 묻는다. 예를 들어 주전자에서 물이 끓어 수증기가 나오는 것과 같이, 상태변화의 사례를 묘사하여 학생들이 떠올릴 수 있도록 돕는다.

❒ 주전자에서 물을 끓이는 것과 같이 간단한 상태변화 과정을 보여준다.

❒ 이외의 나만의 도입 방법은?

____

☆ 어느 교사의 도입사례

- 스님의 입에서 나온 것이 무엇일까?

T: 오늘은 상태변화에 대해서 배워 보겠어요. 먼저 선생님이 여러분들을 위해 준비한 영상이 있어요. 얼마 전에 TV에서 방영했었던 KBS 스페셜 '봉정암'의 한 장면이에요. 스님을 잘 보도록 하세요(KBS 스페셜 '봉정암'에서 스님이 겨울 새벽에 목탁을 두드리며 예불을 드리는 장면을 학생들에게 보여준다).

∞ 영상자료는 보려고 하는 대상에 초점을 맞출 수 있다는 면에서 유용하다.

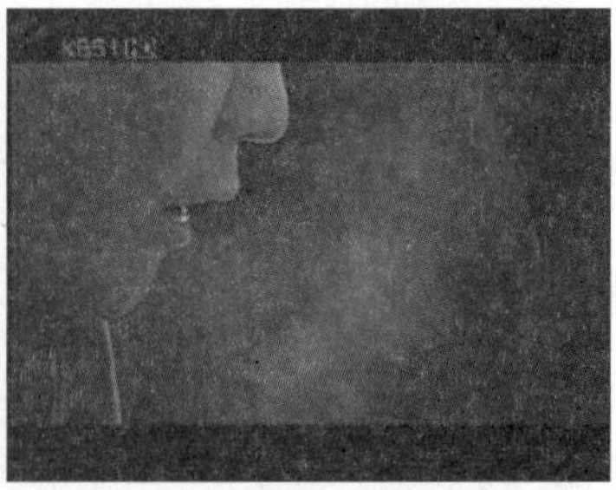

 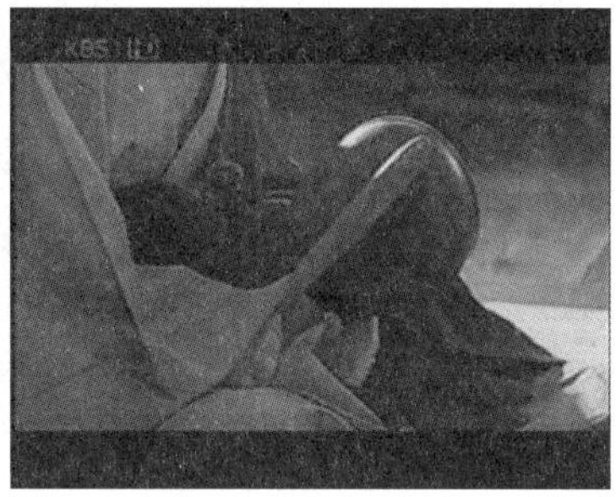

T: (화면을 멈추고) 잘 봤어요?

S: 네

T: 저기, 지금 예불을 드리고 있는 스님이 보이지?

S: 네

T: 스님의 입 주변에 뭐가 보이나요?

S: 하얀 게 보여요! 입김이요!

T: 잘 보세요. 어디에 보이나요?

S: 아, 스님 입에서 조금 떨어진 곳에 하얀 입김이 보여요.

T: 맞았어요. 저 하얗게 보이는 게 뭘까? 이번시간이 끝날 때 저 하얗게 보이는 입김이 뭔지 선생님이 다시 한 번 묻겠어요. 이번 시간에 공부를 열심히 하면 저 하얀 입김이 뭔지 설명할 수 있을 거예요.

추운 겨울에 예불을 드리는 스님의 입 주변에서 하얀 입김이 관찰되었다. 이 입김은 자세히 관찰해보면 이 입김은 스님의 입 바로 앞에서 형성되는 것이 아니라 입에서 약간 떨어진 위치에서 형성된다. 입김의 정체는 수증기가 열을 잃고 응결된 물방울이다.

승화, 기화, 액화, 융해와 같은 상태변화를 말로 설명하거나 칠판에 삼각형으로 그리고 설명하는 것은 불과 몇 초에 지나지 않는다. 그러나 이러한 상태변화를 실제 생활에서 관찰하기는 쉽지 않다. 위의 수업에서처럼 일상적인 현상에서 상태변화가 일어나는 상황을 잘 보여주는 동영상을 수업 초반에 도입하는 것은 학생들의 주의를 집중시키는데 매우 효과적이다.

∞ 학생이 학습을 하는 동안 교사가 어떻게 학생과 상호작용하는지는 매우 중요하며 학습 결과에 큰 영향을 미친다. 스캐폴딩(scaffodling)이란 바람직한 학습전략이나 과제를 설계하여 학생이 학습목표에 도달할 수 있도록 돕는 교수 기술을 일컫는 말이다. 스캐폴딩의 특징 중 하나는 학생에게 “왜 이것을 배우고 있지?"라는 질문을 던지게 하는 것이다. 이러한 질문은 학습의 큰 그림을 보여줄 뿐만 아니라 목적을 분명히 하여 학습 동기를 지속적으로 유지해주는 효과가 있다.

그리고 비디오를 통해 관찰된 현상에 대하여 질문하고, 그 현상의 원리를 알아보도록 안내하는 것은 수업의 전체적인 방향을 제시하는 의미를 갖는다.

좋은 시청각 자료를 수업 초반에 활용하는 것은 교사의 수업에 대한 준비와 노력을 반영하며, 실제 실험으로 보여주기 어려운 현상들을 보여주어 수업에 대한 관심과 흥미를 유발하는데 매우 효과적이다.

◈ 사례 7. 순환계-심장의 구조와 기능

- 순환계 중 혈액, 혈관, 심장에 대한 학습 첫 시간 (고등학교 2학년)

인체의 여덟 가지 기관계 중 순환과 관련된 기관의 구조와 기능을 학습하는 단원을 어떻게 시작할 것인가?

〈골라 보세요〉

❒ 순환계에 속하는 기관이 무엇인지, 어떤 기능을 하는지 대략적으로 설명한다.
❒ 순환계에 속하는 기관이 무엇인지 적어보도록 한다. 혹은 질문을 한다. 학생들이 적은 내용을 가지고 수업을 시작한다.
❒ 순환과 관련된 멀티미디어 자료를 보여준다.
❒ 이외의 나만의 도입 방법은?

____

____

____

____

∞ 우리가 과학을 배우는 이유는 무엇인가? 교과서 혹은 교육과정에 있기 때문에 과학을 배우는 것인가? 학습의 가치 혹은 이유를 학습자가 깨닫는 것은 학습동기를 높이는데 매우 효과적이다.

☆ 어느 교사의 도입사례
- 순환계를 배우는 이유는 무엇일까?

T: 얘들아, 너희들 혹시 주변에서 고혈압이 있는 사람이 있니?

S: 네!

T: 어디 한번 손들어보자.(몇몇 학생들이 손을 든다) 이렇게 많구나. 사실 우리나라 성인병 중 가장 발병률이 높은 병중의 하나가 고혈압이지. 그럼 고혈압이 있는 사람은 병원에서 어느 과로 가야 할까? 내과로 가야 하나? 소아과로 가야 하나?

S: (금방 대답을 생각해 내지 못한다)

T: 얼른 잘 생각이 안 나죠? 우리가 아직 배우지 않아서 그래요. 고혈압은 혈관을 흐르는 혈액의 압력이 지나치게 높은 병, 즉 순환기 관련 질병에 속해요. 혈관, 혈액, 그리고 심장 등 혈액의 순환과 관련이 있는 모든 기관들을 묶어 순환계라고 하고, 그러한 순환기 관련 질병을 다루는 과를 병원에서는 순환기 내과라고 하죠. 그러니까 혈압이나 중풍 증상이 있는 사람은 대개 순환기 내과에 가서 진료를 받아야 하는 거예요. 이번 시간부터 혈액, 혈관, 그리고 심장에 대해서 공부를 해볼 건데, 어때요? 순환기에 대해서 우리가 잘 알면 우리에게 도움이 될 수 있을 것 같아요?

S: 네

T: 어떻게 도움이 될까?

S1: 아플 때 도움이 되요.

S2: 어느 병원으로 가야 할지 알 수 있어요.

S3: 저희 아빠도 고혈압인데, 알면 좋을 것 같아요.

S4: 병에 걸리지 않도록 예방하는데도 도움이 될 것 같아요.

T: 맞아요. 아마 TV에서 나오는 뉴스나 의학 관련 프로그램도 더 잘 이해할 수 있을 거야. 그럼 지금부터 한번 시작해 볼까?

중학교 2학년과 고등학교 2학년에 나오는 순환 단원에서는 혈액의 구성

성분, 혈관의 구조와 기능, 심장의 구조와 기능에 대해서 다루고 있다. 순환 단원을 시작할 때 순환계가 무엇인지, 어떤 기능을 하는지 그 큰 그림을 보여주는 것이 중요하지만 보다 근본적으로 '이러한 주제를 왜 배우는가?' 라는 질문을 던져보는 것 또한 매우 의미가 있다. 숙련된 교사는 단지 교과서에 나오기 때문에, 교육과정에 그러한 내용을 가르치라고 해서라기보다 그것을 왜 가르쳐야 하고 학생들이 그것을 왜 배워야 하는지에 대한 나름의 이유를 알고 있는 사람이다. 학생들이 수업에서 과학 내용을 단순하게 배우는 것뿐만 아니라 그것을 왜 배워야 하는지 그 이유를 스스로 깨닫는 것은 학생들의 학습동기를 높이는데 매우 효과적이다.

◈ 어떤 시작이 좋은 수업의 시작인가?

수업에 있어서 정답을 찾기란 쉽지 않다. 이는 수업에 대한 연구가 부족해서 혹은 좋은 수업에 대한 정의가 확실치 않아서라기보다는, 수업이 갖는 그 복잡하고 복합적인 특성으로부터 기인한다. 따라서 좋은 수업의 시작에 대한 정답을 찾기 보다는 좋은 수업의 시작이 갖는 특징을 정리해보는 것이 의미 있을 것이다.

앞에서 살펴본 7가지 수업사례에는 다음과 같은 몇 가지 특징이 발견된다.

⊶ 학생들은 어떤 소재에 관심이 있을까? 숙련된 교사는 학생이 무엇을 좋아하고, 무엇을 잘 알고 있으며 무엇을 잘 알지 못하는지 잘 파악하고 있다.

1) 학생들의 흥미와 관심을 불러일으키는 소재를 활용한다.

단순하게 학습내용을 교사가 말로 안내해 주거나 설명해 주는 것만으로 학생의 관심을 효과적으로 끌어들일 수 없다. 작은 물건이나 영상자료를 활용하면 보다 효과적으로 학생들의 주의를 끌어들일 수 있다. 전기력과 자기력이라는 힘을 소개하기 위하여 풍선, 볼펜, 장난감 자동차 등을 활용하거나 물체의 상태변화를 보여주는 영상자료를 활용하는 것 등이 좋은 예가 된다. 이때 활용되는 소재는 수업내용과 직접적으로 연관이 있어 수업에서의 핵심개념을 배우는데 도움이 되며, 교사에게 너무 큰 부담이 되지 않는 효율적인 것이 좋다.

2) 학생들의 흥미와 관심을 불러일으키고 지적인 자극이 되는 질문 또는 과제를 활용한다.

'구름과 구름 그림자 중 어느 것이 더 클까?' 이것은 빛이 지구로 평행하게 들어온다는 개념을 가르치기 위한 도입질문이었다. 구름과 구름의 그림자처럼 누구나 경험한 적이 있을 법한 친숙한 소재로 질문을 던지는 것은 학생들을 관련된 사고과정에 쉽게 참여하도록 한다. 또는 '밀도가 다른 음료수를 어떻게 무지개 모양으로 쌓을까?' '한쪽 면이 고무로 코팅되어 있는 장갑을 이용하여 무거운 가구를 쉽게 옮길 수 있는 방법은 없을까?'와 같은 질문은 누구라도 조금만 생각해 보면 해결할 수 있을 법한 도전적인 과제의 성격을 갖고 있어서 학생들의 참여 의욕을 고취시킨다. 이와 같은 질문 혹은 과제는 학생들의 흥미유발과 수업참여 유도에 탁월한 효과가 있으며, 교사의 아이디어와 노력에 따라 얼마든지 창의적으로 개발될 수 있다.

3) 주변에서 쉽게 관찰할 수 있는 일상적인 현상으로부터 출발한다.

과학은 자연세계에서 경험하게 되는 다양한 현상에 대한 원리를 탐구하며, 그를 통해 얻어진 나름의 답을 지식이라는 이름으로 학생들에게 가르치곤 한다. 처음 과학을 탐구하던 사람은 주변의 사소한 현상을 유심히 관찰하고 그 이유에 대해 호기심과 궁금증을 가졌던 사람일 것이다. 학생들에게 과학을 탐구하는 사람이 갖는 그와 같은 호기심을 불러일으키기 위해서는 과학자들이 경험한 것과 같이 현상에 대한 관찰과 의문에서 출발하는 것이 좋은 전략이 될 수 있다. 흔히 교사들은 수많은 학습의 경험 끝에 나름의 체계적인 지식 구성물을 갖고 있다. 자신의 머릿속에 구조화된 지식을 자신의 방식으로 체계적으로 전개하는 것은 때로 어떤 학생에게는 너무 어려우며, 학생들에게 별 흥미를 불러일으키지 못한다. 학생들에게는 그저 어렵고 딱딱한 이론일 뿐이다. 그러나 처음 과학자들이 경험한 것과 같이 현상에서 출발하여 "왜 그럴까?"라는 질문을 던지면 학생들은 과학자들과 비슷한 호기심과 궁금증을 가질 수도 있다. 예를 들어, 추운 겨울 예불을 드리는 스님의 입에서 나오는 하얀 입김을 관찰하도록 하고, 그런 하얀 입김이 보이는 이유가 뭘까 라는 질문을 던져 보는 것, 풍선으로 머리카락을 문질렀을 때 머리카락이 풍선을 따라 올라오는 이유가 뭘까 라는 질문을 던져 보는 것처럼 현상에서 출발하는 것은 과학이 우리에게 그렇게 멀리 떨어진 별세계의 이야기가 아님을 알게 하고, 세상의 이치를 깨닫는 흥미로운 과정으로 학생들을 효과적으로 초대할 수 있다.

첫 만남에서의 첫 마디가 어려운 것처럼 수업의 시작은 언제나 교사들에게는 어려운 과제이다. 그러나 매력적인 수업의 도입은 학생들의 학습 동기를 높여주고, 즐거운 수업시간과 높은 학습 성공을 이끌 수 있다. 숙련된 교사일수록 수업의 도입을 중요하게 생각하며, 수업의 도입을 설계하기 위해 많은 시간을 보낸다. 멋진 수업의 도입으로 학생들과의 설레는 만남을 기다리는 것은 교사만이 누릴 수 있는 즐거움이요 기쁨일 것이다.

pedagogical content knowledge

03-1

수업의 징검다리

03-1

수업의 징검다리

교사가 학기 초 학생들을 처음 만나서 1년 동안 잘 지내자는 인사와 함께 학급에 대한 바램, 구상 같은 것을 이야기할 때 흔히 이런 비유를 하곤 한다. 담임과 학생은 모두 한 배를 탄 사람들이며 교사는 배의 선장이고 학생은 그 배의 노를 함께 저어가는 선원인 셈이다. 키를 잡은 선장이 잘못된 방향으로 조정을 하면 배는 잘못된 방향으로 가게 된다. 노를 젓는 학생들의 마음이 맞지 않으면 역시 배는 제대로 움직이지 못한다. 이는 학급의 화합을 바라는 교사의 소망이 담겨져 있는 비유이다.

수업도 이와 비슷한 비유를 할 수 있다. 수업의 과정을 산을 오르는 과정이나 강을 건너는 과정에 비유를 하면 어떨까? 교사는 학생들이 산이나 강에서 길을 잃지 않고, 힘이 들어도 포기하지 않고, 목적지까지 도달할 수 있도록 안내하고 격려하는 역할을 하는 사람이다. 또한 교사는 학생들이 어떤 '개념' 혹은 '학습목표'라는 목적지에 도달할 때까지 건너야 하는 수많은 장애물들을 넘도록 도와줘야 하며, 학생들이 중간에 냇물에 빠지거나 포기하지 않도록 적당한 '징검다리'를 놓아 주는 사람이다.

이 장에서는 세 명의 교사가 같은 주제의 수업을 서로 다르게 진행한 과정을 보여주고, 각 수업에서 학생들이 '학습목표'라는 목적지에 오를 수 있도록 어떻게 '징검다리'를 놓아주었는지, 그 '징검다리'가 적절했는지를 짚어 보겠다. 세 선생님의 수업을 통해 학생들이 '이해' 혹은 '학습목표'라는 정상에 오를 수 있는 가장 좋은 방법은 무엇일지 생각해 보고, 더불어 자신의 수업의 적절한 '징검다리'를 설계해 보기를 바란다.

∞ 수업내용에 대한 전문적 지식을 갖춘 교사의 역량은 교실 수준의 '교육과정 재구성'으로 드러나게 된다.

- 수업주제 : 파동의 반사와 굴절, 회절(파동 단원 4차시 중 마지막 4차시)
- 대상 : 중학교 1학년

첫 번째 사례 -"개념을 알아야 현상이 보이지!"

∞ 학생들에게 아직 가르칠 생각은 없지만, 교사가 해당 개념에 대하여 추가로 알고 있어야 하는 것은 무엇일까?

A교사는 파동의 반사, 굴절, 회절이라는 주제를 2차시로 나누어 수업을 진행하였다. 1차시에서는 '파동의 반사'만을 다루었고, 2차시에서는 '파동의 굴절과 회절'을 주제로 수업하였다.

<1차시 : 파동의 반사>

1) 수업주제 제시 및 실험장치(물결파 투영장치) 소개

수업의 주제는 파동의 반사였으며, 칠판에는 '메아리가 생기는 이유는?'이라는 제목이 크게 적혀있다. 교사는 메아리가 생기는 이유를 묻는 도입 질문으로 수업을 시작하여 메아리가 소리의 반사이며, 오늘 파동의 반사에 대하여 학습할 것이라고 안내한다.

T: 자, 오늘 배울 게 제목이 뭐야?
S: [제목을 읽는다] 메아리가 생기는 이유는!
T: 어, '메아리가 생기는 이유는?'이라고 되어 있는데, 메아리를 들어본 적 있어? 메아리를 들어본 적이 있는 사람?
〈중략〉
T: ... 울려서 들리는데, 그 울려서 들리는 소리는 어떻게 온 걸까? 어디에서 온 걸까? 내가 얘기한 소리가 어디에? 천장에서 어, 반사해서 다시 내 귀로 돌아온 거야. 파동이 반사하는 거,

어떻게 반사하는지, 우리가 소리를 이렇게 천장에서 반사하는 게 뒤에 들린 것처럼, 눈으로 한번 볼 거야. 무엇으로 볼 거냐면, 여기에 물결파 투영장치 라는 게 있어.

'메아리'가 들리는 이유(소리의 반사)를 물은 후, 오늘 수업은 파동의 반사라고 소개하였다. 메아리와 파동의 반사 사이의 연관관계에 대한 명확한 설명은 이루어지지 않았다.

2) 진동수 변화에 따른 파장의 변화 설명, 물결파의 진행원리 설명

곧이어 파동의 반사를 학습하기 위한 도구인 '물결파 투영장치'를 소개하고, 교사가 직접 물결파를 만들어 스크린을 통해 학생들에게 보여 주었다. 진동수를 변화시키면서, 진동수의 변화에 따른 파장의 변화를 관찰하도록 하였다.

T: 자, 파동이 진행하는 것을 눈으로 볼 수가 있지? 그래서 선생님이 진동수를 조절했어. 진동속도를 조금만 바꾼다. 이때 진동수가 어떨까?
S: (자신 없는 목소리) 작아...
T: 자, 진동수를 증가시키면(계속해서 학생들과 함께 스크린을 보면서 시범을 보인다) 또, 진동수를 감소시키면, 이때 진동수가 변하니까 무늬가 어때? 진동수가 빨라지니까 무늬 사이의 간격이 어떻게 달라지니?
S: 촘촘해져요.
T: 왜 좁아질까? (학생들이 뭐라 하는데, 듣지 않고 계속 설명한다) 우리가 용수철을 살살 흔들었을 때랑 빨리 흔들었을 때랑 똑같은 거야. 그치?

진동수의 변화에 따른 파장의 변화가 스크린에 선명하게 보이지 않았다. 교사는 수업분석 협의회에서 그 이유가 과학실에 암막이 설치되어 있지 않고, 베이지 톤의 스크린이 창가 근처에 설치되어 있어서 파동의 그림자가 잘 보이지 않았다고 설명하였다. 학생들은 진동수 증가에 따른 파장의 감소를 금방 관찰해 내지 못하였으며, 둘의 관계를 떠올려 교사의 질문에 대답하지 못했다.

물결파 투영장치로 파장을 보여준 후, 교사는 파장이 눈에 보이는 원리를 칠판에 그리면서 설명하였다. 파에서 밝은 무늬, 어두운 무늬를 마루와 골로 설명하고, 파동의 진행방향, 파동의 면 등을 죽 칠판에 그려가며 설명하였다.

⚭ 구체적 체험(hands-on) 활동의 포함 여부와 무관하게 중요한 것은 학생들의 지적 참여이다. 즉, 체험활동만으로는 불충분하고, 반드시 학생들이 지적·정신적으로(minds-on) 참여해야 한다.

T: 자, 여기서 이렇게 파를 보내는 거야. 그러면 물결파가 진행하면서요 마루 부분은 밝게 보이고 골 부분은 어둡게 보여. 그래서 우리 눈에는 어떻게 보여? 밝은 무늬, 어두운 무늬, 밝은 무늬, 어두운 무늬가 이렇게 번갈아가면서 나타나지.

T: 이때 진행 방향은 어디가 될까? 파동의 진행방향? 내가 여기서 막 자를 두드렸으니까, 어디로 진행하는 거야? (대답을 기다리지 않고 바로 설명한다) 여기서 이쪽으로(칠판에 빨간색 화살표로 표시를 한다) 그치? 이때 우리 눈에 보이는 무늬, 이걸 파동의 면이라고 해.

수업이 시작되고 약 10분가량 교사의 설명이 계속되었다. 물결파 투영장치에 대한 설명, 진동수 변화에 따른 파장의 변화, 파동에서 밝고 어두운 무늬가 나타나는 이유, 파동의 진행방향, 파동의 면, 직선파까지 많은 개념을 담은 용어들이 등장하였다.

⚭ 강의는 교사가 이야기하고 학생들이 듣는 교사의 독백일 수밖에 없어서 수동적인 학습을 촉진한다.

3) 첫 번째 시범실험 및 설명 - 직선으로 된 장애물에 대한 반사파 관찰

계속하여 교사는 첫 번째 반사 실험을 보여주었다. 첫 번째 실험은 직선으로 된 장애물에 대한 반사파 실험이었다. 직선으로 된 장애물을 놓고 각도를 달리하면서 반사파를 관찰하도록 하였다.

∞ 강의에서는 의사소통이 일방적이어서 교사가 학생의 이해나 학습을 평가하여 수업을 조절할 수 없다는 문제점이 있다.

직선 장애물에 반사파가 생긴 것을 보고 반사파의 진행방향을 예상해보게 하였다. 이때 교사는 입사각과 반사각, 법선을 떠올려 학생들이 반사방향을 예측해 볼 것을 기대하였다.

T: (물결파 실험장치를 이용하여 반사파를 발생시킨 상태에서 질문을 던진다) 자 어떻게 돼? 이렇게 가다가?

S: (몇몇 학생들이 손으로 방향을 표시하며 대답한다. 이쪽으로..)

T: 어느 쪽으로 갈까? 이리로? (손가락으로 방향을 가리킨다) 이렇게 가다가? **입사각 반사각** 생각해봐.

S: (자신 없는 목소리) 똑같이....

T: 어, 입사각하고 반사각이 같게 나아가겠지. 이거 조금 있다가 그려 볼 거야. 그 다음에 얘를 완전히 45도로(장애물의 방향을 돌린다). 자 이렇게 하면 입사각이 몇 도가 될까? 이렇게 들어가니까, 법선이 어디야? (학생들이 법선에 대해 기억을 떠올릴 시간을 주지 않고, 바로 교사가 법선을 알려준다) 이거지. 그러면 입사각이 몇 도? 45도. 그래서 똑같이 45도로 나가면, 이렇게 진행하던 파가 어디로 가는 거야. 전부 다 이쪽으로 반사되어서 나가는 걸 알 수 있겠지.

∞ 학생들은 과학적 담론에 특징적인 용어를 학습해야 한다.

4) 두 번째 시범실험 및 설명- 곡선으로 된 장애물에 대한 반사파 관찰

계속하여 교사는 시범실험을 진행하였다. 두 번째 시범실험은 곡선으로 된 장애물에 대한 반사파 관찰 실험이었다.

T: 곡선으로 된 장애물을 또 놓을 거야. 그렇게 한번 해 보고, 어떻게 파동이 진행하는지를 한번 보고 그림으로 한번 그려보자.

T: 그래서 미리 예상해서 활동지에 그림을 그려보는데, 빛의 반사에서 배웠던 거 있지? 반사의 법칙을 적용해서 모두 그려보자. 그리고 지금 1조부터 나와서 이 실험 장치를 보고 들어가는 거야.

5) 학생 조별 실험 - 여러 가지 장애물에 대한 반사파 관찰 및 활동지 작성

∞ 아는 것만큼 보인다. 배경지식이 부족한 학생은 교사가 보여주고 싶은 것을 미처 보지 못하기도 한다.

학생들은 조별로 나와서 여러 가지 장애물에 대한 반사파 관찰 실험을 실시하였다. 교사가 했던 시범실험을 조별로 직접 실시하였으나, 정확한 반사파를 찾아내지 못하는 경우도 있었다.

(조별로 앞에서 실험 장치를 통해 파동을 만들어보는 학생들)

S1: 안보여.

S2: 보여야 되는데, 안 보이니까..

6) 활동지 빈칸 채우기 및 반사파 작도 시범 보이기

교사는 조별 활동을 하는 학생들 사이를 돌아다니면서 관찰을 돕거나 활동지 작성을 도왔다.

학생 조별활동이 끝난 후 나머지 시간 동안 교사는 실물 화상기를 띄워놓고 활동지의 빈칸을 학생들과 함께 채우며 오늘 배운 내용의 주요 개념을 정리하였다.

∞ 과학용어도 학생들에게는 또 하나의 외래어일 수 있다.

활동지 3. 탐구과정

1) 파동의 진행 방향과 물결파의 면이 이루는 각은 몇 도(°) 인가?

______°

2) 입사각(입사파의 진행 방향과 법선이 이루는 각)과 반사각(반사파의 진행 방향과 법선이 이루는 각)은 어떤 관계에 있는가?

① 입사각이 커지면 반사각이 ( ),
입사각이 작아지면 반사각이 ( ) : ______관계

② 입사각과 반사각의 크기는 ( )

T: 자, '물결파의 진행 방향과 물결파의 면이 이루는 각도는 몇 도이지? [그림에서 가리키며]이것이 '파동의 진행방향', 이것은 '물결파의 면'인데 몇 도일까?

S: (몇몇 학생들 대답) 90도

T: 우리가 이 물결파에 수직으로 파면을 표시한 거야. 그래서 90도라는 거 알 수 있겠지. 이제 여기 입사각이 크면 반사각이? 어떻게 되니? 다 같이 얘기해 보자.

S: 커져요.

T: 입사각이 작아지면 반사각이?

S: 작아져요.

T: 작아진다. 이런 관계를 뭐라고 불러?

S: 반비례 관례! 비례관계!

T: 비례관계라고 하지. ㅇㅇ가 한번 얘기해 보자. 입사각과 반사각의 크기는 여기서 어떨까?

S: 같다.

T: 어, 같아 그치?

∞ 이 수업에서 학생들이 학습하기를 바라는 것: 학습목표의 유형이 다양할수록 평가 방법도 더 다양해져야 한다.

그 후 계속하여 활동지를 실물화상기로 보여주면서 직선파의 반사파를 활동지에 작도하였다. 교사는 빛의 반사에서 배운 입사각, 반사각, 법선의 개념을 학생들이 이미 알고 있다고 전제하고, 같은 방식으로 물결파의 반사파를 그려 낼 것을 기대하였다.

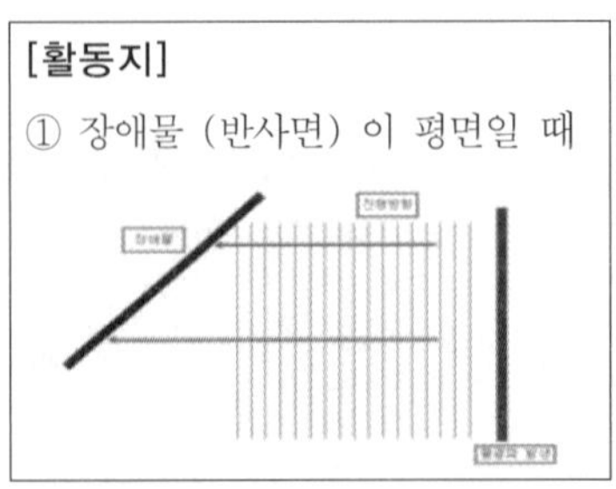

T: **파동의 진행 방향**이 이 방향이야. 자, 진행을 하면 장애물을 만났으니까 어떻게 되어야 해?

S: 반사

T: 반사되도록 하려면 뭘 해야 하지, 여기에? 법선 어떻게 그렸지? 이 경계면과 수직으로 그었어. 자, 그 다음에 무슨 각을 표시할 수 있어?

S: **입사각**

T: 어, 이게 입사각. 입사파와 법선이 이루는 각. 그 다음 무슨 각?

S: **반사각**

T: 어, 반사각 어떻게 그려야 되요? 같게 그려야 되요. (반사각을 그림에 표시하며) 그리면 이쪽으로 진행하는 걸 알 수 있지?

자, 그러면 파동이 진행하는 모습이 이렇게(빨간 펜으로 파동의 진행을 보여줌) 되다가 어떻게 될까?

S: 아래로

T: 아래로 이렇게 내려가겠지? 그것을 한번 연필로 그려보세요. 그래서 너희 책의 그림처럼 격자무늬가 보였지 물결이? 그치? 빛의 반사와 마찬가지로 파동이 이렇게 진행하는 걸 알 수 있었어.

그 다음으로 교사는 반사면이 곡면일 때의 반사파를 활동지에 그리면서 설명하고, 음악당과 위성방송 수신안테나 등 곡면 반사의 실생활 적용 사례를 제시하였다.

학생들이 이 개념을 배워야 하는 이유는?

② 장애물(반사면) 이 곡면일 때 –볼록한 면, 오목한 면

<볼록한 면>

<오목한 면>

▶ 장애물 (반사면) 이 (　　) 할 때 : 파동을 (　　　) 한다. 예) 음악당 천장	▶ 장애물(반사면) 이 (　　) 할 때 : 파동을 (　　　) 한다. 예) 위성 안테나
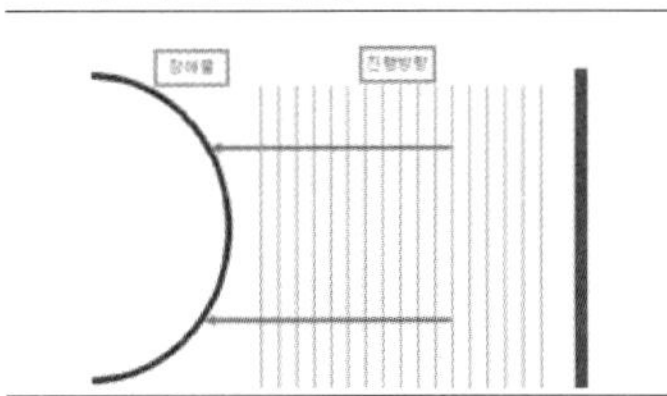	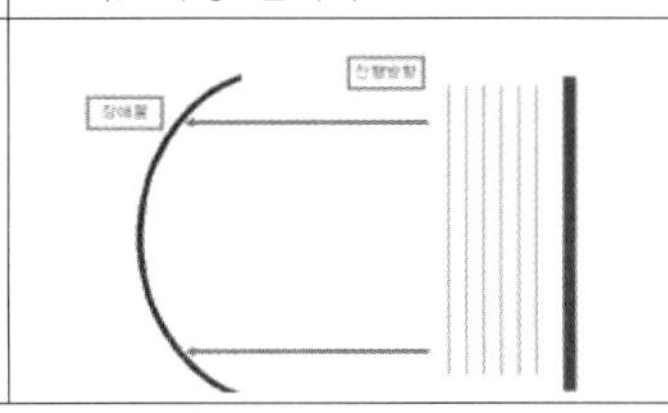

T: 이걸 그릴 수 있지 우리? 곡면 거울에 파동반사 모습을 그릴 수 있지. 우리 했었는데. 거울에서 했던 것과 마찬가지로 법선 그린 후 그 다음에 입사가 어디? 요기지? 반사각은 어떻

게? 입사각과 같은 크기로 반사각을 그리는 거야. 그러면 파동이 이렇게 나가겠지? 그러면 이렇게 진행하던 파가 여기서는 어떻게 되는 거야? 이렇게 가겠지. 그치? 자, 반사면이 볼록할 때는 파동을 어떻게 한다? 퍼지게 한다, 모아지게 한다? 어, 퍼지게 한다는 걸 알 수 있겠지. (중략)

6) 정리 및 차시예고

마지막으로 활동지 '4. 결과정리'의 빈칸을 채우며 파동 반사의 중요 개념을 한 번 더 확인하였다.

활동지 4. 결과 정리

1) 파동의 반사 : 파동은 진행하다가 장애물을 만나면 반사하는데, 빛의 반사와 같이 항상 입사각과 반사각이 (　　　).
2) 곡면에서의 반사 : 파동은 항상 반사의 법칙을 따라 반사하는데, 반사면의 모양에 따라 파동은 퍼지기도 하고 모아지기도 한다.
   ① 볼록한 면 : 파동은 ___________
   ② 오목한 면 : 파동은 ___________

물결파의 반사가 빛 단원에서 배운 반사와 같음을 다시 한 번 강조하고, 다음시간에 굴절파에 대하여 학습하여 볼 것임을 암시하며 수업을 마쳤다.

'파동의 반사'는 이렇게 물결파 실험장치를 이용해 직선과 곡선으로 된 여러 가지 장애물에 대한 반사파를 보여주고, 그 반사 원리를 교사가 설명해 주는 방식으로 진행되었다. 중간에 조별로 직접 물결파 실험장치로 나와 반사파를 관찰하여 활동지에 그리는 것을 제외하고, 나머지 대부분 시간 동안 교사의 시범실험과 설명으로 진행이 되었다. 교사가 던지는 대부분의 질문은 학생의 대답을 듣기 위한 질문이라기보다는, 설명을 위한 폐쇄형 질문이 많았으며, 학생들은 대체로 수업 내용을 어려워하였다.

∞ 교사는 학생들을 참여시키고 사고를 자극할 수 있는 효과적인 시범실험, 비유나 활동 등을 그들의 교수활동 레퍼토리에 계속 추가해 나간다.

<2차시 : 파동의 굴절과 회절>

1) 전시학습 복습 및 본시학습 내용 안내

2차시는 전 시간에 배운 파동의 반사를 복습하면서 시작하였다. 파동의 반사에서 입사각과 반사각의 관계, 우리 주변에서 찾을 수 있는 반사 현상의 예를 복습한 후, '매질의 성질이 바뀌어서 파동이 굴절하는 것'을 관찰할 것이라고 학습목표를 제시하였다.

T: 자, 이번에는 파동이 장애물을 만나는 게 아니라 매질이 달라지는 거야. 빛이 공기에서 물로 매질이 다른 곳을 진행하는 걸 배웠지. 근데 이번에는 파동이 매질의 성질이 바뀐 곳으로 갈 때, 꺾이는 것을 알아볼 거야.

실험장치는 전 시간과 같은 물결파 투영장치를 이용하였으며, 유리판을 놓아 물의 깊이를 달리하여 파동의 굴절 현상을 관찰하는 실험임을 학생들에게 소개하였다.

2) 굴절파 시범실험 및 원리 설명

교사는 먼저 물결파 투영장치를 이용하여 물의 깊이가 다른 경계면에서

∞ 과학에 대한 호기심, 열정, 과학적 태도, 과학적 탐구 활동 등에서 교사 스스로 학생들에게 모범이 되어야 한다.

> 교사는 수업 참여도를 높이기 위하여 적절한 비유나 예시를 활용하며, 과학개념의 현실적인 적용 사례를 적극 소개한다.

물결파가 굴절하는 것을 스크린으로 보여주었다. 그러나 스크린의 여건과 실험장치의 한계, 과학실의 여건상 굴절파가 분명하게 관찰되지는 않았다. 교사는 활동지에 다음 그림과 같은 모식도를 제공하고, 굴절파의 개념과 진행 원리를 설명하였다.

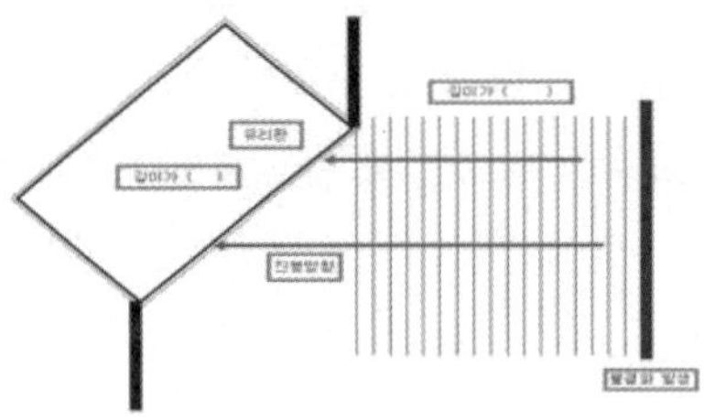

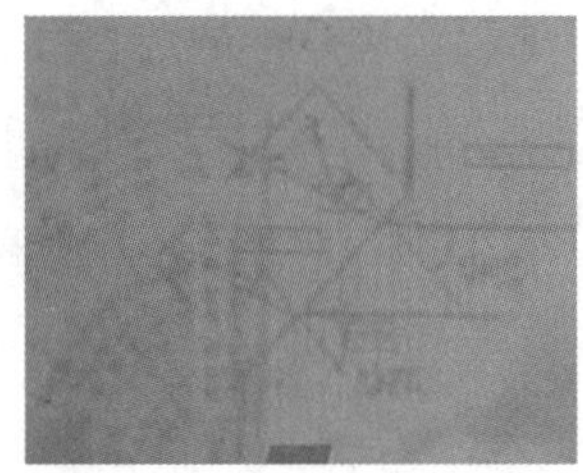

먼저 물의 경계면에서 법선을 그리고, 물의 깊이가 깊은 곳에서 얕은 곳으로 진행해 갈 때 물결파의 속력이 느려지므로 입사각보다 굴절각이 작아진다고 설명하였다. 그리고는 입사각과 굴절각, 굴절된 파동의 진행방향을 직접 작도하였다. 활동지에 교사가 작도하는 모습은 실물 화상기를 통해 학생들이 볼 수 있었다.

T: 자, 파동의 진행 방향이 이렇게 지금 가고 있어. 그러다가 경계면을 만났어. 그러면 뭘 그어야 되지 여기다가?

S: 법선

T: 그래, 법선을 그어야지. 그 다음에 뭘 표시할 수 있을까요? 무슨 각? 파동의 진행하고 법선이 이루는 각, 입사각이고, 여기도 입사각이겠지. 그 다음에 어떻게 진행할까? 속력이 어떻게 된다고? 느려져. 그럼 각을 어떻게 그리면 되니? 우리 빛에서 했잖아. 어, 굴절각이 더 작게 그리지. 작게 진행하게 그리면 이렇게 진행을 하겠지. (중략) 이렇게 가다가 어디로? 이쪽으로 쭉 휘어간다는 거지. 그러면 파동의 속력이 이떻게 될까? 얕은 물에서는 속력이? 느려져. 느려진다는 것은 어떻게 된다는 걸까? 이 파장의 길이가? 짧아질까 넓어질까?

S: …

T: 속력이 느려지면 파장의 길이가 짧아져.

교사는 파동의 굴절을 설명하기 위하여 빛에서의 굴절 현상, 법선, 입사각과 굴절각, 물의 깊이에 따른 속력변화, 속력 변화에 따른 파장의 길이 변화, 파동의 진행방향 등을 언급하였다. 학생들은 교사의 질문에 잘 대답하지 못하였으며, 교사의 작도시범과 원리 설명이 끝난 후 학생들 개별적으로 활동지에 작도를 하도록 하였으나 작도를 잘 하지 못하는 학생도 다수 눈에 띄었다. 또한 교사가 보인 작도 시범은 후에 전문가 협의회에서 굴절각이 일정하지 않고 굴절파의 파장 변화를 고려하지 않은 채 그려져 부정확한 작도라는 지적을 받았다.

> ∞ 학생들은 교실 논의에 참여함으로써 과학적 담론에 필요한 고유한 용어를 학습하게 된다.

3) 굴절 관련 활동지 빈칸 채우기

교사가 굴절의 원리를 설명한 후 학생들에게 활동지에 굴절파 작도를 하도록 하게 한 다음, 활동지의 빈칸을 채워가며 주요 내용을 정리하였다. A교사의 활동지는 수업 내용 중의 중요한 단어나 개념을 묻는 형식의 빈칸 채우기가 많은 것이 특징이었다.

〈활동지〉

◆ 파동의 (　　　) ◆

1) 유리판을 놓은 부분의 깊이는 놓지 않은 부분과 비교하면 깊이가 (　　　)다.
2) 물결파가 깊은 물에서 얕은 물로 진행할 때 물결파의 속력이 (　　　)
3) 깊은 물에서의 파동의 진행 방향과 경계면에 수직인 선(법선) 이 이루는 각은 (　　　각) 이고 , 얕은 물에서의 파동의 진행방향과 경계면에 수직인 선(법선)이 이루는 각은 (　　　각) 이다.
4) 아래 그림과 같이 물결파가 깊은 물에서 얕은 물로 진행할 때 (　　각) 은 (　　　각) 보다 크다.

> ∞ 강의가 시작되고 나서 학생들의 기억률은 급격히 떨어진다고 한다. 학생들의 집중력 저하와 정보량 과다가 그 이유일 것이다.

4) 소리의 굴절현상 - '낮말은 새가 듣고, 밤말은 쥐가 듣는다.'

파동의 한 종류인 소리 또한 굴절이 됨을 '낮말은 새가 듣고, 밤말은 쥐가 듣는다'는 속담으로 설명하였다. 교사는 칠판에 그림을 그려가며 소리의 굴절 현상의 원리를 조목조목 설명하였다. 이를 위하여 낮과 밤에 지표면과 상공 공기의 온도차이, 온도에 따른 소리의 속력 변화, 매질, 매질 분자의 운동, 입사각, 법선, 굴절각, 속력에 따른 입사각과 굴절각의 변화 관계 등의 개념을 이용하였다. 그리고 난 후 학생들에게 밤에 소리가 어떻게 굴절될지 그려보도록 하고 결과를 정리해 주었다. 대부분의 시간동안 교사는 원리를 설명하였고, 학생들은 설명을 듣고 난 후 잠시 그림을 그렸다.

⇴ 다양한 표상 수단을 동원하여 학생들이 이해할 수 있는 형태로 과학 내용을 제시해야 한다.

5) 회절 시범실험 및 원리 설명

이어서 교사는 회절 시범실험을 하였다. 파장의 속도와 틈 사이의 간격이 변할 때 각각 회절의 양상이 어떻게 달라지는지 관찰하도록 하였다.

> T: 자, 이번에는 장애물 두 개를 이용해서 틈을 만들 거야. 그 사이로 파동이 진행하는데, 두 가지를 변화시켜 어떻게 되는지 볼 거야. 하나는 속도를 조절해서 파장을 달리 할 거구, 그 다음에 두 번째는 이 **틈 사이를 벌렸다가 좁혔다가 해 볼 거야. 예상을 한번 해 볼까? 어떻게 될까?**

틈을 지나 장애물 너머로 관찰되는 파장을 '회절'이라는 용어를 도입하여 설명하였다.

T: 자, 여기 보면 이렇게 동글동글 나타나는 거 보여? 이렇게 동글동글 파동이 돌아서 꺾인다. 그래서 돌아올 '회'자를 쓰고 꺾을 '절'자를 써서 우리가 회절한다고 그래 파동이.

스크린에서는 회절 현상이 뚜렷하게 보이지 않았다. 교사는 ppt 화면을 보여주면서 다시 파장이 길수록 회절이 잘되며, 장애물 사이의 틈이 좁을수록 회절이 잘 된다고 설명하였다.

T: (회절현상 정지사진을 보여주며) 첫 번째는 파장을 달리 했을 경우야. 밝은 데에서 밝은 데까지가 파장인데 짧은 파장을 보내면 파동이 이 뒤에까지도 전달되는 게 있어 없어?

S: 없어요.

T: 이번엔 장애물 사이의 틈을 달리했어. 자, 이것(틈이 좁은 것)과 이것(틈이 넓은 것)을 완전히 비교해보면 이건(틈이 좁은 것) 잘 안보이지만 이런 원형 형태로 쫙 나타나. 그래서 이렇게 장애물의 뒤에까지도 파동이 전달되는데, 이(틈이 넓은 것) 같은 경우는 어떻게 되냐면 그냥 앞으로만 나가. 요 뒤에, 장애물 뒤에까지 오는 파동이 거의 없어요. 그래서 이 틈이 어떨수록 회절이 잘 되는 걸 알 수 있지?

6) 회절현상 활동지 정리하기

파장의 길이와 장애물 틈 사이 간격 넓이에 따른 회절 현상을 설명한 후 그것을 학생들이 활동지에 직접 그려 넣도록 하였다.

2) 파장에 따른 (　) 정도: 슬릿(틈) 간격 일정	3) 슬릿 (틈) 간격에 따른 (　) 정도: 파장 일정
① 파장의 길이가 길 때: 장애물의 뒤쪽까지 (　　)이 잘 된다. 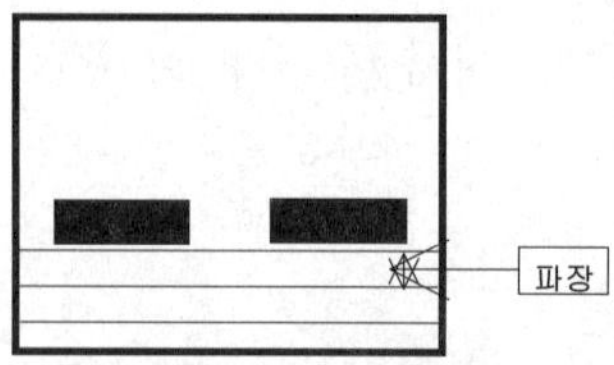 예) AM : 파장이 긴 전파를 이용, 음질이 떨어지나 중계소 적다. ② 파장의 길이가 짧을 때: 장애물의 뒤쪽까지 (　　) 이 잘 안 된다. 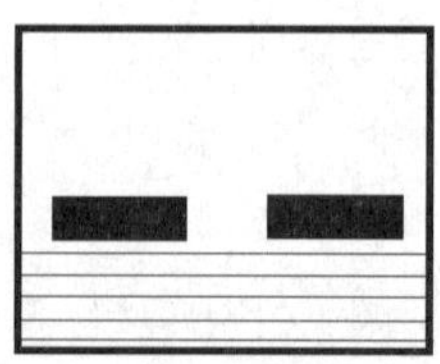 예) FM : 파장이 짧은 전파를 이용, 음질이 좋으나 중계소 많다.	① 슬릿(틈) 간격이 좁을 때: 장애물의 뒤쪽까지 (　　) 이 잘 된다. 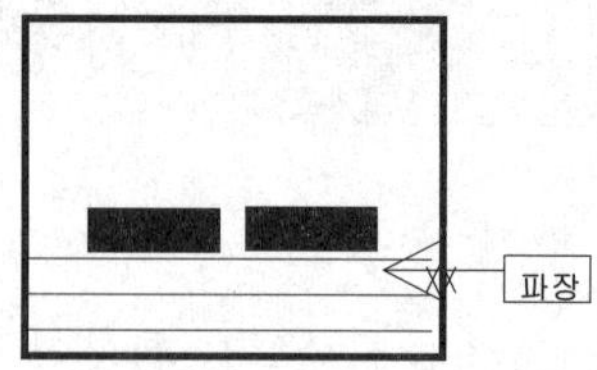 ② 슬릿(틈) 간격이 넓을 때: 장애물의 뒤쪽까지 (　　) 이 잘 안 된다. 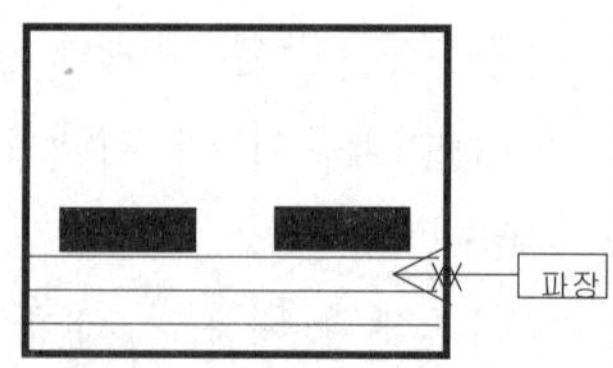

7) 정리 및 차시예고

⇨ 수업의 마무리 단계에서 교사는 학생들에게 '우리가 무엇을 했고, 왜 그렇게 했는지'를 생각해보게 한다.

마지막으로 활동지 '결과 정리'칸에 파동의 굴절과 회절이라는 용어와 주요 개념 설명어를 빈칸에 채워 넣은 후, 본 시간에 배운 파동의 굴절과 회절을 한 번 더 용어풀이와 함께 정리하였으며, 전 시간에 배운 반사와 함께 굴절, 회절을 파동의 세 가지 성질로 정리하고 수업을 마무리하였다.

4. 결과 정리

1) 파동의 (　　) : 파동이 진행할 때 매질이 달라지면 그 경계면에서 꺾이게 되는 현상.　→ 두 매질에서의 파동의 (　　) 이 변하여 진행방향이 변한다.

예) 물의 깊이가 깊을수록 물결파의 속력이(　　　).

낮말은 새가 듣고 밤말은 쥐가 듣는다.

2) 파동의 (　　) : 파동이 진행하다가 장애물을 만나면 그 끝에서 퍼져 장애물 뒤쪽으로 진행하는 성질.

A교사가 진행한 파동의 반사, 굴절, 회절에 대한 2차시 수업의 흐름을 간략히 요약해 보면 다음과 같다.

〈1차시〉 파동의 반사	〈2차시〉 파동의 굴절과 회절
1. 수업주제 제시 및 실험장치(물결파 투영장치) 소개	1. 전시학습 복습 및 본시학습 내용 안내
2. 진동수 변화에 따른 파장의 변화 설명, 물결파의 진행원리 설명	2. 굴절파 시범실험 및 원리 설명
3. 첫 번째 시범실험과 설명 - 직선으로 된 장애물에 대한 반사파 관찰	3. 굴절 관련 활동지 빈칸 채우기
4. 두 번째 시범실험과 설명 - 곡선으로 된 장애물에 대한 반사파 관찰	4. 소리의 굴절현상 - '낮말은 새가 듣고, 밤말은 쥐가 듣는다.'
5. 학생 조별 실험 - 여러 가지 장애물에 대한 반사파 관찰 및 활동지 작성	5. 회절 시범실험 및 원리 설명
6. 활동지 빈칸 채우기 및 반사파 작도 시범 보이기	6. 회절현상 활동지 정리하기
7. 정리 및 차시예고	7. 정리 및 차시예고

⚭ 교사는 수업의 시작부에서 선행학습을 복습하여 새로운 정보가 선행학습의 내용 속에 연결될 수 있도록 한다.

A교사 수업의 특징

A교사의 수업은 다음과 같은 특징을 가지고 있었다.

첫째, 현상에 대한 개념과 원리의 설명이 많은 '학문 중심적인 수업'이었다. 관찰보다 파동의 반사, 굴절, 회절 현상에서 파동의 진행방향 변화를 설명하기 위하여 반사의 원리, 입사각, 반사각, 법선, 파동 속도의 변화 등의 개념을 일일이 상세하게 언급하였으며, 학생들이 이를 이해하고 직접 파동의 진행방향을 활동지에 작도하는 활동으로 이루어져 있었다.

개념적으로 명확한 목표는 수업의 초점을 제공한다.

둘째, 개념과 원리에 대한 설명이 많은 만큼 대부분의 시간 동안 교사의 설명 위주로 수업이 진행되었다. 교사는 원리를 설명하고 학생들은 교사의 설명을 들은 후 교사의 작도 시범을 보면서 활동지에 반사파, 굴절파, 회절 현상 등을 그리거나 빈칸을 채워 나갔다.

셋째, 수업의 흐름은 '교사의 시범실험 → 개념과 원리 설명 → 학생의 확인실험 → 활동지를 채우며 정리하기'로 진행되었다.

넷째, 교사가 하는 질문은 대부분 설명을 하기 위한 질문, 즉 폐쇄적 질문이었다. '왜 그럴까?'혹은 학생의 생각을 묻는 질문이라기보다는, 학습 내용을 기억하고 있는지를 묻거나 단순하게 눈으로 관찰되는 사실을 묻는 성격의 질문이었다.

T: 자, 파동이 진행하는 것을 눈으로 볼 수가 있지? 그래서 선생님이 진동수를 조절했어. 아주 조금만 속도를 조절하면, 자 진동수가 어떨까 이때?

S: 작아...

T: 어, 진동수가 작아. 조금만 돌렸어. 빨리 돌리면? (계속해서 학생들과 함께 스크린을 보면서 시범을 보인다) 진동수가 커지겠지. 자, 이때 변화가 있어. 어떤 게 변하지? 진동수가 변하니까 무늬가 어때? 진동수가 빨라지니까 무늬 사이의 간격이?

S: 촘촘해져요

T: 왜 좁아질까? (학생들이 뭐라고 말하지만 계속 설명한다) 우리가 용수철을 살살 흔들었을 때랑 빨리 흔들었을 때랑 똑같은 거야. 그치?

두 번째 사례 - 자신의 말로 표현해 봐

B교사는 파동의 반사, 굴절, 회절을 주제로 한 차시동안 수업을 진행하였다. A교사와 같이 물결파 투영장치를 수업에 활용하였으며, 캠코더로 물결파를 촬영하여 스크린을 통해 물결파의 반사, 굴절, 회절 현상을 보여주었다.

∞ 학생의 추론 과정을 말로 설명하게 함으로써 다른 학생의 이해를 도울 수 있다. 이러한 설명과정을 통하여 학생들은 동일한 이해수준에 도달할 수 있게 된다.

1) 전시학습 확인 및 본시학습내용 안내

전 시간에 배운 종파, 횡파, 마루, 골, 진폭, 진동수의 개념을 복습하고, 오늘 공부할 내용이 적혀있는 활동지를 한번 훑어보도록 하였다.

T: 그러면 오늘 할 거 한번 봐. 활동지를 봅니다. 뭘 할 건지 봐. 죽 한번 읽고 실험을 하도록 한다. (학생들이 활동지를 죽 읽는다.)

2) 수업활동 안내

물결파 투영장치를 소개하고, 물결파를 발생시켜 학생들이 이를 관찰한 다음 활동지에 그리는 형식으로 진행할 것이라고 설명하였다. 실험은 크게 두 가지로 나눌 수 있었다. 작은 구를 진동시켜 원형파를 발생시키는 경우와 자를 진동시켜 직선파를 발생시키는 것이었다. 각각의 실험은 교사가 시범실험을 보이면 학생들은 진동수의 변화에 따른 파장의 길이, 파동의 반사, 파동의 굴절과 회절을 관찰하는 활동으로 이루어져 있었다. 교사는 물결파가 눈에 잘 보이지 않으므로 주의를 기울여 관찰할 것을 학생들에게 여러 차례 당부하였다.

T: 자, 너희들 여기 봐. 여기 물이 지금 고여 있는데, 여기 이런 걸 가지고 요 빨간 부분을 물 수면 위에 닿게 해 가지고 이렇게 흔들어 주면 어떤 파동이 만들어질 것인가 말이야. 그럼 내가 해 줄 테니까 너희들이 본대로 그리면 되겠지. 다음 두 번째는 긴 막대, 지금 요 안에 매달려 있는데 요런 막대를 수면에서 계속 진동시켜 주면은 파 모양이 어떻게 만들어질 것인가? 역시 그리면 됩니다. (중략)

T: 이런 직선파가 지나갈 때 얕은 곳과 깊은 곳에서 파의 모양이 어떻게 달라지는지 너희들이 관찰하고 기록하면 돼. **그런데 생각보다 아주 선명하게 보이거나 그렇지 않아. 너희들이 아주 예리하게 봐야 돼.**

∞ 수업에서 교사의 창의성은 결국 학생의 동기를 유발하는 교사의 능력으로 귀착된다.

3) 활동1-진동수 변화에 따른 직선파의 파장변화 관찰

첫 번째 실험은 진동수를 변화시키면서 직선파의 파장 변화를 관찰하는 실험이었다. 교사는 물결파 투영장치로 직선파를 발생시키면서 동시에 캠코더로 촬영하여 스크린에 파동을 보여주었으며, 학생들이 이를 관찰하도록 하였다. 진동수가 변화할 때 파장이 변화하는 것을 관찰해 낸 학생을 손을 들게 한 후, 학생들이 자신이 관찰한 것을 발표하도록 하였다. 그리고 난 후 교사는 학생들의 발표 내용을 종합하여 진동수가 증가할 때 파장이 짧아지고, 진동수가 감소할 때 파장이 길어진다고 정리해 주었다.

T: 긴 막대를 진동시킬 때 이 모양이야. 관찰해서 그리면 돼. 수면 위에서 이런 막대기가 이렇게 물을 두드리고 있는 상황이야. 자 다음에, 내가 진동수를 계속 많이 증가시켜본다. 진동수를 증가시켜보겠어.
S: (관찰한다)
T: 자, 이게 진동수를 증가시킬 때고, 다음에 진동수를 감소시킬 때 어떻게 될까.

S: (관찰한다. 학생들이 관찰할 시간을 충분히 준다)

T: 자, 이거는 진동수를 줄인 상황이야. 자, 무슨 차이가 보이죠?

S: 네

T: 어, 무슨 차이가 보여. 자 그렇게 기록을 하고, 어떤 차이를 발견했는지 발표해 볼 사람?
어, (발표할 사람이) 한 명 밖에 없어?

S: 저요!, 저요! (여기저기서 손을 든다)

T: (손을 든 학생의 수를 세며) 두 명, 세 명. (한 학생을 지목하여 발표하도록 한다)

S: 진동수가 적을 때는 파장의 길이가 넓고, 진동수가 많을 때는 진동수가 적을 때 보다 파장의 넓이가 좁다.

T: 다음에? (또 다른 학생을 지목한다)

S: 파장의 폭이 어, 넓어지면, 어.. 속도는 그러니까, 파장을, 진동을 빨리 했을 때는 파장의 폭이 좁고, 속도는, 진동을 느리게 했을 때가 더 느리고, 그 다음에는 진동수를 빠르게 했을 때는 속도가 더 빨랐어요.

T: 자, '간격'이라는 표현을 썼고, '속도가 빠르고 느리다'라는 표현을 썼고. 너희들은 알아서 정리해. 자기가 판단해 가지고. (스크린 앞으로 가서 계속 진행하고 있는 물결파의 그림자를 보면서 설명한다)

∞ 수업에서 ICT가 활용하기도 한다. 우리가 가르치는 일부 주제는 표현하기가 어렵고 이러한 어려움은 학습의 어려움으로 연결된다. 이러한 주제의 경우에는 ICT가 효과적으로 활용될 수 있다.

<활동지 내용>

긴 막대를 진동시킬 때 모양	
진동수 적을 때	진동수 많을 때
[알게 된 사실]	

T: 세 명 발표 했는데, 세 명 의견을 종합해 보면 이런 거네. 지금 어둡게 보이는 부분하고 어둡게 보이는 요 부분, 이 부분이 너희들은 지금 파장으로 받아들이는 거잖아.

S: 네

T: 지금 내가 탁, 정지시킬 수가 없어서 그러는 건데, 이 까만 것에서 까만 것까지의 거리가 파장 맞아. 진동수를 증가시킬 때 간격이 어떻게 되었지?

S: 좁아져요.

T: 좁아지고, 진동수를 천천히 하면은 간격이 넓어지니까 파장이?

S: 길어져요.

T: 어, 길어진다는 사실을 확인할 수 있어. 그냥 그게 너희들이 관찰한 결과야. 너희들이 관찰을 좀 진지하게 하지 않으면 너희 눈에 보이는 게 거의 없어. '저게 뭐야, 그냥 뭐 흔들리다 마는 거다, 어이구 어지러워라' 뭐 이 정도 밖에 안 된다고. 그러니까 조금 진지하게 관찰을 해야 돼.

S: 네

⇴ 일반적으로 학생들이 어릴수록 또는 학습주제와 관련된 경험이 적을수록 보다 구체적인 사례와 볼거리를 준비해야 한다.

4) 활동 2-직선파의 반사파 관찰

직선으로 된 장애물을 놓고 직선파를 발생시켜 장애물에 반사되는 시범 실험을 보였다. 반사파에 대한 언급이나 사전 설명 없이, 장애물을 놓았을 때의 변화를 학생들이 스스로 관찰해 내도록 유도하였다. 교사는 관찰에 충분한 시간을 제공하였으며, 장애물에 부딪히고 난 다음 파의 변화에 주목하도록 힌트를 주면서 학생들의 관찰을 계속 안내하였다. 학생들이 제대로 관찰을 할 때까지 계속 실험을 반복하였다. 몇몇 학생들이 반사파를 관찰하자 이 학생들을 앞으로 불러내 직접 자신이 관찰한 것을 설명하도록 하였으며, 설명이 끝난 후 다시 반사파를 보여주면서 나머지 학생들 모두가 반사파를 직접 확인하도록 했다.

T: (장애물과 물결파가 충돌하는 부분을 가리키며) 이 부분만큼은 이것과 충돌을 했잖아. 그런 후 어디로 진행했어? 혹시 자세히 본 사람? (손을 든 학생을 시켜서 앞에 나와서 파의 진행

을 설명하도록 한다) 자, 오고 있다, 부딪혔다, (학생은 엉뚱한 방향을 가리킨다) 그렇게 갔어? 좋아. 아니, 다시 관찰할 시간을 줄게. 잘 봐! (다시 반사파를 보여주면서 학생들이 관찰하도록 한다) 보이는데?

S: (몇몇 학생들이 반사파를 발견하고는) 아~

T: 자, 눈에 보인 사람? (또 한 학생이 앞으로 나와 스크린 앞에서 물결파의 진행을 설명한다)

T: 이렇게 와 가지고, (학생이 올바른 방향을 가리킨다.) 그렇지, 이렇게 가는 게 보였어.

S: (학생들 반사파를 알아내고는 탄성을 지른다)우와...

T: 다시 봐. (다시 한 번 반사파를 관찰하도록 보여준다.)

> 모든 학생들은 학습 상황에 상당량의 배경 지식을 가지고 들어오며, 이러한 지식은 학생들의 학습에 영향을 미친다.

직선 장애물에 부딪힐 때

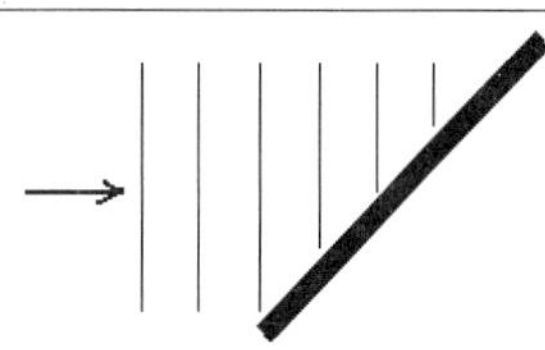

[관찰한 사실]

S: 우와~~~ (환호성)

T: 봤지? 그거야.

5) 활동 3-직선파의 굴절파 관찰

계속하여 유리판을 물속에 넣어 수심을 변화시키고 굴절 현상을 관찰하도록 하였다. 유리판이 있는 곳은 수심이 얕아지고, 유리판이 없는 곳은 수심이 깊다는 것을 알려준 다음 수심이 깊은 곳에서 얕은 곳으로 갈 때 물결파의 변화를 관찰하도록 하였다. 처음에는 유리판을 파동의 진행방향과 나란히 놓고 굴절파의 방향이 변하지 않은 조건에서 파장이 짧아진다는 것만 먼저 관찰하게 한 다음, 유리판의 각도를 틀어서 입사각이 생길 경우 파동의 방향이 변화함을 보여주었다. 앞의 실험과 마찬가지로 먼저 파동을 보여주고 학생들이 관찰하도록 하게 한 다음, 관찰한 학생들이 자신의 언어로 발표하도록 하였다. 학생들이 굴절파를 관찰하여 설명하고 난 다음에 비로소 교사는 굴절파에서의 파동 진행방향 변화나 파장의 길이 변화를 정리하여 주었다. 또한 깊이에 따른 파장의 길이 변화를 바닷가에서 파도가 육지에 다가올수록 간격이 좁아지는 현상과 관련지어 설명하였다.

∞ 교사의 일방적인 설명은 대부분의 학생에게 유의미한 설명이 되기 어렵다.

깊은 곳에서 얕은 곳으로 갈 때

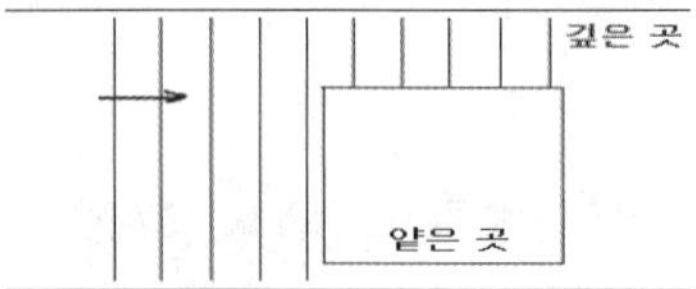

[관찰한 사실과 굴절이유]

T: 바닷가에 파도가 어떻게 될까? 파도 모양이? 일자로 쫙 가고 있지. 그런데 바닷가 파도가 일자로 가나?
S: 아니요, 휘어져요
T: 그러면은 바다 밑에 수심이 어떻다는 것이지?
S: 얕다.
T: 아니, 모두 다 위치에 따라 다르다. (다시 굴절파를 보여주며) 자, 보인다. 어떻게 보이지?
S: 올라가요! 휘어져서 보여요!
T: 휘어져서 보이기도 하지만?
S: 올라가요. (학생들이 서로 발표하겠다고 손을 든다. 교사가 한 학생을 지목한다)
S: 저기, 수심이 얕은 곳은 파장이 좁은데, 깊은 데는 파장이 길이요.
T: 이게 눈에 보여?
S: 네

T: 선생님이 설명하니까 보이는 거지?

S: 아니요.

T: 그러면은 결론은 뭐지? 바다 깊이가 얕을수록 파장이 좁아진다. 이런 경우도 있어. 너희들 저 바다에 가면, 먼 곳의 파도는 간격이 넓은데, 다가올수록 어떻게 되지?

S: 좁아져요.

T: 맞아요. 파동의 속도가 느려져서 그래. (스크린을 가리키며) 지금 잘 보여? (깊은 곳을 가리키며) 여긴 상당히 넓지?

S: 네

T: (얕은 곳을 가리키며) 여긴 상당히? (좁아요) 좁게 관찰 되죠.

∞ 교사는 학생들이 자유롭게 자신의 의견을 발표하고 활동을 즐길 수 있는 수업 분위기를 조성해야 한다.

6) 활동 4-진동수 변화에 따른 원형파의 파장 변화 관찰

직선파와 같은 형식으로 이번에는 작은 구를 진동시키면서 원형파를 발생시켜 보여주었다. 진동수를 변화시킬 때 원형파의 파장이 어떻게 변화하는지 학생들이 관찰하여 활동지에 그려 넣도록 하였다. 학생들의 관찰과 기록이 끝난 후, 진동수가 커지면 파장이 작아짐을 교사가 정리해 주었다.

한 점을 진동시킬 때 모양	
진동수 적을 때	진동수 많을 때
[알게 된 사실]	

7) 활동 5-원형파의 반사파 관찰

원형파의 반사파를 그림과 같이 관찰하도록 한 다음, 학생이 관찰한 것을 발표하고 교사는 반사파의 진행 방향을 정리해 주었다.

긴 막대를 진동시킬 때 모양

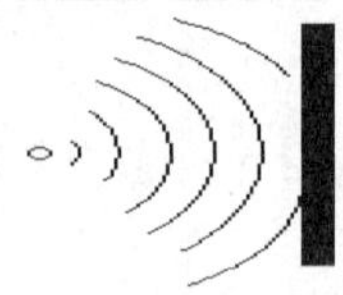

[관찰한 사실]

8) 활동 6-회절 현상 관찰

회절 현상을 보여주기 전에 교사는 진동중심에서 파장이 발생하는 상황 대신 총알을 쏘는 상황을 가정하고, 장애물 너머로 총알이 넘어갈 수 있을지 예측해 보도록 하였다. 총알은 '입자설'을 대신하는 개념으로 입자설을 가지고 설명할 수 없는 현상을 '파동설'로 설명할 수 있음을 암시하는 것이다. 학생들은 이러한 교사의 설명을 듣고 총알과는 다르게 좁은 틈 사이로 파동이 돌아나가 다시 퍼져 나가는 '회절' 현상을 관찰한 후 탄성을 질렀다. 학생들이 관찰하고 난 후 관찰한 내용을 기록하고 설명하게 한 후, 교사는 '회절'이라는 용어를 도입하고 회절 현상을 설명해 주었다.

T: 지금 동그란 파가 나올 거야. 장애물에 조그만 틈이 있잖아. 여기 지나가는 파동이 어떻게 되는지를 관찰하는 거야. 먼 곳에서 장애물을 향해 누가 총을 쏜다고 생각해 봐. 그러면 장애물 있는 곳 뒤쪽은 총알이 못가지?

S: 네

T: 좁은 틈을 지난 총알은 뒷부분까지 도달할 확률이 있지? 여기 [틈의 옆 부분에] 총알이 올 확률이 있니?

S: 아니요.

T: 그런데 파동은 이제 이 틈을 지나면 차이가 뭘까? 비교해서 생각해 보길. (실험 장치를 켜서 틈으로 파동이 회절되어 퍼져나가는 것을 보여준다)

S: 우와! 틈으로 빠져나가.

T: 자 (자신이 본 것을) 설명해 볼 사람?

S: (여러 학생이 손을 든다)

S: (틈으로) 나와서 파동이 계속 퍼져 나가요.

T: 그렇게 지금 퍼져 나갔지? 예를 들면, 총알 같으면 그냥 이렇게 (직진해서) 나갈 뿐이지?

S: 네

T: 그런데 파동은 어떻게 돼? 여기까지 파동이 전달되어서 또 퍼져 나가지? 이런 것을, 따라해, 회절이라고 그래. 회절!

S: (학생들 따라한다)회절!

T: 장애물이 있더라도 장애물의 뒤에 파동이 또 전달되는 현상을 회절이라고 그래.

회절이라는 용어를 도입하면서 동시에 앞에서 관찰했던 굴절과 반사라는 용어도 함께 도입하고 각각을 설명하였다. B교사의 수업은 관찰이 충분히 이루어진 이후에 수업의 마무리 단계에서 파동의 반사, 굴절, 회절이라는 용어와 개념이 도입되는 귀납적인 수업이었다.

T: 아까 깊은 곳에 있는 파동이 얕은 곳으로 갈 때 파동이 꺾어졌지? 이런 것들을 굴절이라고 해. 굴절

S: (학생들 따라한다) 굴절!

T: 굴절은 어떤 경우에 생긴다고?

S: 깊은 곳에서 얕은 곳으로 갈 때요.

T: 오늘 배운 것, 진행하던 파동이 장애물을 만나면 파동이 어떻게 됐지?

S: 되돌아 나와요.

T: 맞아. 이것을 파동의 반사라 한다. 반사!

S: (학생들 따라한다) 반사!

T: 다음, 깊은 곳에서 얕은 곳으로 갈 때는 파동의 파장이 어떻게 됐어?

S: 달라졌어요.

T: 달라졌지. 이것을, 파동의 굴절, 굴절!

S: (모두) 굴절!

T: 다음에 조그만 틈이 있어도 소리가, 파동이 나가는 것은?

S: 회절이요.

9) 활동지 정리하기 문제 풀이

∞ 마무리 단계에서는 학생들의 답변의 범위를 좁힐 수 있는 질문을 던지게 된다.

∞ 학습 내용을 유의미하게 만들려면 학생들은 교실 밖 상황에 이를 적용할 수 있어야 한다.

마지막으로 교사는 일상생활 속에서 발견할 수 있는 굴절과 회절 현상으로 설명할 수 있는 현상을 활동지에 제시하고, 그것을 학생들이 설명해 보도록 하였다.

> 5. 다음 문제를 해결하여라.
> (1) 파도가 해안 가까이 올수록 파장은 어떻게 변할까? 이유는?
> (2) 낮말은 새가 듣고 밤말은 쥐가 듣는 이유는?
> 6. 좁은 틈만 있어도 소리를 들을 수 있는 이유를 위 실험 중에서 설명하여라.

소리도 파동의 한 종류임을 기억하게 한 다음, 좁은 틈으로 소리를 들을 수 있는 이유를 파동의 회절 현상으로 설명하도록 하고 수업을 마무리하였다.

B교사가 진행한 파동의 반사, 굴절, 회절에 대한 1차시 수업의 흐름을 간략히 요약해 보면 다음과 같다.

〈파동의 반사, 굴절, 회절〉

1. 전시학습 확인 및 본시학습내용 안내
2. 수업활동 안내
3. 활동1-진동수 변화에 따른 직선파의 파장변화 관찰
4. 활동2-직선파의 반사파 관찰
5. 활동3-직선파의 굴절파 관찰
6. 활동4-진동수 변화에 따른 원형파의 파장 변화 관찰
7. 활동5-원형파의 반사파 관찰
8. 활동6-회절 현상 관찰
9. 활동지 정리하기 문제 풀이

B교사의 수업은 다음과 같은 특징을 가지고 있었다.

∞ B교사 수업의 특징

첫째, 학생들이 현상을 관찰하고 스스로 현상 속의 변화를 발견해내는 수업이었다. 교사는 학생들이 물결파의 반사, 굴절, 회절을 관찰할 수 있도록 충분한 시간을 제공하였으며, 다양한 관찰 활동을 마련하였다. 또한 잘 눈에 보이지 않는 파동들을 찾아낼 수 있도록 효과적으로 유도하였다. 현상에 대한 관찰에 주로 많은 시간을 투자하였으며, 그 원리에 대한 설명은 상대적으로 적은 편이었다.

∞ 교사는 새로운 개념을 도입할 때, 개요나 사례를 활용하여 학생들이 새로운 개념을 그들의 선행지식과 연결할 수 있도록 돕는다.

둘째, 학생들의 수업 참여도가 매우 높았으며, 교사와 학생간의 상호작용이 활발하였다. 학생들은 자신이 관찰하여 발견해 낸 것을 발표하는 활동에 적극적으로 참여하였으며, 학생들의 목소리가 살아있는 수업이었다.

교사는 학생들이 발표 내용이 옳고 그른 것과 상관없이 학생들의 목소리를 존중하고 학생들이 계속하여 과학적인 관찰과 설명 활동에 참여하도록 효과적으로 북돋아 주었다. 교사와 학생 간에 관찰된 사실을 설명하고 이 이유를 설명하는 등 과학적인 대화가 활발하게 오고 갔으며, 교실에는 과학적인 문화가 존중되어지고 있었다.

∞ 한 수업에서 다른 수업으로 전환할 때 학생들을 수업으로 끌어들이기 위해 수업의 시작부에 흥미로운 무언가를 제공하여 학생들에게 전환이 일어나고 있음을 알려야 한다.

셋째, 수업은 '관찰 → 학생들 간에 발견 내용 공유(발표, 언어화)→정리와 종합, 용어 및 개념도입'이 반복되는 구조를 가지고 있었다. 교사가 먼저 개념을 설명하는 경우는 없었으며, 철저하게 학생들이 스스로 발견해 내고 설명을 한 이후에 교사가 정리해 주는 귀납적인 형태를 띠고 있었다. 실제 수업에서 반사, 굴절, 회절과 같은 용어는 모든 관찰활동이 마무리되는 수업의 마지막 단계에서 도입되었다.

T: 오늘 배운 걸 정리해 보자. 파동이 장애물을 만나면 어떻게 됐지?
S: 되돌아 나와요.
T: 그래 부딪힌 후 되돌아오지. 이것을 파동의 반사라고 한다. 따라 해.
S: (학생들이 따라한다)파동의 반사.
T: 다음, 깊은 곳에서 얕은 곳으로 갈 때는 파동의 파장이 어떻게 됐어?
S: (학생들 모두)달라졌어요.
T: 달라졌지? 이런 것을 따라합니다. 파동의 굴절!
S: (학생들이 따라한다)파동의 굴절
T: 다음에 조그만 틈이 있어도 소리가, 파동이 나가는 것은?
S: (학생들 모두)회절

세 번째 사례 - 보이면 믿을 수 있고, 들리면 믿을 수 있지

1) 전시학습 복습 및 본시학습 안내

전 시간에 배운 소리의 3요소에 대하여 간략히 복습을 한 후, 본시학습 주제를 제시하면서 수업을 시작하였다. 교사는 본시 학습내용인 '파동의 성질'이 2단원에서 배운 빛, 12단원의 파동이 서로 관련이 되어 있으며, 파동 단원에서 해당 차시가 전체를 종합하는 의미가 있음을 알려주었다.

> 수업의 시작부에서 학생들이 주제에 집중하지 못하면 이어지는 정보는 훨씬 의미가 떨어지게 된다.

T: 오늘은 파동 단원을 최고 정리하는 마지막 시간이에요. 다 같이 제목을 한번 읽어봅시다. 시작!
S: 파동의 성질
T: 좋아요. 파동의 성질을 우리가 2단원에서 빛, 12단원에서 파동, 사실은 빛도 무엇에 해당해요?
S: 파동!
T: 어, 파동이기 때문에 묶어서 이제 2단원과 12단원 전체를 종합하는 시간으로 생각하면 되겠어요.

이어서 수업에서 활용하는 실험장치인 물결파 투영장치에 대해서 소개하였다. 파동은 대개 눈에 잘 보이지 않는데, 쉽게 눈에 보이는 파인 물결파를 가지고 반사, 굴절, 회절과 같은 파동의 성질을 알아보는 것이 오늘의 학습목표라는 것을 학생들에게 알려주고, 학생들이 다 같이 학습목표를 읽도록 하였다.

교사는 단순히 개념을 학생들에게 설명하기보다는 학생의 학습활동을 안내한다.

〈 학습목표 〉

1) 물결파를 발생시켜서 물결파의 진행을 관찰할 수 있다.
2) 물결파를 관찰하여 파동의 반사와 굴절을 설명할 수 있다.
3) 물결파를 관찰하여 파동의 회절을 설명할 수 있다.
4) 일상생활의 여러 현상을 파동의 성질을 이용하여 설명할 수 있다.

실험의 성격상 교사는 교사가 물결파를 발생시키고 학생들은 그것을 관찰한 후 물결파를 활동지에 그리는 활동으로 수업을 설계하였다. 반사와 굴절은 빛 단원에서 이미 레이저를 가지고 배웠던 내용임을 학생들에게 상기시켜 주었다. 특이한 점은 굴절, 회절이라는 용어를 학습목표를 제시하면서 먼저 제시하고, 그 중 학생들이 이해하기 어려운 낯선 용어를 한자 뜻풀이를 통해 자세히 풀이를 해 주었다는 것이다. 굴절은 이미 빛 단원에서 배운 용어이지만 회절이라는 용어는 학생들이 처음 접하여 매우 어려워하였다. 이 용어에 대하여 자세하게 설명을 해 주면서 수업을 시작하였다.

S: (학생들이 학습목표를 함께 읽는다) "물결파를 관찰하여 파동의 회절을 설명할 수 있다."
T: 아이... 말이 너무 어렵지?
S: 네
T: 안되겠다. 회절의 한자 뜻을 좀 찾아봐야겠다. 돌다, 회전, 회군, 이성계가 혹시 위화도 회군 혹시 역사 시간에 배웠습니까?
S: 아니요!
T: 어. 미안해요. 내가 너무 높은 걸 얘기했나 봐요. 빙빙 돌아가는 무슨 목마?
S: 회전!
T: 어, 따라해 보세요. "돈다."
S: 돈다.
T: '절'은 굴절할 때 '절'자하고 같아요. 뭐라 그랬어요? '절'자가?

굴절할 때?

S: 꺾인다.

T: 좋아요. 꺾인다! 따라해 보세요. 꺾어서!

S: (따라한다) 꺾어서!

T: 돈다.

S: 돈다.

T: 돌아서

S: (따라한다)돌아서

T: 꺾인다.

S: (따라한다)꺾인다

T: 아, 말이 좀 어렵긴 했는데, 그러면 회절의 의미가 이해가 됐죠?

2) 실험장치(물결파 투영장치) 소개

이 수업에서 교사는 파동의 반사와 굴절, 회절을 가르치기 위하여 물결파 투영장치를 활용하였다. 물결파 투영장치는 실험실에 한 대가 설치되어 있었고, 교사가 앞에서 실험을 진행하는 형식으로 수업이 진행되었다. 물결파 투영장치는 그냥 OHP로 비추었을 때 잘 보이지 않는 맹점이 있었다. 교사는 이 문제를 해결하기 위하여 실시간으로 물결파를 캠코더로 촬영하여 스크린에 비추어 주었다. 또한 캠코더로 물결파를 녹화하여 1초당 30 프레임으로 찍힌 것을 한 프레임씩 진행시켜 느리게 보여주기도 하였다.

본격적인 실험에 앞서 교사는 학생들에게 물결파 투영장치의 원리를 설명하였다. 캠코더로 투영장치의 해당 부분을 실시간으로 촬영하여 바로 스크린으로 확대된 모습이 비추어 주었으므로 학생들은 투영장치의 원리를 쉽게 이해할 수가 있었다.

∞ 들려주기만 하는 것보다는 시각적으로 표현한 정보가 더 오래 기억되므로 내용을 시각적으로 조직하는 방식이 중요하다.

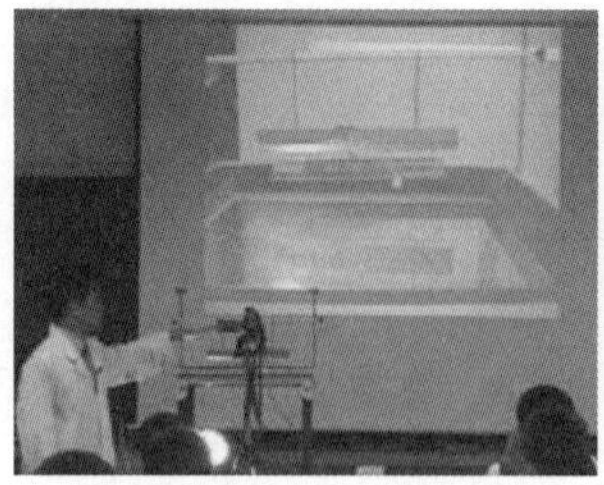 

T: 물결파 투영장치는 이 그림처럼 되어 있는데, 그림 대신 실물을 좀 자세하게 한번 보여주겠어요. (물결파 투영장치를 캠코더로 촬영하여 바로 스크린에 확대하여 보여주면서 설명) 잘 보면, 요 부분의 지금 밑에는 유리판으로 돼있고 위에 지금 모터가 있는데, 이게 지금 추가 이상하게 좀 어긋나 있죠. 그죠?

∞ 교사 지도하에 학생들은 관찰, 비교와 대조, 관계 찾기 등과 같은 인지적 기술을 활용하여 수업 목표에 도달한다.

S: 네

T: 한번 돌려 보겠어요 어떤 현상이 나타나나. 돌아가는데 어기적어기적 돌아가니까 이게 진동을 하지 그죠?

S: 네

T: 선생님이 여기 점으로 된 것도 만들어 놓고, 또 긴 자도 하나 만들어 놨다 그지?

S: 네

T: 점으로 만들면 점으로 콩콩콩 찍어서 파를 만들 수 있고, 이렇게 긴 자로 하면 긴 파가 만들어 질 수 있겠지. 그지?

S: 네

T: 만들어 보겠어요. 근데 이제 이렇게 만들면 좀 보기가 그렇잖아. 그래서 밑에다가 조명 장치를 했어요. 그래서 조명으로 위를 비춰주고, 이 판에 반사가 되서 이 판을 보면 여러분들은 판의 그림자를 보면 아, 여기서 뭐가 만들어지는구나 하는 것을 볼 수가 있어요. 됐습니까?

S: 네

T: 자, 그러면 굴절 실험을 할 때 이 판, 아크릴 판을 하나 넣을 거예요. 이 두께를 찰랑찰랑 적실 정도로 물을 부을 거예요. 자, 부어줘요(학생이 물을 붓는다).

T: 자, 이제 물결파 투영 장치의 전체적인 구조를 알겠습니까?
S: 네!

3) 활동 1-물결파의 관찰

교사는 원형파와 직선파를 발생시키고 학생들이 그것을 활동지에 그려 보도록 하였다. 원형파는 작은 구를 진동시켜 발생시키기도 하고, 직접 연필로 꼭꼭 찍어서 만들어 보여주기도 하였다. 직선파는 자를 진동시켜서 만들었다. 캠코더로 실시간 촬영하여 스크린에 비춰졌으므로 물결파의 이동이 잘 관찰되었다. 학생들은 스크린으로 보이는 원형파와 직선파를 관찰하고, 교사의 지시에 따라 활동지에 그려 넣었다.

∞ 끝이 열린 질문으로 시작하면 학생들의 참여도가 높아진다. 대부분의 교사는 끝이 열린 질문으로 수업을 시작하는 것에 익숙하지 않으므로 연습이 필요하다.

[활동지] 1) 물결파의 발생과 전달

(가) 수조 안에 한 점을 나무젓가락으로 진동시켜 물결파를 만들어보고 파동의 진행 모양을 그려보자.
(나) 수조 안에 나무젓가락을 길게 진동시켜 물결파를 만들어보고 파동의 진행 모양을 그려보자.

(가) 한 점으로 물결파를 만든 경우	(나) 긴 자로 물결파를 만든 경우

교사는 물결파를 발생시키고 설명하면서 '원형파' 혹은 '직선파'라는 용어를 직접 사용하지 않았다. 대신 '점으로 된 파' 혹은 '긴 파', '일자파'와 같이 학생들이 이해할 수 있는 쉬운 말로 설명을 하였으며, 한자어 혹은 개념이 들어있는 말을 사용할 때는 반드시 자세하게 풀어 설명을 해 주었다.

T: 점으로 된 파인데, 하나만 일단 만들어 보겠어요. 모양이 일단 어때요? 한 점으로부터 어떤 모양이 나타나요?

S: 구면...?

T: 이런 것을 중심이 같은 원? 무슨 원?

S: 동심...

T: 어, 그래. '동심'이란 중심이 같다. 동심원이라 그런 뜻이지. 그지?

S: 네

T: 따라해 보세요. 동심원

S: (따라한다) 동심원!

(중략)

T: 자, 그러면은 두 번째는 이제 '긴 파'를 한번 만들어 보겠어요. 무슨 파?

S: (따라한다) 긴 파!

T: 선생님이 무식하게 좀 만들어 봤어요. 막대자의 실을 빼고 이걸로 한번 올렸다 내렸다 해보는데, 어때요?

S: 일자

T: 일자파가 만들어져요?

S: 네

⊸ 목표가 명확하지 않으면 교사는 그들이 무얼 설명하려고 하는지를 모르게 되고, 따라서 최선의 사례를 선정할 가능성은 줄어들게 된다.

4) 활동 2-반사파 관찰

원형파와 직선파로 먼저 기본적인 물결파의 진행모습을 관찰한 다음,

이어서 장애물을 놓고 반사파가 발생하여 진행하는 것을 관찰하도록 하였다. 먼저, 빛 단원에서 반사 현상을 배웠음을 상기시키고, 서로 다른 매질의 경계면에서 빛이 반사했음을 설명해 주었다. 장애물을 설치하고 물결파 투영장치를 가동시켜 반사파가 발생하도록 하였으며, 이것을 캠코더를 이용하여 실시간으로 촬영하였다. 녹화한 것을 바로 돌려 한 프레임씩 넘겨 보여주며, 반사면에서 반사파가 발생하는 것을 하나하나 보여주고 설명하였다.

T: 좋아요. 그러면, 이 물에서 반사가 생기려면 뭔가 장애물을 넣어줘야 되겠지?

S: 네

T: 장애물을 이렇게 넣어도 되겠어요? 됐습니까? 자, 그러면 빛은 물이 요렇게 진행하다가, 여기에서 이렇게 뭐 반사할 거라고 예측이 되지. 그지?

S: 네

T: 이렇게 진행하다가 이렇게 반사 하겠다 그렇지?

S: 네

T: 진짜 그런가 한번 봅시다. 자, 촬영하세요! (학생이 촬영을 한다) 끝. 자, 하나, 둘, 셋. 지금 여기 보면, 이 끝에서 파가 이 방향으로 내려오지 그렇지?

S: 네

T: 이 방향으로 내려오는데, 여기가 반사면이다 그렇지?

S: 네

T: 반사면의 이 부분을 주목하세요. (캠코더의 촬영 프레임을 넘기며) 하나, 둘, 셋! 어! 새로운 파가 나가는 것이 보입니까?

S: 네

T: 이 방향으로 진행하지?

S: 네

∞ PCK란 주제를 학생들에게 유의미한 방식으로 표상하는 교사의 지식이다.

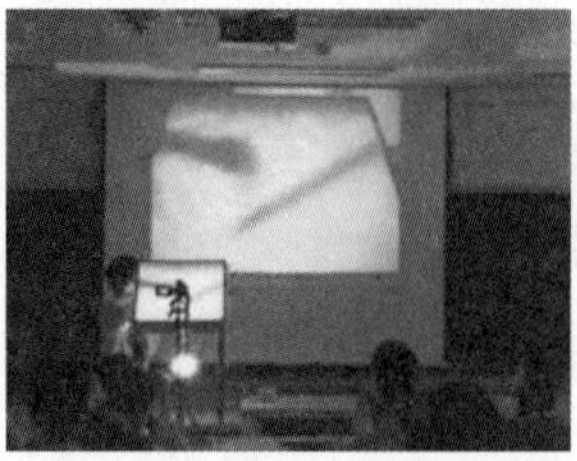 

T: 다시, (촬영한 장면을 느리게 넘기며) 하나, 둘, 셋, 넷, 다섯! 우와! 이걸 이렇게 천천히 보니까 확실히 보여 안보여?

S: 보여요.

T: 따라 해라. 보인다!

S: (따라한다) 보인다!

T: 진짜 보이지? 보세요. (계속에서 화면을 한 프레임 한 프레임 진행시키면서 반사파를 보여준다) 이 파는 파면이 여기서 하나, 둘, 셋 여기서 이 방향으로 진행하는 거라고 이해가 됩니까?

S: 네

T: 어, 좋아요. 계속 보겠어요. (비디오를 계속 진행시켜 연속적으로 반사파를 보여준다) 어~ 어때요?

S: 신기해요.

T: 아이, 신기하다는 걸 떠나서 파의 반사를 볼 수 있어요 없어요?

S: 보여요.

T: 자, 따라하세요. (스크린에서 입사파를 가리키며)입사파!

S: (따라한다) 입사파

T: (스크린에서 반사면을 가리키며) 반사면

S: (따라한다) 반사면

T: 법선은 보이지 않지? 그렇지만 자, 따라해 보세요. (스크린에서 반사파를 가리키며)반사파

S: (따라한다) 반사파

캠코더로 녹화한 반사파를 한 프레임 한 프레임 넘겨가며 보여주자 반사

∞ 학생들은 그들의 배경 지식과 견해를 반영하여 제시된 사례를 관찰한다.

면에서 반사파가 하나씩 발생하여 진행하는 모습을 선명하게 관찰할 수 있었다. 교사는 입사파와 반사면, 반사파를 일일이 집어가며 알려주었다. 그리고 난 후 계속하여 화면을 ppt 모드로 돌려 다음과 같이 도식화된 그림으로 입사파의 진행방향, 법선, 입사각과 반사각을 그리고, 반사파의 진행방향을 색깔 있는 화살표로 표시해 가며 다시 한 번 명확하게 정리하여 설명해 주었다.

ICT를 적절히 활용하면 학생들의 동기 유발과 이해 수준을 높일 수 있다.

T: 조금 자세히 보겠어요. 이거를. (화면에 준비한 그림을 ppt로 보여주면서 설명)

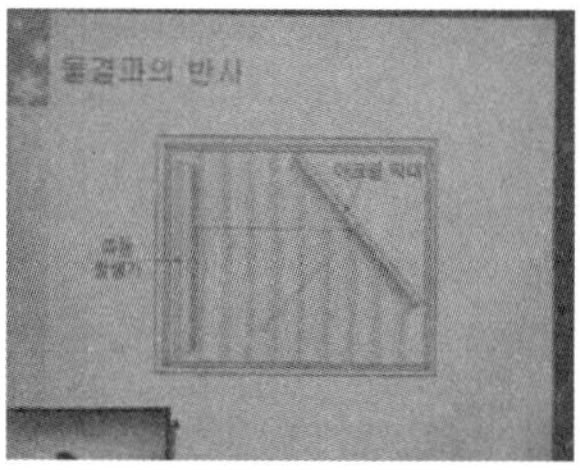

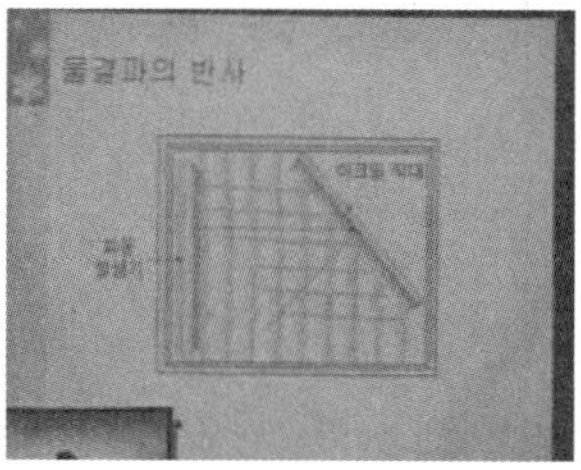

T: 지금 현재 파동 발생기라고 되어 있는데, 여기서 파가 이렇게 진행을 하겠다. 그죠? 요 방향으로 진행하는 게 무슨 파?

S: 입사파

T: 법선을 그어 볼까요? 법선은 어디에 그릴 수 있어요? 아크릴 막대에 뭐하게?

S: 수직

T: 그렇지. 이게 법선이라고 말할 수 있어요?

S: 네

T: 좋아요. 그럼 반사파는 어디로 갈까?

S: 이쪽, 밑으로

T: 어, 아래쪽으로. 어떤 각도로? 입사각과?

S: 같은 각

T: 그렇게 이 파를 그려보면 이런 식으로 진행할 거라고 추측이 됩니까?

S: 네

T: 어~그러면 우리가 방금 본 현상과 매우 일치해요 안 해요?

S: 일치해요.

5) 활동 3-굴절파 관찰

⊶ 정보 제시 단계는 몇 분 정도로 짧아야 한다. 정보 제시 단계가 끝나면 교사는 질문을 통하여 학생들의 이해 여부를 점검하게 된다.

굴절파 관찰 실험은 앞의 반사파 관찰과 같은 형식으로 이루어졌다. 우선 굴절파를 발생시키기 위해 유리판을 놓아 물의 깊이를 달리하고, 깊이가 다를 때 물결파가 굴절한다고 학생들에게 말하였다. 깊이가 다를 때 굴절하는 이유를 따로 설명하지는 않았다.

그리고 물결파를 발생시켜 깊이가 다른 경계면에서 굴절현상이 일어나는 것을 관찰하도록 하고, 캠코더로 녹화한 화면을 다시 한 프레임씩 돌려가며 물결파의 진행에 일어난 변화를 학생들이 관찰하게 하였다. 그리고 난 후 다시 화면을 ppt 모드로 바꾸어 모식도를 보여주며 물결파의 굴절현상을 입사파와 법선, 입사각과 굴절각 개념을 이용하여 설명한 후 다시 한번 실제 물결파의 굴절 현상을 보여주었다.

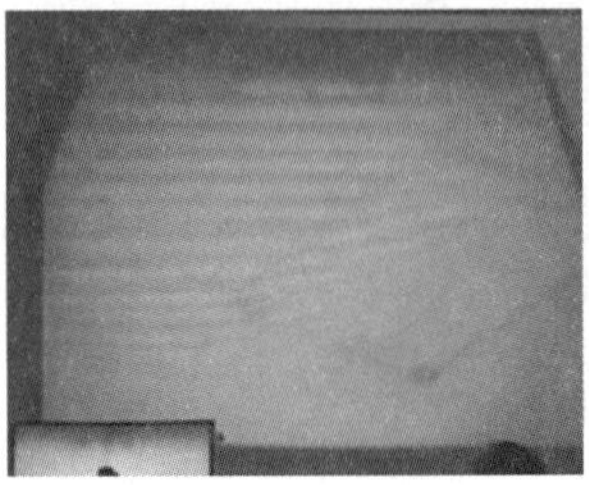

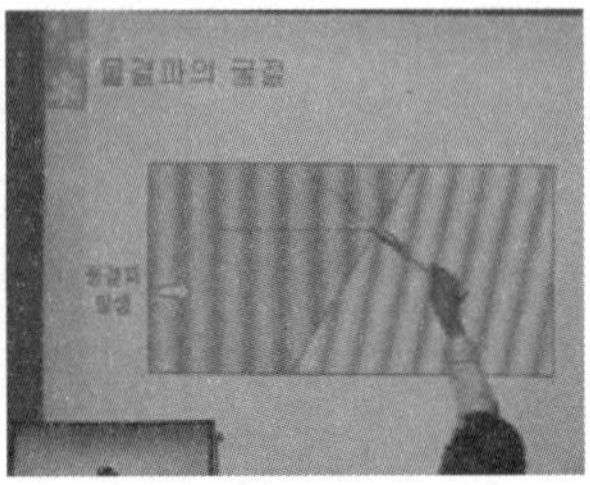

T: 그런데, 하나, 둘, 셋, 넷 오면서 요 경계면에서 어떤 일이 벌어지는 지 보세요.(깊이가 얕아 굴절하는 부분을 지적하면서 설명) 어때요?

S: 휘어요.

T: 휘어졌다 그지?

S: 네

T: 휘어졌는데 방향을 주목하세요. 방향을. 어때요? 자, 반사파 만들어지기 전까지 쭉 가는데, 요 면을 보면 여기서는 분명히 이리로 왔지 그지? 여기 굴절면, 여기서부터 깊이가 달라졌지 그지?

(중략)

T: 근데, 여기서는 이리로 가지? 그렇지?

S: 네

T: 이리로 왔는데, (다른 방향을 가리키며) 이리로 간다. 그렇지?

T: 어, 이게 왜 이런 일이 벌어졌지?

S: (대답이 없다. 뭐라 뭐라 하는 소리...)

T: 자, 그것을 설명하기 위해서 또 다시 여러분들에게 화면을 바꿔서 설명을 해 주겠어요. (화면을 ppt 모드로 바꾸고 모식도를 보여준다)

T: 지금 물결파가 이렇게 발생했는데, 그 경계면에서 이렇게 바뀌지 그지?

(중략)

T: 자, 이러면 우리가 아까 카메라로 본 그림과 정리한 자료 그림의 의미가 확실히 이해됩니까?

S: 네

학생들은 교사가 캠코더로 촬영하여 보여준 굴절파를 관찰하고 설명을 들은 후 활동지에 관찰한 것을 그려 넣었다.

> ∞ 교사는 학생들의 내용 이해뿐만 아니라 비판적 사고 능력까지 측정할 수 있는 평가를 개발해야 한다.

[활동지] 2) 물결파의 반사와 굴절(선생님 시범)

가) 물결파 발생 장치를 이용하여 긴 모양의 물결파를 만든 후 플라스틱 막대를 장애물로 놓았을 때 물결파가 장애물에서 반사되어 진행하는 모양을 그려보자.

나) 물결파 발생 장치를 이용하여 긴 모양의 물결파를 만든 후 물의 깊이를 달리 했을 때 물결파가 굴절하여 진행하는 모양을 그려보자.

가) 물결파의 반사	나) 물결파의 굴절

6) 활동 4-회절 현상 관찰

학생들이 활동지에 굴절 현상을 그려 넣은 후, 계속해서 교사는 회절 실험을 시작하였다. 회절이라는 용어가 '꺾여서 돌아간다'라는 뜻임을 다시 한 번 강조하고, 실험장치에 장애물을 놓고 물결파를 발생시켰다. 교사는 장애물 사이의 틈을 만든 것이 아니라 앞에 직선으로 된 장애물을 설치하고, 장애물 가장자리에서 파가 꺾여서 돌아가는 모습을 보여주었다.

3) 물결파의 굴절과 회절(시범)

물결파 발생 장치를 이용하여 긴 모양의 물결파를 만든 후 플라스틱 막대를 장애물로 놓았을 때 장애물의 끝부분에서 물결파가 회절하여 진행하는 모양을 그려보자.

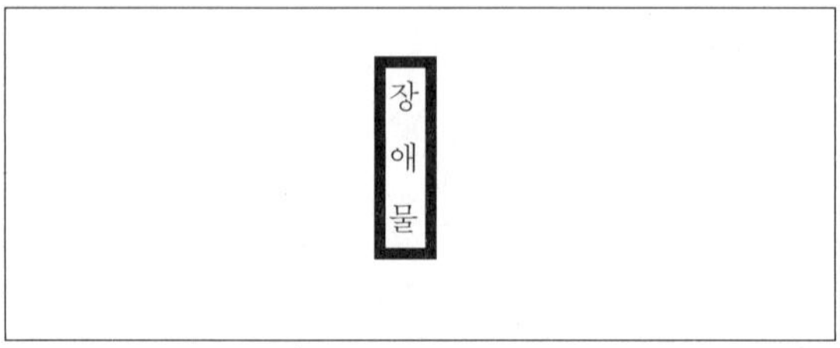

∞ 학생들의 실생활 경험을 중심으로 과학 개념을 심화해나간다.

장애물 너머서 건너편에도 파가 돌아가서 생기는 현상을 보여준 후, 이를 탁자 너머나 담장 너머에서도 소리가 들리는 현상과 관련지어 설명하였다. 이와 같이 장애물이 있어도 장애물 뒤에 있는 사람이 파를 느낄 수 있는 이러한 현상을 '회절'이라고 정의하였다.

계속하여 진동수를 조절하여 파장을 길고 작게 하면서 회절하는 정도를 비교하여 보여줬다. 파장이 길 때보다 짧을 때 덜 꺾인다는 것을 보여준 후 이를 라디오의 AM과 FM을 예를 들어 설명하였다. 즉, AM 라디오는

FM에 비해 파장이 길고 진동수가 작아서 어디서든 잘 들린다고 설명하였다. 그러나 파장과 진동수, AM과 FM, 헤르츠 등의 다양한 용어가 섞여 나와 다소 설명을 알아듣기에 혼란스러웠다. 이러한 예를 통해 교사는 파장이 길수록 회절이 잘 일어난다고 정리하고, 관찰한 현상을 활동지에 그리도록 하였다. 회절 실험에서는 캠코더 회절현상 관찰과 교사의 FM, AM 설명으로 진행이 되었고, ppt를 이용한 모식도 설명은 이루어지지 않았다.

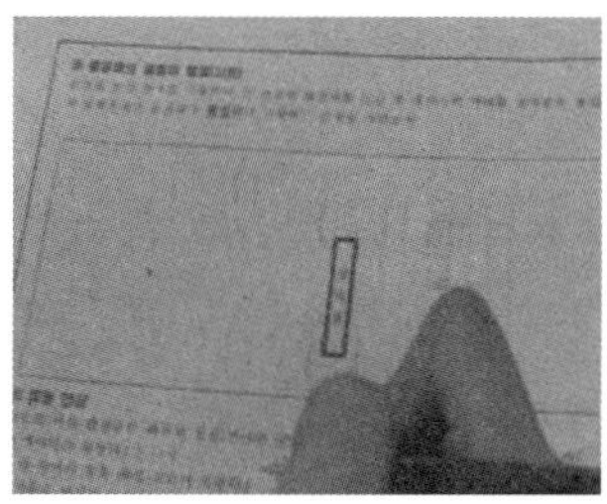

T: 자, 파가 이렇게 클 때하고 파가 작을 때 한번 보겠어요. (물결파의 진동수를 크게 하며) 조금 전 것에 비해서 명확하게 좀 구분하기는 쉽지 않지만, 약간 그래도 일직선으로 간 것 같은 느낌이 들어요.

S: 네

T: 아까 거(진동수가 작을 때)는 좀 많이 꺾였는데, 지금은 덜 꺾였지? 이것을 우리가 어떻게 설명할 수 있냐면, 여러분들 옛날에는 라디오가 거의 다 AM 이었지.

(중략: AM FM 차이를 설명한다.)

T: 파장이 짧을수록 장애물이 있을 때 돌아가기 힘들어요. 그래서 FM은 건물 내부에서 들으면 어떤 곳에서는 잘 안 들리는 곳이 있어. 그런데 AM은 거의 다 잡혀. 이런 차이가 있어요. 알겠습니까? 따라해 보세요. 파장이 짧을수록

S: (학생들 따라한다) 파장이 짧을수록

T: 회절이 덜 일어난다.

T: 자, 회절 그림 그렸으면 뒤에 있는 탐구 문제까지 한번 풀어 보세요.

학생들은 회절현상을 관찰하고 설명을 들은 후 활동지에 장애물을 넘어 회절하는 파의 모습을 그려 넣었다.

7) 활동지 탐구문제 풀이

학생들은 반사, 굴절, 회절 현상을 관찰하고 설명을 듣고, 활동지에 그려 넣는 활동을 반복한 후 교사의 지시에 따라 활동지에 있는 탐구문제를 풀었다. 탐구문제는 주변의 여러 가지 현상이 반사, 굴절, 회절 중 어느 것과 관련이 있는지 찾아 써 넣는 활동과 반사파 그리는 활동, 굴절파의 원인을 설명하는 활동으로 이루어져 있었다.

⇨ 복습을 통하여 주제를 요약하고 요점을 강조하며 새로운 학습과의 연계를 제공한다. 복습은 학습활동의 모든 지점에서 적절하지만 수업의 시작과 마무리 부분에서 가장 효과적이다.

[활동지] 4) 파동 현상

다음의 여러 현상들은 파동의 성질(반사와 굴절, 회절) 중 어느 성질로 설명할 수 있는가?

1) 메아리가 들린다.(　　)
2) 빈 방에서 말을 하면 소리가 울린다.(　　)
3) 거울로 자신의 모습을 본다.(　　)
4) 파도가 절벽에 부딪친 후 되돌아 나온다.(　　)
5) 레이더로 물체의 위치를 파악한다.(　　)
6) 위성 안테나에 오목한 반사면을 사용한다.(　　)
7) 밤에는 낮보다 멀리 떨어진 곳에서 나는 소리도 잘 들린다.(　　)
8) 물에 잠긴 다리가 짧게 보인다.(　　)
9) 물속의 동전이 실제보다 떠 보인다.(　　)
10) 담 너머에서 나는 소리를 들을 수 있다.(　　)
11) 문틈으로 불빛이 새어 나온다.(　　)
12) 파도가 방파제를 지나서 뒤쪽으로 넓게 퍼진다.(　　)
13) 건물 안에서 AM 방송이 FM 방송보다 더 잘 들린다. (　　)

3 탐구 문제

1) 다음 그림과 같이 물결파 투영 장치에 아크릴 막대를 비스듬히 놓고 직선파를 발생시켰더니 파동의 모양이 아래 그림과 같다. 이 파동의 반사파를 그려보아라.

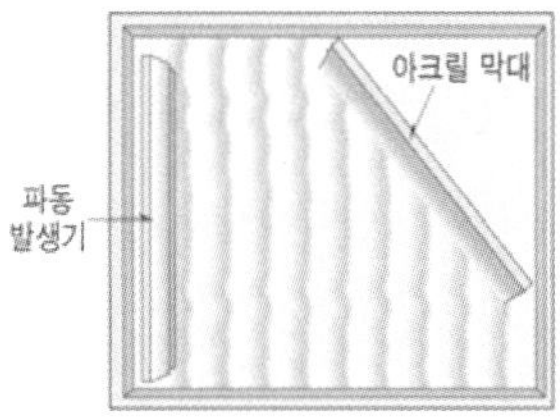

2) 물결파 투영 장치를 이용하여 물결파를 만드는 실험을 하는데 아래 그림과 같이 진행하던 물결파가 굴절되었다. 이렇게 굴절 현상이 일어나는 이유를 바르게 설명한 것은?

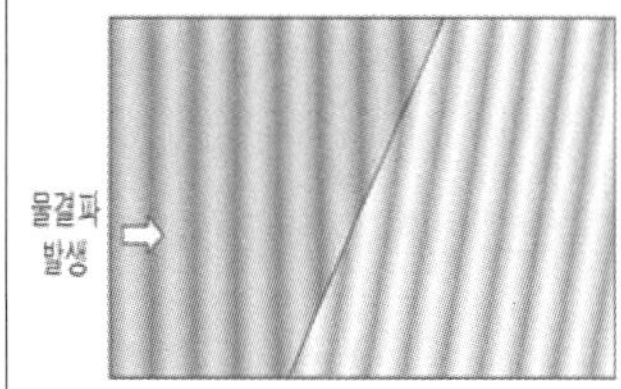

교사는 학생들이 탐구문제를 풀고 난 후에 각각의 현상들이 파동의 반사, 굴절, 회절 중 무엇에 해당하는 지 말해주었다.

T: 자, 메아리가 들린다. 파동의 무슨 현상일까?
S: 회절이요.
T: 어떤 면에서, 산에서 반사되지. 그지?
S: 반사
T: 좋아, 반사. 빈방에서 말을 하면 소리가 울린다?
S: 반사
(중략)

8) 정리 및 파동의 반사 현상의 실생활 적용사례 제시

활동지 빈칸을 함께 채운 후 파동의 반사 현상을 실생활에 적용하는 두 가지 사례를 보여주었다. 자동차의 후방 경보장치와 어군탐지기가 초음파의 반사 현상을 이용한 것임을 보여준 후 활동지를 걷고 수업을 마쳤다.

학교에서 학습한 과학 개념을 실생활 상황으로 전이하는 것은 학교 학습의 궁극적인 목적이다.

C교사가 진행한 파동의 반사, 굴절, 회절에 대한 한 차시 수업의 흐름을 간략히 요약해 보면 다음과 같다.

〈 파동의 반사, 굴절, 회절 〉

1. 전시학습 복습 및 본시학습 안내
2. 실험장치(물결파 투영장치) 소개
3. 활동1-물결파의 관찰
4. 활동2-반사파 관찰
5. 활동3-굴절파 관찰
6. 활동4-화절 현상 관찰
7. 활동지 탐구문제 풀이
8. 정리 및 파동의 반사 현상의 실생활 적용사례 제시

∞ C교사 수업의 특징

C교사의 수업은 다음과 같은 특징을 가지고 있었다.

첫째, 교사에 의해 치밀하고 철저하게 준비된 수업이었다. 교사는 실험장치가 불완전하여 학생들이 물결파를 잘 관찰하기 어렵다는 사실을 알고 있었으며, 이를 보완하기 위하여 캠코더를 활용하였다. 캠코더로 실시간 촬영한 것을 바로 스크린에 보여주고, 또 이를 녹화하여 한 프레임씩 돌려가며 보여줌으로써 간섭 현상을 배제한 채 파동 하나하나의 진행을 확실하게 보여주었다. 또한 실제 물결파의 진행을 관찰하는 것만으로 부족한 부분은 ppt의 모식도를 준비하여 다시 한 번 화살표로 파동의 진행방향을

표시해 가며 설명하였다.

둘째, 교사에 의해 실험과 관찰이 주도되는 실험이었다. 실험장치가 불완전하고 하나밖에 없는 상황에서 교사의 시범실험으로 수업이 진행될 수밖에 없었으며, 관찰 또한 교사가 명확하게 보여주면서 관찰되는 것을 일일이 설명해 주었다.

∞ 교사가 주도하는 활동의 단점은 학생들이 스스로 질문을 만들어내는 과정을 학습하지 못한다는 점이다.

T: (반사파 관찰 실험 중) 자, 하나, 둘, 셋. 지금 여기 보면, 이 끝에서 파가 이 방향으로 내려오지 그지?

T: 이 방향으로 내려오는데, 여기가 반사면이다 그지?

S: 네

T: 반사면의 이 부분을 주목하세요. (캠코더의 촬영 프레임을 넘기며)하나, 둘, 셋! 어! 새로운 파가 나가는 게 보입니까?

S: 네

T: 이 방향으로 진행하지?

S: 네

T: 다시, (촬영한 장면을 느리게 넘기며) 하나, 둘, 셋, 넷, 다섯! 우와! 이걸 이렇게 천천히 보니까 확실히 보여 안보여?

S: 보여요.

셋째, 수업은 '교사의 용어 및 개념도입 →관찰 →도식화된 그림으로 다시설명 →학생들이 관찰한 것을 활동지에 그리기'가 반복되는 형식으로 진행되었다. 반사, 굴절에서 위와 같은 구조가 반복되었으나 회절에서는 '도식화된 그림으로 설명'하기 단계가 생략되었으며, 마지막에는 활동지의 탐구문제를 풀이하며 수업을 마쳤다. 용어 풀이나 개념이 먼저 도입되고, 해당하는 현상을 보여주고, 그것을 다시 모식적인 그림으로 설명하고, 다시 실제 현상을 관찰하는 연역적인 형태를 취하고 있었다.

넷째, 정교하게 설계된 체계적인 수업이었다. 수업은 '도입 →파동의 반사, 굴절, 회절 학습활동 →정리 및 실생활 적용 사례 제시'라는 순서로 진행되었으며, 각각의 학습활동은 다시 '개념도입 →관찰 →설명 →학생정리'의 순환적인 구조를 가지고 있었다. 이는 교사가 미리 정교하게 설계한 체계적인 수업구조였다.

넷째, 교사는 용어 사용에 매우 신중을 기했으며, 학생들이 이해할 수 있는 쉬운 언어를 사용하였다. 낯설거나 어려운 용어가 등장할 때는 반드시 쉽게 용어를 풀이해줘서 학생들이 쉽게 이해할 수 있도록 도와주었다. 또한 어려운 용어나 주요 개념이 담긴 설명을 학생들이 모두 다 함께 따라하도록 함으로써 용어와 개념에 익숙해지도록 도와주었다.

☞ 학생에게 개념을 자신의 말로 설명하게 하거나 앞서 논의된 내용과 관련짓도록 함으로써 교사는 학생이 개념을 명확하게 이해했는지를 파악할 수 있다.

T: 아이... '회절'이라는 말이 너무 어렵지?
S: 네
T: 안되겠다. 회절의 한자 뜻을 좀 찾아봐야겠다. 돌다, 회전, 회군, 이성계가 혹시 위화도 회군 혹시 역사 시간에 배웠습니까?
S: 아니요!
T: 어.. 미안해요. 내가 너무 높은 걸 얘기했나 봐요. 빙빙 돌아가는 무슨 '무슨'전 목마?
S: 회전!
T: 어, 따라해 보세요. "돈다."
S: 돈다.
T: "절"은 굴절할 때 절자하고 같아요. 뭐라 그랬어요? 절자가? 굴절할 때?
S: 꺾인다.
T: 좋아요. 꺾인다! 따라해 보세요. 꺾어서 돈다. 돌아서 꺾인다.
S: (모두 따라한다. 중략)
T: 아, 말이 좀 어렵긴 했는데 대충 인제 그러면은 무슨 말인지 이제 회절이 이해가 됐다. 그죠?

같은 주제, 다른 수업

같은 주제로, 비슷한 물결파 실험 장치를 이용하여 수업을 진행했음에도 불구하고 세 교사의 수업은 매우 달랐다. 이와 같은 차이가 난 이유는 무엇일까?

1) 세 교사는 수업에서 다룰 내용의 범위와 깊이를 어떻게 결정하였는가?

가. 교사 자신의 학습경험에 기초하여 결정하되, 교육과정과 교과서에서 요구하는 수준을 넘지 않는 선에서 결정함

나. 교사 자신의 학습경험에 기초하여 수업내용을 이해하는데 필요하다고 생각되는 수준으로 결정함. 때로 교과서나 교육과정에서 다루지 않는 것을 수업내용에 포함시키기도 함

다. 학생들이 이해할 수 있는 수준이 무엇인지를 우선 고려하여, 학생들이 이해할 수 있는 수준까지로 결정함. 때로 학생의 이해 수준을 넘더라도 교과서나 교육과정에서 다루고 있는 내용은 포함함.

라. 학생들이 이해할 수 있는 수준이 무엇인지를 최우선으로 고려하여 결정함. 교육과정과 교과서를 참고하나 때로 학생의 이해 수준을 고려하고 그 내용을 첨가 혹은 누락시키기도 함.

- A교사: ___________
- B교사: ___________
- C교사: ___________

∞ 수업에서 다루는 교과 내용의 범위(scope)와 깊이(sequence, 계열성)를 결정하는 것과 관련 있는 주요 변인은

1) 교사의 수업설계가 교사중심에 머물러 있는가, 학생 중심을 지향하는가이다.
2) 교과서와 교육과정에 어느 정도 중심을 두고 있는가이다.

	교사 중심	학생 중심
교과서와 교육과정 수준을 넘지 않음	가	다
교과서와 교육과정을 재구조화함	나	라

❦ 수업내용의 범위와 깊이

'어디까지, 얼마나 가르칠 것인가?' 라는 질문은 수업에서 다룰 내용의 범위와 깊이에 대한 질문이다. A교사는 파동의 반사와 굴절, 회절을 2차시로 나누어 수업을 하였고, B, C 교사는 한 차시로 수업을 하였다. A교사는

파동의 반사만으로 첫 번째 수업을 진행하면서, 반사의 법칙을 이용하여 학생들이 직선면과 구면에서의 반사 현상을 작도하도록 하였다. 두 번째 수업에서 파동의 굴절과 회절을 설명하면서 깊이에 따른 물결파의 진행속도의 변화 등 깊이 있는 개념을 설명하고, 역시 굴절과 회절 현상을 작도해 보도록 하였다. 그에 비해 한 차시로 수업을 진행한 B, C 교사는 물결파의 반사와 굴절, 회절로 한정하여 현상을 관찰하고 활동지에 그리면서 각각의 현상들이 반사와 굴절, 회절에 해당한다는 사실을 이해하는 수준으로 수업을 진행하였다.

∞ 좋은 과학 수업은 주어진 교육과정이나 교과서를 그대로 따라 하기보다는 주어진 상황과 학생들의 수준을 고려하여 교사 나름대로 교육과정을 재구성하는 수업이다.

교육과정과 교과서에는 파동의 반사, 굴절, 회절에 대하여 매우 압축적으로 진술하고 있으나, 실제 수업에서 어떤 내용을 어떤 깊이까지 다룰 것인가는 현장의 교사에 의해 결정된다. 교사들은 교과서를 기준으로 학생들에게 적당하다고 생각되는 범위와 깊이를 결정한다. 이때 교사들에 의해서 이루어지는 판단은 교사 자신의 개인적 학습 경험과 교사로서의 경험, 학생에 대한 지식 등에 따라서 달라지는데, 이는 수업의 과정과 결과에 크게 영향을 미친다.

∞ 교사의 전문성을 강조하는 이론에서는 수업내용의 재구조화를 중요한 교사 전문성의 요소로 간주하나, 실제 학교 현장에서 수업내용은 교사의 전문적 판단보다는 평가에 좌우되는 경향이 있다.

위의 수업의 경우 A교사는 파동의 반사, 굴절, 회절 수업에서 학생들이 직선면 뿐만 아니라 구면에서의 반사를 작도할 수 있기를 기대하였고, 그러한 반사 현상의 실제 예에 해당하는 음악당과 포물선 안테나의 원리까지 이해하기를 기대하였다. 그러나 B교사와 C교사는 교육과정에서 요구하고 있는 수준이 현상에 이름 붙이는 정도일 뿐, 그 이상을 수업에서 다루는 것은 적절치 않다는 의견을 가지고 있었다. 수업에서 현상 중심으로 과학을 다룰 때 과학이 이해하거나 생각하는 활동이 아니라 암기해야 하는 지식이 된다는 우려 또한 제기 되었다.

C교사: A선생님 같은 경우에는 우리 교과서에 있는 음악당이랑 포물선 안테나까지 했어요. **저는 7차 교육과정에서 요구하는 것이 과연 이러한 실생활 예를 보여주면서 곡면에서의 법선까지 그어서 반사법칙까지 가르치라는 것인지**

의문이에요. 아니면 반사를 하는데 이러한 반사 중에 우리 실생활의 예를 몇 개 찾아보자, '고속터미널에 갔더니 소리를 지르세요. 음악당에 갔더니 이런 게 있고 안테나가 있다', (그렇게 예를 드는 것) 거기서 끝났으면 좋겠어요. 이걸 분석적으로 하려다보니까 두 차시 수업이 되었던 것 같아요.

D교사: **현상으로만 다루면 아이들이 외워야 되니까 불만이죠.** 그런데 작도해서 보여주니까 그게 왜 가운데 서있는지를 알 수 있잖아요. 음악당도 왜 그렇게 짓는지 알고.

C교사: 그게 뭐냐면 지금 **A선생님 같은 경우에는 고등학교 수준의 내용**이라고 보면 되거든요.

학생들에게 적절한 학습 분량을 적절한 이해수준에서 제시할 수 있는 지식은 교사가 지니고 있어야 하는 중요한 교과교육학 지식(PCK) 중의 하나이다. A, B, C 교사는 각각 나름의 이유를 가지고 수업내용의 범위와 깊이를 결정하였다.

교직경력 3년차인 A교사는 수업내용의 범위와 깊이를 정할 때 주로 자신의 학생 때 학습 경험을 바탕으로 교사의 입장에서 결정을 한다고 설명하였다. 교과서와 교육과정에 나와 있는 범주 보다는 교사 자신의 개인적 학습 경험을 통해 보다 잘 이해할 수 있다고 생각되는 범위까지 수업의 범위로 잡으며, 다소 어렵더라도 현상에 대한 원리를 "설명"하게 된다고 설명하였다.

A교사 : **저는 빛 단원 수업할 때 특히 교과서에 없는 개념을 막 많이 설명을 했어요.** 그걸 하면서도 '아, 이거 너무 어려워하는 거 아닌가' 생각을 하면서도 **'아, 이걸 하고 나면 아이들이 이래서 이렇고, 이래서 이런 거구나라는 걸 알고 현상을 보면 좀 더 이해를 할 수 있지 않을까' 싶었어요. 내가 학창시절 이런 부분이 없어서 불만이 많았는데 그걸 가르쳐 주려고 했던 것 같아요.**

∞ 좋은 수업을 하는 교사는 학생들이 이미 지니고 있는 지적 구조와 경험을 토대로 학습이 이루어짐을 안다. 따라서 교사는 현 과학과 교육과정의 취지, 범위 및 계열을 파악하고 있어서 학생들이 사전에 어떤 지식을 배웠으며, 어떤 학습 경험을 지니고 있는지를 알고 있다. 교사는 이러한 학생들의 선수 학습 경험을 토대로 학생들의 기존 지식과 연관된 과제를 설계할 수 있게 된다.

A교사는 '학생'보다는 '교사'의 관점에서 수업내용을 이해하는 방법에 적절하다고 판단되는 내용과 범위를 선택하는 것으로 분석되었다.

이와 다르게 B교사와 C교사는 수업에서 원리보다는 현상을 보여주고 관찰하는데 훨씬 큰 비중을 두었다. B교사는 교육과정과 교과서에서 요구하고 있는 수준이 현상을 보여주고 관련된 현상을 주변에서 찾아보는 것이며, 또한 빛의 (반사) 원리는 중학교 1학년한테는 너무 어렵기 때문에 수업에서 조금 가볍게 취급하였다고 설명하였다.

> B교사: 빛이나 파동에서 현상보다 **원리를 조금 가볍게 다루는 것은 사실인 것 같아요.** 7학년 이상의 사고를 요구하는데 **중학교 1학년한테는 너무 어려운 내용이에요. 빛이 어떻게 반사되는지 반사되는 경로만 찾을 수 있으면 되는 거죠.** (중략) 반사법칙은 입사각과 반사각이 같은 거라고 학습한 후 평면거울에 대해 상 원리를 이해하고 이것을 구면 거울 확장되도록 수업을 진행할 수 있을 거예요. 그래서 **중학교 1학년한테는 공식이나 수식보다는 현상적인 접근이 적당한 것 같아요.**

C교사 또한 B 교사와 비슷하게, 중학교 교육과정에서는 현상을 관찰하고 주변에서 찾아보는 정도를 요구하고 있으며, 원리를 설명하기 위해서 도입되는 눈이 보이지 않는 법선, 접선 등의 개념을 도입하는 것은 중학교 1학년 학생들에게 너무 어려워 학생들이 이해하기 어렵다고 일축하였다.

> C교사: A선생님께서 곡면반사를 할 때 '저 법선 개념을 아이들이 절대로 이해 못할 것'이라고 생각했어요. 그 법선을 그리려면 '접선' 용어가 필요한데 수학시간에 안 배운 거예요. 과학도 가르칠 내용이 많은데 수학까지는 어렵다. 마찬가지로 빛은 오목렌즈에서 퍼지고 볼록렌즈에서 모인다는 것만 하고 **중학교 과정에서 더 하면 안 된다고 생각했어요.**
>
> A교사: 그러면 만약에 접선을 도입하지 않는다면, 그건 옳지 않은

∞ 교사의 학생에 대한 이해는 학생들의 일반적인 지적 능력과 동기를 이해하는 수준에서 특정한 내용에 대한 이해수준을 교사가 파악하는 단계로 발전하며, 보다 숙련된 교사는 학생이 학습하는 사고과정까지 이해한다.

것 같아요. 원리를 알지 못하고 현상에 그치는 거잖아요. 원리를 이해하지 못하면 현상도 제대로 이해할 수 없잖아요.

C교사: 나도 그게 싫어서 분석적으로 수업을 했었어요. 수업 진행 후 내가 느낀 것은 '하지 말았어야 했다'는 거예요. 아이들이 알아듣는다고 저 혼자 스스로 위안을 얻는 거예요. (아이들이) 알아듣는 것처럼 보여도 못 알아들어요. 아이들이 실제로 그리기까지 하고 다 그렸거든. 그러나 나중에 다시 못 그릴 거예요.

요약하면, A교사는 수업에서 가르칠 내용의 범위와 깊이를 결정할 때 자신의 개인적 경험에 기초하여 교사의 관점에서 결정을 하는 반면에, B교사와 C교사는 학생이 이해할 수 있는 수준, 즉 학생의 관점을 보다 우선하여 결정하였다. 또한 B교사와 C교사는 중학교와 고등학교 교육과정의 흐름을 이해하고, 중학교 교육과정과 교과서에서 요구하고 있는 수준에서 수업내용의 범위와 깊이를 결정하고 있었다.

2) 세 교사의 학생에 대한 이해 수준 및 동기유발 전략은 다음 중 어느 것에 해당하는가?

□ 학생이 대한 이해(중학교 1학년 학생)

가. 일반적인 지적능력과 사고수준을 이해하고 있음

나. 일반적인 지적능력과 사고수준을 이해하고 있으며, 더불어 특정한 과학 내용(앞에서 배운 내용)에 대한 이해 정도를 파악하고 있음

다. 일반적인 지적능력과 사고수준을 이해하고 있고 특정한 과학내용에 대한 이해정도를 파악하고 있으며, 더불어 학생의 추론능력 및 사고과정을 이해하고 있음.

□ 동기유발 전략

가. 수업설계 시 학생의 동기유발을 특별히 고려하지 않음

나. 수업설계 시 학생의 동기유발을 중요한 수업의 과정으로 고려함

∞ 초임교사는 동기유발을 수업설계 시 특별히 고려하지 않는다. 그러나 숙련된 교사일수록 동기유발을 중요한 수업의 과정으로 고려한다. 동기유발의 방법이 다양한 멀티미디어 자료를 비롯한 흥미로운 자료나 활동으로 동기를 유발하는 것은 초임 교사의 특징 중 하나이다. 그러나 보다 숙련된 교사일수록 흥미로운 자료나 활동 뿐 아니라 과학적 내용이나 시범실험을 동기유발에 활용하며, 한걸음 나아가 적용 및 탐구 활동을 설계하여 학생들이 지속적으로 동기가 유발되게 할 수 있다.

나-1. 흥미로운 자료나 활동으로 동기유발
나-2. 흥미로운 자료나 활동 뿐 아니라 과학적 내용, 시범 실험 등으로 동기유발
나-3. 흥미로운 자료나 활동, 과학관련 내용, 시범실험 이외에도 적용 및 탐구 활동으로 동기유발

☞ 적용(application)은 이론적 지식으로부터 사실적 지식을 확인하는 과정을 말한다. 예를 들어, 파동의 반사와 굴절, 회절에 대해 알고 난 후(이론적 지식) 메아리가 들리는 이유, 담 너머에서 소리가 나는 이유, 문틈으로 불빛이 새어 나오는 것이 어떤 현상인지 구분하고 그 이유를 설명한다면(사실적 지식) 이는 적용 활동에 해당한다.

〈학생에 대한 이해〉	〈동기유발 전략〉
• A교사: ________	• A교사: ________
• B교사: ________	• B교사: ________
• C교사: ________	• C교사: ________

❦ 학생에 대한 이해 수준

현상에 대한 원리를 차근차근 설명하는 방식으로 수업을 진행한 A교사는, 수업을 한 후 학생들이 수업에서 다룬 개념을 너무 어려워하는 것 같다고 평가하였다. 입사각이나 반사각, 법선 등의 개념은 이미 앞의 빛 단원에서 빛의 반사 현상을 공부할 때 설명한 내용이기 때문에 학생들이 잘 알고 있으며, 파동 수업에서 도입을 하는 것이 무리가 없을 것이라고 생각하여 수업을 설계하였으나 실제 수업에서 보인 학생들의 모습은 여전히 해당 개념을 낯설고 어려워하였다는 것이다.

A교사: 빛 단원을 제가 입사각, 반시각 법선 이런 개념을 다 도입해서 실제로 상을 작도하는 식으로 수업을 진행했어요. 그래서 입사각 반사각을 도입하는 게 별로 무리가

아니라고 생각했어요. 그런데, **아이들은 여전히 입사각 반사각 개념을 어려워하는 것 같아요.** 이런 점을, 학생들을 좀 더 확실히 알고 나서 (수업을) 해야 되지 않았을까 하는 생각이 들었어요.

학생들이 이미 학습한 개념을 얼마나 이해하고 있는지, 현재 얼마나 기억하고 있는지를 정확하게 알고 수업을 했다면 수업이 달라질 수 있었을 것이라고 스스로 평가하였다.

이에 비해 C교사는 원리를 설명하기 위해 필요한 개념에 대한 학생들의 이해수준을 알고 있었으며, 그러한 지식에 기초에 수업을 설계하였다.

C교사: A선생님께서 곡면반사 할 때 '저 법선 개념을 아이들이 절대로 이해 못할 것'이라고 생각했어요. (중략) 접선을 수학시간에 안 배운 거예요. 그렇다고 귀퉁이 시간을 내어서 내가 접선을 가르쳐 줄 건 아니라는 얘기지요.

또한 C교사는 학생들의 일반적인 학습과정을 나름대로 파악하고 있었다. 학생들이 물리를 어려워하는 주된 이유 중 하나는 눈에 잘 보이지 않는 개념이기 때문이라고 생각하였다. 따라서 시각과 청각과 같이 감각기관이 직접 체험할 수 있도록 해 준다면, 즉 현상을 직접 볼 수 있고 들을 수 있도록 한다면 학생들의 이해 수준이 높아질 수 있다는 생각에 기초하여 수업을 설계하였다.

C교사: **물리적인 개념은 상당히 추상적인 거죠. 법선, 그건 눈에 안 보이는 거죠.** 그런데 법선만 잔뜩 얘기하고 있으면 아이들은 다 도망가죠. 눈에 보이는 선만 이야기해야죠. 입사각, 반사각 그건 눈에 보이게 할 수 있는 거죠... 하여간 **눈에 보이지 않는 것보다 눈에 보이는 현상들을 가지고 물리는 설명할 수 있는 게 많다는 거죠.** (중략) 학생들이 이걸 자기들이 이해했다고 스스로 느끼는 거죠. 이

∞ 좋은 수업을 하는 과학 교사는 학생의 다양한 학습방법에 대한 지식, 학생의 학습과 성취에 영향을 미치는 요인들에 대한 지식 등을 지니고 있다.

해했든 못했든 그건 모르겠지만 학생들 스스로 느끼는 것이 중요한 거예요.

C교사: **아이들은 보이는 걸 믿어요. 아이들은 보이면 믿는 거고, 들리면 듣는 것을 또 믿잖아요.** 그래서 첫째는 가능하면 이렇게 만졌더니 변화가 보일 수 있는 자료가 있으면 그런 걸 잘 기억해뒀다가 수업에 쓸려고 해요. (중략) **어쨌든 보이는 게 제일 중요한데, 자료들을 보면 주변에서 쉽게 구할 수 있는 소재 속에 과학 핵심을 이용할 수 있는 게 많이 있어요.**

B교사는 고등학생들과 중학생들의 차이를 잘 알고 있었다. 이미 체계화된 지식을 배울 준비가 되어 있는 고등학생들과는 달리, 중학생들은 기본적인 용어나 수학적 개념조차 부족한 경우가 많아 수업에서 그러한 것들을 모두 하나하나 설명해 줘야 함을 지적하였다.

B교사: 고등학교 빛 수업은 체계화된 지식만 가르쳐주는 경우가 많았거든요. 이것을 중학교 학생에게 적용하기는 무리죠. 추상적 용어에 대한 이해가 바탕이 되어 있어야 원리나 지식이 주가 되는 수업이 가능하죠. 중학생은 **과학 개념을 배우기 위한 기본적인 용어나 수학공식을 모르는 경우도 많이 있어요. 그러므로 자세하게 한 단계씩 모두 설명하면서 수업을 진행해야 해요.**

또한 고등학생과 중학생은 수업에서 동기유발의 필요 정도에 크게 차이가 난다고 파악하고 있었다. 이미 공부할 준비가 되어 있는 고등학생들과는 달리, 중학생들은 특정한 내용을 공부시키기 위해 무엇을 어떻게 도입을 할까를 고민하는 것이 중요하며, 그 도입과정이 모두 수업의 중요한 일부라고 시술하였다.

B교사: 처음 수업 도입으로 **뭘 도입할까도 고민을 해야 돼요. 그**

도입과정이 다 수업이에요. 그런 구성을 어떻게 해서 이해를 시킬까 하는 것을 고민을 해요. 그런데 공부 잘하는 아이들은 좀 부담이 되나 봐요. '다 아는 쉬운 내용을, 저걸 가지고 몇 시간을 지금 수업을 하고 있나'라는 식의 분위기가 좀 있어요. 예전에는 **교과 내용 그 자체를 가르치는 게 수업이라고 생각했는데 지금은 그 하나를 가르치기 위해서 이 단계들을 어떻게 만들까 이런 부분을 많이많이 고민해요.**

이는 수업에서 동기유발을 거의 고민하지 못하며, 너무 어렵다고 느끼는 A교사와 매우 대조적이었다. A교사는 동기유발에 대한 고민을 별로 하지 못했으며, 교사가 궁금하면 학생들도 궁금할 것이라고 미루어 짐작하고 수업을 진행하였다고 설명하였다.

A교사: 나는 학생 때 그냥 재미있었어요. 교사입장에서 아이들이 궁금했을 거라고 생각했는데, 사실 아이들은 안 궁금할 수도 있잖아요. 그래도 저는 가르쳐줘야 될 것 같아요. 그래서 아이들한테 이렇게 얘기하죠. "너희가 궁금해 할 것 같아서 선생님이 생각을 해봤는데 이렇게 설명하면 어떨까?" 이렇게 말하죠.

E교사: 아이들이 궁금하게 만들었어요?

A교사: 그걸 잘 못하겠어요. 그게 너무 어려워요. 그래서 물리를 가르치기 어렵다는 생각이 많이 들어요. **어떻게 궁금하게 해야 되나, 그런 고민을 많이 안 했던 것 같기도 하고. 제가 궁금하니까. 아이들도 궁금해 하겠거니 이렇게 생각했던 것 같아요.**

학생에 대한 이해수준은 수업에서 다루는 개념과 관련된 학생들의 이해 정도, 각 단계 학생들의 사고력이나 학습방법에 대한 지식을 모두 포괄한다. 이러한 학생에 대한 지식은 교사의 노력이 있다면 수업경험을 통해 점점 확장되며, 보통 수업 경험이 많고 수업을 잘 하는 교사는 학생을

∞ 수업전략에 대한 미시간 주립대 교수팀의 연구에 따르면, 교사가 학생들이 과제를 제시간에 완수하는 것에 중점을 두는 단계가 있고, 그 다음 단계는 내용을 명확하게 설명하고 학생에게 실행해 볼 기회를 제공하는 단계가 되며, 보다 숙련된 교사는 학생들이게 탐구 및 적용 활동을 할 수 있는 기회를 부여하고 그 과정에서 적절한 안내와 도움을 제공한다.
그러나 실제 과학 수업에서 초임 교사는 학생들에게 내용과 원리를 분명하게 설명해 주는 전략을 주로 선택한다. 보다 숙련된 교사가 되면 학생들이 교사의 설명만으로 학습을 하는 것에 한계가 있음을 깨닫고 학생들이 다양한 실습이나 활동을 통해 학습할 수 있는 수업전략을 채택

한다. 이는 **학생의 학습 과정에 대한 이해수준이 깊어지는 것과 관련이 있다.** 가장 숙련된 과학 교사라면 학생들이 스스로 학습하고 탐구할 수 있는 기회를 제공하며, 이러한 교사의 수업에서 학생들은 적극적으로 학습과 탐구에 참여한다.

누구보다도 잘 알고 있는 교사들이다. 학생에 대한 이해 정도가 수업을 설계할 때 도입부의 동기유발, 전개부의 수업활동 및 개념도입 전략 설계 등에 모두 중요한 영향을 미침을 알 수 있었다.

3) 세 교사의 수업 전략 및 수업 분위기는 다음 중 어느 것에 해당하는가?

□ **수업전략**

가. 내용과 원리를 교사가 분명하게 설명해 줌(설명식 수업).
나. 내용과 원리를 교사가 분명하게 설명해 주며, 학생들이 실습을 해 볼 수 있는 기회를 제공함(설명 + 실습 혹은 활동수업).
다. 내용과 원리를 학생들이 배우고 탐구할 수 있는 기회를 제공하며, 학생들의 학습활동이나 생각이 수업에 반영됨(탐구· 대화식 수업).

□ **교실에서의 담화 및 수업분위기**

가. 담화는 주로 교사의 교과서 내용 설명으로 이루어지며, 학생은 교사의 지시에 따르고 학습에 수동적임.
나. 담화는 주로 교사의 내용 설명과 기타 관련된 이야기, 실험절차에 대한 설명으로 이루어지며, 학생들은 보다 적극적으로 학습에 참여하지만 학생의 사고 내용이 담화에 많이 포함되어 있지 않음.
나. 담화는 교사의 과학 내용에 대한 설명과 실험절차 뿐만 아니라 학생의 생각과 실험 내용을 포함함. 학생들은 적극적으로 학습과 탐구 활동에 참여함.

〈수업 전략〉	〈담화 및 수업분위기〉
• A교사: ________	• A교사: ________
• B교사: ________	• B교사: ________
• C교사: ________	• C교사: ________

수업 분위기 및 전략 - 교실에서의 담화, 수업전략, 수업 분위기

A교사는 자신의 수업을 '설명식'이라고 특징지었다. 대부분의 시간은 교사의 원리에 대한 '설명'으로 이루어졌으며, 학생들이 말할 기회는 거의 없었다. 또한 교사의 설명이 매 수업시간 연속적으로 이어지기 때문에, 중간에 설명을 놓친 학생들은 그 다음 차시에 계속하여 수업내용을 이해할 수 없는 상황이 되었다. 실제 파동의 반사와 굴절, 회절 수업에서도 대부분의 시간은 교사의 설명으로 이루어 졌으며, 이미 오래전에 빛 단원에서 배운 '반사의 법칙'에 대한 개념 설명과 연결 지어 수업을 진행하였다.

> 학문의 구조를 가르치자: 학문적 지식의 요체를 다루면서 교과의 구조를 가르치는 것은 학습되어야 할 아이디어의 양으로 볼 때 경제적이었으며, 일단 학습된 것은 오래 지속될 수 있고, 그것의 기본 특성에 의해 시대에 뒤질 가능성이 적다는 점에서 지속적인 효과를 가졌다.

A교사: 내 수업을 좋아하지 않는 아이들, 내 수업을 이해 못하는 아이들은 어떤 아이들이냐면, **저는 제 수업이 상당히 설명식인 것 같아요.** 그 설명을 알아들을 수 없는 아이들이 있잖아요. 그런 아이들은 귀에 안 들리는 거예요. 뭐를 설명하고 뭐를 설명하고 계속 길게 설명을 하니까 [어제 것을 모르면 오늘 걸 모르고] 만약에 중간에 한 시간을 빼먹었거나 그러면 이해가 안 가겠죠?

이에 비해 B교사의 수업은 '대화식으로 진행되는 귀납적인 수업'이었다. 교사는 끊임없이 학생이 본 것과 생각한 것을 자신의 언어로 표현하고 발표하기를 요구하였으며, 학생의 발표로부터 바로 바로 수업에 대한 피드백을 얻어 그에 따라 수업을 진행해 나갔다.

> ☞ 교실에서의 담화 및 수업분위기

B교사: 발표할 때 가장 흐뭇한 점은 정말 학생들로부터 내가 생각지 못했던 다른 의견이 나올 때, 만약에 내가 발표를 안 시켰으면 그런 걸 전혀 모르고 넘어갈 텐데 하는 감탄을 많이 받아요. 그래서 '아, 정말 발표가 중요하구나!' 라고 생각하죠. **내가 오히려 힌트를 많이 얻어요. 내가 생각지 못했던 것을 많이 얻어요.** 그래서 특이한 질문, 발표내용들은 자주 메모를 해요. 다른 반에 가서 어떤 이야기들이 안 나오면 저반에서는 이런 이야기들이 나오는

데 너희는 왜 발표를 안 하냐고 말하죠.

학생과의 대화와 발표를 종합하여 결론을 나중에 이야기 해 주는 형식으로 수업이 진행되어 수업의 구조는 전체적으로 귀납적인 특징을 갖고 있었다.

또한 B교사는 교사가 교과 내용을 재구성해서 가르칠 수 있어야 하며, 잘 조직화하면 각 수업차시를 완성된 하나의 수업으로 구성할 수 있다고 설명하였다. 수업의 핵심을 파악하고 해당 수업내용을 한 차시 동안 완성할 수 있도록 수업을 진행하는 것이, 매 차시를 연속하여 수업하는 것보다 특히 개념에 대한 이해나 기억수준이 부족한 중학생들에게 더 효과적이라고 생각하고 있었다.

B교사: **교사가 교과 내용을 재구성해서 가르칠 수 있잖아요.** 그게 가장 중요한 거죠. **교과서를 재구성하여, 한 차시가 완성된 수업으로 끝맺음을 하는 것으로 머릿속에 구조화되어 있으면, 나머지 부수적인 내용은 좀 가볍게 해도 되더라고요.** 이전에는 연속적으로 수업을 했거든요. 하다가 종치면 "여기는 다음시간에 할 차례다"라고. 이게 오히려 시간이 더 많이 걸리는 것 같아요. 하나하나 다 찾아줘야 되니까.

C교사의 수업은 '체계적이고 논리적이며 시각적인 수업'이었다. 교사는 수업이 시작할 때 학습목표를 분명히 제시하고, 과학의 논리와 학생들의 사고 흐름에 따라 교사가 계획한 대로 학생들이 따라가며 학습목표에 도달하기를 기대하였다. 이때 학생들은 복잡한 개념이나 논리적인 연결고리는 시간이 흐르면 잊을 수 있지만, 각 학습목표에 대한 하나의 인상적인 장면을 학생에게 남기는 것이 중요하다고 믿고 있었다.

C교사: 이상적인 수업은 학생들의 사고라든가 과학적인 논리 전개에 잘 맞으며, 교사가 사전에 철저하게 준비하여 교사가 준비한 시나리오대로 잘 흘러가는 그런 수업이에요.

C교사: 학습목표를 보통 짧게는 하나, 길게는 네 개까지 적잖아요. 학습목표가 사실 논리적으로 딱 맞잖아요. 그러면 그 학습목표에 해당하는 하나하나의 그림이나 활동들이 하나씩 각인될 수 있는 것이 하나씩만 있으면 그 중간에 있는 논리나 개념, 복잡한 개념들이 없더라도 그 수업이 끝나고 그 학습목표와 관련된 그런 그림 하나가 머릿속에 있으면 그 학생은 나중에 다시 공부할 때 꺼내서 쓸 수도 있고 또는 그 자체가 하나의 자기 나름대로 학생도 스스로 개념화시킬 수도 있을 것 같아요.

교사의 계획에 따라 체계적으로 진행되는 C교사의 수업은 수업의 서두에 학습목표가 분명하게 제시되고, 교사의 계획에 따라 수업에 진행되는 연역적 구조를 가지고 있었다.

이러한 수업 전략의 차이는 수업의 분위기를 크게 다르게 만들었다. 교사의 설명 위주로 진행된 A교사의 수업에서는 학생들의 과학적인 대화는 매우 적었다. 학생의 관찰결과와 생각을 끊임없이 발표하도록 격려하는 B교사의 수업에서는 어느 수업보다도 상호작용이 활발하였고, 과학적인 대화가 활발히 오고갔다. 교사의 철저한 사전 준비로 안내된 C교사의 수업에서는 학생들이 교사의 지시에 따라 일사불란하게 움직이고 대답하였으나, 학생 스스로의 생각이나 의견을 발표하는 기회는 상대적으로 많지 않았다.

A교사: B선생님 수업을 보면서 '아, 저렇게 아이들한테 많은 기회를 줘야 되는 구나'는 생각을 상당히 많이 했어요. B선생님에 비하면 나는 나 혼자만 수업을 했던 거구나. (중략) B선생님처럼 하면 물론 다른 사람들이 보기에는 소란스러워 보일수도 있겠지만, 아이들이 정말 자기 것이 되어서 가겠구나 싶었어요. **B선생님처럼 하다보면 아이들이 이 수업을 통해서 내가 반드시 가르치려고 했던 부분을 못 얻고 가더라도 그 문화, 그 선생님만의 그런 교실 분위기**

는 정말 중요한 것 같아요. 보통 저희 반 아이들은 시끄럽거나 그렇지는 않은데 재미가 없어서 조용한 것일 수도 있고, 제 수업 분위기가 그런가 싶기도 하고...

C교사는 학생들과의 상호작용이 중요하다고 공감하고 있었지만 현재 수업에서 상호작용이 활발하지 못했던 이유를 수업에서의 시각적인 효과를 강조한 것과 학생 수준에 대한 교사의 우려가 수업에서 드러나는 것으로 분석하였다.

C교사: 예전 학교에 있을 때 수업했던 거랑 지금 이 학교에서의 수업이 다른 게, 학생들이 물으면 대답을 잘할 수 있는 능력이 없다고 스스로 판단하고 자꾸 내가 이야기를 하려고 하지 않았나, 그런 생각을 많이 했어요.

수업전략의 차이가 교실에서의 담화와 교사, 학생간의 상호작용, 그리고 나아가 수업분위기를 다르게 함을 알 수 있었다.

4) 세 교사의 수업에 대한 생각, 즉 수업관은 어떻게 다를까요? 그 차이가 수업을 어떻게 다르게 만들까요? 다음 중 각각의 교사에 해당하는 항목을 골라보세요.

□ **교수학습관**

가. 수업은 교사가 학생들에게 과학 내용과 원리를 설명해 주는 것이다.
나. 수업은 학생들이 기존에 알고 있던 생각을 과학적 사고로 바꾸어 주는 것이다.
다. 수업은 학생들의 기억에 남을 만한 과학적 장면을 남기는 것이다.

❦ 교수학습관

A교사는 수업에서 학생들에게 기본적인 아이디어, 즉 기본 개념을 알 수 있도록 설명하는 것이 중요하다는 생각을 갖고 있었다. 따라서 기본적인 개념을 차근차근 설명하는 학문 중심적인 교육관을 지니고 있다고 스스로 분석하였다.

> A교사: 그 부르너(Bruner) 교육과정 책 있잖아요. 그 연두색 얇은 책을 읽고 그랬는데, 저는 그쪽에 가깝다는 생각이 들어요. 기본적인 아이디어를 가르쳐줘야 된다. 기본 개념을 모르면 아무리 현상을 갖다 줘도 설명을 못하는 거예요. 그러니까 우리나라는 그 부분이 아주 약하다고 생각하고 있어요. 교육과정을 볼 때도 정말 중요한 기초개념을 다 빼먹으니까 현상만 잔뜩 가르쳐줘봤자 아이들은 그걸 잘 엮지를 못한다는 거예요. 그래서 저도 자꾸 그렇게 생각이 바뀐 것도 있고, 빛 단원뿐만 아니라 다른 수업을 할 때도 자꾸 그렇게 많이 접근을 하는 거죠. 그래서 그 당시에 작년에도 그렇고 그쪽 방향으로 많이 생각했던 것 같아요.

따라서 수업에서 A교사의 모습은 학생들이 잘 알지 못하는 것을 아이들에게 말해주고 설명해 주는 모습으로 주로 관찰되었다. 교사는 교과서의 범위를 넘더라도 현상을 이해하는 개념이 필요하다면 수업시간에 설명하려고 노력하였고, 수업시간의 많은 부분이 교사의 설명으로 진행되었다.

이에 비해 B교사는 수업이란 '학생들이 가진 생각을 끄집어 내 그것을 교사가 올바르게 올바른 방향으로 바꾸어주는 것'이라고 생각하고 있었다.

> B교사: 아이들에게 이렇게 말하곤 하죠. "**너희들이 수업을 받는**

목적이, 너희들이 가진 생각을 끄집어내고 내가 그걸 올바르게, 우리가 올바른 방향으로 바꾸어 주는 게 선생님은 수업이라고 생각한다. 너희들 생각을 다 끄집어내 놓으니까 내가 뭘 가르쳐야 될지가 떠오른다." 라고요.

B교사: '얘들아 수업이 뭔 거 같니?' 그러면 저는 "**너희들 머릿속에 남아있는 게 얼마나 더 추가되었는지가 난 수업이라고 생각하는데, 내가 내용을 정리하면서 계속 진행한다고 너희들이 수업을 받았다고 할 수 있을까?**"라고 말해요. 수업이란 '학생들 머릿속에 변화된 것이 얼마나 남아 있느냐는 것'으로 관점이 바뀌었어요. 물론 지금도 가끔 '아, 내가 또 나 혼자 떠들면서 수업을 하고 있구나.' 하는 수업도 있어요.

따라서 B교사의 수업시간은 늘 학생들의 소리로 넘쳐났다. 교사는 언제나 학생들의 생각을 묻고, 질문을 하며, 학생들이 자신의 생각을 자신의 말이나 글로 표현하기를 기대하였다. 학생들이 무엇을 얼마나 알고 있는지, 어떤 생각을 가지고 있는지가 수업의 출발점 이었으며 학생들이 원래 가지고 있던 생각을 과학적인 생각으로 바꾸어 놓는 것이 수업의 종착역이었다. 따라서 B교사는 수업을 매시간 연속적으로 연결되어 진행하기 보다는 가급적 수업을 차시별로 설계하였으며, 매 시간 학생들에 배워야 하는 핵심 개념을 파악하여 학생들이 그 개념에 대한 기존의 생각을 드러내도록 하고, 그러한 생각을 과학적으로 올바른 생각으로 바꾸어 주도록 수업을 설계하였다. 따라서 B교사의 수업시간은 언제나 학생들의 질문과 발표로 왁자지껄한 역동적인 모습이었다.

학생들에게 언제나 친절하고 학생들과 공감을 잘 하는 C교사는 수업이란, 특히 중학교 과정의 과학 수업은 학생들에게 해당 학습개념에 대한 논리적인 연결고리보다도, 학습 목표에 대한 기억에 남을 만한 시각적인 장면 하나를 남기는 것이라고 생각하고 있었다.

C교사: **학습내용의 그 연결고리, 논리적인 연결고리는 그 시간에는 사실 중요할지 몰라도 시간이 지나면 다 잊어버릴 수 있어요. 그렇지만 장면의 편린들은 아이들의 뇌리에 각인이 되어 있죠. ... 그래서 과학시간에 우리가 해야 될 것이, 내가 어떤 학습목표를 잡았을 때 그 학습목표에 가장 적절한, 나중에 남을 수 있는 정지사진 스틸사진 임팩트, 그 장면 하**나가 딱 기억에 남을 수 있게 해야 하는 것이죠. ... 중학교 때 선생님이 레이저로 보니까 양쪽에 날카로운 선 두개가 보이고, 백열등을 보니까 예쁜 색이 딱 보이고 등등의 그런 기억은 대충 남아요. 그러면 되는 거예요. 그러면 중학교 과학교사로서의 내 역할은 충분히 한 거죠. 거기까지로 봐요. 학생들이 모두 과학자가 될 건 아니니까요.

따라서 언제나 C교사의 수업은 볼거리고 풍부하고 시각적인 특징을 보였다. 눈으로 보이지 않는 현상을 '보여주기'위해 노력했다. 예를 들어, 파동의 반사와 굴절, 회절 수업에서 C교사는 분명한 반사, 굴절, 회절 현상을 보여주기 위해 캠코더를 활용하였으며, 학생들에게 각 현상을 효과적으로 시각화 시켰다.

물리적인 세계의 감각적인 접근을 강조한 C교사는 교사로서 자신의 역할을 학생들과 함께 어려워하고 기뻐하며 배움의 길을 함께 가는 친절한 안내자로 생각하고 있었다.

C교사: 교사는 **학생들과 같이 어려워하는 척도 하고, '아! 그렇구나!'하고 과장도 하고, 하여간 그런 것이 중요한 이유가 뭐냐면 가끔 그렇게 오버를 해야 돼요. 학생들이 '아, 진짜 선생님도 몰랐을 수 있구나!' 이렇게 되면, 그러면 상당히 동료의식을 느끼겠죠. 선생님은 전지전능한 것이 아니라 우리와 같은 그런 어려움을 갖고 있다는 생각**, 그래서 나의 역할은 혼자 안가고 학생들과 같이 가는 ... **그래서 내가 아이들을 받쳐주면 안 떨어져요.**

<생각해보기>

⚭ 징검다리를 적절하게 잘 놓아주는 교사는 학생의 인지구조, 혹은 학습과정을 잘 이해하고 있는 교사이다.

⚭ 좋은 수업은 징검다리가 훌륭하게 잘 놓여진 수업

⚭ 정해진 징검다리나 공식은 없다. 그렇다면 나만의 징검다리는 어떻게 만들 것인가?

따라서 C교사의 수업은 언제나 학생들의 학습을 위해 철저하게 준비된 수업이었다. C교사는 학생들이 수업의 상황 속에서 '길을 잃지 않도록' 모든 것을 철저하게 준비하고 배려하였으며, 학생의 학습 여정의 선두에서 학생들을 이끌고 지휘하였다. 이러한 C교사의 교수학습관은 수업에서 학습목표를 제시하고 그에 따른 각각의 학습활동을 철저하게 조직하는 것, 학생들이 어려워할만한 어휘 사용을 가급적 삼가고 낯선 어휘가 출연할 때마다 하나하나 풀어 설명해 주는 것, 학생들이 보거나 듣지 못하기 때문에 어려워 할 수 있는 물리적인 개념을 보고, 들을 수 있도록 감각적인 수업을 설계 하는 것 등으로 나타났다.

□ **교수학습관**

가. 수업은 교사가 학생들에게 과학 내용과 원리를 설명해 주는 것이다.
나. 수업은 학생들이 기존에 알고 있던 생각을 과학적 사고로 바꾸어 주는 것이다.
다. 수업은 학생들의 기억에 남을 만한 과학적 장면을 남기는 것이다.

- A교사: ____________
- B교사: ____________
- C교사: ____________

5) 다시 수업을 한다면...

A교사: 내가 수업을 다시 한다면 첫 번째는 나의 수업스타일을 바꾸고 싶은데요, **선생님처럼 관찰을 먼저 하고 아이들한테 내가 가지던 80% 주도권을 좀 더 많이 줘야겠다는 생각이 너무 많이 들거든요.** 그걸 한 번에 확 바꿀 수 있을까라는 그런 두려움이 있긴 해요. **제가 아이들을 많이 믿고 맡겨야 될 것 같은데, 내가 성격이 급한 건지, '아이들이 이해 못하면 어떡하나' 라는 걱정이 더 앞서는 것**

같아요. 또, C선생님이 캠코더로 다시 찍어서 그걸 보여 준 것처럼 **좀 더 정확한 관찰을 위해서 그런 점들을 보완해야겠다는 생각이 들어요.**

B교사: 저는 파동 개념이 중 2정도 개념이라고 생각해요. 그러면 중간수준의 학생들에게 **필요한 개념 이해를 위한 사전 학습시간 1차시를 추가하여 파동의 반사, 굴절 현상이해를 돕도록 할 거예요. 그 보충**내용은 이후 나올 용어나 개념을 정리하는 시간으로 다음에 실험과정을 이해하는데 도움이 될 거예요. 또 C교사처럼 학생들의 깊은 이해를 돕는 기술적인 면도 **더 도입을 해야 할 것 같아요. 그게 더 친절한 교사가 아닐까요? 징검다리를 건너가서 '알았지?' 하는 것이 아니라 징검다리를 놓아주고 건너도록 도와주는 부분을 더 고민해야 한다는 생각이 들었어요.** 이런 식으로 다양하게 해석할 수 있는 방법이 하나는 아닐 거잖아요. 이런 것들을 찾아내어서 학생들이 접할 수 있는 기회를 제공하면, 어떤 현상을 비유적으로 설명할 수도 있고 개념적으로 설명할 수도 있고, 그래야 친절한 활동지가 될 수 있을 것 같아요. 그런 걸 많이 느꼈어요.

C교사: 내 수업을 만약에 다시 한다면, **이걸 한 시간을 할 건지 두 시간을 할 건지 세 시간을 할 건지를 먼저 정해야 할 것 같아요.** 한 시간으로 할 거냐, 세 시간으로 할 거냐에 따라서 학습목표가 달라질 것이기 때문에. 그런데 아까의 학습목표가 '관찰할 수 있다, 그려볼 수 있다'였는데, 거기서 더 나가고 싶은 생각은 지금도 없어요. 다만 제시된 현상들에 대하여 **자세하게 왜 이게 반사인지, 왜 회절인지, 굴절인지를 아이들에게 발표를 시키겠어요.** 그 다음에 **이 수업내용이 많다보니 아이들 입에서 안 나오게 한 내용이 참 많았는데,..(중략) 아이들이 한 시간에 할 수 있는 개념 수를 줄이면 더 좋을 것 같아요.** 내가 욕심을 너무 많이 낸 것 같아요. (중략)

∞ 수업은 아이들과 함께 하는 것이다.

03-2

수업의 징검다리

pedagogical content knowledge

03-2

수업의 징검다리

수업의 징검다리 두 번째 수업 사례는 중학교 1학년 힘 단원 4차시인 '중력'을 주제로 한 수업이다. 여기서는 각기 다른 환경과 구성으로 수업을 진행하는 세 명의 과학교사들의 수업을 분석해보고, 각 교사가 중력이라는 개념을 학생들에게 이해시키기 위해 어떤 징검다리를 활용하였는지를 살펴보고자 한다.

남의 수업을 엿보면서 가끔씩 그런 상상을 하곤 한다. 아이들 머리위에 이해여부를 나타내는 표시등을 달아놓고, 교사가 45-50분 수업을 달려 나가는 동안 아이들 표시등이 하나둘씩 밝아지거나 꺼져가는 상태를 눈으로 확인할 수 있다면 수업을 마치는 종이 울릴 때 더 많은 표시등을 밝혀둘 수 있을까? 수업의 징검다리는 아이들의 표시등이 깜박이거나 위태로운 지점마다 지혜로운 교사가 놓아주는 디딤돌을 밝혀보려는 시도에서 기획된 것이다.

때로는 징검다리 간격이 너무 멀어서, 때로는 너무 미끈거리는 돌다리여서 아이들은 쉽사리 건너지 못하고 주저앉고 만다. 앞서가는 교사는 앞만 보느라고 뒤에 쪼그리고 앉아 남겨진 아이들의 표시등을 애써 무시하는 경우도 있다.

앞으로 소개할 세 가지 수업 사례에서 각 교사가 놓은 징검다리의 유형과 견고함을 살펴보고, 나라면 어떤 징검다리를 어디쯤 놓아줄 것인지를 생각해 보았으면 한다.

∞ 교사는 이미 잘 아는 사람의 관점에서 학습내용을 논리적으로 세분하고 조직하지만, 이 학습 내용이 학생들에게 설득력이 없거나 그 조직 논리가 파악되지 않을 수도 있다.

- 수업주제 : 중력(중학교 1학년 "힘" 단원 6차시 중 4차시)
- 힘 단원 구성

  주제 1. 힘의 정의

  주제 2. 마찰력과 탄성력

  주제 3. 전기력과 자기력

  주제 4. 중력(본 차시)

  주제 5. 힘의 측정과 표시

  주제 6. 힘의 합성

첫 번째 사례 - 친절한 K교사 이야기

수업은 질은 교사가 들인 시간에 비례해서 결정된다는 K교사가 꿈꾸는 20년 후의 자화상은 다음과 같다.

∞ 나는 이런 교사가 되고 싶다.

K: 20년 후의 내 수업의 모습은 이랬으면 좋겠어요. 첫째 학생들이 부산한 거 있잖아요. 내가 그걸 너그럽게 봐줄 수 있는 그런 너그러움을 갖고 싶어요. 교사는 당연하다고 생각하는 것을 학생들은 궁금해 할 수 있잖아요. 아이들은 헤매고 있는데, 교사는 그걸 당연시하고 수식을 풀어서 답이 나와 버려요. 어떤 아이들은 총 답이 다섯줄을 가야 나오면 어떤 아이들은 두 번째 줄에서 못 넘어가고 헤매고 있어요. 그런 아이들의 눈빛과 마음을 헤아려줄 수 있는 교사가 내가 되고 싶은 교사예요. 그래야 될 텐데 노력해야죠.

수업을 한다는 건 아이들이 즐거운, 아이들이 즐기는 것이라고 말하는 K교사는 "공부를 떠나서 선생님이 하고 있는 모습만 봐도 개그콘서트 보듯이 즐거워야 한다"고 말한다.

K: 개그콘서트는 개그맨만 콘서트하고 나머지는 보고 웃잖아요. 그게 아니고 이건 같이 아이들의 반응도 보고, 아이들과 교감하는 거죠.

> ∞ 눈에 보이지 않는 과학 개념이나 원리를 눈에 보이는 현상으로 전환하여 체험하게 해야 한다.

어떤 내용에 대해서 자신이 이해하지 못해서 "공부를 지독하게 어렵게 공부한 사람들이 선생님하기가 참 좋다"고 K교사는 말한다. 교사가 많이 설명하는 수업보다는 되도록이면 학생들이 직접 보고 체험하게 하는 수업을 지향하는 K교사는 학생들에게 "만지면 변화가 보일 수 있는 그런 자료"를 찾거나 만들어 활용한다고 한다.

K: 아이들은 보이는 걸 믿기 때문에 보이게 하려고 상당히 노력을 많이 해요. 아이들은 보이면 믿는 거고, 들리면 듣는 것을 또 믿잖아요. 그래서 가능하면 이렇게 만졌더니 변화가 보일 수 있는 자료가 있으면 그런 걸 잘 기억해뒀다가 수업에 쓸려고 하고, (중략) 자료들을 보면 주위의 허접한 것들 속에 아주 핵심, 고갱이라고 얘기하죠. 그걸 보여줄 수 있는 것들을 숨기고 있는 것들이 많이 있어요. 그런 걸 그때그때 잘 적어놨다가 써먹죠.

> ∞ 세월이 흘러서도 기억에 남도록 하는 장면이 하나 있어야 한다.

과학이 항상 신나고 재미있는 것만은 아니며, 모든 학생들이 과학자가 될 것도 아니라는 K교사는 중학교 과학교사는 학생들이 나중에 세월이 흘러서도 기억할 수 있는 장면이나 활동을 제공하는 것이 중요하다고 말한다.

K: 과학은 신나고 재미만 있는 것만은 아니잖아요. 복잡하고 어려울 수도 있는데 학습목표와 관련되는 나중에 기억에 남을 수 있는 장면, 가령 빛의 분산에서 우리가 종이컵으로 만든 간이 분광기로 형광등 들여다봤을 때 나타난 빛의 스펙트럼이 보이더라는 장면은 절대 안 잊을 거예요. 그러나

만약에 그중 어떤 아이가 나중에 과학을 공부할 때, 중학교 때 선생님이 보여준 실험의 장면이 떠오른다면 중학교 과학 교사로서의 내 역할은 충분히 한 거죠. 거기까지로 봐요. 아이들이 모두 과학자가 될 건 아니니까요.

G: 아이들이 물리를 어려워하는데 그 어려운 물리를 어떨 때 아이들이 제일 잘 이해하는 것 같아요?

K: 주변 현상이 왜 그런가를 설명하기 위해서는 몇 가지 모델이나 또는 필요한 지식들을 그 수준에 맞게끔 보여줘야 되죠. (중략) 어쨌든 중요한 것은 눈에 보이고 이렇게 구체화할 수 있는 요소가 주변에 참 많아요. 일상생활을 하다가, 우리는 일상생활의 모든 것이 과학적 상황이잖아요. 하여간 눈에 보이지 않는 것보다 눈에 보이는 현상들을 가지고 물리는 설명할 수 있는 게 많다는 거죠. 그런 걸 잘 찾아내어서 이 개념의 원리에 의해 나타나는 현상이 이것이라고 보여주는 거죠.

∞ 눈에 보이는 현상으로 과학을 설명한다.

눈에 보이지 않는 과학 개념이나 원리를 눈에 보이는 현상들로 설명해야 한다는 K교사는 학생들이 "내가 알려고 하는 어려운 원리가 바로 이 현상이구나."를 느낄 수 있도록 하는 것이 중요하다고 말한다.

학습목표별로 교사가 구상하여 제공한 장면이나 활동은 나중에 학생들 머릿속에 각인되어 개념이나 원리를 떠올릴 수 있는 슬라이드 역할을 하게 된다고 K교사는 설명한다. 학생들은 시간이 지나면 개념이나 설명은 잊어버리더라도 이러한 그림이나 장면들은 기억하게 되며, 나중에라도 구체적으로 현상을 접하면 관련된 기억이나 개념을 떠올리거나 더 발전시킬 수 있게 된다고 한다.

∞ 주요 학습목표별로 그림 하나씩을 기억에 심어두자.

K: 학습목표를 보통 짧게는 하나, 길게는 네 개까지 적잖아요. 그러면 그 학습목표에 해당하는 하나하나의 그림이나 활동들이 하나씩 각인될 수 있는 것이 하나씩만 있으면 그 중간에

있는 논리나 개념, 복잡한 개념들이 없더라도 그 수업이 끝나고 그 학습목표와 비슷한 그런 그림 하나가 머릿속에 있으면 그 학생은 나중에 다시 공부할 때 꺼내서 쓸 수도 있고 또는 학생 나름대로 그 자체를 가지고 스스로 개념화시킬 수도 있을 것 같아요. 수업이 끝나면 아이들이 다 잊어버리죠. 잊어버리지만 그 장면이나 그림은 몇 개 기억에 남죠. 그러면 아이들이 기억이 오래가고, 슬라이드를 만들 듯이 아이들 머릿속에 연결고리는 많은데 사진이 하나도 없으면 안 되니까 사진들을 하나씩 하나씩 넣어줘야죠. 책에 있는 죽 흘러가는 텍스트들은 졸리고 재미없는 이야기들이잖아요. 여기에 그런 그림들을 하나하나 차곡차곡 넣어줄 수 있으면 참 좋을 것 같아요. 나중에 구체적으로 현상을 접하면 그런 기억들이 떠오르잖아요.

누구보다도 수업준비에 많은 시간을 투자하는 K교사가 수업준비에서 가장 중점을 두는 부분은 과학 내용의 논리전개를 연결해줄 소품들을 준비하는 것이다. 즉, 수업의 도입에서부터 매 단계마다 학생들의 반응을 예측하여 교사의 대응방식을 마련해 두는 것이다.

K: 수업에 있어서 제일 중요한 논리 전개는 확실히 간단하잖아요. 그런데 그 중간 중간에 들어가는 소품들 있죠. 소품들이나 소품의 성격을 지니고 있는 어떤 수업거리들을 발굴하는 게 좋은 교사의 능력인 것 같아요. 옛날에 내가 수업 소재로 잘 썼던 것을 지금은 잊어버린 게 많아요. 그러니까 그걸 기록하고 쌓아놓고 축적이 되어야 되는데, 그게 안되는 게 좀 아쉽고 그래서 축적하는 노력을 해야 되고, (중략) 중요한 것은 그 수업을 하기 전에 내가 고민을 하면서 떠오르는 좋은 아이디어들을 그때라도 잘 모아놓았다가 그 수업에 써먹으면 되거든요.

∞ 과학 내용의 논리전개를 연결해줄 소품들이 필요하다.

학생들이 내용의 논리전개를 따라갈 수 있도록 지원하는 이러한 소품자료는 "학생들이 무엇을 모를 것인가"에 대한 교사 본인의 경험에 근거하여 선정된다고 한다. 한편, K교사는 인터넷에 널려있는 자바 실험이나 화려한 자료보다는 자신이 생활주변의 허접한 것들을 활용하여 직접 만든 자료를 선호한다고 한다.

> K: 초임 때는 항상 중량감 있고 무게감 있고 참 좋은 자료를 찾으려고 매우 노력을 많이 하는 것 같아요. 그런 건 인터넷에 가면 많이 있어요. 그런데 실제로 수업을 해보면 그게 썩 감동적이지 않다는 걸 금방 깨닫잖아요. 더 허접하지만 더 이해가 잘 되게끔 내가 만들 수 있기 때문이죠. (중략) 남이 만든 것은 내가 그 사람들이 만든 것에 종속이 돼요. 그 사람이 만든 그 배경에서 내가 설명을 해줘야 되고 그런 논리로 전개를 해줘야 되죠. 그래서 주위에 있는 허접한 것(나무젓가락, 종이, 화장지 등)이런 들을 찾게 되는 거예요.

∞ 화려한 남의 자료보다는 허접한 내 자료를 내 논리대로 활용하자.

남의 자료를 활용하여 제작자의 논리에 따라 수업을 전개하기보다는 수업하는 교사 자신의 "논리 전개에 맞는 자료를 만들어서 내 나름의 논리대로 수업을 전개해야" 해야 한다는 K교사는 쉽게 접할 수 있는 생활주변의 소재를 활용하여 수업의 소품들을 준비하여 활용한다고 한다. 이밖에 K교사가 발굴하여 활용하는 주위의 자료로는 TV 영상 자료, 캠코더로 직접 촬영한 자료, 직접 제작한 실험 장비, 생활에서 발견한 일화나 비유 등이 있다.

∞ 추상적인 개념 학습을 위한 구체적인 모델:
학생들이 조작할 수 있는 구체적인 모델을 제공함으로써 학생들의 이해를 촉진할 뿐만 아니라, 교사는 학생들의 잘못된 지식의 출처를 진단할 수 있게 된다.

중력을 주제로 한 수업에서 K교사는 학생들에게 추상적인 중력 개념을 이해시키기 위해 가능하면 각 단계별로 징검다리를 촘촘하게 놓고 있었으며 그러다 보니 학생들의 표현보다는 교사의 설명 부분이 많았다.

> K: 수업을 되돌아보면, 내가 말한 부분이 매우 많은 것 같아요. 다른 수업들도 그런 것 같습니다.

개념 / 구분	주요 과학 아이디어 - 중력			
	A. 중력의 방향은 연직 아래 방향, 지구 중심 방향이다.	B. 물체에 작용하는 중력의 크기는 질량에 비례한다.	C. 질량과 무게는 여러 가지 관점에서 다른 개념이다.	D. 무중력 상태에서는 지구상에서 일어나는 일상 적인 상황이 다르게 일어난다.
학생들이 이 개념을 배워야 하는 이유(개념의 중요성)	- 힘의 방향에 관한 내용을 이미 배웠다. 그렇다면 현재 내가 서 있는 위치에서 중력의 방향을 어떻게 찾는지를 정확하게 찾아낼 수 있어야 한다.	- 질량이 다르면 물체에 작용하는 중력도 다르다. - 중력 (무게, 힘)의 크기가 질량과 관계가 있다는 사실은 그냥 흘리기 쉬운 점이다.	- 질량과 무게는 일상생활에서 잘 못 사용하고 있는 경우가 많다. - 정육점에서 고기를 살 때 '고기 50N 주세요' 라고 하지 않는다. - 화학에서 배우는 질량과 물리에서 배우는 질량은 차이가 있다.	- 조만간 우주 시대가 올 것이다. 아니다 왔다. 우주는 먼 곳에 있지 않다. 학생들 중에 우주 비행사가 되거나 우주 여행을 직접 할 사람이 있을 수도 있다. - 무중력 상태는 힘의 합력이 0인 공간이다. 무중력 상태를 알면 오히려 중력을 더 잘 알 수 있다.
이 개념을 가르칠 때의 어려움/한계점	- 실을 주었는데 학생들이 실은 안쓰고 추를 떨어뜨린다. 매우 소란하다.	- 용수철 상수가 큰 용수철은 추의 질량에 정확하게 비례하여 늘어나지 않을 수 있다.	- 질량이라는 말뜻을 정말 어려워한다. 필자도 매우 어려웠다.	- 시간만 충분 하다면 한 시간 내내 이 과제만 해도 되는데, 시간이 정말 문제다.
교사가 이 개념을 가르치는 데 영향을 미치는 학생들의 사고방식	- 중력의 방향이 지구 중심의 방향이라는 것은 학생들이 너무 잘 알고 있었다. - 그러나, 현재 위치에서 중력의 방향을 그냥 아래 방향이라고만 하면 되는가?	- 질량을 무게 또는 중력과 동일시하는 경우가 많다. - 중력의 크기를 용수철이 늘어난 길이로 비교하게 하였다. 용수철저울로 힘의 단위와 측정을 하는 과정이 교육과정에서 중력 보다 앞섰다면 좋았을 것이다.	- 달과 지구에서 질량과 무게의 문제를 내주면 단순한 계산 자체를 못하는 학생들이 많다. - 화학 단원에서도 질량을 가르치고 있다. 물리와 화학에서 가르치는 질량의 의미는 '물질'과 '물체'의 차이만 있는 것이 아니다. 구체적인 질량이 쓰이고 있는 상황 자체가 다르다.	- 학생들은 중력이 작용하는 지구상의 모든 상황을 지극히 자연스럽고 당연하게 생각하고 있다. - 무중력 상태에서 이 당연한 상황이 당연하지 않게 일어나는 것에 대한 구체적인 생각들을 못하고 아주 단순하고 일률적인 생각들만 해낸다.
교사활동 절차 및 학생들을 개념 학습에 참여시키기 위해 이 절차를 활용하는 특정한 이유	- 간단한 조작만으로 중력의 방향을 알아낼 수 있다는 자체가 놀랍다. - 학생들이 쉽게 이 과제를 수행해낼 수 있다.	- 탄성력에서 썼던 추와 용수철을 '중력' 단원에서 또 쓸 수 있다. - 힘 단원은 각자 독립적으로 존재하지 않고 서로 상호 유기적으로 존재한다.	- 질량과 무게를 구분해서 사용할 줄 알아야 한다. - 사실은 이 개념이 학교 시험에 문제 만들기에 딱 좋다. - 그리고, 학원이라도 다니는 학생들한테 이런 것도 학교에서 안 가르쳤다는 비난을 받기 싫다.	- 일단 흥미 있는 소재다. - 무중력 상태에서 사람이 운동하는 동영상을 아이들이 얼마나 좋아하면서 보았는지 생각하면 이 과제를 설계한 것에 만족한다.

이 개념에 대한 학생들의 혼동이나 이해 여부를 확인할 수 있는 구체적인 방법들	- 실을 주어서 추를 매달고 실이 늘어뜨려지는 방향을 찾아 쓰게 했다. - 사실은 실에 추를 매다는 과정도 스스로 설계하도록 했다. 그런데, 어떤 아이들은 용수철에 매달거나 추를 떨어뜨리기도 했다. 다 좋다.	- 질량이 200g과 300g으로 각각 다른 추를 주고 각각의 추를 용수철에 매달았을 때 용수철 이 늘어나나는 길이를 측정하면 각각의 질량에 작용하는 중력의 크기를 비교할 수 있다. 이 과정을 실험하게 하였다.	- 이 과정은 보고서에 기록하는 것으로 대체했다. 나중에 생각나서 "지구에서 질량이 60kg인 사람의 몸무게는 몇 N인가? 이 사람이 달에 가면, 그곳에서의 질량과 무게는 각각 얼마가 되겠는가?" 이 문제를 추가하였다.	- 무중력 상태에서 일어날 수 있는 일들과 그 해결책을 그림과 글로 제시하게 하였다. "우리가 중력이 작용하지 않는 것처럼 느껴지는 우주 호텔에 여행을 갔다면 그 곳에서는 어떤 일들이 벌어질까? 또 그러한 일들을 해결하기 위해서 어떻게 하면 될까?" -- 이렇게.

이 수업은 구성 측면에서는 (1) 도입(전 차시 학습내용 정리 및 이번 차시 수업 목표 제시), (2) 전개(실험 1, 실험 2, 무중력 상태의 여행기 쓰기), (3) 정리(무중력 상태에서 일어날 수 있는 일과 이의 해결 방법)의 3단계로 구성되어 있으며, 수업내용 측면에서는 다음과 같은 네 가지 내용으로 구성된다.

A. 중력의 방향은 연직 아래 방향, 지구 중심 방향이다.
B. 물체에 작용하는 중력의 크기는 질량에 비례한다.
C. 질량과 무게는 여러 가지 관점에서 다른 개념이다.
D. 무중력 상태에서는 지구상에서 일어나는 일상적인 상황이 다르게 일어난다.

수업 내용을 중심으로 이 수업의 징검다리를 살펴보면 다음과 같다.

1) 도 입

수업이 시작되자, K교사는 앞 차시에 학습한 내용을 정리하고, 이번 시간에 학습할 내용을 학생들과 함께 확인하였다.

T: [앞 차시 학습내용 확인] 힘이 작용하면 두 가지의 변화가 생긴다고 했어요. 모양의 변화 그리고 운동 상태. 운동 상태는 빠르기와 운동 방향의 변화죠, 그죠? 전기력에는 두 가지가 있어, 서로 같은 전기를 띠고 있으면 척력, 서로 다른 전기를 띠고 있으면 인력. 자기력에도 두 가지가 있어. N극과 N극은 척력, N극과 S극은 인력.

T: 오늘은 중력에 대해서 배우겠어요. 따라해 보세요. 중력,

S: [다함께] 중력.

T: 여학생에게 체중을 물으면 대단히 실례죠. 김철수, 자네는 체중이 얼마야 하고 물으면 뭐라고 답하겠어요?

S: 42킬로

T: 오, 42킬로래요. 우리가 일상생활에서 말하는 몸무게를 체중이라고 하죠. 지구가 김철수를 끌어당기는 힘을 다섯 자로 줄이면 '철수의 체중'이에요. 영희의 체중을 길게 늘려 쓰면 '지구가 영희를 잡아당기는 힘'이에요. 오늘은 방금 얘기한 중력에 대해서 배우는데 조금 자세히 들어가 보겠어요.

T: 다 같이 학습 목표를 읽어봅시다. 시작. [학습목표를 함께 읽고 확인한다.]

S: [다함께] 현재 위치에서 중력의 방향을 찾아낼 수 있다.

T: 여러분들이 지금 앉아있는 이 위치에서 과연 지구가 여러분들을 어느 방향으로 당기고 있을까? 보겠어요. 두 번째 목표, 시작.

∞ 전시 학습 내용 확인 및 복습

∞ 학습목표 제시

교사는 설정한 네 가지 학습목표를 학생들에게 함께 읽도록 한 다음에, 각 학습목표에 대하여 어떤 활동을 통하여 무엇을 배울 것인지를 상세하게 설명하였다. 가령, 무게와 질량을 구분하여 설명할 수 있다는 세 번째 학습목표에 대하여 교사는 목표 진술문의 의미를 상술하였다.

T: 그 다음 세 번째 읽어봅시다.

학생들: 무게(weight)와 질량(mass)을 구별하여 설명할 수 있다.

T: 어, 매우 어려운 말이 나오네. 따라해 봅시다. 질량. 어, 선생님이 잘못했다. 중력과 질량이 아니라 무게와 질량인데, 무게는 여러분이 매우 익숙한 말이죠. 그런데 질량은 고기를 사러 갔어요. '아저씨 돼지고기 질량 500그람 주세요. 그러면 두들겨 맞겠죠, 그죠?' 그래서 질량이라는 말은 일상생활에서 여러분들이 흔히 쓰는 용어가 아니어서 선생님도 이걸 이해하는데 너무 오래 걸렸어요.

K교사는 중력을 주제로 한 수업에서 중력의 방향과 질량이 다른 두 물체에 작용하는 중력의 차이, 무게와 질량의 구분, 무중력 상태 체험 등으로 구성하였다.

K: 힘 4차시는 중력을 소재로 다루었습니다. 여기서는 중력의 크기와 중력의 방향, 중력의 방향을 찾는 과정과 중력의 크기를 질량이 서로 다른 추를 가지고 비교해보는 실험, 그리고 질량과 무게의 차이점, 무중력 상태일 때 어떤 일들이 벌어질까, 그리고 그러한 일들을 어떻게 하면 해결할 수 있을까를 학생들 스스로 가정된 상황에서 여행기를 써보게 했습니다. 중력은 우리가 항상 이렇게 느끼고 있음에도 불구하고 방향이나 크기에 대해서 학생들이 간과할 수 있기 때문에 특히 중력의 방향과 크기 그리고 중력이 작용하지 않는 상황일 때 어떤 일들이 벌어질까를 한번 생각해보는 그런 시간으로 본시 수업을 잡았습니다.

학습목표별로 수업의 징검다리를 살펴보고자 한다.

2) 학습목표1. 현재 위치에서 중력의 방향을 찾아낼 수 있다.

중학교 1학년 힘 단원은 힘의 정의를 시작으로 중력을 비롯하여 마찰력과 탄성력, 전기력과 자기력 등 다양한 힘의 종류를 살펴보고, 힘의 측정과 표시 방법을 알아보고, 힘의 합성을 끝으로 단원을 마무리 하게 된다. K교사는 힘의 종류 중 중력을 주제로 수업을 구성하면서 중력의 방향을 찾아내는 것을 첫 번째 학습목표로 설정하였다.

⇨ 중력의 방향은 어떻게 찾을 수 있을까?

T: 그러면, 첫 번째 일반적인 중력의 방향은 지구가 나를 물체를 끌어당기는 방향이기 때문에 지구의 어딜까? 방향이?

S: 지구의 가운데 …

T: 어, 그래 지구의 가운데, 지구 중심 방향으로 중력이 작용하겠지 그죠? 그러면 내가 서 있는 방향에서 지구 중심 방향이 어딘지 보여요 안 보여요?

S: 안 보여요.

[실험을 주어진 절차에 따라 수행하게 하고, 교사는 조별로 다니면서 학생들의 질문을 받거나 실험활동을 돕는다.]

1) 중력의 방향을 알아낼 수 있는 방법을 실험으로 알아보고 그림으로 그려보자.

방법(실험)은? -설명으로	그림은?	중력의 방향을 화살표로 표시해 보시오.(물체에..)	그렇게 생각한 이유는?

⇨ 중력의 방향을 알아볼 수 있는 학생용 활동지의 일부

K교사는 학생들이 막연하게 스스로 알고 있을 것이라고 생각하는 중력의 방향을 실험 재료를 주고 직접 찾아보도록 하였다. 실험과정을 정확하게 안내하지 않고, 용수철, 실, 자 등을 비롯한 다양한 재료를 주고, 중력의 방향을 어떻게 하면 찾을 수 있을지를 생각해보도록 유도하였다. K교사가 중력 수업에서 중력의 방향을 중시한 이유는 다음과 같다.

> K: 이 수업이 중력인데, 내가 매우 중요하게 잡은 게 다른 건 다 필요 없고, 저는 단위 이야기도 안했어요. 중력은 방향이 어딜까, 그래서 실이랑 용수철이랑 주고 추를 매달아서 너무나 우리가 당연한 이야기, 사실은 서서 보면 중력방향으로 서있는데 힘이 작용하고 있는 방향인데 느끼지 못하고, 또 중력의 방향이 아래쪽 어디인줄은 알고 있는데 '정확하게 그 아래쪽을 어떻게 찾을 수 있을까'는 실에 매달아보면 되는데, 실이 쭉 늘어난 쪽이 중력의 방향인데 그걸 아이들이 찾기를 바랐어요.

∞ 중력의 방향을 확인하는 활동

K교사의 설명에 따르면, 힘 단원에서 아주 쉬우면서도 간과하면 안 되는 것이 중력의 방향이어서 이것을 꼭 짚고 넘어가야 된다고 하였다. 이때 지구라는 큰 규모보다는 우리가 서있는 상황에서 중력의 방향을 쉽게 찾을 수 있는 과정을 학생들이 스스로 발견하도록 하는 것이 필요하다고 강조하였다.

아는데 모르는 중력의 방향???
중력은 들어본 것 같은데, 그 방향 어떻게 찾지?

수업 후 교사 면담에서 K교사는 중력의 방향을 확인하기 위해 "추를 실에 매달아 보는 학생도 있었고, 추를 직접 떨어트려 보는 학생도 있었다."고 회상하였다. 그러나 실험을 통해서 중력이 작용하는 방향을 학생들 스스로 찾아보게 했을 때 일부 학생들은 평소에 잘 알고 있다고 생각한 개념을 확인하는 활동을 고안하는데 곤란을 겪었다. 따라서 K교사는 구체적인 실험방법에 대하여 징검다리를 제공하였다.

T: 선생님이 실과 용수철을 왜 줬을까? 뭔가 필요하겠지 그지? 필요 없으면 없다고 해도 좋아요. 그렇지만, 선생님이 제공한 실험재료를 가능하면 쓰는 방향으로 합시다. 알겠습니까? 중력의 방향을 아는 데도 필요할 수 있겠죠?

T: 놔봐, [어떤 조에서 추가 매달린 실을 받아들고, 좌우, 상하, 대각선 등 여러 방향으로 당겨서 보여주면서 질문한다.] 자, 중력의 방향이 이쪽일까요? 이쪽일까요? 어, 올라가네, 중력의 방향은, [실에 매단 추를 그대로 놓아서 보여주면서] 응, 요 방향이겠지 그지? 요 방향, 왜 실을 아무도 안 사용해?

K교사는 학생들이 조별 활동을 진행하는 동안 어느 한 조로 다가가 추에 실을 매달아서 여러 방향으로 당겨보면서 '중력의 방향이 어느 쪽일지'를 물어보다가 추를 자연스레 놓아버리고 중력의 방향을 아래쪽이라고 확인해 주었다.

3) 학습목표 2. 여러 가지 물체의 중력의 크기를 비교할 수 있다.

K교사가 설정한 두 번째 학습목표는 여러 가지 물체의 중력의 크기가 달라진다는 것과 그러한 중력의 크기 변화를 어떻게 측정할 것인지를 가르

∞ 서로 다른 물체에 작용하는 중력의 크기 비교

치고자 하였다.

T: 지금 내가 여러분들한테 질량이 다른 두 개의 추를 제공했어요. 따라 해봐. 질량이 다르다.

S: 질량이 다르다.

∞ 두 물체의 중력의 크기를 비교하는 활동

T: 그런데 질량이 다른데, 무게도 다를까? 조금 있다가 생각을 해보세요. 선생님이 용수철을 왜 줬는지를 생각해 보세요.

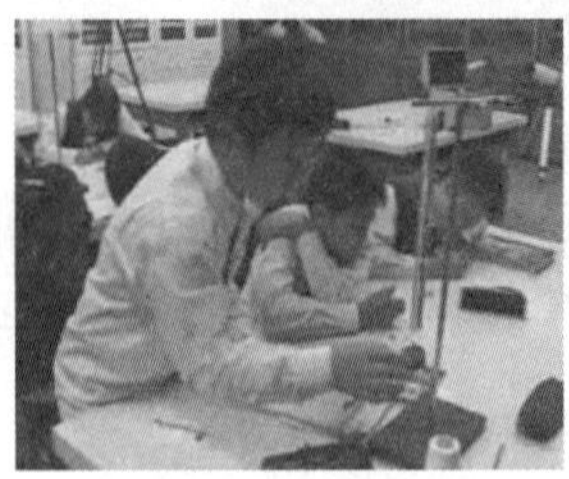

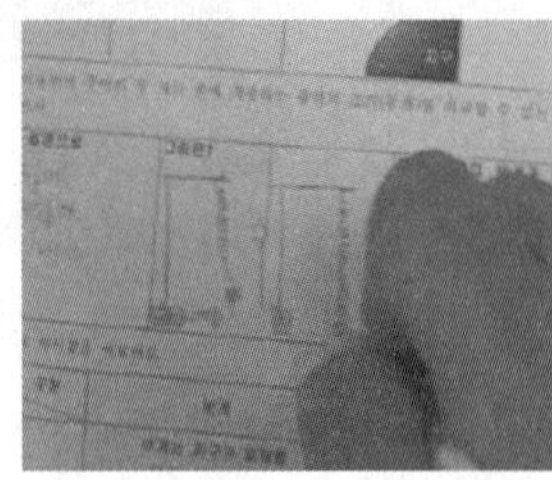

K교사는 중학교 1학년 힘 단원의 전개 순서를 고려할 때, 힘의 정의를 배웠고, 이어서 다양한 힘의 종류에서 탄성력을 배운 상태에서 용수철에 200그램과 300그램의 추를 매달아 봄으로써 여러 가지 물체의 중력의 크기를 비교해보게 하였다.

[용수철] 저울 없이 용수철만 가지고 중력의 크기를 비교해보자???
아직은 저울이 아니야, 탄성력을 이용해보자.

∞ 용수철이 변형된 정도를 비교하여 중력의 크기를 비교할 수 있다

K: 중력의 크기를 비교하는 과정은 질량이 다른 추를 학생들에게 제공해서, 이 질량이 다른 추에 작용하는 중력, 즉 추의 무게를 어떻게 비교할 수 있을까를 용수철저울이 없이 용수철만 가지고 비교하는 과정을 실험에 도입했는데, 이것은 매우 쉬

우면서도 또 역시 지구에 작용하는 중력 또는 물체의 무게라는 것을 학생들이 직접 실험해보면서 개념을 가질 수 있는 그런 중요한 활동이라는 생각이 들었습니다. 용수철에다가 200그램과 300그램을 왜 매달라고 했냐면 철저하게 앞에서 배운 것[탄성력]만 써먹은 거예요. 그러면 용수철에 매달았더니 늘어난 길이가 다르거든. 그러면 그건 앞에서 배운 탄성력으로 설명할 수 있어요. 그리고 잡아당기니까 변형이 생긴 거잖아요. 그래서 용수철을 아이들한테 준 거죠.

K교사는 제7차 과학과 교육과정의 힘 단원은 중학교 1학년에서는 정역학 부분을 다루고, 중학교 2학년에서 동역학을 다루어야 하는 것으로 해석하고, 중학교1학년 때는 철저하게 힘의 작용에 따른 모양 변화만 다루고 움직임 변화는 다루지 않는 것으로 범위를 정하였다.

교육과정을 알아야 이 수업의 징검다리가 보인다.
7차 교육과정의 7학년 힘 단원은 정역학이야???
힘의 작용에 따른 모양 변화만 다루고 움직임 변화는 2학년으로...

Y: 근데 정역학 동역학을 분리하는 게 너무 작위적이지 않아요? 힘주면 같이 움직이는데 그걸 굳이 모양변화와 움직임 변화로 구분해서 가르치는 이유가 뭐예요? 솔직히 힘을 줘서 모양만 변하는 게 드물잖아요.

K: 1학년에서 위치 변화로 힘을 설명할 수 있는 게 중력에서 떨어지는 것 말고는 없어요. 전기력 자기력도 1학년은 정역학이에요. 정전기에요. 내가 여기서 떨어트리는 것도 안했잖아. 왜냐면 떨어뜨리는 것도 운동이야. 그래서 나는 매달아보라고 했잖아요. 정역학이에요. 동역학이 아니에요. 그래서 1학년 때

∞ 교육과정에서 1학년 '힘' 단원은 정역학, 2학년 '물체의 운동' 단원은 동역학으로 구분되어 있다.

는 운동과 관련된 것은 철저하게 배제해야 되고, 여기서 아이들 머릿속을 흔들어버리면 2학년 때 가서 헝클어지지. 여기서 아까 힘의 정의에서 힘은 물체의 모양을 변화시킬 수 있고 또는 물체의 운동 상태를 변화시킬 수 있는 그 어떤 작용 또는 주체, 그걸 힘이라고 하는데 여기서도 물체의 운동 상태를 변화시키는 건 2학년 몫이에요. 힘의 정의는 그렇게 해주고, 1학년 책에서 나오는 힘의 모든 현상들은 모양을 변화시키는 것만 해야 돼요.

W: 어쨌든 변화 자체에 관점을 두고 힘의 종류를 학습하는 게 목표라면 그러면 내가 에보나이트막대를 떨어지는 수돗물에 갖다 대면 물줄기가 이렇게 변화가 되었는지를 따져주면 거기에 힘이 들어가야 된다는 거죠. [물줄기가 변화된 상태로 정지해 있는 거니까 변위이고, 그러니까 이건 정역학이야.] 그게 위치가 변한 원인이 힘이고, 그래서 우리는 그 힘에다 전기력이다 자기력이다 이런 식으로 이름을 붙여주자는 것까지가 1학년 내용인 것 같아요. 1학년에서는 그렇게 해야만 학습목표에 맞고 교육과정의 연계선상에서도 맞는다는 거죠.

K교사는 이 수업을 다시 한다고 해도 중학교1학년한테 동역학은 안 가르치고 운동 상태를 변화시키는데 드는 힘과 관련된 구체적인 이야기는 중학교2학년으로 넘기는 게 낫다고 파악하고 있었다.

K: 그러니까 철가루를 움직이게 한 원인이 자기력이라는 것이지, 그 움직임에 초점을 맞추면 안 된다는 거죠. 그건 2학년 과정이라는 거죠. 그러니까 1학년 과정에 충실해야 하는 것이고, 그걸 2학년 때 하면 움직임에 초점을 맞추어 똑같은 그림을 또 다루게 되니까 그때 가서 하면 돼요.

G: 정역학인지 동역학인지는 저는 모르겠지만, K 선생님 관점은 아이들이 이해할 수 있는 거기까지, 아이들한테 쉽게 확 한눈에 딱 보이는 거기까지만 하자는 입장인 것 같아요. 선생님이 장난감 자동차 가지고 와서 자기력으로 이렇게 밀면서 보여

준 것도 일종의 변위잖아요. 그런데 선생님이 그걸 보여주셨잖아요. 왜냐면 한눈에 딱 보이니까 아이들이 누가 봐도 '아, 이 속에 자석이 숨겨져 있다'고 금방 맞추잖아요. 자기력이라는 걸. 선생님 생각은 거기까지, 접근 방법이 그것이면 되지, 그게 굳이 멈춰있냐 움직이느냐를 가리는 건 별 의미가 없다는 거죠.

∞ 무게와 질량의 구별

K교사는 교육과정에서 다룰 힘의 작용의 범위와 제시 순서를 이렇게 파악하였으므로, 수업에서 K교사가 활용한 방법이나 예시한 사례들이 다른 수업들과 차별화되었다. K교사의 수업에서 학생들은 철저하게 힘의 작용에 따른 모양 변화 현상들을 체험하고 그러한 모양 변화를 초래한 힘의 이름을 파악하는 것까지 도달하고 있었다.

내가 교육과정을 만든다면 힘 단원을 어떻게 설계할까???
교차 분석 참조

4) 학습목표 3. 무게(weight)와 질량(mass)을 구별하여 설명할 수 있다.

세 번째 학습목표인 무게와 질량을 비교하는 과정에서 K교사는 "특별히 실험으로 하지를 않고, 간단히 학생들에게 소개를 하면서 주지시키고 지나가는 식으로 해결했다."고 설명하였다.

질량과 무게를 구분하려면 2학년에 가야 가능하며, 중학교 1학년 수준에서는 안 가르치면 좋은데, 가르치면 어렵고 지금은 암기내용이 되어 버린다고 지적하였다.

T: 그 다음, 머리가 아프겠지만, 무게와 질량의 차이를 짚고 넘어갈 거예요. 무게는 힘이에요. 누가 누구를 당기는 힘. 지

구가 응, 나 물체를 당기는 힘. 무게는 힘이다. 질량은 정의를 하기에 따라서 여러 가지로 정의하는데, 물리에서는 묵직한 양, 따라 해보세요. 양, 량, 질량, 다시 양, 량, 질량, 똑같은 말이지. 질량은 어떤 양인데, 묵직한 양이다 이렇게 정의하기도 하고, 화학에서는 물질이 가지는 고유한 양, 이렇게 정의를 해요. 선생님이 그 말을 듣고 말이 너무 어려워서 돌아버리는 줄 알았어요. 그래서 그냥 물리적인 의미가 더 좋은 것 같아요. 질량이란 묵직한 양이다.

무게와 질량의 의미를 간단하게 설명한 다음에 K교사는 다른 수업들과는 달리 무게의 단위를 의도적으로 설명하지 않았다.

T: 무게의 단위는 우리가 아직 배우지 않았어요. 배웠어요, 안 배웠어요? [안 배웠어요] 그렇지만 무게의 단위는 다음 시간에 배울 거예요. 무게의 단위는 뭐의 단위와 같겠어요? 무게란 뭐라고 했지? 무게란 힘이라고 했으니까 무게의 단위는 힘의 단위에요. 그래서 힘의 단위를 배우면 무게의 단위를 배울 수 있겠지 그지?

K: 왜냐면 단위는 어차피 그 다음 차시가 힘의 측정이이서 거기서 나와요. 저기에서 '힘을 어떻게 측정할까요. 그게 나와야 단위 이야기를 할 수 있는데 그것도 하기 이전에 단위를 이야기하는 게 의미가 없어요. 왜냐면 숫자로 힘을 얘기하지 않는데 굳이 단위를 쓸 필요가 없어서 5차시 이후로 단위를 넘겼어요. 다음 시간에 앞에서 나온 중력까지 해서 힘의 단위를 얘기하면 안돼요. 질량을 할 때도 중력의 단위는 얘기할 필요가 없고, 질량의 단위는 kg을 쓴다고 하고 그냥 넘어갔어요.

다음 차시 수업인 힘의 측정에서 힘을 수치로 정량화하여 표시하는 단계에서 무게의 단위를 함께 다루어야 한다고 지적한 K교사는 이어서 무게와 질량을 측정하는 도구를 각각 설명하였다.

∞ 무게의 단위는 힘의 단위를 배울 때 함께 배워야한다.

T: 자, 그 다음에 측정은 무엇으로 하느냐. 무게는 용수철저울이나 앉은뱅이저울로 측정을 해요. 어, 그림을 봐야겠네. 이렇게 생겼어요. 앉은뱅이저울은 많이 봤지 그지. 용수철저울은 실험실에서 본 적이 있다 그지. 질량은 윗접시저울로 측정을 해요. 어, 말이 좀 또 그렇죠. 양팔저울로도 측정을 해요. 이렇게 생겼어요. [ppt로 저울의 그림을 보여주면서] 따라해 보세요. 윗접시저울.

S: 윗접시저울

T: 그 다음, 이 동상은 정의의 여신상이에요. 혹시 이 중에 나중에 법대를 갈 사람들은 저 동상을 볼 수 있을 거예요. 따라해 보세요. 양팔 저울은 균형이다.

S: 양팔 저울은 균형이다.

T: 한 번 더, 양팔저울은 평형이다. [학생들 모두 따라하면] 나중에 힘의 평형과 관련된 양팔 저울이에요. 그래서 질량은 많이 늘어났느냐가 안 늘어났느냐가 아니라, 지구가 얼마나 많이 당기느냐가 아니라 평형을 얼마나 잘 이루느냐로 측정을 할 수 있어요. 윗접시저울도 마찬가지.

∞ 질량은 양팔저울로 측정한다.

무게와 질량은 측정하는 도구도 다르다???
무게는 늘어난 길이로 측정하고, 질량은 평형을 얼마나 잘 이루느냐로 측정한다.

무게와 질량의 측정 도구를 그림을 이용하여 설명한 다음에, K교사는 달에서는 중력의 크기가 줄어든다는 점을 설명하였다. 이는 네 번째 학습 목표인 무중력으로 넘어가기 위한 징검다리이다.

⚭ 질량은 장소에 무관하게 일정한 값을 가지고, 무게는 장소에 따라 값이 달라진다.

여기서 학생들이 같은 위치에서 여러 가지 물체의 중력의 크기를 비교하는 것과 달과 지구처럼 위치가 달라짐에 따라 중력의 크기가 달라지는 것을 혼동할 우려가 있다. 따라서 용수철로 질량이 다른 추의 무게를 비교해보는 활동과 같은 맥락에서, 위치나 장소에 따라 중력의 크기가 달라질 수 있다는 것을 적절한 실험을 통하여 제시하면 더 좋았을 것이라고 반성하였다.

W: 달은 [추가] 똑같은 질량일 때 하는 거니까 그러니까 그 부분에 눈에 보이는 실험 하나가 들어가야 될 것 같아요. 그래서 달에 가면 중력이 작다 그러면은 중력은 위치나 장소에 따라서 달라진다는 개념까지 다 들어가게 되고, 그러니까 여기서는 질량 개념을 가져오면 안 되고 그 다음에 그런 크기가 작고 위치나 장소에 따라 달라지는....

S: 근데 아까 샘이 말씀하신대로 자석을 하면... 그건 좀 더 생각을 해봐야 될 것 같아요. 왜냐면 용수철 때문에 더 헷갈릴 수도 있을 것 같아요.

K: 달에서 중력이 지구의 1/6밖에 작용하지 않는다는 걸 수업시간에 어떻게 보여줄 수 있을까요?

W: 그건 1/6이 아니어도 상관이 없는데, 그래서 이제 중력이 큰 곳이 있고 작은 곳이 있다, 이렇게 해서 이제 중력을 측정해 보자는 개념이 나와서 중력이 센 곳도 있고 약한 곳도 있고 이걸 이제 용수철저울로 비교한다든지, 그런 연장선상에서 무중력이라는 개념이 나와야 될 것 같다는 생각이 들어요.

중력은 위치에 따라 달라진다. (예: 달에서의 중력은 지구 중력의 1/6)	 중력이 자꾸만 줄어들다가...	무중력

K교사는 무중력 상태를 도입하기 위한 징검다리로 위치에 따라 중력이 달라진다는 점을 설명하기 위해 달에서의 중력의 크기를 도입하였다. 학생들이 익숙한 체중 개념을 이용하여 달에서의 체중이 지구에서보다 1/6 크기로 줄어든다는 것을 설명하였다. 나아가 학생들이 질량과 무게의 개념을 혼동할 것을 우려하여, 비록 체중은 달에서 1/6로 줄어들지만, 앞서 소개한 정의의 여신이 들고 있는 양팔 저울로 측정하는 질량은 "정의롭기 때문에 지구에서나 달에서나 변하지 않는다."고 마무리하였다.

⚭ 무중력 상태를 이해함으로써 중력을 더 잘 이해할 수 있다.

T: 그 다음에 특정 장소에 따라서 질량은 변화가 없어요. 그러나 몸무게는 변화가 있어요. 여학생들은 달에 가서 살면 좋아요. 몸무게가 1/6로 줄어요. ... 지구보다 달에서 1/6만큼 작아. ... 질량은 장소에 상관없이 항상 일정한 값을 가져. 지구에서 60kg은 달에서도 60kg 이에요. 그래서 아까 누구의 여신상이었어? [정의] 정의는 변하지 않아요. 정의는 지구에서의 정의나 달에서나 정의나 변하지 않아요. 알겠습니까?

정의의 여신이 한쪽 손에 들고 있는 양팔 저울로 측정하는 질량은 정의로워서 어디서든 정의롭게 일관성을 유지하여 그 크기가 변하지 않는다.

5) 학습목표 4. 무중력 상태에서 일어날 수 있는 일들을 예측할 수 있다.

K교사의 네 번째 학습목표는 무중력 상태에서 일어날 수 있는 일들을 예측하게 하는 것인데, K교사가 무중력을 도입한 의도는 다음과 같다.

K: 무중력을 왜 도입했느냐면, 지금 중력을 배우고 있으니까 중력이 없다면 어떻게 될까? 그런 이야기를 할 필요가 있는 거예요. 그래서 중력이 없는 상황을 가정하다보면 오히려 좀 그런

상황들이 낯설지만, 우리가 너무 익숙한 상황이 낯선 상황으로 변하는 거죠. 그래서 우리가 중력이 작용하는 걸 계속 느끼고 있다는 것을 학생들한테 스스로 깨닫게 해주려고 무중력을 넣었어요.

K교사는 먼저 우주정거장에서 무중력 상태에서 사람이 움직이는 모습을 담은 동영상을 보여준 다음에 학생들에게 나누어준 활동지에 '우주호텔 여행기'를 그리도록 하였다.

T: 우주호텔 여행기는 거기서 일어날 수 있는 일을 나는 어떻게 해결할 것인가에 대해서 그림 한 컷, 설명 한 컷, 무슨 말인지 알겠습니까? 병욱이가 우주에 가는 동안 며칠 걸릴 텐데, 그동안에 오줌을 한 번도 안 눌 순 없잖아. 오줌하고 똥 눌 때 어떻게 되느냐고 질문을 했는데, 그것에 대해서 한번 생각을 해보고 해결 방법을 한번 그려봐.
[교실 앞쪽 스크린에는 우주정거장에서 무중력 상태에서 사람이 움직이는 모습을 담은 동영상을 계속 보여준다.]

∞ 무중력 상태의 우주 호텔에서는 어떤 일이 일어날까?

2) 우리가 중력이 작용하지 않는 것처럼 느껴지는 우주 호텔에 여행을 갔다면 그 곳에서는 어떤 일들이 벌어질까? 또 그러한 일들을 해결하기 위해서 어떻게 하면 될까?(뒷면에)

우주호텔의 바깥 풍경

우주호텔의 내부

사진출처: http://kr.blog.yahoo.com/kimjumho/213.html

K교사는 무중력 상태의 우주호텔이라는 상황을 도입해서 학생들이 직접 우주호텔에 여행을 갔을 때 겪을 수 있는 일들을 상상해서 적어보게 하였다. 이때 학생들이 막연하게 밖에 적을 수가 없기 때문에 무중력 상태에서 일어날 수 있는 사람의 행동을 동영상으로 먼저 보여주고 그것을 보고 학생들이 무중력 상태에서 일어날 수 있는 일을 상상해보게 하고, 그것을 어떻게 해결을 할 수 있을지를 그림으로 그려보게 하였다. 학생들이 그림을 그리는 동안 교사는 디지털카메라를 들고 다니면서 학생들의 그림을 직접 찍어서 컴퓨터 화면에 띄어놓고, 다 같이 보면서 학생들과 이야기하면서 수업을 마무리 하였다.

> T: [디지털 카메라로 촬영한 그림을 보면서.] 자석 신발이야? 좋은 아이디어다... [추진 엔진을 엉덩이에 달아서 나가게 한 그림] 아, 엉덩이에 추진 엔진을 달았어요. 그래서 앞으로 빨리 빨리 나갈 수 있게. 이건 누구 거야? 설명해 보세요. 아, 스펀지에 물을 묻혀서 목욕을 한다. 또, 이건 누구 거야?

K교사는 시간이 부족하여 학생들이 그린 그림을 가지고 학생들이 스스로 답을 찾아내거나 설명할 수가 없었다고 회상하였다.

우리가 너무나 익숙해 있는 중력이 없는 상황이라면 어떤 일이 일어날 수 있을까???

∞ 우주호텔을 소개하는 학생용 활동지의 일부

∞ 무중력 상태에 있는 사람의 동영상을 보고 학생들이 그린 우주호텔 내부의 그림

∞ 그림을 그린 학생이 자신이 그린 그림을 발표한다.

∞ 디지털 카메라로 학생의 그림을 촬영하여 프로젝터로 함께 본다.

두 번째 사례 - 너희들이 무얼 궁금해 하는지 난 알아

S교사는 수업의 굽이굽이마다 학생들의 관심을 끌 수 있는 질문을 끌어낸다. S교사가 생각하는 과학수업의 의미는 "일상생활 속의 현상들에 대하여 왜 그럴까, 어떻게 그렇게 되었을까를 질문하고 설명하여 과학을 생활화하는 것"이었다.

∞ 과학 수업이란? 아이들이 궁금해 하는 질문에 대한 답을 찾는 과정이다.

S: 사실은 과학수업을 하지 않아도 학생들은 일상생활에서 과학에 대해서 분명히 생각을 한다고 생각하거든요. 근데 그걸 그냥 한 번도 생각해보지 않았을 수도 있고, 그냥 지나쳤던 것들을 한번쯤 다시 한 번 관심을 가지고 어떤 주제든지 상관없으니까 왜 그럴까라는 것에 대한 질문을 하나씩 아니면 어떻게 이렇게 되었을까 이런 질문을 하나씩 적어오라고 그래요. 그걸 어떤 논리적이고 체계적인 형태로 우리가 과학적인 언어로 한번 정리를 해보고 그게 일상생활하고 어떤 관련이 있는지를 정리해볼 수 있는 그런 시간이 될 것 같아요.

S교사의 수업의 굽이마다 징검다리가 되는 이러한 질문들은 S교사가 중・고등학생이었을 때 늘 궁금해 하던 질문들이 대부분이다.

∞ 이쯤에서 아이들은 이게 궁금할 거야.

S: 자석을 쪼개고 쪼개도 극이 사라지지 않는다, 신기하지 않느냐, 저는 그게 어렸을 때 신기했거든요. 소리 설명에서도 소리를 낮에는 새가 듣고 밤에는 쥐가 듣는다는 그런 설명을 할 때도 그런 속담이 있다고 하고 넘어갈 수도 있잖아요. 이건 현상이니까, 그러면 파동의 굴절이나 회절이다 그 중에 골라라 이렇게 형성평가를 하고 넘어갈 수도 있는데 그걸 굳이 설명을 아이들이 싫어할 수도 있지만 저는 어렸을 때 궁금했거

든요. 낮말은 새가 듣고 밤 말은 쥐가 듣는다는 건 알겠는데 왜 온도가 높고 낮으면 왜 이렇게 굴절되는지를 아무도 나한테 설명해준 적이 없었던 것 같아요.

자신의 과학학습 경험에 비추어 아직은 학생들이 이해하기는 어렵겠지만 S교사가 설명해주는 원리를 알면 현상을 더 잘 이해할 수 있을 것이라는 기대에 S교사는 교과서 밖 개념이나 원리를 가르쳐주려고 노력하게 된다고 한다.

S: 그러니까 이 아이들한테 현상만 보여주고 계속 원리를 설명을 잘 안하고, 교과서에 나온 대로 지도서에 나와 있는 대로 여기까지만 하라고 나와 있는데, 저는 교과서에 없는 개념을 막 많이 설명을 하는데 그걸 하면서도 사실은 '아, 이거 너무 어려워하는 거 아닌가?' 생각을 하면서도 '아, 이걸 하고 나면 아이들이 이래서 이렇고 이래서 이런 거구나라는 걸 알고 현상을 보면 좀 더 이해를 할 수 있지 않을까, 왜 그걸 나는 안 배웠었을까, 그걸 배웠으면 좋았었겠다'라는 부분이 나는 있었으니까 나는 그걸 가르쳐주려고 하는 것 같아요.

∞ 원리를 알아야 현상이 이해된다.

과학 수업이 재미로만 끝나서는 안 된다는 S교사는 모든 활동의 마무리에서 해당 활동을 통하여 무엇을 느끼고 무엇을 배워야 할지를 학생들의 입을 통하거나 교사가 직접 설명해주곤 한다.

S: 어떤 활동들이 재미로만 끝나면 안 된다고 생각해요. 활동을 하고 나서 뭔가 내가 정리를 해줘야겠다는 생각을 항상 갖고 있어요.

따라서 S교사가 생각하는 과학교사의 역할은 "어떤 개념에 대해서 학생들이 확실히 알고 갈 수 있도록 말을 통해서건 활동을 통해서건 알게 해주는" 것이다.

∞ 과학 교사의 역할은?

S: 아이들이 애매하거나 잘못 알고 있는 것들을 실생활에서 직접 경험해볼 수 있는 기회를 제공해 줄 수 있는 사람이 교사잖아요. 그런 걸 제공해주고, 그냥 활동하면 또 안 될 것 같으니까 항상 개념을 정리해줘야 된다는 그런 생각을 갖고 있으니까요. 아이들이 하나라도 얻어가야 되고, 어떤 개념에 대해서는 아이들이 확실히 알고 가야 된다고 생각을 하는 것 같아요.

그러다보니 S교사의 수업은 항상 교사가 질문하고 교사가 정리하는 방식이 되고, 학생들보다는 교사의 설명으로 포화된 수업이 되곤 한다.

∞ 원리를 알려주려고 하다 보니 교사의 안내와 설명이 길어진다.

S: 저는 아이들이 말하고 나면 그 뒤에 마음에 안 드니까 더 완벽한 형태로 말을 해야 되지 않을까 싶어서 아이들의 답을 재촉하고, 기다려주지 않는 조급함 같은 게 있는데 그런데 그런 것을 점점 고쳐야 할 것 같아요.

좀 더 재미있는 수업에 대한 부담이 없는 것은 아니지만, 그럼에도 불구하고 학생들이 알고 가야 할 것은 선생님이 알려주어야 하기 때문에 S교사의 수업은 재미보다는 교사 설명에 주력하고 있었다.

S: 저의 주요 관점은 일단 재미있게 하자는 아닌 것 같아요. 재미있게도 하지만 알고 가야 된다. 알려주자, 선생님이 알려주자, 그런 것 같아요. 그렇게 하면 안 된다는 걸 알면서도 그렇게 되요. 알려 주는 게 나쁜 건 아닌데, 그냥 좀 더 재미있어야 되겠다는 생각을 자꾸 하긴 해요. 재미에 대한 부담이 아직도 느껴져요.

초임 때는 "아이들의 눈을 보는 게 아니라 내가 머릿속에 알고 있는 걸 아이들한테 말해줘야겠다는 생각"으로 수업을 했고, 학생들이 S교사가 미처 모르는 내용을 질문할 것에 대비하여 많이 공부하고 많이 외워서 수업에 임했다고 회상하였다.

> ∞ 교사는 많이 준비하고 많이 알아야 한다.

S: 수업할 때도 처음에는 그런 느낌이었어요. 내가 모르는 내용을 아이들이 물어보면 어떡하지, 이런 두려움을 갖고 들어가서 특히 제가 전공하지 않은 생물이나 화학에서는 말 한마디도 조심스러운 거예요. 아, 이걸 말했다가 아이들이 이런 질문을 하면 어떻게 하지 싶으면 그 내용까지도 공부를 해서 가는 거예요. 예를 들어 화학반응식을 다 외워가고, 그리고 생물에서도 무슨 혈소판 백혈구 같은 게 나오면 몇 mm인지까지 다 외워서 가고.

학생들의 예기치 못한 질문에 답할 수 있으려면 교사는 충분한 교과내용 지식을 알고, 현상 뒤의 심화된 원리를 가능하면 많이 파악하고 있어야 한다고 S교사는 말한다.

S: [쿨에디터를 이용한 소리 수업에서도] 사실 저는 건너뛰어서 종파에서 횡파로 바꿀 수 있다고만 설명했던 건데, 어떤 아이들은 [그 원리가] 궁금했던 거예요. 그 설명을 궁금한 아이들한테만 설명하는 거지, 그걸 미리 말해줄 필요는 없다고 생각해서 건너뛰었던 건데, 그런 질문들이 있을 수 있으니까 [교사는] 충분한 그런 사전 지식을 알고 있고, 미리 많이 해보고 그런 준비과정이 필요한 것 같아요.

그러다 보니 현상 뒤에 숨은 원리까지 궁금해하는 학생들은 S교사의 수업을 좋아하는 반면에 과학에 관심이 없는 아이들은 S교사의 긴 설명을 싫어하게 된다고 한다.

> ∞ 현상 뒤의 원리가 궁금한 아이들은 내 수업을 좋아한다.

S: 제 수업 방식은 주어진 학습목표를 달성하기 위해서 막 달려가는 느낌이 드는데, 그게 잘 고쳐지지 않아요. 제 수업을 들을 때 어떤 아이들이 좋아하느냐 하면 학원에서 여러 가지를 막 배웠던 아이들이 제가 이제 개념을 원리를 가르쳐주면 '아,

이래서 이런 거였어요.' 이렇게 나중에 남아서 물어보는 아이들이 있어요. 그리고 전혀 과학에 관심이 없거나 싫어하는 얘들이 있잖아요. 그런 아이들은 실험 하는 것 자체도 싫어하고 실험실 가는 것도 다 귀찮은 거예요. 그런 얘들은 자꾸 선생님이 길게 설명하려고 하니까 싫어하는 거예요.

학생들에게 개념을 이해시키기 위해 "말로는 할 수 있는데 아직은 수업 방법을 많이 개발하지 못하여 학생들이 마음으로 이해하고 느끼는지는 잘 모르겠다."고 S교사는 말한다. S교사는 자신이 궁금하니까 아이들도 궁금해 할 것이라고 생각하고 가르치기는 하지만, "아이들이 궁금해 하도록 만드는 건 너무 어렵다"고 말한다.

∞ 어떻게 하면 아이들이 궁금해 하게 할까?

G: 아이들이 궁금하게 만들었어요?
S: 그걸 잘 못하겠어요. 그건 너무 어려워요. ... 그래서 물리를 가르치기 어렵다는 생각이 많이 들어요. 어떻게 궁금하게 해야 되나, 그런 고민을 많이 안 했던 것 같아요.

S교사의 최대의 고민은 교과서대로 수업을 할 수가 없다는 점이다. 왜냐면 학원에서의 선수학습을 통하여 학생들이 "스스로 이미 다 알고 있다고 생각하고 있기 때문에" 귀납적으로 또는 실험활동을 통하여 용어를 도입하기가 어렵다고 한다.

S: 저는 FM대로 수업을 할 수가 없는 것이 아이들이 이미 다 알고 있어요. 이미 다 알고 있어서 그걸 똑같이 얘기하면 아이들이 항상 배우는 거라고 말해요. 중력, 중력의 정의, 크기를 아이들이 학원에서 다 배워서 다 알아요. 아이들이 이미 다 알아서 문제를 다 풀어요. 중력은 달에서 1/6이다, 중력 단위 등이 학습내용의 전부에요.

이러한 S교사에게 나침반이 되는 것은 자신이 중학생이나 고등학생이었을 때 궁금하고 알고 싶었지만 과학 선생님이 설명해주질 않고 그냥 넘어간, 그래서 S교사 스스로 긴 시간을 투자하여 스스로 터득한 그 진리들을 징검다리 질문으로 활용하는 것이었다.

∞ 내가 그토록 궁금했던 거니까 너희들도 알고 싶을 거야.

G: 사실 교과서에는 몇 줄 안 나오는데, 무엇을 어디까지 가르칠 것인가를 선생님은 어떻게 결정하세요?

S: 제 경험으로 그랬던 것 같아요. 제가 이 내용을 모르고 있어서 잘못 알고 있었던 것이라든가, 제가 아, 이걸 알았더라면 금방 이해했을 것 같은데, 왜 그렇게 많은 잡다한 지식을 갖고 있었나. 체계적으로 정리가 안 되어있었다 이런 느낌이 들었던 것들. 한마디만 해주었으면 좋았을 걸 그걸 몰랐던 거, 그런 것. 예를 들어 아이들이 무게다 그러면 그냥 무게는 무게인가보다 그렇게 생각하지, 그게 힘의 크기를 나타내는 말이라는 걸 생각을 못하더라고요. 그러면 그걸 아이들한테 알게 해주는 게 중요하지 않을까, 저는 그랬었으니까.

∞ 이것만 알면 개념들의 연결고리가 만들어지고, 체계적으로 정리가 된단다.

S: 중점을 둔 것은 작용반작용이라고 말은 하지 않았지만 지구와 사과가 서로 끌어당기고 있다는 것을 얘기하면서 나중에 서로 끌어당기는 힘이 같고, 이 끌어당기는 힘인 중력의 크기를 우리가 무게라고 얘기하고 그것과 질량의 차이에 대한 수업을 하려고 했던 것 같고, … 제가 이 수업은 작정을 하고 설명을 하는 수업으로 이끌어서 학생 활동을 좀 덜했던 것 같아요.

개 념 / 구 분	주요 과학 아이디어 - 중력			
	중력은 지구와 물체 사이에 작용하는 인력이다.	중력의 크기는 두 물체 사이의 거리에 반비례하고 질량에 비례하며 지구 중심 방향, 지평선과 연직방향이다.	무게는 지구가 물체를 끌어당기는 중력의 크기이다.	질량은 물체의 고유한 양으로 질량이 클수록 운동 상태를 변화시키기 어렵다.
학생들이 이 개념을 배워야 하는 이유(개념의 중요성)	일상생활에서 가장 많이 겪는 힘이며 정확한 의미를 잘 이해하지 못하고 있기 때문에	중력의 크기와 방향을 이해하면, 지구과학에서의 행성의 운동, 위성의 운동, 해수에서의 조석간만의 차 등을 이해하는데 도움이 된다.	몸무게나 물체의 무게를 질량과 동일시하기 때문에	질량에 대한 근원적인 원리(관성질량)의 의미를 알지 못한다.
이 개념을 가르칠 때의 어려움/한계점	접촉해 있지 않은 물체 사이에 힘이 작용한다는 점을 이해하기 어려워하고 물체가 힘을 가지고 있다라는 생각이 확고한 학생이 있음	중력의 크기를 정성적으로 얘기해야 하기 때문에 크기를 정확히 비교하기가 어려움	무게와 질량을 평상시에 혼동해서 사용하기 때문에 학생들이 어려워함	중력질량의 의미와 관성질량의 의미를 동시에 설명해야 할지 아니면 중력질량의 의미만 제시해야 할지에 대해 어려움이 있다.
교사가 이 개념을 가르치는 데 영향을 미치는 학생들의 사고방식	·지구의 모양을 둥글다고는 생각하지만 섬처럼 둥글다는 선개념을 가진 학생들이 있음. ·지구는 물체를 끌어당기지만 물체는 지구를 끌어당기지 않아서 물체만 떨어진다고 생각하는 학생들이 있음. 이때 교사가 의도하는 사고과정을 따라가지 못하는 경우 그림 그리는 활동에서 그칠 수 있다.	·중력의 방향을 지구 중심 방향이라고 생각하지 않고, 상하방향으로 생각하는 학생들이 많음. ·공기 때문에 중력이 생긴다고 생각하여 위로 올라갈수록 중력이 약해진다고 생각하는 학생들이 있음. ·학생들은 주로 중력의 방향을 지구가 물체만 끌어당기는 방향만을 표시한다. ·수평으로 던진 물체의 운동을 정성적으로 설명하지만 왜 그렇게 운동하는지에 대한 힘의 방향을 표시하지 않아 학생들이 궁금증을 가질 것 같다.	·무게와 질량을 혼동해서 사용하고 거의 구분하지 못한다. ·무게와 질량의 단위를 매우 혼동하여 사용한다.	·운동 법칙을 배우지 않았기 때문에 관성질량의 의미를 거의 생각하지 못한다. ·질량은 물체의 고유한 질량이라는 전형적인 표현이 학생들이 관성질량을 생각하는데 혼동을 준다.

교사활동 절차 및 학생들을 개념 학습에 참여시키기 위해 이 절차를 활용하는 특정한 이유	뉴턴의 사고 과정과 유사하게 생각해 볼 수 있는 시간을 갖게 하여 중력을 자연스럽게 이끌어내기 위해	사고 과정을 제시한 후 시범 실험을 제시하여 학생들의 사고과정을 반성하여 수정해 볼 수 있는 시간을 준다.	여러 행성에서의 무게와 질량을 비교해서 학생들이 무게와 질량에 대한 정확한 개념을 알 수 있게 하기 위해
이 개념에 대한 학생들의 혼동이나 이해 여부를 확인할 수 있는 구체적인 방법들	도입부분에서 뉴턴의 사고과정과 유사하게 활동할 수 있도록 활동지 제시하여 진단평가로 활용하며 시범실험을 제시한 후 다시 수정해보도록 제시	지구 대신 다른 행성, 물체를 여러 종류로 바꾸어서 질문하여 형성평가	자신의 몸무게가 몇인지 질문하여 질량과 혼동하고 있음을 알아낼 수 있다.

중력을 주제로 한 S교사의 수업은 (1) 도입(전 차시 학습내용 정리 및 이번 차시 수시 안내), (2) 전개(중력의 정의, 중력의 크기 변화, 무게와 질량 비교 등), (3) 정리(활동지의 형성평가 문제 풀이)의 3단계로 구성되어 있으며, 수업내용 측면에서는 다음과 같은 네 가지 내용으로 구성된다.

A. 중력은 지구와 물체사이에 작용하는 인력이다.
B. 중력의 크기는 두 물체사이의 거리에 반비례하고 질량에 비례하며 지구 중심 방향, 지평선과 연직방향이다.
C. 무게는 지구가 물체를 끌어당기는 중력의 크기이다.
D. 질량은 물체의 고유한 양으로 질량이 클수록 운동 상태를 변화시키기 어렵다.

수업 내용을 중심으로 이 수업의 징검다리를 살펴보면 다음과 같다.

수업이 시작되자, S교사는 앞 차시에 학습한 내용을 복습하고 나서 첫 번째 활동을 안내한다.

∞ 중력의 본질과 방향

1) 학습목표 1. 중력은 지구와 물체 사이에 작용하는 인력이고 방향은 지구 중심 방향이다.

T: 오늘 배울 것에 대해서 생각해보자. 뉴턴이 옛날에 사과나무 밑에서 사과가 떨어지는 걸 보고 왜 떨어질까를 생각했어. 뉴턴은 사과는 떨어지는데 왜 지구 주변의 달은 지구로 떨어지지 않고 계속 돌까를 생각을 했어. 자, 그 뉴턴이 생각했던 과정을 우리가 해볼 건데...

첫 번째 활동에서 S교사는 다음 상황들에 대하여 활동지에 화살표로 힘의 방향을 그려보게 하였다.

> **〈활동지 내용〉**
>
> 2. 사과와 지구 사이에 작용하는 힘의 방향을 표시해 보세요.
> 수평으로 날아가는 대포알은 어떻게 운동할까 ?
> 대포알과 지구가 받는 힘의 방향을 표시해 보세요.
> 3. 속력이 매우 빠른 인공위성과 달은 어떻게 운동할까?
> 인공위성과 달과 지구 사이에 작용하는 힘의 방향을 표시해 보세요.

학생들이 떨어지는 사과, 날아가는 대포알, 인공위성과 달의 운동 등에서 작용하는 힘의 방향을 그려낼 수 있도록 돕기 위해 S교사는 실험실 앞쪽에서 빗면의 기울기를 변화시키면서 쇠구슬을 굴러가게 하는 시범실험을 보여주었다.

T: [빗면에서 쇠구슬을 굴러 내리면서] 이 공의 속력이 너무 빠르면 어떻게 될까? 멀리 가야 되는데, 갈수가, 포물선 모양을 이룰 수가 없고 한 바퀴를 뺑 돌아서 원 궤도를 이루게 돼. 아까 인공위성이라든가 달이라든가. 그럼 다시 가서 힘의 방향을 그려 보세요.

W: 쇠구슬 실험은 여기서[쇠구슬이 빗면을 떠나는 지점] 나가는 부분이 포물선이 된다는 것을 강조하기 위해서예요. 여기서 빠르면 포물선으로 떨어지고 더 빠르면 더 멀리 떨어지고, 더 빠르면 지구표면을 따라서 돌 거잖아요. 그 개념을 심어 주기 위해서 그 실험을 도입한 거예요.

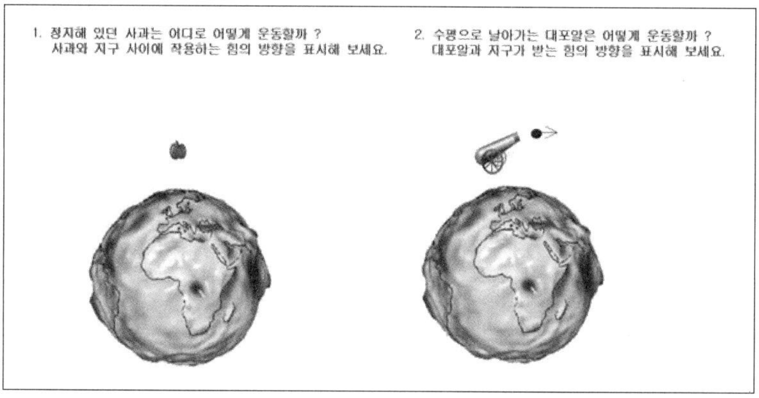

∞ 중력의 방향을 알아보기 위한 학생용 활동지의 일부

활동지에 각 상황에서 작용하는 중력의 방향을 그려보게 한 S교사의 의도는 "작용 반작용이라는 말은 하지 않았지만 학생들이 지구가 사과를 끌어당기면 사과도 지구를 끌어당기니까 힘을 쌍으로 그리기를" 기대하였다.

∞ 지구와 사과는 서로 끌어당긴다.

G: 처음에 과학사에서 뉴턴의 사고과정을 이용해서 도입을 했잖아요. 그래서 이것을 그려보라고 하셨을 때 아이들이 얼마나 그렸어요?

S: 힘의 방향을 정확하게 그린 아이들은 별로 없고, 한 1/3정도 그렸던 것 같아요. 근데 방향까지 표시한 애들은 별로 없었어요. 왜냐면 한 방향으로는 표시하는데 제가 원했던 답은 양쪽 방향으로 다 끌어당기는 거였잖아요. 지구도 사과를 사과도 지구를 끌어당기는 그 작용반작용까지 그리기를 원했는데 그걸 그린 아이들은 별로 없었고, 일단 경험상으로 원운동이 된다는 것 정도는 그릴 수 있었던 것 같아요.

그러나 대부분의 학생들은 힘을 쌍으로 표시하지 못했을 뿐만 아니라, 각 상황에서 작용하는 힘의 방향을 찾아내는 데도 어려움을 겪었다.

G: 처음 도입에서 저더러 저걸 그리라고 했으면 진짜 잘 못 그렸을 것 같거든요. 저는 아직도 왜 인공위성이 안 떨어지는지 의아하게 생각하고 있으니까. 저도 배워서 그리라고 하면 화살표를 표시를 심증으로는 내가 배운 게 있어서 표시는 할 수 있는데 근데 솔직히 왜 그랬냐고 하면 잘 이해가 안 간다는 거죠. 그림은 그릴 수도 있는데 근데 왜 안 떨어지는지가 와 닿지를 않아요.

S: 저도 돌아다니면서 보니까 지우고 다시 그리는 아이들이 있었어요.

G: 그러면서 제가 느끼는 게 그렇게 많이 나왔던 쉽게 그렸었던 교과서에 나오는 화살표 하나나 그 용어가 정말 쉬운 개념이 아니었다는 것을 오히려 이제야 더 어렵게 느껴지는 거예요. 그냥 그때는 매일 선생님이 항상 이건 수직항력이고 이건 중력이라고 그러니까 그냥 그런가보다고 받아들였는데, 근데 가만히 생각해보면 그게 뭔지는 잘 모르겠다고요. [웃음] 그러니까 인공위성이 왜 떠있는지 아직 모르겠어요.

결국 S교사는 학생들의 그리기 활동이 어느 정도 마무리 되는 것을 확인하고 직접 힘의 방향을 그려주기 시작하였다.

T: 대포알의 경우에는 옆으로 날아가고 있는데, 지구가 잡아당기고 있으니까 이렇게 휘어지겠지. 또 여기서 지구가 잡아당기니까 또 이렇게 경로가 휘어지겠지. 그래서 대포알이 이렇게 멀리 떨어졌어.

T: 우리 지구는 질량이 큰 태양이 당기는 힘 때문에 그 주변에 행성들이 돌고 있어. 이렇게 해서 뉴턴이 모든 물체 사이에는 서로 끌어당기는 힘이 있구나 라는 생각을 확장시켜서 모든

물질에는 서로 끌어당기는 만유인력, 즉 보통 우리가 중력이라고 얘기를 했지.

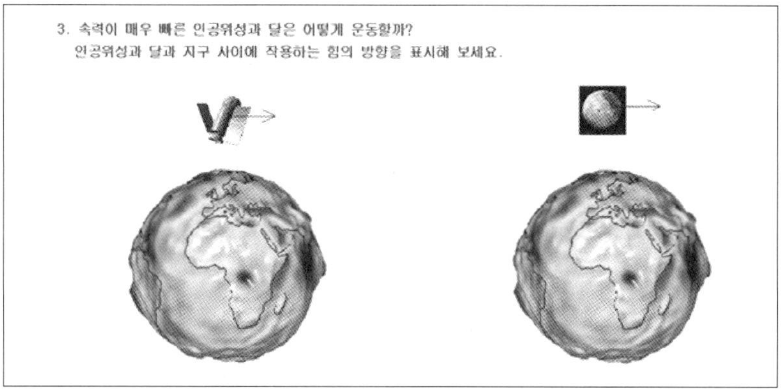

학생용 활동지

중력의 방향			중력의 정의		
사과와 지구는 서로 끌어당긴다.	 1. 수평으로 날아가려는 대포알을 지구가 밑으로 잡아당겨서 경로가 휘어진다. 2. 인공위성도 지구가 잡아당기니까 원 궤도를 돌게 된다.	인공위성처럼 달도 지구가 잡아당겨서 지구 주위를 돌게 된다.	 1. 지구와 태양도 서로 잡아딩긴다. 2. 태양과 행성듵도 서로 잡이당긴다.	모든 물체 사이에는 서로 끌어당기는 힘이 있다: 만유인력	중력이란 지구와 물체 사이의 끌어당기는 힘이다.

T: 정리를 하면, 중력의 방향은 어느 방향일까?

S: 수직

T: 우리가 살고 있는 이 지평선과 응, 수직 또는 연직방향이라고 불러. 여기 보면 우리가 표시를 해놨는데, 힘의 방향을 이렇게 표시하면 안 되고, 지구 중심 방향으로 힘을 받고 있어.

여기서도 선생님이 화살표를 지구중심 방향으로 표시했어.

여기서 S교사의 수업에 대해 새로운 시도이기는 하지만 교육과정의 범위를 벗어나서 중학교 1학년 학생들이 이해하기에는 무리가 있었을 것이라는 지적이 많았다.

W: 중력을 힘과 방향이 동시에 변하는 운동으로 다 설명을 했어요. 포물선 개념으로 설명을 해서, 인공위성으로 설명하게 되면 힘과 운동방향이 동시에 변하는 운동에 들어가서 어려운 부분이고, (중략) 어렵게 받아들이는 이유는 힘의 크기와 방향이 동시에 변하는 예제를 가지고 와서 오히려 중력 설명에 교란이 될 것 같아요.

K: 인공위성이 왜 안 떨어지는지를 그렇게 설명하는 것도 고등학생용이에요. 그게 가속도 개념이죠. 그 방향을 누가 바꾸어 주냐면 중력이 바꿔주잖아요. 그게 매우 어려운 개념이에요. 가장 중요한 것은 인공위성이 돌 때 힘이 작용해요. 중력이 작용하지 않으면 돌지 못하고 어디론가 떨어지죠.

G: 너무 어려워요. 저는 이게 중력의 첫 수업이라는 게 믿어지지가 않아요.

2) 학습목표 2. 질량은 물체의 고유한 양으로 질량이 클수록 운동 상태를 변화시키기 어렵다.

만유인력과 중력의 의미를 설명해준 다음에 S교사는 학생들에게 지구와 사과가 같은 힘의 크기로 서로 잡아당기는데 "왜 사과는 떨어지는데 왜 지구는 사과 쪽으로 떨어지지 않는지"를 생각해보게 하였다.

T: 지구가 사과를 끌어당기고 있지? 그러면 이상한 게 있지? 사과는 떨어지는데 왜 지구는 사과 쪽으로 안 떨어지지?

S: 무게가 커서요.

T: 응? 무게가 아니고 질량이 너무 커요. 응, '지구가 질량이 커서요.' 라고 바꿔야겠지. 질량이 작을수록 운동 상태를 변화시키기가 더 쉬워. 내가 책상을 미는 것보다 이런 종이의 운동 상태를 변화시키기가 더 쉬워.

S교사는 스스로 서로 쌍으로 힘이 작용하지만 질량의 크기에 따라 운동 상태가 달라진다는 점을 설명하면서 질량의 개념을 도입하였다.

∞ 질량에 대한 두 가지 의미
✠ 물체(물질)의 고유한 양(정지 질량)
✠ 질량이 크면 운동 상태를 변화시키기 어렵다(관성질량)

T: 질량 부분에서도 책에는 질량은 물체의 고유한 양이라고 나와 있는데 그 내용을 사실은 관성질량으로 설명해야 되잖아요. 질량이 클수록 운동 상태를 변화시키기 어렵다는 접근을 해야 되는데 ... 일단 저는 그걸 도입하지는 않았어요. 뒤에 살짝 물체가 질량이 크면 클수록 운동 상태를 변화시키기 어렵다는 내용을 넣기는 했지만 그걸로 도입하지는 않았어요.

지구와 사과가 서로 잡아당길 때, 사과는 지구 쪽으로 떨어지는데 왜 지구는 사과 쪽으로 안 떨어지지???
질량은 물체의 고유한 양으로 질량이 클수록 운동 상태를 변화시키기 어렵다.

중 · 고등학교 시절에 과학 선생님이 자세히 설명해주질 않고 넘어가는 부분이 너무 싫었다는 S교사는 자신이 궁금했던 점을 학생들에게 보여주고 싶어 했다. 학생들의 학습 동기나 호기심을 유발하기에는 설명이나 상황 자체가 너무 어려웠다고 동료 교사들은 분석하였다.

S: 그게 나 스스로 싫었어요. 저는 사실은 달이 왜 안 떨어질까라는 그 질문에서 시작한 거예요. ... 그러니까 제 욕심이 앞선 거죠? 재밌기는 한데, 저걸 언제쯤이면 이해할 수 있을까요?

W: 원운동 하는 인공위성이 실제 떨어지고 있다는 표현을 써야 맞는 거예요. 그걸 이해하기가 어려운 거죠.

S: 아이들한테 '얘들아 지구가 끌어당기는데 인공위성이 왜 안 떨어지지'라고 질문하면요?

W: 중력이 없을 때 던지면 어떻게 가겠냐고 물어야죠. 지구에서 중력이 없을 때 내가 던져버리면 직선으로 갈 거라고 누구나 답변하죠. 그냥 직선으로 가려고 하던 것을 누가 꺾었겠느냐, 지구가 수직방향으로 잡아당겨서 경로를 조금 휘게 만들었고, 또 지구가 잡아당겨서 또 꺾었고, 지구가 또 당겨서 꺾었고 그렇게 해서 동그라미가 된 것이다라는 개념까지 접근하는 것이 중학교 과정이죠.

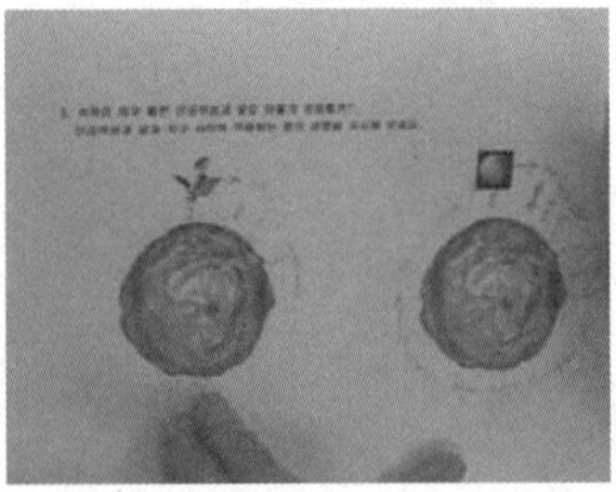

3) 학습목표 3. 무게는 지구가 물체를 끌어당기는 중력의 크기이며, 중력의 크기는 장소에 따라 바뀐다(달에서의 중력은 지구의 1/6).

질량 개념을 설명한 다음에 S교사는 지구상의 물체의 질량에 따른 중력의 변화와, 지구와 달에서의 중력 크기 변화를 설명하였다.

∞ 중력의 방향을 알아보기 위한 활동

T: 그러면 지구가 사과를 끄는 힘과 대포를 끌어당기는 힘이 누가 더 클까?

∞ 질량에 따라 중력의 크기도 다르다.

S: 대포

T: 왜? 대포가 더 질량이 더 크니까. 그치? 지구에 있는 똑같은 물체인데, 나랑 순희랑 어때? 달라. 왜냐면 나랑 순희랑 질량이 다르니까.

 지구가 사과를 끄는 힘과 대포를 끌어당기는 힘 중 어느 게 더 클까?	1. 질량이 클수록 작용하는 중력도 크다. 2. 지구가 다른 물체에 작용하는 중력의 크기를 그 물체의 무게라고 한다. 3. 질량은 달에 가도 변하지 않는다.

이어서 S교사는 무게의 뜻을 설명하고, 질량은 장소에 따라 변하지 않지만, 무게는 측정 장소에 따라 달라진다는 점을 설명하였다.

T: 이번에는 지구를 달로 바꿔보자. 달에서의 중력은 지구의 1/6이 되겠지. 지구에서 질량 60킬로그램인 사람의 몸무게가 600뉴턴이었어. 달에 가면 얼마가 될까? 100뉴턴이 되겠지. 이 사람의 60킬로그램이라는 숫자는 변할까 안 변할까? 사과의 질량 1킬로그램은 달에 가도 안 변해 이걸 질량이라고 해.

무게의 단위와 질량의 단위	 지구가 사과를 끌어당기는 힘과, 달이 같은 사과를 끌어당기는 힘 중 어느 것이 더 클까?	1. 중력은 달이나 다른 행성에서도 작용한다. 2. 중력은 측정 장소에 따라 다르다: 달에서의 중력은 지구의 1/6

이어서 S교사는 무게의 단위를 도입하고, 지구와 목성에서의 몸무게를

비교해 주면서, 물체의 무게는 행성에 따라 달라질 수 있다고 설명하였다.

T: 예를 들어서 어떤 학생의 몸무게가 60킬로그램 이라고 얘기하는데 이 말은 맞을까 틀릴까? 중력의 크기를 우리가 무게라고 하니까 그러면 60킬로그램은 틀린 말이고, 60kgf 또는 60kg 힘, 또는 방금 얘기한 뉴턴의 이름을 써서 60kg 곱하기 9.8을 해서 [60×9.8N]이라고 해. 이 9.8은 왜 붙었느냐면 1킬로그램 물체가 있는데 지구와 서로 끌어당기는 힘의 크기가 9.8N이야. 그러면 60킬로그램짜리는 [60×9.8]뉴턴의 힘을 받겠지. ... 그러면 어떤 사람의 몸무게가 지구에서 600뉴턴이었어. 달에 가면 얼마가 될까? 100뉴턴이 되겠지.

여기서 학생들에게 가속도 개념을 얘기할 수 없었던 S교사는 질량에서 무게로 전환하고 무게의 단위를 도입하는 단계에서 어려움을 겪었다고 한다.

∞ 질량 1kg에 작용하는 중력의 크기가 9.8N.

T: 아까 질량에서 무게로 변환할 때 1킬로그램을 끌어당기는 힘의 크기가 9.8뉴턴이라고 얘기를 했잖아요. 그 부분에서 사실 9.8m/s2 가속도 얘기를 해야 되잖아요. 그걸 얘기하면 아이들이 너무 머리가 아플 것 같아서 그냥 그 부분은 제가 일부러 안한 부분이었어요. 일단 1학년 아이들은 가속의 개념을 이해하기는 어렵다고 생각을 하고, 1킬로그램이 받는 힘의 크기를 그냥 9.8 뉴턴이라고 하고 비례한다는 것 정도만 제시를 했어요. 그 부분에서 아이들이 의문을 가졌을 것 같아요.

G: 아까 중력이라고 하는 개념에서 아이들이 배워야 되는 게 방향이 밑으로 잡아당기는 거라는 게 핵심인지, 아니면 만유인력이라는 개념에서 본다면 나한테도 또한 내가 지구를 잡아당기는 힘도 있는 것을 아는 것도 중요한 거 아닌가요?

S: 저는 그게 중요하다고 생각해서 가르쳤는데 책에는 안 나와요. 책에는 중력의 의미를 지구가 물체를 끌어당기는 힘이라고 나와요.

G: 아까 선생님이 말씀하신 것처럼 지구의 중력이라고 써야 된다고 그러셨잖아요. 근데 일반적으로 누구나 다 그렇게 생각할 것 같거든요. 어렸을 때부터 들은 게 있어서 떨어지는 건 중력 때문이라고 다들 이야기한단 말이에요. 아, 잡아당긴다고 이렇게 생각을 하거든요. 근데 실제로 달이 잡아당기는 힘이 있다든지, 나한테도 이걸 잡아당기는 힘이 있다는 생각은 잘 못하게 되거든요. [그건 만유인력 개념인데] 근데 이 수업에서 제가 첫 번째 질문하고 싶은 건 중1 물리의 중력 수업에서 서로 잡아당기는 중력의 개념을 아이들이 익히는 게 중요한 학습목표로 자리 잡을 수 있는지

∞ 중력의 의미

K: 그 부분은 가르치지 않고 넘어가는 것이 좋을 것 같아요. 그건 중학교 교육과정에서 빠졌어요. 왜냐면 뉴턴의 세 가지 법칙 중에서 작용반작용 법칙이 빠졌기 때문이에요. 아까 선생님 수업에도 서로 잡아당기는 게 나왔는데 이 부분도 작용반작용 법칙에 해당합니다.

Y: 중력 개념을 만유인력을 통해서 도입하고, 어떤 분은 만유인력을 쏙 뺐잖아요. 사실 달에서 중력을 얘기하려면 만유인력에서 출발해야 되거든요. 지구만 벗어나면 다 만유인력이잖아요.

G: 그것도 헷갈리는 거예요. 만유인력과 중력은 같은 말일까, 다른 말일까?

Y: 지구가 지구위의 물체를 끌어당기는 만유인력을 특별히 중력이라고 부른다. 그 만유인력 중에 지구 자전요소를 뺀 것, 그러니까 지구가 도는...

G: 화성에 가면 중력이 없어요? 그러니까 그러면 중력이라고 말하면 행성에서의 중력... 근데 보통은 중력이라고 그러면 지구가 잡아당기는 것만 중력이라고 그러잖아요. [그게 교과서의 정의라서 그래요] 그러면 화성이 끌어당기는 힘은 다른 이름을 붙여야 될 것 같다는 거죠. [거기서의 중력은 앞의 '지구의'가 빠져야 돼요.]

S: 거기서 저는 달에서의 중력을 어떻게 설명할까를 고민하다보니까 만유인력을 하게 되었어요. 제가 수업을 할 때 왜 그걸 매우 강조했냐면 제가 그걸 되게 깨달았다는 생각이 있었던 것 같아요. 왜 사과가 떨어지는데 지구가 왜 안 떨어지느냐고 물어보는데 설명을 못하겠는 거예요. 그걸 나중에 깨달아서, 그때 가속도에 대해서 확실히 알았거든요. 가속도의 개념을 확 깨닫는 순간 그게 해결이 되는 거예요.

Y: 근데 아이들은 그게 안 궁금해서 말해도 와 닿질 않고 아직은 모르지 않을까 싶어요.

세 번째 사례 - 수업은 학생들이 개념을 말하게 하는 것이다.

수업이란 "교사 혼자 떠들고 나간다고 학생들이 수업을 받은 것이 아니라, 학생들 머릿속에 뭔가가 남아있거나 추가되는 것"이라고 말하는 W교사는 되도록이면 교사가 말로 설명하기보다는 학생들에게 직접 보여주거나 체험하게 하고, 학생들의 입을 통하여 개념을 말하고 활용하게 하는 것이라고 주장하였다.

K: 글쎄 W선생님한테는 어쨌든 저는 참 놀라운 것이 항상 학생 입을 벌어서 말을 하게 하잖아요. 그게 참 놀라워요.

Z: 수업의 궁극적인 목적은 아이들이 어떻게든 다양한 상황 속에서 그 개념을 사용할 수 있게끔 그 기회를 넓혀주는 게 내 수업의 목표라고 생각을 했어요. 그래서 결론은 수업이란 설명을 하든지 활동을 하든지 내가 아이들 머릿속에 형성하려는 그 개념을 이 상황에서 써보고 저 상황에서도 써보고 … 그래서 최대한 다양한 상황 속에서 그 개념을 아이들이 사용할 수 있게 해주면 나는 그게 최고의 수업이라고 생각하거든요.

수업이란 교사 혼자 떠드는 것이 아니라 학생들이 다양한 상황 속에서 개념을 사용하도록 돕는 것이다.

W교사가 생각하는 과학수업의 목적은 "학생들이 가진 생각을 끄집어내고 내가 그걸 올바른 방향으로 바꾸어주는 것"이라고 말한다. 따라서 W교사는 "학생들 생각을 다 끄집어내 놓으니까 교사가 뭘 가르쳐야 될지가 떠오른다."고 한다. 비록 학생들이 수업시간에 배운 과학 개념을 오래 간직하지 못하고 자신의 원래 오개념으로 되돌아가는 경우도 있지만, "오개념을 끄집어내서 과학개념으로 바꿀 때는 토론하는 방법이 좋은 것 같다"고 설명하였다.

수업 중에 학생들의 발표와 표현을 중시하는 W교사는 매년 새로운 학급을 맡을 때마다 학생들에게 자신의 목소리와 의견을 중요성과 떠든다는 말의 의미를 이해시켜야 한다고 주장하였다.

G: 아이들에게 발표를 많이 시키시는데 힘들지 않으세요? 아이들 중에 수업에 집중하지 않거나 발표나 관찰하라고 하면 말 안 듣고 차라리 선생님이 딱 정리해서 말을 해주는 게 더 나을 것 같다는 충동이 들 때는 없으세요?

W: 중요한 것은 발표할 준비를 하도록 먼저 노트에 적도록 해서 읽으면서 발표하도록 하는 것이지요. 그러면 아이들의 다양한 생각을 얻어낼 수 있고, 아이들끼리 그 생각을 올바로 고쳐나가는 과정에 참여할 수 있지요. 선생님이 항상 떠들지 말고 조용히 하라고 하는데, 떠든다는 말이 뭔지 아냐고? 오늘 수업이 지구의 크기에 대해서 배우면 너희들이 수업 주제와 관

아이들의 생각을 끄집어내는 것이 중요하다.

련된 어떤 이야기를 하는 건 떠드는 게 아니다. 그런데 너희들이 오늘 반찬 맛있니? 이런 걸 수업시간에 하면 그건 떠드는 거라고. 그러니까 아이들한테 떠들지 말라는 말의 의미까지 이해를 시켜야 돼요.

W교사는 학생 발표 문화를 제대로 정착시키는데 한 달 정도가 소요된다고 말한다.

∞ 학생 각자의 목소리를 내게 하자: 토론과 발표 위주의 과학 수업의 중요성

W: 일차적으로는 글로 적게 하고 그 다음에 그걸 마침표 찍은 문장으로 만들로 이걸 들고 읽는 것도 발표라고 인정해줘요. 그 다음에 근거가 있는 주장을 꼭 발표하도록 연습을 시키는데 그러면, 참여율이 높아져요. 이 과정이 한 달 정도가 걸리는 것 같아요. 이 과정을 통해 한 반의 40명 친구들 머릿속에 참 다양한 생각들이 들어있다는 것을 인정하자는 의도예요.

학생들 간에 서로의 의견과 관점을 존중하는 발표 문화를 정착시켜 놓으면 "만약에 교사가 발표를 안 시켰으면 전혀 모르고 넘어갔을 그런 걸 하나하나 끄집어 낼 때" W교사는 정말 발표가 중요하다는 것을 느낀다고 한다. W교사는 학생들의 생각을 발표하게 함으로써 교사가 전혀 생각지 못했던 것을 많이 얻고 수업 진행상의 힌트를 많이 얻는다고 한다.

W: 내가 오히려 힌트를 많이 얻어요. 내가 생각지 못했던 것을 많이 얻어요. 특이한 질문들은 자꾸 잊어버리기 때문에 제가 메모를 다 해요. 다른 반에 가서 어떤 이야기들이 안 나오면 저 반에서는 이런 이야기들이 나오는데 너희들 왜 발표 안하냐고 말하기도 하죠.

과학 수업에서 토론 위주의 수업 전개가 적절하냐는 질문에 대하여 W교사는 다음과 같이 설명하였다.

G: 그런데 과학시간은 토론시간이나 글쓰기 시간이나 국어시간이 또 아니잖아요. 과학은 또 한 시간 동안 선생님이 가르치려고 맘먹고 들어간 아이들한테 알려주려고 한 개념이 있잖아요. 그런 걸 가르치는데 이런 수업방식이 어떠세요?

W: 예를 들어 등속운동을 배우는 수업이라면, 제가 교탁에다가 나무토막을 놓고 용수철을 걸어서 속력을 일정하게 잡아당기면서 이게 무슨 운동이냐고 물어요. 그러면 아이들이 내가 등속으로 끈다고 했으니까 속력이 일정하다고 할 거잖아요. 이게 힘을 받았느냐 아니냐고 물어보면 '선생님이 끌어줬으니까 힘을 받았어요.'와 '등속운동이니까 힘을 안 받아야 되잖아요.' 사이에 갈등 상황이 되죠. 이게 토론을 이끌어내는 방법이지요.

∞ 과학 교실에서 토론과 발표 문화 정착 방법은?

한편, 초임발령은 고등학교였지만 현재는 중학교에서 근무하고 있는 W 교사는 고등학교에 있을 때와는 달리 중학교에서는 어떻게 이 아이들을 이해시킬 것인가에 주력하게 된다고 한다. 그러다보니 실제 교과서 내용보다는 학생들의 사고 단계를 따라서 해당 개념까지 안내하는 도입 과정이 수업의 대부분을 차지하게 된다고 한다. 즉, 고등학교에 있을 때는 교과내용 그 자체를 가르치는 것이 수업이라고 생각했었지만, 중학교에서는 학생들이 어떤 단계를 거쳐서 이해하게 될까를 고민하고 그 단계들을 수업에서 어떻게 구현할지를 많이 고민하게 된다고 한다.

W: 고등학교는 그 교과의 아주 체계화된 지식만 가르쳐주는 경우가 많았거든요. 그런데 중학교는 교과의 체계화된 지식보다는 아이들 수준에 맞춰서 하나라도 어떻게 더 가르칠 것인가에 고민을 더 많이 하게 되요. 예를 들면 어제 지구의 크기 측정을 하는 수업을 하는데, 이걸 공부시키기 위해서 뭘 도입할까도 고민을 해야 돼요. 예를 들면 평행광선이라는 개념을 아이들이 어떻게 알아요. ... 그 도입과정이 다 수업이에요. 요즘에는 그 하나를 가르치기 위해서 이 단계들을 어떻게 만들까 이런 부분을 많이 고민해요.

∞ 아이들이 보인다: 고등학생과 중학생은 다르다.

∞ Less is More: 폭을 희생하여 깊이를 얻자. 역설적인 이 영어 표현은 적은 주제를 깊이 있게 공부하는 것이 많은 주제를 피상적으로 다루는 것보다 좋음을 의미한다.

도입이 길어지다 보니 가르쳐야 할 교과서 내용을 미처 다 마치지 못할 때가 생기지 않느냐는 질문에 W교사는 다음과 같이 설명하였다.

G: 그러다보면 진짜 이것도 가르쳐야 되고 저것도 가르쳐야 되니까 교육과정에 나와 있는 걸 언제 다 가르쳐요. 그러다보니 포기하고 가게 되는 게 생기더라고요. 선생님은 어떠세요?

W: 교사가 교과 내용을 재구성해서 가르칠 수 있잖아요. 반드시 다루어야 할 것만 머릿속에 들어있으면 좀 나머지 부수적인 내용으로 좀 가볍게 다루어도 되더라고요. 가령, 지구가 둥글다는 5가지 증거를 제시할 수 있다는 것이 학습목표인데, '언제 너희들은 지구가 둥글다는 사실을 알았는지 적어보라'고 시작해요. ..... 그렇게 조직화시키니까 생각보다 시간이 적게 걸리거든요. 그러니까 오히려 내가 아이들을 위해서 더 찾아야 될게 있구나 싶은 생각이 들더라고요.

∞ 수업은 얼마나 지속되어야 하나? 학생들이 목표에 도달할 때까지!

이렇게 수업의 목표를 중심으로 다루어야 할 내용을 조직화하면 생각보다 시간이 적게 걸린다고 한다. W교사는 확보된 시간을 도입부에 투자하거나 학생들을 위해 찾아낸 자료를 보여주는 데 활용한다고 한다.

중학교 과학 단원 중 '힘'이나 '운동' 단원은 "학생들이 당연한 걸 실험으로 재확인한다고 생각하기 때문에 수업이 지루해지기 쉽지만, 되도록이면 학생들의 일상의 개념을 파악하여 과학적인 표현으로 바꾸어주는 것이 중요하다고 주장하였다.

W: 그래서 물리부분에서 중1 '힘'하고 중2 때 '운동' 부분은 실험으로 하면 솔직히 매우 장난스럽게 또는 당연한 걸 실험으로 한다는 걸 학생들이 매우 싫어해요. 재미도 없고. ... 그래서 수업자체도 개념을 변화시키기 위해서 학생들 생각을 참 많이 들어야 되겠더라고요. 내가 수업을 진행할 때, 특히 이 '힘'하고 2학년 때 '운동' 부분도, 아이들이 어떻게 생각하고 있는지

알고 그걸 고치기 위해서 뭐가 필요한가, 이쪽으로 수업의 초점이 맞춰지더라고요.

W교사가 수업에서 교사가 너무나 잘 알고 있는 과학 개념을 잘 설명해주기보다는 뜻밖의 질문을 던져서 학생들의 생각이나 관점을 끌어내고 그렇게 생각한 이유를 질문하는 등 시간과 노력을 투자하는 이유는 다음과 같다.

G: 원론적인 질문인데요, 샘 수업을 하실 때 보면 수직항력이란 이런 게 수직항력이야 라고 설명을 해줄 수도 있는 거잖아요. 선생님은 너무나 잘 알고 계시는데, 그런데 그걸 설명해주시지 않고 굳이 왜 저게 가만히 있는 것이냐 라는 사실 아이들한테는 너무나 어려운 질문이고, 생각하면 너무 당연한 거지만, 너무 어려운 질문을 하시는 이유가 뭔가요?

W: 중2 때 등속운동을 할 때도 예를 들면, 내가 수레를 끌면서 이렇게 '얘들아 이게 무슨 운동을 하고 있지'라고 말하면 아이들은 등속운동이라고 하는데, 왜냐면 일정한 속력으로 가게 내가 끌어주니까, 그러면 등속운동은 힘을 받지 않아야 된다고 배웠는데 그러면 선생님이 지금 끌어주는데 왜 이게 등속운동이냐고 물으면 아이들이 혼동을 해요. 그러면 샘이 끌어주고 있는 힘이 있는데 이게 왜 등속운동이냐고 이렇게 스스로 갈등상황에 놓이게 되더라고요. 학생들에게는 그런 인지갈등 과정이 필요하더라고요. 특히 운동부분에서는 그런 게 필요하더라고요.

∞ 주변의 힘과 운동을 과학적인 표현으로 바꾸어보자.

W교사는 학생들에게 과학 개념의 정의와 원리를 일방적으로 제시해주기보다는 학생들의 기존 관점이나 지식과 상치되는 갈등상황을 도입할 필요가 있다고 한다. 즉, 학생들 머릿속으로 해결되지 않는 상황을 던져주고 학생들이 그 갈등상황을 해결해나가는 과정에서 올바른 과학 개념을 배워야할 필요성을 깨달을 수 있도록 해야 한다고 주장하였다. 따라서 W

교사는 수업상황에서 그런 갈등상황을 만들어주기 위해서 학생들의 의견을 먼저 들어보려고 노력하고 있었다.

학생들의 기존 관념과 일상적 관점에 도전하자.

> W: 올바른 과학적인 개념을 가지기 위해서 우리가 과학을 배우는 거다. 그 필요성을 알려줄 의미가 있더라고요. 그렇게 되니까 아이들이 한번쯤 고민을 하고, 사흘 후에 원래 자리로 되돌아가더라도 수업상황에서는 그런 갈등상황을 만들어주고자 먼저 의견을 들어보려고 했어요. 그게 왜 필요하고 왜 이걸 배우는지를 학생들에게 필요성을 느끼게 하려면 네가 가졌던 지금 생각이 뭐냐, 나는 이렇게 고쳐주려고 하는 게 목적이다. 이 상황에서 어떤 의욕을 주기 위해서 학생들 말을 많이 끌어내고자 하는 게 목적이었어요. 특히 운동부분은 그런 게 많은 것 같아요. 그러니까 학생들이 의견을 말을 많이 할수록 좋은 것 같아요.

개념 / 구분	주요 과학 아이디어 - 중력		
	A. 물체가 가만히 있는 것은 힘이 평형이기 때문이다.	B.수직항력은 실제로 물체를 밀어 올리는 힘이다.	C. 중력에 대항하는 힘은 수직항력, 탄성력, 장력 등 다양한 형태로 존재한다.
학생들이 이 개념을 배워야 하는 이유(개념의 중요성)	- 힘의 평형조건을 말할 수 있다. - 주변에 가만히 있는 여러 물체들이 힘의 평형상태에 있음을 설명할 수 있다.	- 중력과 같고 방향이 반대되는 힘이 있어야 물체가 가만히 있을 수 있다. - 수직항력의 존재를 알고 힘의 평형을 설명할 수 있다.	- 주변의 여러 가지 물체들의 운동 상태를 힘의 평형으로 설명할 수 있다.
이 개념을 가르칠 때의 어려움/한계점	- 힘의 평형조건을 구체적 실험보다는 경험이나 생활 속에서 일어나는 일을 통해 당연히 크기와 방향개념을 설명한다. 그리고 학생들이 쉽게 받아들이기도 한다. 하지만 이것을 책상 위의 물체, 줄에 매달린 추와 같이 구체적인 상황으로 적용하여 이해하는데 어려움을 느낀다. - 평형한 힘이 작용하면 물체가 정지해 있다고 생각하는데 등속운동 할 수 있다는 사실을 설명하는데 어려움이 있어 제외시키거나 아니면 잠깐 언급하는 정도이다.	- 중력에 대항하는 여러 가지 평형력을 찾을 수는 있지만 힘의 실체를 이해하기는 힘들다. - 학생들이 물체의 운동 상태라는 용어를 정확히 이해하지 못하고 있다. 속도나 가속도 개념을 학습하면 운동 상태라는 말과 평형이라는 말을 정지, 등속으로 이해하는 방법이 있지 않을까한다.	- 수직항력이라는 용어와 힘의 실체를 느끼기 어렵다. - 여러 가지 상황을 제시할 시간적 여유가 부족하다.

교사가 이 개념을 가르치는 데 영향을 미치는 학생들의 사고방식	- 물체가 평형상태에 있으면 힘이 작용하지 않거나 가만히 있기 때문이라는 결과를 그대로 설명하는 경향이 많다. - 크기는 같고 방향이 반대인 것은 경험적으로 이해하고 있다. 하지만 같은 직선상에 있어야 하는 이유를 실험으로 확인하여 실제적인 이유를 알 수 있게 해야 한다. - 작용과 반작용의 구분은 언급하지 않더라도 구분해서 사용해야 할 부분이다.	- 학습 중 책상 위 왜 물체가 가만히 있느냐에 대한 학생의 반응은 · 중력이 작용해서 · 가만히 있으니까 와 같은 다양한 반응을 보인다. 자유낙하와 비교한 실험 후에 학생들은 · 책상이 중력에 저항해서 · 중력이 작용 못하게 하니까와 같은 반응으로 변화를 보인다. 이러한 것은 학습을 통하여 수직항력을 도입하여 과학적 개념으로 변화할 수 있음을 알 수 있다.	
	- 생활 속의 표현들이 과학적인 용어나 이해로 바뀌어져 갈 수 있음을 학생들이 깨닫도록 한다. - 교사가 가지는 교과서적인 개념이나 상황들이 학생들에게 그대로 제공되어진다. 학생들이 실생활 속에서 일어날 수 있는 경험으로 수업하기 위한 참여 유도가 필요하다.	- 지구상의 모든 물체는 중력을 받고 있다. 어떤 물체는 가만히 평형상태에 있는 것도 있다. 이 둘 사이의 모순을 해결하는 것이 평형력이다. 또는 이 힘을 찾는 과정도 중요하다.	
교사활동 절차 및 학생들을 개념 학습에 참여시키기 위해 이 절차를 활용하는 특정한 이유	- 책상 위의 물체 자유 낙하하는 물체가 왜 떨어지는가 하는 것과 책상 위 물체가 왜 가만히 놓여 있는가에 대한 인지갈등상황이 필요하다. 중력의 존재를 통해 갈등상황이 만들어진다. - 힘의 평형조건에서 두 힘이 같은 작용선 상에 있어야 한다는 조건을 실제 회전운동을 보임으로서 확인한다. - 학생들에게 힘의 평형조건이 학습목표라고 할 때 몇 학생들은 이미 조건3가지를 학원에서 배워서 알고 있다고 한다. 물론 실험을 통해 익힌 것은 아니며 강의를 통해 습득된 것이고 이를 용수철/수레 실험을 통해 확인하는 과정으로 학습할 필요가 있다.	- 수직항력을 실제로 느껴보도록 하자. 먼저 용수철 위에 물체를 올려놓고서 밀어올리는 탄성력을 체험한다. 다음으로 부드러운 자 위에 추를 올리고 자가 휘어지는 것을 관찰한 후에 내려간 이유와 휘어진 채로 가만히 있는 이유를 알아본다. 다음으로 물체가 책상 위에 왜 가만히 있는지 설명하게 한다. - 힘의 실체의 알아보는 실험이다.	-힘이 평형을 이루는 예들로 간단히 소개한다.
이 개념에 대한 학생들의 혼동이나 이해 여부를 확인할 수 있는 구체적인 방법들	- 학습참여 유도를 통한 학생의 반응 발표를 유도한다: 자유낙하와 책상 위 물체의 운동발표 - 힘의 평형조건을 실험으로 알아보는 방법은? - 우리생활에서 힘의 평형과 관련 있는 현상들을 찾아보고 배운 것으로 설명해보자.	- 수직항력의 존재보다 중력의 존재를 더 많이 느낀다.	

W교사의 수업은 다음 세 가지 내용으로 구성된다.

각 내용별로 수업의 징검다리를 살펴보고자 한다.

> A. 물체가 가만히 있는 것은 힘이 평형이기 때문이다.
> B. 수직항력은 실제로 물체를 밀어 올리는 힘이다.
> C. 중력에 대항하는 힘은 수직항력, 탄성력, 장력 등 다양한 형태로 존재한다.

학생들은 이미 힘의 크기나 힘의 단위, 방향이 같은 두 힘을 합하는 방법 등은 배운 상태이고, 이번 시간에 힘의 평형 상태에 대하여 배우게 될 것이라고 한다. 따라서 W교사는 이번 수업 주제를 '중력에 저항하는 힘'으로 잡고, 중력이 작용함에도 불구하고 물체를 평형상태로 유지시키는 '중력과 평형을 이루는 힘들'을 찾아내는 것으로 방향을 설정하였다.

W: 개념을 이해시키기 위해서 학생들 활동보다는 좀 강의식으로 진행한 수업이었습니다. 개념학습이기 때문에 수업진행이 좀 어려웠는데, 그나마 발표에 참여하는 학생들 위주로 본다면 수업을 통해서 주변에서 그냥 책상 위에 물체가 있으니까 가만히 있다는 등의 개념을 과학적으로 힘의 평형 원리로 해석할 수 있는 기회가 되지 않을까 생각됩니다. 이 수업 다음이 이걸 바탕으로 해서 나란한 힘이나 나란하지 않은 두 힘을 합성시키는 활동으로 이어지게 되면 힘 단원이 끝나게 됩니다.

☞ 정지해 있는 물체에 작용하는 힘은 평형을 이룬다.

1) 학습목표 1. 물체가 가만히 있는 것은 힘이 평형이기 때문이다.

중학생 수준에서는 수직항력이나 장력과 같은 개념을 파악하기 어렵지만, 중력과 평형을 이루는 힘의 명칭으로 시험문제로 등장하기 때문에 "힘의 존재만이라고" 말해주어야 했었다고 W교사는 설명하였다.

W: 수직항력은 가상적인 힘이 아니라 실세로 존재하는 힘인데, 그 부분은 조금 개념상으로 고등학생 정도 되어야 이해를 할 수 있어요. 요걸 중학교에서는 그냥 평형조건에서 중력과 수직항력이다. 중력과 탄성력이다 이런 조건을 찾는 것이 시험 문제로 나오니까 지금 상태에서는 넘어가도 되는데... 중학교 때는 힘의 존재만 말해주는 것 같아요.

중력을 주제로 한 W교사의 첫 번째 학습목표는 '힘의 평형'의 의미와 힘의 평형의 조건을 배우는 것이었다.

W: 항상 두개의 힘의 관계에서 힘의 평형을 설명해야 되는 거고, 그래서 힘의 평형부분에서는 크기는 같고 방향이 반대여야 한다는 두 가지 정도는 학생들이 쉽게 생각하는데 같은 작용선상에 있어야 되는 이유를 학생들한테 실험을 통해서 보여주고 싶었던 게 목적이었어요.

힘의 평형의 의미를 설명하기 위해 W교사는 줄다리기를 예시하면서 "물체에 작용하는 모든 힘의 합력이 0이어서 물체가 가만히 있을 때"를 평형상태라고 한다고 설명하였다.

T: 힘의 평형의 가장 대표적인 것이 줄다리기지. 크기는 같고 방향은 반대인 두 힘을 더하면 얼마가 될까? 왜 0이 되지? 그렇지 이 힘을 (+)라고 하면 이 힘은 (-)가 되고 그래서 이 두 힘의 합은 0이 되는 거야. 왜 0이 나오는지를 어떤 식으로 설명할거야? 왜 0인지는 방향 때문이지. 특히 이렇게 합력이 0이어서 물체가 가만히 있을 때를 우리는 물체가 평형상태에 있다고 해. 그러면 너희들이 해야 될 것은 힘이 평형상태에 있으려면 어떤 조건이어야 되는지를 찾아내는 거야.

물체가 평형상태에 있기 위한 조건을 찾기 전에 W교사는 수레를 이용하여 힘의 평형 상태에서 수레의 움직임을 관찰하게 한다.

[힘의 평형: 수레의 움직임 관찰]

1. 수레에 평형한 힘을 가해 보자.
   (1) 수레에 용수철저울을 양쪽에 매달아 놓는다.
   (2) 다른 사람이 수레가 움직이지 않도록 손으로 누른다.
   (3) 양쪽에서 저울을 당겨서 5N의 힘을 가리키도록 한다.
   (4) 눌렀던 손을 놓으면서 수레의 움직임을 관찰한다. 수레가 어떻게 움직이는가?

나아가 양쪽에서 주는 힘이 같을 때와 다를 때 수레의 움직임을 관찰하게 하고, 양쪽 힘의 차이가 나면 수레가 평형상태가 되지 않음을 확인하게 한다.

힘의 평형을 알아보기 위한 간단한 실험

T: 힘이 같을 때와 다를 때 어떻게 되었는지를 설명해 주세요. 자, 어쩌면은 당연한 실험을 하고 있는지도 모르지. 그런데 당연하다고 생각하는 것을 과학을 이용하여 해석을 해야 돼.
여기에 12N이라는 힘을 가해주고, 여기에 5N이라는 힘을 가해 주었더니 일단 12N 쪽으로 움직이죠? 힘의 차이가 나면 수레가 평형상태가 되지 않죠?

평형 상태를 설명한 다음에 이어서 두 힘이 작용할 때 평형조건 3가지를 찾아내도록 하였다.

<table>
<tr><td colspan="2">2. 두 힘이 작용할 때 평형조건을 3가지 찾아보자. (실험을 보고 내용 찾아보기)</td></tr>
<tr><td>(1) 두 힘의 크기가 같아야 한다.
(2)
(3)</td><td>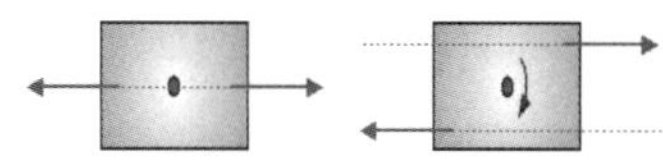
(가) (나)</td></tr>
</table>

☞ 힘의 평형을 알아보기 위한 문제

T: 물체가 평형상태에 있기 위해서 어떤 조건을 만족해야 할까? 그러면 너희들이 첫 번째 찾은 조건은 양쪽의 힘의 크기가 같아야 된다. 그리고 두 가지가 더 있어요. 그러면 두 번째 조건은 너희들에게 다 줄 수가 없어서 내가 하나만 만들었어. [커다란 널빤지를 가지고 설명한다.]

☞ 힘의 평형을 알아보기 위한 활동

T: 자, 두 번째 평형조건을 찾는데, 이 사람은 이쪽 대각선 귀퉁이에 용수철저울을 걸고, 또 한사람은 위쪽 대각선에 고리를 걸고 양쪽에서 20N으로 잡아당기면 어떻게 될까?

[널빤지 귀퉁이에 대각선 방향으로 같은 크기의 반대 방향의 힘을 주었을 때 물체가 회전하는 걸 보여주고]

☞ 힘의 평형이 안 될 경우의 활동 해보기

T: 자, 양쪽에서 잡아당기면 판이 어떻게 되었어요? 그러면 똑같은 힘을 가해주었는데도 물체가 평형상태가 안 되었지? 평형조건 두 번째가 무엇일까? 단순히 힘의 크기만 같다고 평형상태가 되는 것이 아니고, 작용점과 작용점을 연결한 이 선을 작용선이라고 하는데, 그러면 두 번째 조건은 '두 힘이 같은 작용선 상에 있어야 된다.'라는 용어를 써. 그렇지 않으면 회전을 해버린다. 세 번째는 작용점이 한 물체, 동일한 물체 안에 있어야 된다야. 당연한 거지. 힘의 평형 조건을 다 같이 얘기해 봅니다. 시작. [학생들이 세 가지 조건을 크게 말한다.]

커다란 널빤지를 이용하여 두 힘이 같은 작용선상에 있어야 물체가 회전하지 않는다는 것을 보여주고, W교사는 두 힘의 평형 조건 세 가지를 학생들과 함께 정리하였다.

S: 그런데 아이들이 왜 회전하는지를 물어보지는 않았어요?

T: 수업 상황을 빨리 진행하려다 보니 미처 생각 못했어요. 이제 힘만 같아서는 가만히 있지 않는 구나라는 부분을 강조하고 싶었던 거죠.

2) 학습목표 2. 수직항력은 실제로 물체를 밀어 올리는 힘이다.

물체가 가만히 있는 것은 작용하는 모든 힘이 평형상태를 이루기 때문이라고 설명한 다음에 W교사는 두 번째 학습목표로 옮겨갔다.

W: 이 수업에서 두 번째 주안점을 둔 부분은 직접 경험하거나 믿을 수 없을 정도로 느껴지는 수직항력이라는 힘, 그러니까 중력에 평형을 이루는 그 힘의 실체에 대해서 어떻게 하면 학생들이 느끼게 만들게 할 수 있을까 그 부분을 고민을 좀 해서 진행된 수업입니다.

W교사는 학생들에게 책상 위의 물체가 가만히 있는 이유를 "과학적으로 찾아내고 설명할 수 있어야 된다."고 말하면서 책상 위의 물체도 역시 아래쪽으로 중력을 받고 있음에도 불구하고 왜 떨어지지 않느냐고 질문하였다.

T: 오늘은 힘의 평형에 대해서 배울 거야. 우리 주변에서 물체가 책상 위에 가만히 있어. 이런 가만히 있는 상태를 평형 상태라고 해. 용수철에 추가 가만히 매달려 있는 것도 평형 상태야. 그런데 책상 위에 물체가 있을 때 왜 물체가 평형 상태에 있는지를 해석하는 것이 이번 시간에 배울 것이야.

T: 책상 위에 있는 물체가 왜 책상 위에 가만히 있어?

수직항력의 의미

S: 가만히 있으니까.

T: 그렇지 너희들 답은 뭐지? 가만히 있는데 어쩌라는 거야, 이런 식이야. [다른 쪽 학생을 가리키면서] 너는 뭐라고 그러겠어?

S: 그냥 책상 위에 가만히 있으니까.

T: 응, 그냥 책상 위에 가만히 있다고 밖에 말을 못하는데, 그런데 우리는 과학을 배우기 때문에 그 이유를 찾아내야 돼.

책상 위에 놓인 물체는 [중력이 작용하는데도] 왜 떨어지지 않고 가만히 있을까?	 물체가 가만히 있는 것은 작용하는 힘들의 평형이 이루어졌기 때문이다.	1. 책상이 중력을 방해하는 힘이 있다. 책상이 물체를 밀어 올리는 이 힘을 '수직항력'이라고 한다. 2. 추를 안 떨어지게 하는 방법은? 떨어지려는 힘과 똑같은 힘을 반대방향으로 가해준다.

T: 중력이 작용하고 있는 상황에서 중력과 맞서는 힘을 찾는 것이 이번 수업의 목적이야. 가장 쉬운 예로 책상 위에 물체가

수직항력은 중력과 맞서는 힘이다.

가만히 있다. 지금부터 내가 손으로 물체를 받치고 있다가 그냥 놓아버리면 어떻게 되지?

S: 떨어진다.

T: 응, 떨어진다. [칠판에 그림을 그리면서] '떨어진다'를 이렇게 표시하면 되지? 그러면 왜 떨어지는지를 설명할 수 있는 사람?

S: 중력이 작용하기 때문에요.

T: 중력이 작용하기 때문이라고 하면 5점 만점에 3점을 주겠어. 다른 사람?

S: 지구가 물체를 잡아당기기 때문에요.

T: 지금 지구가 물체를 잡아당기는 중력만 있기 때문에 떨어지지. 그러면 이걸 천천히 떨어지게 하려면 어떻게 하면 돼?

S: 위에서 잡아당긴다.

T: 응, 위에서 조그마한 이런 힘을 가해주면 되겠지. 그러면 추가 안 떨어지게 하는 방법을 발표해볼 사람?

S: 중력보다 더 큰 힘으로 위로 잡아당기면 돼요.

S: 잡고 있다.

T: 잡고 있다 말고, 이 힘과 똑같은 힘을 반대방향으로 가해주면 됩니다. 그러면 줄다리기와 똑같아지나? 그지? 그러면 이제 머리를 좀 써야 되는데, 책상 위에 물체가 가만히 있을 때, 왜 가만히 있는지를 설명할 수 있는 사람? 틀려도 좋아.

T: 아니, 중력 때문에 떨어진다며, 그럼 중력과 크기는 같고 방향은 반대인 힘을 주면 가만히 있을 수 있다면서, 그러면 책상 위의 물체가 왜 가만히 있는지 설명해 볼 사람?

S: 힘이 작용하지 않아서

T: 그 답변은 5점 만점에 3점정도 줄 수 있어.

S: 책상이 중력을 방해하는 힘이 있어서.

T: '책상이 중력을 방해하는 힘이 있어서', 좀 애매하지만 4점정도 줄게, 그러면 내가 보충 설명을 해볼게. 이 물체는 중력을 받는다. 만약에 이 힘만 있다면 물체는 책상을 파고들어서 떨어지지. 근데 떨어지지 않는 이유는?

S: 책상이 중력을 방해하는 힘이 있어서

T: 책상이 중력을 방해하는 힘이 있다고 했는데, 그 표현을 앞으로는 과학적 용어로 바꾼다. 책상이 물체를 밀어 올리는 힘이 있어. 책상이 물체를 밀어 올리는 이 힘이 있다고. 그런데 이걸 책상이 중력을 방해하는 힘으로 표현했잖아. 그걸 앞으로, 책상이 물체를 밀어 올리는 힘이라고 하고, 이 힘을 '수직항력'이라고 해.

W교사는 지구상의 모든 물체는 중력의 영향을 받고 있고 그래서 아래 방향으로 떨어져야 하는데, 책상 위의 물체처럼 어떤 물체는 가만히 평형상태에 있는 것도 있다고 말문을 연다. 따라서 앞서 배운 것처럼 평형상태라는 것은 중력과 똑같은 크기의 반대 방향의 힘이 작용하고 있다는 의미이므로 이 힘을 찾아보자고 학생들에게 활동을 제안한다.

교사의 문제 제기에도 불구하고 학생들은 "책상 면이 정말로 물체를 밀어 올릴 수 있을 것이라고" 생각하지 못한다. 따라서 W교사는 학생들이 수직항력을 실제로 느껴볼 수 있도록 몇 개의 징검다리를 활용하였다.

T: 책상 위에 놓인 물체를 떨어뜨리면 떨어지는데 왜 떨어질까?

S: 중력 때문에요.

T: 중력이 뭔데?

S: 지구중심에서 끌어당기는 힘

T: 지구 중심에서 물체를 잡아당기는 힘이 중력이죠? 그것 때문에 아래쪽으로 떨어진다고 하면 맞죠? 이때 물체는 중력이라는 힘만 받는다. 그 다음, 책상 위에 가만히 있는 이 물체는 역시 아래쪽으로 중력이라는 힘을 받는데, 이건 가만히 있고, 이건 떨어지죠? 너희들은 이 힘을 느낄 수 있어야 돼.

[수직항력을 느껴보자.]

1. 용수철 위에 물체를 올려놓고서 밀어 올리는 탄성력을 체험한다.
2. 부드러움 자 위에 추를 올리고 자가 휘어지는 것을 관찰한 후에 자가 휘어진 이유와 휘어진 채로 가만히 있는 이유를 알아본다.
3. 물체가 책상 위에 왜 가만히 있는지 설명하게 한다.

∞ 수직항력을 느껴보는 활동

T: 너희들이 중력이 있다는 걸 쉽게 느끼잖아. 왜냐면 물체 밑에 손을 넣어보면 손이 아프잖아. 그런데 수직항력은 쉽게 느끼기가 대단히 어려워. 그런데 지금부터는 그걸 느낄 수 있도록 실험을 해야 돼. 수직항력이 있다는 걸 느껴야 된다고.

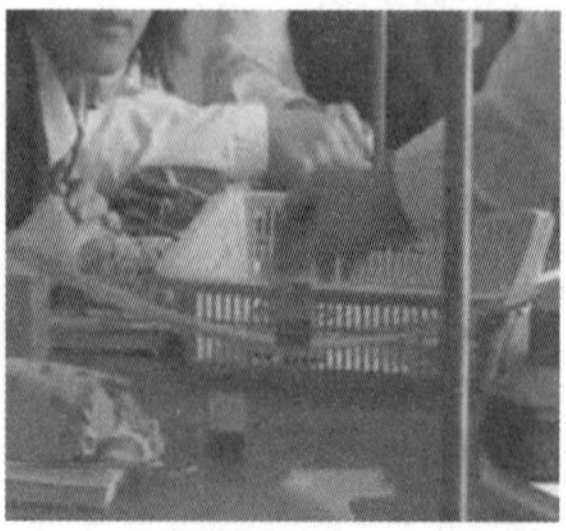

T: 용수철 위에 추를 올렸다가 놓으면 추가 압축이 되었다가 다시 추를 치우면 용수철이 다시 올라오지. 그건 이해가 돼? 그러면 지금 나무토막 두 개를 세운 다음에 그 위에 플라스틱 자를 걸쳐놓고, 그 자 위에 추를 올려놓으면 자가 내려가다가 왜 더 이상 내려가지 않지? 자가 내려가는 건 중력 때문인데, 그런데 완전히 내려가지 않는 이유는 자가 이 물체를 밀어올리고 있는 상황이잖아. 그러면 너희들이 알아야 될 것은 이 추를 내가 책상 위에 놓으면 왜 가만히 있느냐고 물으면, 중력과 자의 수직항력이 균형을 이루기 때문이지.

학생들이 이미 배워서 익숙한 용수철의 탄성력을 예시하면서 W교사는 "용수철 위에 올려놓은 추를 용수철이 밀어 올리는 것처럼, 플라스틱 자도 위에 올려놓은 추를 밀어올리고 있고, 마찬가지로 책상도 그 위에 놓여있는 추를 중력에 저항해서 밀어올리고 있기 때문에 추가 책상 위에 가만히 놓여있는 것이라고 설명하였다.

W: 중력은 학생들이 쉽게 느낄 수가 있고, 주변에서 많은 현상들을 통해서 알고 있을 것이라 생각을 했습니다. 문제는 수직항력인데, '책상 면이 정말로 물체를 밀어 올릴까?'라고 질문을 하는 학생들도 있고, 그런 힘이 정말로 존재할까 하는 부분이 학생들이 이해하기가 어렵다는 생각을 했습니다. 그래서 용수철을 이용해서 추를 올려놓으면 용수철이 추를 밀어올리고, 딱딱한 플라스틱 자 위의 물체는 어느 정도 휘어지다가 가만히 정지합니다. 휘어지는 이유는 중력 때문인데, 어느 정도 휘어지다가 가만히 있는 이유는 자가 물체를 밀어 올리는 힘이 존재하기 때문이라는 사실을 바탕으로 책상 위의 물체가 가만히 있는 이유를 수직항력으로 해석하도록 하고자 하는 것이 수업의 주목적입니다.

W교사는 책상 위의 물체가 책상으로부터 받는 힘을 수직항력이라고 정의하면서 이를 '중력에 저항하는 힘'의 하나라고 소개하였다.

W: 힘의 평형 조건을 배우고, 물체가 가만히 있으려면 힘이 평형을 이루어야 된다는 사실까지 학생들이 학습은 하지만, 문제가 뭐냐면 수직항력이라는 개념 자체의 형성, 그러니까 중력에 대항하는 힘, 예를 들면 수직항력, 장력, 탄성력일수도 있는데, 이 힘의 존재에 대해서 학생들이 많이 깨닫지 못한다는 생각을 했습니다.

3) 학습목표 3. 중력에 대항하는 힘은 수직항력, 탄성력, 장력 등 다양한 형태로 존재한다.

중력에 저항하는 힘의 하나인 수직항력을 설명한 다음에 W교사는 중력에 저항하는 다른 힘들을 찾아보게 하였다.

T: 그러면 이제 너희들이 지금 배운 걸 가지고, 다음 세 가지 그림을 해석을 해야 돼.

∞ 중력에 저항하는 여러 가지 힘을 알아보는 문제

3. 다음은 어떤 힘이 평형을 이루고 있는가? 왜 가만히 있는지 설명하는 글을 적어라.
(1) 책상 위에 나무도막이 가만히 있다. (2)줄에 매달려 가만히 있는 추
(3) 용수철에 매달려 가만히 있는 추

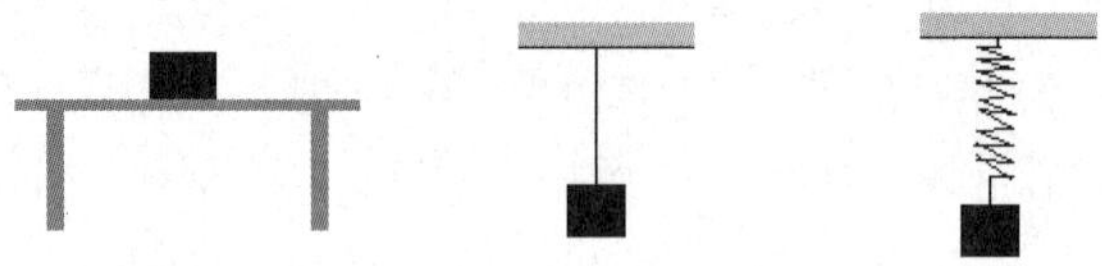

T: 첫 번째 그림은 책상 위에 어떤 물체가 올려져 있어. 어떤 것이 있을 수 있어? 책상 위에 책이나 필통이 놓여있는 상황이야. 두 번째는 실에다 추가 가만히 매달려 있는 상황이야. 실이 없더라고 천장에 전등이 매달려 있다든지 매달려 있는 상황은 다 해당이 되는 거야. 세 번째 그림은 용수철에 추가 가만히 매달려 있는 상황이야.

T: 책상 위의 물체가 가만히 정지해 있는 것을 평형상태라고 했어. 왜 가만히 있지? 그걸 해석을 해야 돼. 이 세 가지 공통점은 가만히 있는 평형상태인데, 왜 가만히 있을 수 있는지를 설명을 해야 돼. 설명해 볼 사람? 오늘 배운 내용을 써서 말해봐.

T: 책상 위에 물체가 가만히 놓여있는 상황을 힘의 평형으로 설명할 수 있는 사람? 책상 위에 의자가 가만히 놓여있는 상황을 힘의 평형으로 설명해볼 사람? 다섯 명 정도밖에 이해를 못했다는 거야? 그 두 힘의 크기가 같고 방향이 반대이고, 더해주면 0이 되기 때문에 그 물체는 평형 상태에 있을 수 있다. 세 가지 상태를 평형상태로 해석해서 노트에 적어와.

중력에 저항하여 수직항력, 장력, 탄성력이 중력과 평형을 이루고 있는 세 가지 상황을 설명한 다음에 W교사는 "너희들이 의자에 가만히 앉아 있을 수 있는 이유도 중력과 의자가 너희들을 밀어 올리는 수직항력이 균형을 이루고 이루기 때문"이라고 설명하고 수업을 마무리하였다.

G: 아까 가만히 놓여 있는 물체를 밑으로 잡아당기는 중력, 가만히 있는 물체를 위로 잡아당기는 것을 수직항력이라고 했는데 매달려 있는 것은 탄성력이나 장력이 중력에 대항하는 힘이 됐잖아요. 그러면 탄성력, 장력과 수직항력은 다른 거예요? 그래도 위쪽으로 잡아당긴다는 것은 똑같은 건데, 없으면 수직항력이고, 실이면 장력이 되는 건가요? 같은 건데 상황에 따라서 이름만 달리 부르는 건지.

W: 탄성력, 장력과 수직항력은 중력에 대항하는 것으로서 같은 개념이죠. 그걸 내 입장에서는 수직항력과 비교해서 수업을 진행한 거잖아요. 그러면 이게 딱딱한 책상이지만 추를 올리면 우리 눈에 안보이지만 내려갔잖아요. 내려간 것만큼 책상이 물체를 밀어 올리는 거예요. 그 부분이 조금 학생들에게는 힘드네요.

K: 그게 정역학이다 보니까 변하는 부분이 아니라 항상 정지된 상태에서 힘이 작용하잖아요. 천장에 매달린 용수철이나 실 모두. 그러니까 정지해하고 있기 때문에 사람은 용을 쓰면 얼굴이라고 빨개지니까 표가 나는데 정역학은 표가 안 나지요. 그래서 W선생님이 위로 올리는 힘의 실체, 책상이 변화가 없는 상황에서 사실은 밀어 올리는 실체가 있는데도 불구하고 실체를 못 느끼니까 그걸 느끼게 해주려고 엄청 애를 쓰신 것 같고, 그게 이 수업에서 깔끔하고 좋은 수업이 됐던 것 같아요.

K: 힘의 평형 이야기를 할 때 나무와 줄다리 할 때와 사람하고 줄다리기를 할 때 아이들은 다르게 느껴요. 팀을 나누어서 두 사람이 100뉴턴을 당기는데 안 움직이고 있다고 하면 둘 다 힘을 작용한다고 아이들이 생각하죠. 근데 나무에 줄을 매달

∞ 나무와 줄다리기 할 때 학생들은 나무가 줄을 당긴다는 생각을 못한다.

아 100뉴턴으로 당긴다하고 나만 힘을 작용한다고 아이들은 생각해요. 나무가 사람을 당긴다는 생각을 못하는 거죠. 그래서 힘의 평형에 있어서 실체, 책상 위에 놓여있는 물체도 중력까지는 생각하는데 책상이 뭔가를 밀어 올리는 주체라는 생각은 못하는 거죠. 그걸 보여주는 게, 아 여기도 힘을 작용하는 누군가가 있구나라는 걸 발견을 하도록 하기가 쉽지 않은 거죠.

W교사의 중력 수업은 학생들이 너무도 당연하게 그러하다고 생각하는 현상들에 대하여 왜 그럴까라는 질문을 던진 수업이었다. 왜 책상 위의 물체가 가만히 놓여 있느냐고 물으면, 학생들은 "가만히 놓여 있으니까"라고 현상 진술을 반복할 뿐 설명하거나 이유를 답할 필요성을 못 느낀다. 이러한 학생들에게 너무나 당연한 현상을 과학적인 표현으로 설명해볼 기회를 제공한 수업이었다. 책상 위에 놓인 물체의 경우, 물체를 떨어트리려는 중력에 저항하여 책상이 물체를 밀어올리고 있는 수직항력의 실체를 학생들이 느낄 수 있도록 W교사는 다양한 징검다리를 활용하였다.

내용의 조직이나 범위 측면에서 W교사의 중력 수업은 앞서 제시한 K교사나 S교사의 수업과 차별화된다.

K: 힘의 종류가 앞에 여섯 가지가 나오는데 오늘 수업에서 나온 수직항력이나 장력 등은 그 여섯 가지에 포함되지 않는 거예요. 그래서 저 같은 경우에는 중학교 책에 나와 있는 6가지 힘만 가르쳐주고, 그건 뺐죠. 왜냐면 장력과 수직항력을 아이들이 이해하기 힘들어서 그건 고등학교에 가서 배우라는 의미에서.

K: 힘의 평형을 하려면 장력이나 수직항력 얘기를 해야 되는데 그런 힘을 앞의 6가지 힘의 종류에 포함을 시키든가 그런 식으로 했으면 그걸 설명해주면 좋은데, 장력이나 수직항력은 뜬금없이 나오거든요.

∞ 중학교 교과 과정에서 나오는 힘은 마찰력, 탄성력, 전기력, 자기력, 중력이다.

K: 그러니까 이걸 떨어지게 하는 건 중력인데 책상 위에 올려놓아버리면 수직항력이란 얘기가 나와야 돼요. 그래서 아이들이 '중력은 무조건 떨어지는 건데, 안 떨어지는 게 있지'라고 하다보면 그 힘들이 다 나와야 돼요. 그래서 힘의 평형 이야기를 할 때 저는 항상 용수철을 보여줘요. 왜냐면 그 상황에서는 탄성력과 중력 두 가지여서 앞에서 배운 여섯 가지를 가지고 아이들이 할 수 있는 거예요. 그냥 양쪽에서 용수철을 당기거나 또는 용수철에 매달린 상황까지는 하는데 실도 아니에요. 왜냐면 실은 또 장력이라는 말을 써야 되고, 얹어놓은 상황은 수직항력이라는 말을 써야 돼서, 앞에서 배운 탄성력이나 그냥 당기는 힘이 아닌 새로운 용어가 나와야 되어서 어려워요.

Y: W선생님은 중력을 따로 하신 게 아니라 전체적으로 힘의 평형에서 다룬 거예요. 중력 개념을 도입하려면 평형 개념이 필수인데.

W: 그러니까 아이들이 떨어지는 개념만 배웠다니까요. 떨어지는 게 중력이라고 배운 거죠. 그리고 그건 알면서도 교사가 언급을 안 하고 넘어가는 거죠. 아예 그 상황을 제시를 안 하는 거죠. 얘기를 하게 되면 그것으로 한차시를 해야 되므로 이야기를 하지 않고 넘어가는 거죠.

세 명의 교사가 사용하는 교과서가 각기 다른 까닭도 있겠지만, W교사는 중력을 중심으로 앞서 등장한 다양한 힘들 사이의 관계를 재조명하고 있었다.

현재 제7차 교육과정의 중1 과학의 힘 단원은 "전체적인 연관성보다는 여섯 가지 종류의 힘의 개념을 익히는 것에서 머물고 있다고 지적하였다.

W: 현재 힘 단원은 전체적인 연관성보다는 각 힘의 개념에 대한 수업을 많이 하고 있는 것 같아요.

K: 왜 앞에서 힘의 6가지 종류를 왜 배웠지, 써 먹으려고 배웠는데 안 써먹고 끝나버려요. 앞에서 실컷 여섯 가지 힘을 배워

놓고 합성할 때는 계속 용수철로만 잡아당기고 있죠.

S: 교과서 소단원 중력 부분 제목이 '사과는 왜 떨어질까'라는 질문이었어요. 그 질문하고 지금 책상 위의 저 물체가 왜 안 떨어질까라는 질문하고는 같이 설명이 되어야 되는데, 그 설명을 일부 교과서에서는 안하게 되는 거죠. 중력만 따로 떼어내서 설명하고.

따라서 현장 교사들은 7학년 힘 단원 수업의 경우에는 앞서 배운 다양한 힘의 종류들 간의 관련성을 파악하거나, 다양한 힘의 개념을 활용하여 학생들이 주변 상황을 이해할 수 있도록 도와주기에는 W교사와 같은 중력 수업이 유리할 것이라고 평가하였다.

W: 아까 설명했듯이 내가 이 수레를 일정한 속력으로 잡아당기고 있는데 등속운동이잖아요. 그러면 '선생님이 힘을 지금 가해주고 있잖아요.'라는 반응이 학생들 반응이죠. 그러면 좀 개념이 있는 아이들은 등속운동이다, 그러면 이 힘과 같은 크기가 저쪽에 있다고 빨리 발견을 해야 되잖아요. 마찰력이라든지. 이런 관련성 측면에서 보면 제 수업처럼 하면은 그런 관련성을 찾아낼 수가 있고, 그런 부분이 없으면 당기는 힘밖에 눈에 안보이게 되는 거죠.

∞ 이 수업은 힘의 종류를 다 배우고 난 다음에 하면 좋겠다.

S: 힘의 종류를 다 얘기했잖아요. 그 수업을 다하고 나서 그 다음 차시에 이런 식으로 수업을 하면, 한 차시씩 충실히 한 다음에 종합 정리할 때 저런 질문을 딱 던지면 아이들이 이제 힘의 종류가 이런 것들이 있었는데 그것들이 어떤 관련이 있는지를 깨닫게 될 것 같아요.

∞ 교육과정 연구는 학습자가 가져야 할 학습 기회가 무엇이어야 하는가에 대한 대답을 추구해 가는 과정이다.

K: 선생님 수업에서는 중력이라는 개념을 많이 끌어냈고 이 수업을 통해서 오히려 중력을 더 잘 알 수 있는 수업은 맞는데, 이 수업의 학습목표는 중력의 개념을 아는 게 아니군요.

분석 및 논의

세 사람이 중력을 주제로 각기 설정한 학습목표를 달성하기 위해 수업에서 징검다리를 놓은 양태와 징검다리의 내용을 살펴보았다. 여기서는 같은 주제의 수업을 다시 한다면 세 명의 교사들이 어느 부분을 어떻게 개선해 나갈 것인지를 중심으로 살펴보고, 해당되는 곳에서 관련된 교수학습 이론도 함께 고찰해보고자 한다.

1) 중력 단원 재구성

∞ 이 단원을 재구성한다면?

중학교 1학년 힘 단원은 현재 힘의 정의, 다양한 힘의 소개(마찰력과 탄성력, 전기력과 자기력, 중력), 힘의 측정과 표시, 힘의 합성 등으로 구성되어 있다. 이 단원을 가르쳐보지 않은 교사는 제시된 6차시 수업동영상의 선후 순서를 파악하는 데 곤란을 겪었다고 한다.

∞ 교사에게는 너무나 명확한 개념의 얼개와 제시 논리가 학생들에게는 와 닿지 않는다.

> G: 저처럼 물리를 모르는 입장에서 보면, 이 힘 단원은 이게 왜 순서가 이 모양인지 처음에 이해가 안 갔어요. 큰 제목만 보고. 그러고서 화면에 제일 큰 걸 보고 제목을 땄더니, 처음에 힘의 정의, 그 다음에 마찰력과 탄성력이 나오고, 그 다음에 한참 막 이상한 게 나오더니 뒤에 가서 힘의 합성과 측정이 나오는 거예요. 저는 맨 처음에 제목만 보고 힘의 정의, 힘의 합성, 힘의 측정 이렇게 나가는 줄 알았는데 나중에 보니까 순서가 이게 아닌 거예요. 가만히 생각해보면 그것도 의미가 있는 거잖아요.

∞ 학문적 구조의 관점에서는 학구적 성격이 강해서 학교 공부를 잘하는 학생들이 혜택을 누리게 됨을 쉽게 파악할 수 있지만, 학구적 성취에 별로 가치를 두지 않는 학생은 학교 과학 공부에 어려움을 겪게 된다.

교육과정의 의도를 파악하지 못한 타 교과 교사나 학생들의 입장에서는 현재 교과서에 제시된 개념 제시 순서와 이를 구현한 수업의 순서와 얼개가 왜 그런 순서로 구성되었는지를 파악하기가 어려웠다고 한다. 즉, 다른 순서는 왜 안 되는지, 왜 반드시 그런 순서와 얼개로 제시되어야 하는지를 질문하였다. 이에 수업을 실시한 세 명의 교사는 힘 단원에서 다루어야 할 내용의 범위와 순서를 중력을 중심으로 다시 재구성하는 안은 다음과 같다.

∞ 제7차 교육과정

현행 (7차)	힘의 정의	→	마찰력과 탄성력	→	전기력과 자기력	→	중력	→	힘의 측정과 표시	→	힘의 합성

W: 지금처럼 접근하면 힘 단원의 구조가 일단

∞ 교과중심 학습과 학습자 중심 학습이란? 교과가 학습자보다 중시될 때, 그 교과를 구성한 전문가의 관심은 학습자의 관심보다 우선시된다. 즉, 교과 중심에서는 교과전문가에게 특권을 부여한다는 것을 의미한다.

[1단계] 힘의 효과 중에서 모양과 운동 상태 변화가 들어가죠. 그러면 아이들은 힘을 배우는 게 목적이잖아요. 그러면은 내가 이걸 놓고 놓으니까 떨어지더라. [볼펜을 떨어뜨리면서] 이때 이 힘이 무엇인지를 찾고자 하는 게 핵심이 되어야 돼요. [그렇죠] 그래서 우리는 이게 여기 있다 놓으니까 이렇게 갔다 운동 상태가 변했다, 그러면 이게 원인이 힘이다.

[2단계] 그러면 이 힘을 우리가 뭐라고 이름을 붙여줄 것인가 이 부분이 핵심이 되어야 수업 목표에 맞도록 짜일 수 있을 것 같아요. 예를 들어 전기일 때 +, -했더니 이것들이 달라붙는다, 그러면 위치가 변했다, 왜 붙었을까, 힘이 있었을 거다, 그러면 우리가 이 힘을 뭐라고 붙여줄까, 이런 식으로 1학년 수업은 다 접근을 해야 돼요. 왜냐면 힘의 종류를 배우는 거니까

∞ 가르치는 입장에서 본 현행 교육과정의 문제점

〈문제점〉 그러니까 지금 대부분의 수업의 문제점이 지금 말한 그 구조가 아니라 중력이면 중력만 열심히 가르치고 있고, 그 부분이 학생들이 중력을 찾는 게 아니라, 중력이 있다, 그러면 있기 때문에 위치와 장소에 따라 달라진다. 크기도 재어보자. ... 그러니까 그걸 찾아보자가 아니라, 그 힘에다 이름을 우리가 한번 붙여 보자로 진행되어야 되는데, 그렇게 진행되지 않다보니 개념만 강조한 수업이 된 거죠. 그런 부분이 보이네요.

K: 중력에서 운동을 보여주면 안 된다고 생각해요. 그래서 처음에 나오는 게 내가 첫 차시 도입을 힘이 들어가는 상황을 힘의 효과를 그림으로 그려보라고 그랬어요. 그래서 너희들 언어로 표현해보라고 해서 네모박스를 주고 스펀지 퀴즈를 내줬죠. 거기서 아이들이 힘이 작용하면 이런 게 생기겠다고 해서 변형과 물체의 운동 상태를 끌어낼 수 있어요. 거기서 끝내고, 그 다음에 실제로 운동하는 그 구체적인 장면은 2학년으로 넘겨야 돼요.

K: 2학년을 보면, 예컨대 속력과 방향이 모두 변하는 운동, 거기서 보면 '여기서 작용하는 힘이 무엇이고 어느 방향일까요'가 항상 나오기 때문에 2학년으로 넘기라는 것이죠. 하여간 1학년은 철저하게 정역학으로 가르쳐야 된다. 그리고 2학년 때 가서 동역학을 가르칠 때 매 차시별로 1학년 때 배운 것을 철저하게 복습을 한 다음에 2학년 수업을 들어가야 아귀가 맞아요. 근데 1학년 때 자꾸 뉴턴의 운동법칙을 끌어들여버리면 운동법칙은 그야말로 운동에 대한 것이 되지요.

W: 그러니까 정리가 되네요. 힘의 효과를 말하면서 여러 가지 현상들을 통해서 위치가 변했다 그 원인이 뭐냐, 힘이다, 그러면 그 힘의 종류가 뭐냐, 이건 중력이다. 이건 전기력이다. 이 이상 수업을 하면 안 된다는 거죠. 1학년에서는 그렇게 해야만 학습목표에 맞고 교육과정의 연계선상에서도 맞는다는 거죠.

∞ 현행 교육과정은 개념학습 위주의 수업을 강요하게 됨

부분 수정	힘의 정의 → 탄성력 → 중력 → 중력의 측정과 표시 → 중력에 저항하는 힘 → 힘의 합성

∞ 부분 수정 예시

K: 7차에 나오는 앞의 힘의 종류 부분이 없어졌으면 좋겠어요. 아까 W선생님이 수업하신 것처럼 그렇게 해서 바로 들어가서 그러면서 하나씩 찾아가야지, 처음에 힘의 범주를 다 분류해놓고 잔뜩 다 외우게 하고, 현상들을 엄청 보여주게 하고, 우

리는 또 교과서가 그렇게 되어 있으니까 많이 보여줄 수밖에 없고, 어떻게 하면 많이 보여줄지를 고민하게 되고, 그래서 하여간 만약에 내가 교육과정을 만든다면 최소한 물리는 좀 암기과목으로 안 만들었으면 좋겠어요. 마찰력에는 뭐가 있을까요, 마찰력이 작용해서 좋은 것과 안 작용해서 좋은 것, 뭐 그런 소리는 안했으면 좋겠고, 왜 여기서 무슨 힘이 작용할지 한번 잘 찾아보자는 식으로 가야 될 것 같아요.

K: 사실 1학년 수업에서는 다 필요 없고, 탄성력, 중력, 힘의 합성 이렇게 가면 돼요. 그 정도만 이해해도... 2학년에 전기력 단원이 있고, 자기력은 3학년 때 전자기력 할 때 자석을 조금 다뤄주면 되는데, 전기력 자기력까지 다룰 필요가 있냐는 생각이 들어요. 탄성력은 반드시 필요해요. 왜냐면 변형된 물체, 변형을 측정하는 것은 누군가가 힘을 가했다는 거거든요. 더군다나 변형된 물체가 원래대로 돌아가려고 할 때 나타나는 힘이죠. 그래서 탄성력은 힘 단원에서 없으면 눈금으로 힘을 이렇게 숫자로 나타내는 그게 제일 좋은 게 탄성력이죠. 그래서 탄성력을 하는 거고, 그래서 1학년에서는 중력하고 탄성력만 있어도 돼요. 그러면 그 뒤에 있는 힘의 합성, 측정, 평형 등은 모두 용수철저울로 하니까 다 설명이 되는 거죠. 굳이 전기력이나 자기력이니 이런 소리를 할 필요가 없어요.

K: 중력 수업을 다시 한다면,

[1단계] 일단 중력은 어느 방향으로 작용할까, 일단 아이들한테 그걸 매달게 하고, 그러지 말고 내가 미리 매달아 놓은 것도 좋겠어요. 여기 이렇게 매달아 놓았더니 용수철이 이렇게 늘어나네, 그러면 누가 이걸 늘어나게 하지, 하여간 '누가 잡아당기고 있다'라는 말을 아이들한테 끌어내야 해요.

[2단계] 자, 그러면 '그 잡아당기는 그 힘이 어느 쪽으로 작용하느냐'고 물어보고,

[3단계] 그 다음에 좀 무거운 추를 달아서 '어, 더 늘어났네, 그럼 아까랑 뭐가 다르지'라고 물으면 아이들이 더 세게 잡아당긴다고 말하면, 그럼 아까랑 뭐가 달랐느냐고 하면 추가 달라

요, 어쩌고저쩌고 그러면 그럼 이 추랑 저 추랑 용수철을 잡아당기는 게 다르네, 그러면 이 추는 누가 잡아당기는 거야, 그렇게 하면 이 추의 크기에 따라 잡아당기는 힘이 다르다는 걸 끌어내는 거죠.

〈※ 주의〉 여기서 용수철이 아니라 실을 쓰면 안 돼요. 수업시간에 실을 준 것은 실은 선이니까 방향을 보라고 실을 준 것이고, 내가 용수철을 쓰는 이유가 따로 있어요. 그 다음 차시의 힘의 크기 측정에서 용수철이 나와요. 왜 자꾸 용수철을 쓰냐면 앞에서 배운 6가지 힘 중에서 측정 가능한 숫자로 나타낼 수 있는 힘이 용수철 밖에 없어요. 탄성력밖에 없어요. 나머지 자기력이나 전기력 등은 측정이 안 돼요. 마찰력도 중학교 1학년 수준에서 측정이 안돼요. 자, 그러면 뭔가 중력을 크기가 좀 다르다는 것을 눈으로 확인할 수 있는 것은 탄성력밖에 없어서 용수철을 써야 되고, 그래서 용수철을 썼어요.

[4단계] 거기서 질량 얘기를 해주고 끝내고, [아까 암기과목처럼 한 중력의 단위 이야기를 안 해줄 수 없으니까 해주고, 질량 단위와 비교하고]

[5단계] 그 다음에 달에서 중력이 작아지는 걸 해주고,

[6단계] 그 다음에 무중력을 나는 어떻게든지 여기서 써먹고 싶어. 왜냐면 얘들아 그러면 중력이 작용하지 않으면 어떻게 될까? 무중력으로 가기 전에 중력이 작은 달에서의 상황에서 비디오를 하나 보여주는 부분이 들어가고 무중력으로 넘어가는 게 좋을 것 같아요.

재구성 1 (중력 중심)	다양한 힘의 종류 중 하나인 중력	⇨	중력의 크기와 방향 표시 (힘의 3요소)	⇨	위치에 따른 중력의 크기 변화(예: 지구와 달)	⇨	중력 크기의 감소를 힘의 3요소로 표시(짧아지는 화살표)	⇨	무중력 (화살표 길이가0)

재구성 안

W: 전체 흐름에서 이 수업을 어떻게 해야 될까를 고민을 해보니까

[1단계] 일단 힘의 종류로서 중력을 가져온 상황이잖아요. 그러면 중력이라는 게 힘이니까

[2단계] 일단 지구상에서 물체가 있을 때 중력의 크기와 방향을 표시하는 방법에 대한 활동이 들어가야 될 것 같고. 중력은 힘이니까 힘을 배우고 써먹어야 되니까 힘의 3요소로써 표시할 수 있어야 될 것 같고, 그런 상황에서 이제 이게 중력이라고 알았죠,

[3단계] 그렇게 하고 나서 뭐가 들어가야 되냐면 예를 들어 모형 중에 그런 게 있으면 가능한데, 지구와 달 다른 행성도 상관없는데, 속에다 자석을 숨겨놓고 용수철을 매달아서 이건 왜 용수철이 많이 늘어나고 이건 왜 적게 늘어날까 그러면 아이들은 속에 자석이 있는 줄을 모르고 이건 많이 잡아당기고 이건 적게 잡아당기니까 중력의 크기가 위치에 따라 다르다, 중력이 크게 작용할 수도 있고 작게 작용할 수도 있다는 개념이 들어가면서 그렇게 하더라도 어차피 힘의 방향을 표시할 수가 있잖아요.

[4단계] 이건 크게 해야 되고, [줄어든 힘을 표시하면서] 이건 작게 표시해야 되니까, 힘의 3요소 개념으로 접근해야 되니까, 그렇게 한 다음에 무중력의 개념이 나와야 될 것 같아요. 이 중력이 없으면 이 힘의 3요소를 어떻게 표시할거냐, 그게[힘의 크기가] 줄어들어가면서 무중력으로의 개념이 나와야 될 것 같아요. 그냥 무중력 개념이 탁 튀어나오는 게 아니라 그렇게 줄어드는 과정상에서 중력이 작을 때 이게 무중력과 연결이 되는구나... 왜냐면 무중력을 힘의 개념으로 설명할 수 있는 게 솔직히 없잖아요. 그냥 중력이 없다는 개념밖에 없고 거기에 방향 개념이 없잖아요. 이제 내가 다시 한다면 그렇게 구성하면 좀 이해가 쉽지 않을까라는 생각이 들어요.

2) 학생들에 대한 이해가 수업에 어떻게 반영되었는가?

K교사는 물리적인 학습 환경이 매우 열악한 학생들이 많은 학교에서 수업을 하였다. 따라서 수업을 설계할 때 구체적이고 감각적인 자료들을 이용하여 최대한 많이 보여주고 들려준 다음 개념을 이해할 수 있도록 설계하고 있다.

> K: "아이들은 보이는 걸 믿어요. 어린 아이들은 길을 걸어도 똑바로 일직선으로 가잖아요. 그래서 보이는 걸 믿기 때문에 보이게 하려고 상당히 노력을 많이 해요. 아이들의 가장 중요한 정보 입력원을 시각이라고 하더라고요. 99%가 시각이고 나머지 1%가 청각이라고 하더군요. 어쨌든 이 두 가지는 확실한 감각이죠. 아이들은 보이면 믿는 거고, 들리면 듣는 것을 또 믿잖아요. 그래서 첫째는 가능하면 이렇게 만졌더니 변화가 보일 수 있는 자료가 있으면 그런 걸 잘 기억해뒀다가 수업에 사용하려고 하고, 소리 같이 들리는 것도 마찬가지. 근데 소리는 사실 들리는 것만으로는 안 되고 소리는 들리는 걸 또 보이게 만들죠."

S교사는 물리적인 학습 환경이 좋은 학생들이 많은 학교에서 수업을 하고 있다. 따라서 수업을 설계할 때 개념 밀도가 높고 개념의 원리 명확한 설명에 초점을 맞추고 있다.

> S: "선생님이 얘기하는데 너는 떠들어라 나는 모르겠다, 이런 애들도 있는데, 100% 다 끌어간다는 건 힘들고, 일단 저희 학교 아이들 분위기가 대부분 열심히 하려는 분위기고 나머지 안 하는 아이들은 오히려 소수거든요. 그러니까 이 아이들한테 현상만 보여주고 계속 원리를 설명을 잘 안하고, 교과서에 나온 대로 지도서에 나와 있는 대로 여기까지만 해라고 나와 있

∞ 수업의 의도
교사의 학생에 대한 이해의 정도 또는 이해의 관점에 따라 수업의 목표 및 수업의 흐름이 달라질 수 있다. 세 수업이 같은 주제를 다루고 있지만 수업의 목표와 전개 방식이 다른 이유가 여기에 있을 것이다.

는데, 저는 빛 단원 수업할 때 특히 교과서에 없는 개념을 막 많이 설명을 하는데 그걸 하면서도 사실은 '아, 이거 너무 어려워하는 거 아닌가?' 생각을 하면서도 '아, 이걸 하고 나면 아이들이 이래서 이렇고 이래서 이런 거구나라는 걸 알고 현상을 보면 좀 더 이해를 할 수 있지 않을까, 왜 그걸 나는 안 배웠었을까, 그걸 배웠으면 좋겠다'라는 부분이 나는 있었으니까 나는 그걸 가르쳐 주려고 하는 것 같아요."

W교사는 여자 중학교 학생들을 가르치고 있다. 여학생들은 발표할 때 소극적이고, 친구들 중 누군가가 발표를 하면 다른 학생들은 더 이상 발표를 하지 않다. W교사는 이 점을 고치기 위해 학생들 한 사람 한 사람이 자신의 언어로 문장으로 발표를 하도록 연습을 시키고 있다.

W: "아이들이 '지구가 어떻게 생겼지'라고 질문할 때 보통 아이들이 둥글게, 네모요, 세모요 라고 선생님한테 자기 의도는 아니지만 시비조로 말을 하잖아요. 일단 그것부터 고치게 하죠. 나는 둥글다고 생각합니다. 반드시 주어, 내용, 마침표로 끝나도록 발표한다는 훈련을 먼저 시켜야 되거든요. 그 다음 방법은 이제 어제는 나는 지구가 둥글다는 생각을 언제 했을까를 일단 노트에 나의 생각이라고 해서 세 줄 정도 적게 해요. 나는 유치원 때 뭘 보고 지구가 둥글다고 생각했다. 이렇게 근거를 적고 발표를 하게 해요."

3) 마치며

본 절에서는 '중력'을 주제로 서로 다른 세 교사의 수업을 들여다보았다. 수업의 큰 흐름에서 공통점도 보였지만, 수업의 세밀한 부분에서는 각각의 교사가 지향하는 수업 방향의 다른 점을 볼 수 있었다.

수업을 설계할 때 교사는 학생들이 도달하기를 바라는 학습목표를 설정하고, 이 학습목표를 염두에 두고 수업을 진행한다. 각각의 수업 장면들 사이에 놓이는 징검다리들은 학생이 학습목표에 도달하기 쉽도록 도와준다. 교사는 수업 설계 단계에서 학생이 학습 목표에 단계적으로 접근할 수 있도록 학생 수준에 맞는 적절한 징검다리를 구조화하여 제시할 수 있어야 한다. 이런 징검다리들이 적절히 놓인 수업은 교사와 학생의 위험 부담을 덜어주어서 학생들로 하여금 과학 수업이 기다려지게 만든다.

수업의 징검다리는 끊임없이 진화되어야 한다. 수업 내용에 따라 징검다리의 형태가 달라져야 하고, 같은 수업이라도 횟수를 거듭함에 따라 교사의 노하우와 고민이 녹아든 새로운 징검다리가 놓여야 한다. 그 징검다리를 학생들이 행복하게 건너 저 너머에 있는 학습목표에 잘 도달할 수 있도록 해야 할 것이다.

pedagogical content knowledge

수업의 굽이굽이

-다양한 수업모델과 이론-

04

수업의 굽이굽이

- 다양한 수업모델과 이론 -

4장에서는 특정 수업 모델을 적용한 수업 장면에서 드러나는 교수학습 이론을 점검해보려고 한다. 수업모델은 분류하는 주체에 따라 다양한 분류 범주와 방식으로 구분될 수 있다. 예를 들어 교사가 지향하는 목표에 따라 과학과 수업 모델을 다음과 같이 분류할 수도 있을 것이다.

〈표 1〉 교수활동의 지향점에 따른 수업의 특징

방향 (지향점)	과학 교수활동의 목적	수업의 특징
과정	학생들이 "과학과정 기술"을 개발하도록 지원	교사는 과학자들이 새로운 지식을 얻기 위해 활용하는 사고과정을 소개하고, 학생들은 통합된 사고과정을 개발하기 위한 활동에 참여한다.
강의, 학문적 정확성	특정 지식 체제(예: 화학)와 사실을 제시	교사는 일반적으로 강의나 토론을 통하여 정보를 제시한다. 특정 개념과 현상 사이의 관계를 보여주는 실험실 활동과 시범이 과학 개념을 증명하기 위해 활용된다.
개념 변화	학생 개념에 도전하여 학생들이 과학지식을 개발할 수 있도록 촉진	학생들은 자신의 관점을 점검하고, 대안적인 설명의 적절성을 고려하게 된다. 교사는 타당한 지식 주장을 확립하기 위해 요구되는 토론이나 논쟁을 촉진한다.
활동 중심	학생들이 자료를 적극적으로 체험(hands-on)	학생들은 증명이나 발견을 위한 체험활동에 참여한다.

발견	학생들이 해당 과학 내념을 스스로 발견한 기회를 제공	학생 중심. 학생들은 자신의 관심영역을 아서 자연 세계를 탐색하고, 탐색과정을 통하여 세계의 작동 방법에 대한 유형을 발견하게 된다.
프로젝트 (문제) 기반 과학	실제 문제 상황에 대한 해결책을 탐구하는 데 학생들을 참여시킴	프로젝트 중심. 교사와 학생 활동은 주요 질문을 중심으로 구성된다.
(안내된) 탐구	과학을 탐구로 제시	조사 중심. 교사는 학생들이 탐구 문제를 규정하고, 결론을 도출하며, 결론으로부터 유래된 지식의 타당성을 평가하는 과정을 지원하게 된다.

∞ 4장에서 분류한 수업 모델은 Eggen & Kauchak(2000)에서 제안된 것을 컨설팅 용도에 맞추어 재구성한 것이다.

이 장에서는 수업모델을 주제 제시 방식에 따라 귀납적 모델, 연역적 모델, 문제 기반 모델 및 사회적 상호작용 모델로 구분하여, 각 모델을 적용한 수업장면을 제시한다. 네 가지 모델이 적용된 구체적인 수업장면에서 어떤 교수학습 이론을 찾아볼 수 있는지를 예시함으로써 최근 교육이론 동향을 소개하고자 한다. 교사는 특정 수업 장면이 어떤 이론적 관점에서 분석될 수 있는지를 체험함으로써 수업의 필수 기술을 익힐 기회를 가질 수 있을 것이다.

∞ 학생들의 학습을 촉진하는데 필요한 교사 태도, 기술 및 전략을 필수 교수 기술(essential teaching skills)이라 한다.

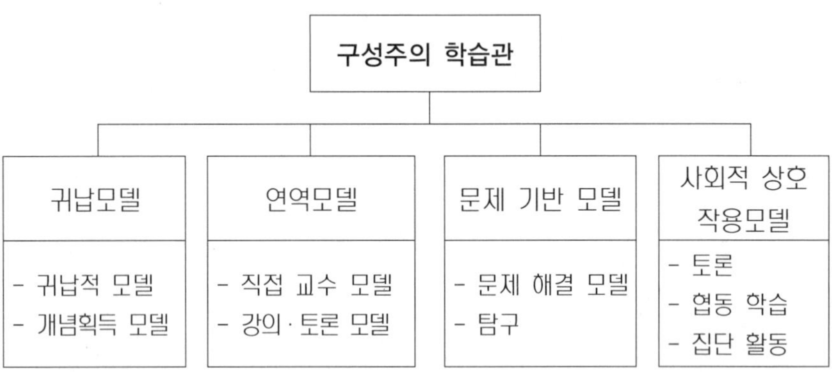

교사의 개인적 특성이나 배경, 학생들의 학년 수준, 학습 주제 등과 무관하게 교사의 어떤 행동은 다른 것보다 학생의 학습을 촉진한다. 이러한 행동을 필수 교수 기술(essential teaching skills)이라 부르며, 이는 학생의 학습에 영향을 미치는 교사의 기술 및 전략 유형을 기술하려는 '교사 효과성 연구(teacher-effectiveness research)'에서 도출된 것이다. 즉, 필수 교수 기술은 학생의 학습을 촉진하는데 필요한 중요한 교사 태도, 기술 및 전략으로 설명된다. 이러한 필수 교수 기술에는 교사의 개인적 특징, 의사소통, 수업시간의 최대 활용(조직), 수업의 일관성(목표와 학습활동의 연계), 초점(수업 내내 학생들의 주의를 끌고 유지하는 과정), 피드백, 관찰(학습과정의 증거로서 학생들의 언어적, 비언어적 행동을 점검하는 과정), 복습과 마무리, 질문 등이 포함된다. 이러한 필수 교수 기술은 모든 교사들이 갖추어야 할 것이며, 다른 기술의 기초가 된다.

1. 귀납적 모델

귀납적 모델은 사례를 활용하여 잘 정립된 내용을 가르칠 수 있는 매우 효과적인 전략이다. 교사 지도하에 학생들은 사례들 간의 관계를 찾아내고 나아가 일반적인 결론을 도출하고 적용할 수 있게 된다. 귀납적 모델은 학생들이 학습하는 특정 주제를 깊이 있고 철저하게 이해하도록 돕기 위한 직접적이고 강력한 전략이다. 교사는 학생들에게 해당 주제를 묘사하는 정보를 제공하고, 학생들이 정보속의 관계를 찾도록 안내한다.

학생들이 세상에 대한 지식을 스스로 구성해나간다는 구성주의 학습관에 기초한 이 모델은 학생들의 사고과정 안내와 질문에 능숙한 교사를 요구한다. 이 모델은 안전하고 지원적인 학습환경 속에서 학생 참여와 동기유발을 촉진하는 데 효과적이다.

귀납적 모델을 활용한 수업은 다음과 같은 특징을 지닌다.

첫째, 귀납적 모델을 활용한 수업에서는 구체적이고 잘 정의된 주제에 초점을 맞춘다.

둘째, 교사는 일련의 사례들로 수업을 시작한다.

셋째, 교사는 학생들이 사례로부터 결론에 도달할 수 있도록 안내한다.

넷째, 교사 지도하에 학생들은 관찰, 비교와 대조, 관계 찾기 등과 같은 기본적인 인지적 기술을 활용하여 수업 목표에 도달한다.

가. 귀납적 모델의 이론적 관점

∞ 귀납적 모델의 사회적 구조: 사회적 구조(social structure)란 학습이 가능하기 위해 필요한 교실 환경의 특징과 그 환경 속에서 교사와 학생의 역할을 가리킨다. 귀납적 모델은 학생들이 위험을 감수하고 비판이나 창피를 당할 부담 없이 자신의 생각과 아이디어를 자유롭게 표현할 수 있는 교실 환경을 필요로 한다.

귀납적 모델은 인지학습이론의 원리, 특히 구성주의에 기초하고 있다. 구성주의란 이미 조직된 방식으로 다른 사람(대개는 교사)에 의해 전달받기보다는, 학습자 스스로 주제에 대한 이해를 개발해야 한다는 학습관이다.

구성주의에 따르면 학습과정에서 학습자가 핵심이 된다. 최근의 학습 연구는 학생의 역할에 초점을 맞추고, 학생이 단순히 수동적으로 교사가 제공하는 정보를 수용하거나 복사하는 것이 아니라, 주어진 정보를 이해하고 선행 지식과 관련짓기 위해 적극적으로 개입한다는 점을 지적하였다. 따라서 학생들은 적극적인 구성과정을 통하여 새로운 지식을 개발해 나간다. 참된 학습은 정보를 되풀이하여 따라하는 것이 아니라, 발명이나 구성을 포함한다. 이러한 과정에서 교사는 학생의 구성을 존중하면서도, 학생이 보다 깊이 이해할 수 있도록 안내해야 하므로 교사의 역할은 더욱 어려워진다. 구성주의적 관점을 공유하지 않는 수업에서는 교사는 강의하고 학생은 듣는다. 이러한 교실에서 학생은 수동적인 역할을 하게 되며, 교사가 지닌 지식은 학생에게 직접 전달되는 것으로 간주된다. 귀납적 모델은 이러한 수동적인 학습을 방지하기 위해 고안된 것이다.

교수학습에서 구성주의의 영향은 지난 몇 년간 증가해왔다. 문학에 기초한 읽기, 글쓰기에 대한 절차적 접근 등은 모두 구성주의에 기초한 것이다. 미국의 국가과학기준(NSES), 학교 수학 교육과정 및 평가 기준(NCTM) 등은 구성주의에 기초한 것이며, 학교 교과서도 구성주의적 학습관의 영향을 받았다. 학교 교육과정 전반에 걸쳐서 구성주의의 영향은 증가하고 있다.

나. 귀납적 모델의 목적

귀납적 모델은 ① 학생들이 찰스의 법칙 등과 같은 특정 주제를 제대로 이해하도록 돕고, ② 학생들이 자신의 지식 구성과정에서 적극적인 역할을 하도록 하려는 두 가지 기본 목적을 달성하기 위해 고안된 것이다. 귀납적 모델에서 교사는 학생들에게 사례의 형태로 데이터를 제공하고, 학생들은 이러한 정보를 이해하려고 노력하는 과정에서 해당 주제를 이해하고, 자신의 사고 능력에 대한 자신감을 얻게 된다. 귀납적 모델은 개념, 원리, 일반화, 학문적 규칙 등을 가르치기 위해 이용된다. 동시에 이 모델은 학생의 비판적 사고 능력 개발을 지원하기 위해 고안된 것이다.

개념과 개념들 사이의 관계를 정리하면 다음 그림과 같다.

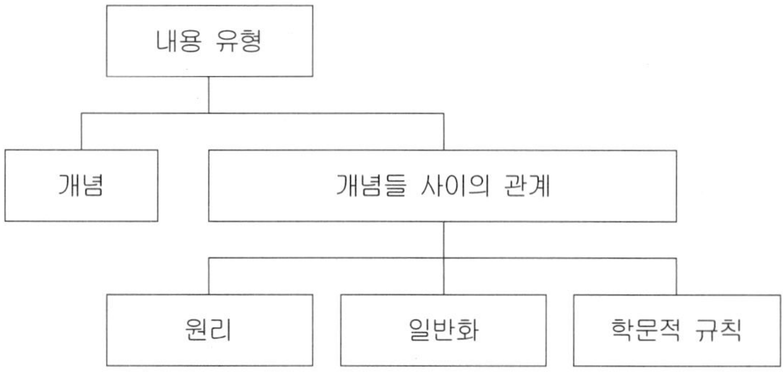

교사의 역할은 학생들에게 최선의 사례를 제공하여, 학생들이 사례들로부터 의미를 구성할 수 있도록 안내하는 것이다.

∞ 개념: 공통된 특징을 지닌 범주들
원리: 진실로 인정되는 개념들 사이의 관계(예: 힘이 증가할수록 가속도가 커진다.)
일반화: 예외를 지닌 개념들 간의 관계(예: 경제적인 이유로 사람들은 이민을 간다.)
학문적 규칙: 사람들에 의해 임의로 도출된 개념들 간의 관계(예: 5이상을 반올림한다.)

다. 귀납적 모델을 활용한 수업 설계

귀납적 모델을 활용한 수업을 설계할 때는 주제와 정확한 목적을 파악함과 동시에 양질의 사례(examples)를 준비해야 한다. 이러한 사례에는 구체적인 자료, 그림, 모델, 사례 연구, 시뮬레이션, 역할 놀이 등이 포함될 수 있다. 좋은 사례는 학생들이 해당 주제를 이해하는 데 필요한 모든 정보를 포함하고 있으며, 이러한 사례는 교사가 학생들의 배경 차이를 조절하는데 활용할 수 있는 가장 효과적인 도구이다.

귀납적 모델을 활용한 설계 과정은 다음과 같은 세 가지 필수 단계로 구성된다.

> 수업의 사회적 구조/분위기: 수업의 사회적 구조란 학습이 일어나기 위해 필요한 교실 환경의 특징과 그 환경에서 교사와 학생의 역할이다. 귀납적 모델은 학생들이 자유롭게 자신의 아이디어를 생각해 내고 평가할 수 있는 교실 환경을 필요로 한다. 교사는 학생들이 자유롭게 자신의 의견을 발표하고 활동을 즐길 수 있도록 교사는 사회적 지원 환경을 조성해야 한다. 교사의 역할은 학생들이 비판을 받거나 조롱당할 것이라는 염려 없이 자유롭게 사고하고 추측할 수 교실 환경을 조성하는 것이다.

〈귀납적 모델을 활용한 설계 단계〉

1. 주제 파악하기
2. 목표 구체화하기
3. 사례 선정하기

1) 주제 파악하기

수업이나 단원을 설계할 때 대개는 주제로부터 시작한다. 이러한 주제는 교사 자신을 포함하여 교과서, 교육과정 지침서나 다른 자료로부터 유래하기도 한다. 주제가 개념, 원리, 일반화, 또는 학문적 규칙일 때 귀납적 모델이 효과적으로 활용될 수 있다.

2) 목표 구체화하기

귀납적 모델의 각 단계에서 확인할 수 있는 것처럼 명시적인 초점은 내용 목표이다. 계획 단계에서 교사는 가르치고자 하는 주제로부터 시작하여 구체적인 내용 목표를 설정하고, 주제를 설명하기 위한 사례를 준비하여 내용 목표를 달성할 수 있도록 수업을 진행한다.

주제를 파악한 다음에 교사는 학습목표를 결정해야 한다. 효과적인 교사는 명확한 목표를 가지고 있으며, 목표를 향해 나아간다. 개념적으로 명확한 목표는 수업의 초점을 제공한다. 교사의 목표가 명확하지 않으면 교사는 어떤 질문을 던져야 할지를 모르며, 학생들의 질문에 대한 교사의 답변은 모호하게 되고, 학생들의 협동을 이끌어내기도 어렵게 된다. 또한 명확한 목표는 교사들이 적절한 사례를 선정하도록 돕는다.

귀납적 모델에서 추구하는 또 다른 목표는 학생들의 비판적 사고력 발달을 촉진시키는 것이다. 비판적 사고는 증거를 기초로 결론을 도출하고 평가하는 것에 초점을 맞춘다. 사고력을 위한 계획이란 교사가 학생들이 결론을 도출하고 그들의 결론을 뒷받침하는 증거를 제공할 기회를 갖도록 의식적으로 설계하는 것이다. 사고력을 강조하는 수업은 내용 목표를 바꾸는 것이 아니라, 목표를 향한 작업방식을 바꾸는 것이다. 내용 목표와 사고력 목표는 상호의존적이어서 학생들은 학습 주제를 깊이 있게 이해하려는 과정에서 결론을 내리고 방어하는 과정을 연습하게 된다.

귀납적 모델에서 주제에 대한 깊이 있는 이해와 비판적 사고능력 개발의 촉진은 주로 교사의 질문을 통해 가능하다. 왜, 어떻게 알지, 만약에 그렇다면 어떻게 될까 등과 같은 질문은 사고와 이해를 모두 촉진하게 된다. 교사는 노력과 연습을 통하여 이러한 질문을 자주 던질 수 있게 된다.

3) 사례 선정하기

학습목표를 파악하고 나면, 교사는 그러한 특징을 잘 나타내는 사례를 파악해야 한다. 사례의 유형으로는 구체물(주변의 동식물, 체험 활동 등), 그림(사진, 슬라이드 등), 모델(분자 모델 등), 사례연구('내적 갈등(시험과 데이트 일정이 겹칠 때)' 등 다른 방법으로 나타내기 어려운 주제의 경우),

시뮬레이션과 역할 놀이(모의 법정, 공장의 조립라인 등) 등이 있다.

사례가 없는 학습은 단순한 암기로 전락하기 쉽다. 다양한 배경을 지닌 학생들을 가르칠 때 양질의 좋은 사례를 활용하는 것이 중요하다. 이상적으로는 주어진 주제에 대하여 학생들이 이해해야 할 모든 정보가 사례 속에 포함되어 있어야 한다. 훌륭한 사례는 모든 학생들에게 이해와 학습을 더 풍부하고 유의미하게 만든다.

라. 귀납적 모델을 활용한 수업 실행

∞ 귀납적 모델은 심화된 이해와 비판적 사고능력 뿐만 아니라, 학생들의 학습 동기를 높일 수 있는 효과적인 전략이다

수업 주제를 파악하고, 목표를 구체화하고, 사례들을 선정하거나 만들어 내고 나면 수업을 시작할 준비가 된 것이다. 귀납적 모델을 활용한 수업 실행은 5개의 관련된 단계로 구성된다.

〈귀납적 모델 실행 단계〉

1. 수업 도입
2. 개방형 단계
3. 수렴 단계
4. 마무리
5. 적용

귀납적 모델을 활용한 수업에서 학생들은 짧은 도입에 이어서 사례를 관찰하고 비교하는 개방형 단계에 참여하게 된다. 이어서 학생들은 교사 지도하에 점차 목적을 향해 나아가게 된다. 학생들이 특정 개념을 정의하거나 원리, 일반화, 학문적 규칙 등에서의 관계를 진술하고, 주제를 새로운(이상적으로는 실생활) 상황에 적용할 때 수업은 완결된다.

1) 1단계: 수업 도입

〈수업 장면 예시: 샤를의 법칙〉

T: 우리는 기체분자 운동론을 배워왔는데, 오늘은 기체의 운동을 설명하는 또 하나의 법칙을 살펴볼 거예요. 이 법칙은 원래 쟈크 샤를이라는 프랑스 사람이 만들어내었기 때문에 그이 이름을 따서 샤를의 법칙이라고 불러요. 이번 시간을 마치면 여러분들은 그의 법칙을 이용하여 문제를 풀 수 있어야 됩니다.

∞ 1단계: 도입
교사는 학생들에게 어떤 사례들을 살펴볼 것이며, 학생들의 과제는 사례들 속의 패턴과 차이를 찾아내는 것이라고 말하면서 수업을 시작한다.

<수업에서 교사의 창의성이란?>

수업에서의 창의성 또는 창의적인 교사는 결국 학생의 동기를 유발하는 교사의 능력으로 귀착된다. 귀납적 모델에서 창의성은 학생들의 주의를 환기시키고, 매력적인 사례를 준비하여 학생들의 관심을 끄는 교사의 능력이다.

2) 2단계: 개방 단계

개방 단계에서 학생들은 실제로 사례로부터 의미를 구성하는 과정을 시작하게 된다.

교사는 다음과 같은 다양한 방법으로 2단계(개방형 단계)를 시작할 수 있다.

① 교사는 사례를 제시하고, 학생들에게 이를 관찰하고 기술하게 한다.

② 교사는 두 개 이상의 사례를 제시하고 학생들에게 그들 간의 공통점을 찾게 한다.

③ 교사는 사례와 비사례(non-example)를 제시하고, 학생들에게 두 가지를 대조하게 한다.

④ 반대되는 사례를 제시하고 학생들에게 그것을 기술하게 한다(예: 외골격을 가르치려는 교사가 학생에게 각자의 몸을 만져보고 눌러보게

함으로써 그들의 골격은 내골격임을 보여준다).

<얼마나 많은 사례가 필요할까?>

주제의 범위를 설명할 수 있을 만큼의 사례가 필요하다. 좋은 사례의 중요성은 아무리 강조해도 지나치지 않다. 양질의 좋은 사례는 모두에게 이상적이지만, 경험이 부족하거나 어린 학습자의 경우에는 필수적이다. 즉, 학생들의 배경 지식이 부족하거나 발달 단계가 낮을 때는 양질의 구체물 사례를 활용해야 한다.

개방형 단계의 지속 시간은 정해져 있는 것이 아니다. 학생들이 사례를 열심히 기술하고 비교하면 개방 단계의 활동을 좀 더 지속할 수도 있다.

- 2단계: 발산(개방형) 단계
  이 단계에서 학생들은 실제로 사례들로부터 의미를 구성하는 과정을 시작하게 된다.

교사는 똑같은 풍선 세 개를 비슷한 크기로 분 다음에, 학생들에게 크기를 비교해서 비슷한 크기임을 확인시킨다. 학생들이 지켜보는 가운데 교사는 첫 번째 풍선은 끓고 있는 물이 담긴 비커에 넣고, 두 번째 풍선은 교실 온도와 비슷한 물이 담긴 비커에 넣고, 세 번째 풍선은 얼음이 담긴 비커에 넣는다. 이어서 교사는 각기 다른 온도에서 크기가 다른 풍선 속에 담긴 기체 분자의 모델들을 그려 넣은 세 개의 풍선들과 기체의 절대 온도와 부피 사이의 관계를 나타낸 그래프를 보여준다.

- 사고와 이해를 강조: 교사는 학생들이 주어진 사례들을 비교하고 대조하며, 패턴을 찾아내고 일반화하도록 요구한다.

T: 이제 옆의 짝꿍과 함께 세 개의 풍선들끼리, 그리고 풍선들과 그림들, 그림과 그래프를 서로 서로 비교 관찰한 다음에 너희들이 끌어낼 수 있는 모든 결론을 끌어내 보세요. 단, 어떤 주장을 하든지 그걸 뒷받침하는 증거를 제시해야 합니다. 5분을 줄 테니까 각자 결론과 증거를 종이에 적어보세요.

- 개방형 단계에서는 단지 주어진 사례를 관찰하거나 비교하는 등 학생들에게 요구되는 인지적 과제가 어렵지 않아서 학생들 간의 협력을 이끌어내기 쉽다.

[학생들은 풍선, 그림, 그래프에 대하여 논의하느라 소란스럽다. 학생들이 조별로 논의하는 동안 교사는 돌아다니면서 의견을 제시하거나 질문을 던진다.]

교사는 학생들에게 개방형 질문을 통하여 사례들을 비교하거나 기술하게 한다. 이 경우 다양한 답변이 가능하다. 교사가 사용할 사례 유형은 학생들의 배경에 따라 달라진다. 일반적으로 학생이 어릴수록 또는 학습주제와 관련된 경험이 적을수록 보다 구체적인 양질의 사례를 준비해야 한다.

양질의 사례를 만들어내려면 교사가 해당 교과에 대하여 명확하게 이해하고 있어야 하며, 가르치는 학생의 수준에 맞추어 해당 주제를 효과적으로 설명하기 위해 무엇이 필요한지를 알아야 한다. 주어진 주제를 학생에게 유의미한 방법으로 제시하고, 나아가 그 주제를 학습할 때 무엇이 어렵고 무엇이 쉬운지를 예측하는 능력이 바로 교사의 PCK(교과교육학지식)이다.

∞ 잘 발달된 PCK를 지닌 교사는 특정한 배경과 선행지식을 지닌 학생들의 교과내용 이해를 돕는 데 가장 효과적인 사례가 무엇인지를 파악하고 있다.

<PCK(Pedagogical Content Knowledge)란>

주어진 주제를 학생들에게 유의미한 방법으로 제시하고, 나아가 그 주제를 학습할 때 무엇이 어렵고 무엇이 쉬운지를 예측하는 능력이 바로 교사의 PCK(교과교육학지식)이다. 즉, PCK란 주제를 학생에게 유의미한 방식으로 표상하는 교사의 지식이다.

귀납적 모델을 활용한 수업은 학생들에게 협동 기회를 제공하기에 좋다. 예를 들어, 귀납적 모델을 활용한 위의 과학 수업의 개방 단계에서 교사는 학생들에게 모둠별로 실험이나 현상을 관찰하고 그래프로 나타내도록 하였다. 귀납적 모델의 개방 단계에서 학생들의 협력을 이끌어내기 좋다.

귀납적 모델은 심화된 이해와 비판적 사고능력 뿐만 아니라, 학생들의 학습 동기를 높일 수 있는 효과적인 전략이다. 즉, 귀납적 모델은 학생 흥미와 자기 효능감을 향상시킴으로써 학습동기를 높일 수 있다.

∞ 귀납적 모델에서 학습 동기 유발하기

<학습에 대한 흥미 유발하기>

학생들은 죽음, 위험, 혼동, 권력, 돈, 성, 연애 등과 같은 특정 주제에는 흥미를 가지지만, 학교 교육과정에서는 이런 주제를 거의 다루지 않는다. 따라서 교사들은 항상 학생들의 학습 흥미를 높이기 위해 고민한다.

<자기 효능감(self-efficacy) 증대>

동기에서 기대치 이론(expectancy-value theory)에 따르면 학습자는 (1) 과제에서 기대하는 성공의 정도와 (2)과제에 가치를 두는 정도에 따라 동기 수준이 달라진다고 한다. 이 두 가지가 갖추어지면 학습자는 자기 효능감을 개발할 수 있다. 여기서 자기 효능감이란 구체적인 활동에서 자신의 성공 역량에 대한 학습자의 믿음이다.

귀납적 모델에서 개방형 질문을 강조하는 개방 단계에서 학생들의 참여 수준을 높일 수 있다. 개방형 질문은 교사의 질문 시간을 절약해주고, 짧은 시간에 여러 학생들의 답변을 들을 수 있으며, 학생 참여를 높인다. 또한 이러한 개방형 질문은 틀린 답에 대한 염려가 적어서 학생들의 참여 의지를 높이며, 이러한 성공의 경험은 학생들의 자기 효능감으로 연결된다.

〈개방형 질문의 특징〉

교사는 학생들에게 개방형 질문을 통하여 제공한 사례들을 비교하거나 기술하게 한다. 개방형 질문은 단 하나의 수렴적인 정답을 요구하는 전형적인 질문과 비교하여 여러 장점을 지닌다.

① 개방형 질문은 생각해내거나 질문하기가 쉽다. 교사는 학생들에 게 기술하거나 비교하도록 요구하고, 학생들의 답을 기초로 후속 질문을 고안해낼 수 있다. 따라서 교사들 입장에서 개방형 질문은 힘이 덜 든다.

② 다양한 답변이 받아들여질 수 있기 때문에, 수줍음이 많거나 나서기 싫어하는 학생들도 답변할 수 있게 되므로 개방형 질문은 안전하다.

③ 개방형 질문은 빨리 묻고 답할 수 있어서 교사들이 주어진 시간동안 많은 학생의 다양한

답변을 들을 수 있다. 연구결과에 따르면 수업시간에 질문을 많이 던질수록 학생의 참여도가 증가하고, 성취도도 높아진다고 한다.

④ 질문은 수업의 속도를 활발하게 하므로, 느리고 지루한 수업에 비해 학생의 집중도가 증가한다.

⑤ 개방형 질문을 통하여 교사는 학생들의 배경 지식을 진단할 수 있다. 학생들은 그들의 배경 지식과 견해를 반영하여 사례를 관찰한다. 즉, 학생들이 자신의 배경 지식을 기초로 새로운 지식을 구성한다는 점을 고려할 때 학생들의 기존 지식을 진단하는 것이 중요하다. 개방형 질문을 던지는 것은 이러한 정보를 얻을 수 있는 간단하고 효율적인 방법이다.

교사는 시간과 진도를 염려하기 때문에 개방형 질문보다는 학습목표와 직결된 지식 위주의 질문을 던지기 쉽다. 그러나 학생들의 수업 참여도를 높이고 생각할 시간을 주기 위해서 교사는 다소 여유를 가지고 보다 개방적일 필요가 있다.

정답이 정해진 질문보다는 개방형 질문을 던짐으로써 교사는 학생들에게 생각할 기회를 제공하고 그들의 생각을 언어로 표현하게 하고, 나아가 오답에 대한 두려움 없이 대답할 수 있게 한다. 얼마나 많은 개방형 질문을 물을 것인지에 대한 규칙은 없다. 연습을 통하여 교사는 이 과정에 익숙해지며 언제 다음 단계로 나아갈지를 판단할 수 있게 된다.

<수업에서 융통성을 발휘한다는 것은?>

수업 장면에서 사례를 만들어내고 수업에서 도출되는 아이디어의 흐름을 따라 학생들을 안내하는 것을 의미한다.

3) 3단계: 수렴 단계

개방형 단계는 학생 참여, 동기유발과 성공의 기회를 높이기 위해 고안된 것이다. 그러나 교사는 구체적인 내용 목표가 있으므로 학생들이 이 목표에 도달할 수 있도록 지원해야 한다. 그러려면 교사는 학생 반응의 범위를 좁혀나가야 하고, 학생들이 개념의 특징이나 원리나 규칙의 관계를 파악할 수 있도록 지원해야 한다. 학생들의 반응이 특정한 답변으로 수렴되므로 이 단계를 수렴 단계라고 부른다. 개방형 단계에서 수렴 단계로 자연스레 전환이 이루어지므로 둘 사이의 경계는 모호하다.

다음 수업에서 개방형 단계에서 수렴 단계로 전환하는 과정을 볼 수 있다.

∞ 3단계: 수렴 단계
학생들의 반응이 특정한 답변으로 수렴된다.

∞ 교사는 어떻게 알았니? 왜? 만약에 …라면 어떻게 될까? 등의 질문들을 통하여 학생들의 고차원적 사고를 유발해야 한다.

T: [5분이 지난 다음에] 좋아, 그러면 어떤 결론에 도달했니? 1 모둠?
S1: 우리는 각 풍선속의 질량이 똑같다고 결론을 내렸습니다.
T: 좋아요, 왜 그렇게 생각했어요?
S2: 왜냐면 세 개의 풍선 그림 속에 들어있는 점의 개수, 즉 분자의 개수가 똑같아요.
T: 아주 좋아요. 좋은 생각이에요.
[교사는 다른 조의 학생들을 호명하면서 각 조가 내린 결론과 그 근거를 발표시키는 과정을 반복한다.]

학생들이 내린 결론을 정리하면 다음과 같다.

결 론	근 거
풍선들 속의 공기의 질량은 똑같다.	세 개의 풍선 그림 속의 점의 개수가 똑같다.
가열된 풍선 속에서는 분자 운동이 증가한다.	세 번째 가장 큰 풍선 그림 속의 화살표의 길이가 가장 길다.
가열된 풍선의 부피는 증가하고 냉각된 풍선의 부피는 감소한다.	첫 번째 가장 작은 풍선 속의 분자들이 가장 가까이 모여 있고, 세 번째 가장 큰 풍선 속의 분자들이 가장 멀리 떨어져 있다.
온도와 부피는 직접 비례하는 것처럼 보인다.	그래프에 따르면 부피는 온도에 비례하는 것으로 나타난다.

위 수업에서 교사는 학생들에게 각 모둠에서 도출한 결론과 그렇게 결론을 내린 근거를 발표하게 함으로써 수렴 단계로 진환하였다. 개방형 단계와 달리 수렴 단계에서는 학생들의 답변의 범위를 좁힐 수 있는 질문을 던지게 된다.

모든 학생들은 학습상황에 상당량의 배경 지식을 가지고 들어오며, 이러한 지식은 학생의 학습에 영향을 미친다. 단순히 학생들에게 말해주고 알려주는 것만으로는 학생들의 사전 개념을 바꾸기 어렵다. 명확한 사례와 함께 학생과 교사 그리고 학생들 간의 상호작용을 통하여 학생들이 오개념을 재구성하여 새로운 개념을 정확하게 구성할 수 있도록 도와야 한다.

<Less is more?>

연구결과에 따르면 적은 주제를 깊이 있게 공부하는 것이 많은 주제를 피상적으로 다루는 것보다 더 효과적이며, 학생들은 그들이 학습하는 주제에 대하여 생각할 시간과 기회가 필요하다고 한다.

4) 4단계: 마무리

마무리 단계는 학생들이 개념의 특징을 파악하거나 원리나 법칙을 진술하는 시점이다. 마무리 단계에서 학생들은 주제와 관련되지 않은 정보를 가려낼 기회를 갖기도 한다. 즉, 불필요한 정보를 포함한 사례를 평가할 기회를 가짐으로써 학생들은 중요한 사고 능력을 개발하게 된다.

4단계: 마무리 단계
학생들의 샤를의 법칙을 진술할 수 있고, 풍선과 관련지을 수 있을 때가 마무리 단계이다.

T: 그래프를 다시 보면 부피가 온도에 비례한다는 것을 발견했는데, 무슨 온도지?
S: 무슨 질문인지 모르겠어요.

T: 그래프를 다시 보세요. 부피는 섭씨온도에 비례하나요? 아니면 절대온도에 비례하나요?

T: 맞아요. 그게 바로 우리가 그래프에서 보는 겁니다. 잘 했어요. [샤를의 법칙을 비례식으로 표현하고, 학생들에게 샤를의 법칙의 의미를 설명한다.]

5) 5단계: 적용 단계

⚮ 개념의 정의를 진술하거나 원리나 법칙을 설명하는 것은 학생의 이해 여부를 반영하는 것이지만, 주제를 유의미하게 만들려면 학생들은 교실 밖 상황에 이를 적용할 수 있어야 한다.

적용단계는 학생들이 학습한 것을 실제 상황에 적용하도록 할 때 가장 효과적이다. 적용 단계에서는 상황의 역할이 중요하다. 학생들이 학습한 것을 실제 상황에 적용할 수 있을 때 적용 단계는 가장 효과적이다. 적용은 또한 학생들이 새로 학습한 것을 사전 지식과 연계하도록 돕는 단계이기도 하다. 예를 들어 샤를의 법칙에 대한 수업에서는 샤를의 법칙을 이전에 학습한 질량, 부피, 밀도와 연계하였다. 샤를의 법칙에 대한 수업에서 교사는 샤를의 법칙을 이용하여 문제를 풀도록 하였다.

⚮ 5단계: 적용 단계에서는 학생들에게 학습한 지식을 적용할 기회를 제공해야 한다. 이 단계에서 교사는 학생들의 사고에 대한 통찰을 얻을 수 있다.

⚮ 이 수업이 인지적 학습관에 기초한 것이라고 보는 근거는?
1) 교사는 가르치려는 내용을 설명하기 위해 시범실험과 그림 등 사례를 활용하였다.

T: 샤를의 법칙으로부터 우리는 온도가 부피에 어떤 영향을 주는지를 알 수 있어요. 그러면 우리가 방금 배운 것이 우리가 이미 알고 있는 질량과 밀도와는 어떻게 관계되는지를 생각해보자. ... 온도가 올라가면 기체의 질량은 어떻게 되지?

S1: ... 아무 변화도 없는데요.

T: 좋아, 그러면 그걸 어떻게 알지?

S1: 양은 변하지 않고, 부피만 변해요.

T: 훌륭해, 그러면 재호야, 밀도는 어떻게 되지?

S2: 밀도는 줄어들어요.

T: 아주 좋아, 그걸 우리한테 설명해보렴.

S2: 공기가 팽창하지만 질량은 똑같아요, 그래서 덜 빽빽해져요.

[이어서 교사는 연습문제를 제시하여 학생들에게 온도변화에 따른 부피 변화나 부피변화를 초래한 온도를 찾아내게 한다.]

<연습문제 예시> 8월 9일은 매우 날이었다. 뚜껑이 닫힌 팽창이 가능한 용기에는 각각 250mL의 공기가 들어있다. 첫 번째 용기는 냉장고의 냉동실에, 두 번째 용기는 냉장실, 세 번째 용기는 베란다에 두었다. 만약 냉동실의 온도가 섭씨 영하 6도라면 냉동실에 넣은 용기의 부피는 얼마일까?

2) 교사는 개방형 질문을 통하여 학생들의 기손 시식을 진단하였다.
3) 교사는 학생들이 팀을 이루어 생각의 발전과정을 논의하게 함으로써 적극적인 역할을 담당하게 하였다.
4) 실생활 과제를 포함한 활동을 제시하였다.

적용 단계는 대개 학생들에게 숙제나 개별과제로 주어지기도 한다. 수업을 통하여 개념, 원리, 법칙 등을 개발했음에도 불구하고, 적용은 교사의 도움을 필요로 하는 전환이다. 적용 단계는 새로운 아이디어가 학생들의 인지구조에 유의미하게 정착되도록 지원하고, 교사 주도의 학습 활동에서 학생의 독립적인 실천이 가능하도록 지원하는 단계이다. 대부분의 학생들이 학습한 정보를 스스로 적용할 수 있다고 판단되면, 심화된 적용을 요구하는 과제를 줄 수도 있다.

적절한 수업의 길이는 학생들이 목표에 도달할 때까지 수업은 지속된다. 다루는 주제와 학생들의 이해 수준에 따라 귀납적 모델을 활용한 수업의 길이는 달라진다.

〈Exercise: 실제 수업에서 찾아보자〉

어떤 교사가 "섞이지 않을 경우 밀도가 낮은 물질이 밀도가 높은 물질 위에 뜬다."는 원리를 가르치려고 한다. 교사는 같은 부피의 물이 든 비커와 식용유가 든 비커를 양팔저울에 올려놓고 물의 질량이 식용유의 질량보다 더 크다는 것을 보여주는 것으로 수업을 시작한다. 그 다음에 물과 식용유를 또 다른 비커에 함께 부어서 섞자, 식용유가 위로 떠오른다.

<Exercise> 고찰

1. 교사는 하나의 사례를 사용하였다.
2. 교사는 학생들이 물이 기름보다 밀도가 크다는 결론을 이끌어 낼 수 있도록 촉구하는 질문을 해야 한다. 즉, 학생들이 밀도와 떠오르는 것 사이의 관계를 명시할 수 있도록 질문해야 한다.

3. 교사는 추가 사례들을 제시하여 학생들에게 관찰한 것을 설명하게 할 수 있다. 가령, 얼음조각을 물이나 알코올에 넣어서 관찰된 현상을 설명하게 한다.

위 수업 장면을 보고 다음 물음에 답하세요.

1. 교사가 사용한 사례는 몇 개입니까?
2. 학생들이 내용을 파악할 수 있도록 교사는 어떤 구체적인 정보를 제시해야 하나요?
3. 이 수업에서 학생들이 학습한 원리를 적용하게 하는 단계(즉, 적용단계)를 어떻게 구성해야 할까요?

♠ 생각해볼 질문들

1. 귀납적 모델의 주요 장점과 주요 단점은 무엇일까?
2. 귀납적 모델의 경우 가르치려는 내용에 대한 도입이 거의 없거나 전혀 없이 수업이 시작될 수 있다. 이러한 방식의 도입이 지닌 장점과 단점은 무엇일까?

♠ PCK와 관련하여 생각해볼 질문들

1. 다양한 학생들로 구성된 교실에서 개념획득 활동을 실행할 때 때로는 잘 참여하지 않는 학생들이 있다. 왜 그렇다고 생각하는가?
2. 개념획득 활동에서 긍정적인 사례들만 사용한다면 어떻게 될까? 부정적인 사례들만 사용된다면 어떻게 될까? 긍정적인 사례와 부정적인 사례를 최적으로 혼합하는 방법은 무엇일까?
3. 질문을 한 뒤에 교사가 기다리는 시간은 학생 대답의 질을 결정하는 주요 요인이라고 한다. 개념획득 활동에서 대기시간은 얼마나 중요한가?

2. 연역적 모델

연역적 모델은 교사가 수업의 중심이 되어 개념이나 기술을 가르치기 위한 모델이다.

두 번째 수업모델인 연역적 모델은 교사가 수업의 중심이 되어 개념이나 기술을 가르치기 위한 모델로 강의토론 모델이나 직접 교수법이 포함된다.

직접 교수법 모델에서 교사는 주제를 구조화하고, 학생에게 설명하며, 학생에게 연습할 기회를 제공하고, 피드백을 제공한다. 직접 교수법은 또한 명시적인 수업(explicit instruction)이라고도 불린다. 직접 교수법은 교사 행동과 학생 학습 성과 사이의 관계를 파악하려고 노력한 교사 효과성 연구 성과에 기초한 것이다.

강의토론 모델이란?

강의토론 모델에서 교사는 먼저 새로운 정보에 대한 개관을 제공하고 이어서 새로운 개념을 도입하고 학생들이 이미 알고 있는 내용과 새로 학습한 것을 연결하도록 돕는다. 수업 전반에 걸쳐서 교사는 질문을 활용하여 학생들의 이해 수준을 모니터링하고 학생들이 개념을 고립된 아이디어로 파악하지 않도록 방지한다.

요약하면 연역적 모델은 개념, 기술, 조직된 지식 체계 등을 가르치기 위한 교사 중심 접근법으로 교사는 문제와 사례를 적절히 활용하여 개념을 설명하고, 질문을 통하여 학생들의 이해 여부를 점검하는 등 교사와 학생간의 구조화된 상호작용을 통하여 수업의 목적을 달성한다.

강의토론 모델에서 교사의 역할은?

강의토론 모델을 이용한 수업에서 교사는 먼저 새로운 정보에 대한 개관을 제공하고 이어서 새로운 개념을 도입하고 학생들이 이미 알고 있는 내용과 새로 학습한 것을 관련짓도록 돕는다. 수업 전반에 걸쳐서 교사는 질문을 활용하여 학생들의 이해 수준을 모니터링하고 학생들이 개념을 고립된 아이디어로 파악하지 않도록 노력한다.

직접 교수(direct instruction) 모델이란?

직접 교수(direct instruction) 모델은 개념과 기술을 가르치기 위해 교사의 설명과 모델링을 학생 실습과 피드백과 결합한 교사 중심 전략이다. 교사가 수업의 목표를 파악하고 학생들을 위해 처음에 개념을 설명하고 기술을 시범하기 때문에 교사 중심적이다. 학생들은 처음에 내용을 이해하고 기술을 숙달하기 위해 연습하는데 적극적으로 참여한다.

강의토론 모델 및 직접 교수모델은 교사가 주제를 구조화하고 설명하며, 학생 이해 발달을 위해 사례를 활용하고, 피드백을 제공하는 등 교사가 주된 역할을 하므로 교사 중심이다. 그러나 교사 중심이라고 해서 학생들이 수동적인 것은 아니다. 실제로 연역적 수업 모델을 활용한 수업에서 학생들은 교사의 질문에 답하고 사례들을 점검하고 실습하는 등 매우 활발하다.

연역적 수업모델을 활용할 때는 학습에 대한 통제권이 교사로부터 학생에게 점진적으로 옮겨가는 책임의 전이(transfer of responsibility)를 염두에 두고 교사는 학생과 상호작용해야 한다. 처음에 교사는 내용을 설명하는 주요 책임을 진다. 이어서 학생들의 이해가 발달하면서 학생들은 문제를 해결하고 사례를 분석하는 등 더 많은 책임을 진다. 책임의 전이와 상응하여 상호작용의 패턴이 달라진다. 처음에 교사가 내용을 제시하고 설명할 때는 학생들보다 더 많이 말한다. 수업이 진행되면서 패턴은 설명에서 질문으로 바뀌고 학생들이 답변을 설명하면서 학생 담화가 증가한다. 책임감과 담화 측면의 이러한 전이는 성공적인 연역적 수업모델의 특징이다.

가. 연역적 모델의 이론적 관점

연역적 수업모델은 ① 교사효과성 연구, ② 스키마 이론, ③ 오슈벨의 유의미한 언어적 학습, ④ 학습과정에 학습자의 적극적 참여를 유발하기 위한 교사의 질문, ⑤ 기술 학습에서 모델링의 역할을 강조한 알버트 반두라(Albert Bandura)의 관찰적 학습, ⑥ 비고츠키(Lev Vygotsky)의 연구에 기초한 학습에서 상호작용의 영향 등의 연구에 기초하고 있다.

1) 교사 효과성 연구

교사 효과성 연구에서는 효과적인 교사들이 활용하는 전략을 찾아내기 위하여 실제 교실수업을 들여다보았다. 잘 조직된 교사는 명확한 언어를 활용하며, 효과적인 피드백을 제공하고 질문에 능숙하여 학생들의 성취도를 향상시킨다. 연구결과에 따르면 효과적인 교사는 학습 향상을 위해 일반적인 수업 패턴을 따르는 경향이 있는데, 이러한 패턴을 직접 교수(direct instruction)이라고 부른다.

학년과 교과영역을 막론하고 효과적인 직접 교수법은 ① 전날 학습한 것을 복습하고, ② 명확하고 논리적인 순서로 새로운 자료를 제시하고, ③ 안내된 실습을 제공하고, ④ 교정과 함께 피드백을 제공하고, ⑤ 독립적인 연습 기회를 제공하고, ⑥ 학습을 강화하기 위해 복습하는 등의 여섯 가지 특징을 지닌다. 요약하면, 교사 효과성 연구는 학습 촉진을 위해 교사가 활용하는 전략들을 요약한 것이다.

2) 스키마 이론

강의-토론 모델과 같은 연역적 수업 모델에서는 학생들이 기존 배경 지식, 즉 이미 알고 있는 것을 활용하여 새로운 지식을 조직한다는 스키마 이론에 근거하고 있다. 학생들의 배경 지식을 기초로 한다는 스키마 이론은 지식구성에 대한 관점으로서 사람들이 기억에 저장하는 정보는 조직되고 상호 관련된 아이디어, 관계 및 절차의 연계망으로 구성된다고 설명한다. 이렇게 상호연계된 아이디어, 관계 및 절차를 스키마(schemas)라고 부른다.

스키마는 세 가지 주요 특징을 가진다.

① 각 스키마는 개인의 과거 경험에서 비롯된 자료를 포함한다. 예를 들어, 축구에 대하여 당신이 알고 있는 것은 축구와 얽힌 당신의 과거 경험을 나타낸다.

② 각 스키마는 다른 더 큰 스키마에 내재되어 있으며, 그 속에 내재된 다른 스키마를 가진다. 예를 들어 학교 학습에 대한 스키마는 일반적인 학습에 대한 보다 큰 스키마 속에 포함된다.

③ 스키마는 역동적이어서 활발하게 변화한다. 새로운 경험을 설명하는 능력에 따라 스키마는 활성화되고 변화한다. 즉, 새로운 경험이 이해

∞ 교수학습 과정에서 학생의 기존 스키마는 새로운 학습을 돕거나 방해할 수 있으므로 소중한 자산이 되거나 또는 장애물이 될 수 있다. 스키마 이론에 기초하여 교사는 새로운 개념을 도입할 때, 개요나 사례를 활용하여 학생들이 새로운 개념을 그들의 발달하는 스키마와 연결할 수 있도록 도와야 한다.

가 될 때는 바뀔 필요가 없지만, 그렇지 않을 때는 변화를 시도하게 된다.

스키마 이론에 따르면 학습과정은 개인이 세계를 이해하고 기능할 수 있도록 하는 스키마의 개발로 생각할 수 있다. 따라서 무언가를 가르치는 것은 학생의 스키마의 내용과 구조에 영향을 주려는 의도적인 노력이라고 볼 수 있다.

3) 유의미한 언어적 학습

오슈벨(David Ausubel)의 연구에 따르면, 교사는 학생들이 주제에 대한 조직된 지식을 구성할 수 있도록 체계적인 방식으로 정보를 제시해야 한다.

스키마 이론을 교실에 도입한 가장 영향력 있었던 사람 중 하나는 오슈벨이다. 1960년대 초반의 연구에 기초하여 오슈벨은 학습에 대한 인지구조의 중요성을 강조하였다. 오슈벨은 유의미한 언어적 학습(meaningful verbal learning)을 매우 강조하였다. 이는 다른 아이디어와의 관계 속에서 새로운 아이디어를 획득하는 것이다. 이와는 대조적으로 단순암기는 주어진 자료 내의 관계를 탐색하기보다는 정보의 구체적인 항목의 암기를 강조한다. 유의미학습은 새로운 스키마 속의 아이디어가 상호간에 연계될 뿐만 아니라 이미 확립된 스키마와도 연계될 때 가능하다.

교사의 주요 과제는 기존 내용과 새로운 내용 사이의 관계 및 새로운 주제의 다양한 부분들 사이의 관계를 찾는데 학생을 참여시키는 것이다. 오슈벨의 연구에서 출현한 가장 중요한 개념은 선행조직자이다. 효과적인 선행조직자는 ① 많은 정보 학습 이전에 제시되며, ② 문단 형식으로 표현되며, ③ 구체적인 방식으로 제시되며, ④ 학생들이 조직자속의 아이디어와 뒤에 제시될 정보간의 관계를 파악할 수 있도록 돕는 사례를 포함한다. 선행조직자의 역할은 새로운 내용에 대한 틀을 제공하려는 것이다. 선행조

∞ 선행조직자란 수업의 시작부에서 새로운 자료를 예고하고 구조화하여 이를 학생의 기존 스키마와 연계하는 언어적 진술을 가리킨다. 선행조직자는 인지적 안내지도와 같아서 학생들의 출발점과 지향점을 파악하도록 돕는다.

직자가 효과적이려면 학생들에게 적합해야 한다. 즉, 선행조직자의 양식은 내용의 유형, 학습자의 나이, 학습 자료에 대한 학습자의 친숙도 등에 달려 있다.

선행조직자는 뒤에 따라올 내용에 비해 보다 일반적이고 추상적이며, 후속하는 내용을 포괄한다. 수업의 시작부에 제시되는 선행조직자는 구체적인 사례를 포함하고 있어서 학생들이 선행조직자 속의 아이디어와 수업 내용 사이의 관계를 파악하고, 나아가 학생들이 새로운 정보를 유의미한 방식으로 배우도록 돕는다.

4) 학습자의 적극적 참여

강의토론 모델과 같은 교사가 주도하는 연역적 수업모델에서는 학생들을 학습과정에 활발히 참여시키기 위해 교사는 질문을 적극적으로 활용해야 한다. 이름이 시사하는 것처럼 강의-토론은 강의의 강점에 기초하면서 토론의 긍정적인 특징들을 추가함으로써 이러한 강점들을 강화하려는 것이다.

∞ 강의의 장점?

강의는 교사가 조직하고 전달하는 정보를 학생들이 수동적으로 받아들이는 수업 방식이다. 강의는 수년 동안 수업의 주축이 되어왔으며, 교실에서 가장 폭넓게 활용되어온 수업전략이다. 강의는 ① 내용 조직에 에너지를 집중할 수 있으므로 계획상 경제적이고, ② 모든 내용영역에 적용될 수 있으므로 융통성이 있고, ③ 가장 기초적인 수준에서는 내용을 제시하면 되니까 강의는 상대적으로 실행하기가 쉽다는 등의 이유로 강의법은 인기가 많다.

∞ 강의: 교사의 독백

이러한 이점에도 불구하고 강의는 ① 교사가 이야기하고 학생들이 듣는 교사의 독백일 수밖에 없어서 학생들에게 아이디어들을 상호 관련짓기보다는 단순히 정보를 듣고 흡수하도록 하는 수동적인 학습을 촉진하고, ② 강의에서는 의사소통이 일방적이어서 교사가 학생의 이해나 학습을 평가하여 수업을 조절할 수 없다는 두 가지 문제점으로 인해 많은 학생들에게 효과적이지 않은 수업방식이 된다. 교수방식으로서 강의의 비효과성은 널리 알려져 있다. 정보의 기억이나 고차원적 사고 등 모든 측면에서 토론은 강의보다 효과적이라고 한다. 학생들이 수동적일 수밖에 없는 강의의 특징으로 인해 강의는 비효과적이다.

따라서 강의-토론 모델은 학생들의 적극적인 참여를 요구함으로써 이러한 강의의 결함을 극복하려고 고안된 것이다. 이러한 참여과정을 통해 학생들은 그들의 선행 스키마를 기초로 새로운 지식을 예전 것과 통합하도록 요구된다. 질문을 통하여 교사는 학생들의 참여를 권장할 뿐만 아니라, 학습과정을 지켜봄으로써 필요한 경우에 제시방식과 수준을 조절할 수 있게 된다. 결국 강의-토론 모델은 학생들이 선행학습과 새로운 학습을 연계하고, 새로운 학습의 다양한 부분들을 서로 관련짓도록 돕기 위해 고안된 것이다. 이 모델은 학습과정에서 학생들의 참여를 매우 강조함으로써 강의법의 주요 약점들을 극복하기 위해 제안된 것이다.

∞ 강의-토론 모델은 학생들의 적극적인 참여를 요구함으로써 이러한 강의의 결함을 극복하려고 고안된 것이다.

5) 모델링: 다른 사람 관찰을 통한 학습

직접교수법과 같은 연역적 수업모델은 복잡한 행동을 배울 때 인지적 모델링의 중요성을 강조한 관찰적 학습(observational learning)에 이론적 기초를 두고 있다. 다른 사람의 행동을 관찰함으로써 초래된 행동, 사고, 감정상의 변화를 나타내는 관찰학습(observational learning)은 직접수업 모델의 이론적 기반이 된다. Albert Bandura의 연구에 기초한 모델링은 사람이 다른 사람에게서 관찰한 행동을 흉내 냄으로써 학습하는 방법을 설명한다.

∞ 인지적 모델링(cognitive modeling) : 문제를 풀면서 머릿속에서 일어나는 사고과정을 언어로 표현하는 것

직접교수법 모델은 교사가 기능 학습이나 개념에 해당하는 사례들을 분류하는 데 필요한 사고과정에 포함된 단계를 시범해 보여줌으로써 모델링의 장점을 도입한 것이다. 직접 모델링이 가르치고자 하는 행동을 보여주는 것이라면, 인지적 모델링은 가르치려는 사고과정을 보여주는 것이다.

학생들에게도 문제풀이 과정에서 다른 학생들이 알아들을 수 있게 무얼 하고 있는지 설명하면서 풀도록 하는 방법이 있다. 요약하면 관찰학습은 복잡한 행동 학습에서 모델링의 중요성을 강조한 것이다.

6) 비고츠키: 학습의 사회적 측면

연역적 모델은 학습에서 대화를 강조한 비고츠키의 연구에도 기초하고 있다. 직접교수법 모델의 효과에 대한 대부분의 결과는 교사와 학생들 간의 상호작용에서 도출된 것이다. 학습의 사회적 측면을 연구한 결과에 따르면 학생의 학습을 도울 때 언어적 상호작용의 중요성을 강조한다. 직접교수법 모델은 교사중심이지만 이 모델의 효과는 교사와 학생간의 상호작용에 있다.

비고츠키의 연구 중 비계(scaffolding)와 근접발달 영역(zone of proximal development)이라는 두 가지 개념이 이러한 상호작용에 관련된 것이다. 비계는 학생들이 기술을 배우는 과정에서 교사가 수업에서 제공하는 지원이다. 교사는 복잡한 기술을 하위기술들로 잘게 나누거나, 질문을 던지고 과제의 난이도를 조절하거나, 사례를 제시하고, 문제해결의 단계를 모델링하고, 조언과 단서를 제공하는 등 다양한 방법으로 교육적 비계를 제공할 수 있다.

근접발달영역은 학생 혼자서는 문제를 해결하거나 기술을 수행할 수 없지만, 교사의 도움을 받아서 독자적으로 해낼 수 있는 학습 상태를 가리킨다. 근접발달영역 내에서 교사는 가장 효과적으로 학습을 지원할 수 있으며, 이 영역 밖에서는 학생은 도움을 필요로 하지 않거나(즉, 이미 새로운 기술을 숙달했거나) 또는 수업으로부터 효과를 보기에는 선행 기술이나 배경 지식이 부족한 상태이다. 따라서 근접발달영역은 수업의 효과를 볼 수 있는 최적의 영역이다.

직접교수법 모델을 활용함에 있어서 교사는 학생들이 근접발달영역 내

근접발달영역 내에서 교사는 가장 효과적으로 학습을 지원할 수 있으며, 이 영역 밖에서는 학생은 도움을 필요로 하지 않거나(이미 새로운 기술을 숙달했거나) 또는 수업으로부터 효과를 보기에는 선행 기술이나 배경 지식이 부족한 상태이다. 따라서 근접발달영역은 수업의 효과를 볼 수 있는 최적의 영역이다.

에서 수업을 실시하려고 노력하며, 학생들이 근접발달영역을 통하여 발전하도록 지원하게 된다. 요약하면 비고츠키의 연구는 언어적 상호작용을 통하여 다른 사람에게서 배우는 것의 중요성을 강조한 것이다.

나. 연역적 모델을 활용한 수업 설계

강의토론과 같은 연역적 모델을 활용한 수업에서는 수업의 새로운 내용이 학생의 기존 스키마 속으로 통합될 수 있도록 수업을 계획해야 한다. 강의토론을 활용한 수업 설계는 목표 구체화하기, 학생들의 선행/배경 지식 파악하기, 내용 구조화하기 등의 순서로 진행된다. 연역적 모델을 활용한 수업 설계의 목적은 새로운 개념이 유의미하게, 상호 관련된 방식으로, 이미 학습한 아이디어들과 통합되어 학습되도록 하는 것이다.

1) 목표 구체화하기

다른 수업과 마찬가지로 강의토론 모델을 활용한 수업 계획의 첫 단계에서 교사는 목표를 고려해야 한다. 즉, 가르치고자 하는 구체적인 개념이나 기능을 파악하는 것으로 시작된다. 개념은 직접수업모델의 주요 내용이며, 학생들은 개념의 긍정적 및 부정적 사례들을 점검함으로써 개념과 그 개념이 다른 개념들과의 관계 및 개념의 특징을 배운다. 직접교수법 모델의 또 하나의 내용이 되는 기능은 ① 일련의 구분되는 조작이나 절차들로 구성되며, ② 다양하고 많은 사례들로 설명이 가능하며, ③ 연습을 통하여 개발되는 인지적 작동을 가리킨다. 따라서 수업에서 사례나 문제풀이를 통하여 이러한 절차가 설명되며, 학생들은 연습할 기회가 제공된다.

2) 학생들의 선행/배경지식 파악하기

학습에 대한 연구에 따르면 모든 새로운 학습은 학생들의 배경 지식에 달려있다고 한다. 배경지식은 새로운 학습에 연결고리를 제공한다. 직접교수법 모델을 활용한 수업을 설계할 때 교사는 새로 도입되는 개념이나 기술을 학생들이 이미 알고 있는 것과 어떻게 연결할 것인지를 계획해야 한다. 개념을 가르칠 때와 기술을 가르칠 때 학생들의 선행지식에 접근할 계획을 세우는 것은 다소 다르다. 개념의 경우 가르치려는 개념이 연계된 상위개념을 파악해야 한다. 비록 해당 차시 수업에서는 특정 개념을 가르치는 것이 목표지만, 학생들은 궁극적으로 그 개념이 다른 것들과 어떻게 관계되는지를 이해해야 한다. 기술을 가르칠 때는 새로운 기술의 기초가 되는 하위기술을 파악하여 학생들이 새로 학습해야 할 기술에 집중할 수 있도록 해야 한다.

3) 내용 구조화하기

연역적 모델을 활용한 수업 계획의 다음 단계는 학생들에게 유의미하도록 내용을 구조화하는 것이다. 연구결과에 따르면 내용을 조직하고 구조화하는 것은 학생의 학습을 촉진한다고 한다.

내용을 구조화하는 효과적인 방법 중 하나는 위계를 활용하는 것이다. 위계를 준비하는 것은 상당히 간단하며 위계속의 관계는 명확하다(예: 포유류 분류). 내용을 위계적으로 조직하는 또 다른 방법은 상호 관련된 일반화된 진술문을 활용하는 것이다. 일반화된 진술문은 더 작은 주제로 나뉘고 이는 사례로 설명되거나 하위 개념으로 세분된다. 위계를 활용하는 세 번째 방법은 확장된 비유이다. 예를 들어 원자구조를 태양계에 비유하여 수업을 구조화할 수도 있다. 개요, 개념망(concept webs), 모델, 그래프, 지도 및 도표 등을 이용하여 내용을 구조화할 수 있다. 많은 경우에 교사는 수업을 조직하는 것을 돕기 위해 다양한 유형의 구조화 양식을 결합한다. 내용을 구조화하는 최선의 정답은 없으며, 사용되는 양식은 전문적 판단의 문제이다. 내용을 구조화함에 있어서 중요한 것은 주제를 학생들에게 유의미한 것으로 만들기 위해 아이디어들 간의 관계를 되도록 명확하게 하는 것이다. 교사가 수업과 자료를 구조화할 때는 학생들의 배경에 관심을 기울여 학생들에게 유의미하게 다가갈 수 있도록 내용을 조직해야 한다.

> 개념이나 기능 획득을 위해 사례나 문제를 선정하고 제시할 때는 학생들에게 성공의 경험을 제공하는 것이 중요하다. 연역적 수업모델을 활용하는 이유 중 하나는 학생들이 해당 개념이나 기능을 되도록 효율적으로 능숙하게 활용할 수 있도록 돕기 위한 것이다. 따라서 학생들이 성공적인 연습경험을 통하여 기능과 자신감을 개발할 수 있도록 쉬운 것부터 복잡한 순서로 사례나 문제를 제시함으로써 교사는 높은 성공률을 보장하고 좌절이나 혼돈을 최소화함으로써 스캐폴딩을 제공할 수 있다.

다. 연역적 모델을 활용한 수업 실행

연역적 수업 모델의 하나인 강의토론 수업은 ① 도입 단계, ② 제시 단계, ③ 이해 점검 단계, ④ 통합 단계, ⑤ 복습과 마무리 단계 등의 절차로 진행된다.

단 계	기 능
1) 도입	학생들을 수업에 끌어들이고, 중요한 학습목표를 파악하고, 주요 아이디어들 간의 관계를 파악할 수 있도록 표나 개관을 제공하고, 신구 내용 간의 연계를 위해 선행조직자를 제공한다.
2) 제시	교사는 새로운 정보를 학생들의 스키마와 연계하면서 주요 아이디어를 정의하고 설명한다.
3) 이해 점검하기	교사는 대개 질문을 통하여 학생들의 개념 이해 여부를 판단하여 학생들이 새로운 개념을 확실히 이해하도록 한다.

4) 통합	교사는 주요 아이디어들 간의 연계성을 탐색함으로써 아이디어들 상호간은 물론 선행 학습과 연계한다.
5) 복습과 마무리	교사는 주제를 요약하고, 요점을 강조하며, 새로운 학습과의 연계를 제공한다.

1) 도 입

강의토론 모델의 도입 단계는 도입 단계의 초점, 수업목표 파악하기, 개관 등의 세 가지 요소를 포함한다.

① 도입 단계의 초점

귀납적 모델에서는 학생들이 무엇인가를 하는 것으로 수업을 시작하지만, 강의토론 모델에서는 교사가 정보를 제시하는 것으로 시작하므로 도입을 위한 전략이 특히 중요하다. 수업의 시작부에서 학생들이 주제에 집중하지 못하면 이어지는 정보는 훨씬 의미가 떨어지게 된다. 학생들의 관심을 유발하고 수업에 끌어들이기 위해 교사가 수업의 시작부에 사용하는 일련의 행동을 도입 단계의 초점(introductory focus)이라고 부른다. 선행 세트라고도 불리는 도입을 위한 초점은 주의를 집중할 실체적이고 흥미로운 무언가를 제공하여 학생들에게 전환이 일어나고 있음을 알린다. 도입적 초점의 기능은 학생들을 수업으로 끌어들이는 것이다. 도입을 위한 초점 전략의 공통점은 교사가 수업의 시작부에서 학생들의 주의를 끌고 유지하기 위해 의식적으로 시도한다는 점이다. 한 수업에서 다른 수업으로 전환할 때 우리는 학생들이 주어진 주제에 관심을 재집중하거나 기울일 수 있는 능력이나 성향을 지니고 있다고 오해하지만, 학생의 주의를 환기시킬 도입 단계의 초점이 요구된다.

∞ 도입 단계의 초점 (introductory focus): 학생들의 관심을 유발하고 수업에 끌어들이기 위해 교사가 수업의 시작부에 사용하는 일련의 행동을 가리킨다.

② 수업목표 파악하기

직접수업 모델에서 본 것처럼 목표는 학생들이 수업의 요점과 수업이 끝났을 때 그들이 알아야 할 것과 할 수 있어야 하는 것을 파악하도록 돕는다. 연구결과에 따르면 목표는 학습자가 많은 정보들 중에서 주요 아이디어에 집중하도록 돕는다고 한다.

③ 개 관

∞ 1단계: 도입
교사는 학생들에게 책상 위의 물체가 가만히 있는 이유를 "과학적으로 찾아내고 설명할 수 있어야 된다." 고 말하면서 책상 위의 물체도 역시 아래쪽으로 중력을 받고 있음에도 불구하고 왜 떨어지지 않느냐고 질문하였다.

강의토론 모델에서 개관은 두 가지 형태를 띤다. 수업의 구조(위계, 모델, 개요, 도표 등)는 주요 아이디어들 간의 관계를 파악하는 수단을 제공하고, 선행조직자는 기존 내용과 새로운 내용 사이의 연계를 제공한다. 들려주기만 하는 것보다는 시각적으로 표현한 정보가 더 오래 기억되므로 시각적 조직 방식이 중요하다.

교사들이 흔히 범하는 실수 중 하나는 수업의 구조나 선행조직자를 제시하고 나서 수업이 진행됨에 따라 이를 무시하는 것이다. 학생들이 아이디어들 사이의 관계를 이해하도록 하는 것이 우리의 목적이라면 이러한 관계는 수업 전반에 걸쳐서 강조되어야 한다. 수업의 시작부에 위계도, 모델, 선행조직자 등을 OHP나 칠판에 제시하고, 주기적으로 이를 언급하는 것이 이러한 목적 달성에 도움이 된다.

〈수업 장면 예시: 중력에 저항하는 힘〉

학생들은 이미 힘의 크기나 힘의 단위, 방향이 같은 두 힘을 합하는 방법 등은 배운 상태이고, 이번 시간에 힘의 평형 상태에 대하여 배우게 될 것이라고 한다. 따라서 교사는 이번 수업 주제를 '중력에 저항하는 힘'으로 잡고, 중력이 작용함에도 불구하고 물체를 평형상태로 유지시키는 '중력과 평형을 이루는 힘들'을 찾아내는 것으로 방향을 설정하였다.

물체가 가만히 있는 것은 작용하는 모든 힘이 평형상태를 이루기 때문이라고 설명한 다음에 교사는 수업을 시작한다.

T: 오늘은 힘의 평형에 대해서 배울 거야. 우리 주변에서 물체가 책상 위에 가만히 있어. 이런 가만히 있는 상태를 평형상태라고 해. 용수철에 추가 가만히 매달려 있는 것도 평형상태야. 그런데 책상 위에 물체가 있을 때 왜 물체가 평형상태에 있는지를 해석하는 것이 이번 시간에 배울 내용이야.

∞ 교사는 앞서 배운 내용 중 평형상태의 의미를 학생들에게 상기시킴으로써 수업을 시작한다. 이 수업의 도입부에서는 동기유발 요소가 없다.

2) 제 시

도입에 이어서 교사는 선행조직자와 위계 또는 다른 구조화된 양식을 활용하여 수업을 전개한다. 수업을 전개하면서 교사는 수업 내용을 구조화한 위계도를 따라서 내용을 설명하고, 각 개념은 선행조직자와 연결된다. 상위의 개념은 새로운 개념의 기초로 활용되며, 학생들이 배우는 새로운 개념은 보다 광범위하고 일반적인 개념들과 연계된다. 가장 중요한 것은 아이디어는 고립되어 학습되지 않는다는 점이다. 지식은 누적되며 그 성과는 상호 연계된 아이디어 세트여야 한다.

정보 제시 단계는 수분 정도로 짧아야 한다. 정보 제시 단계가 끝나면 교사는 질문을 통하여 학생들의 이해 여부를 점검하게 된다. 교사는 학생들의 경청 역량을 과대평가하는 경향이 있지만, 강의가 시작되고 나서 학생들의 기억률은 급격히 떨어진다고 한다. 학생들의 집중력 저하와 정보 과다가 가능한 설명일 것이다. 이러한 문제를 최소화하거나 방지하는 방법 중 하나는 교사가 질문을 통하여 이해 여부를 점검하는 것이다.

T : 책상 위에 있는 물체가 왜 책상 위에 가만히 있어?
S : 그냥 책상 위에 가만히 있으니까.
T: 응, 그냥 책상 위에 가만히 있다고 밖에 말을 못하는데, 그런데 우리는 과학을 배우기 때문에 그 이유를 찾아내야 돼.

2단계: 제시
교사는 책상 위의 물체가 중력이 작용함에도 불구하고 떨어지지 않는 것은 중력과 평형을 이루는 다른 힘이 있기 때문이라고 설명하고, 이 힘을 '수직 항력'이라고 정의한다.
중력에 저항하는 힘이라는 비유를 활용하여 수직 항력이라는 개념을 설명한다.

교사는 책상 위의 물체가 책상으로부터 받는 힘을 수직항력이라고 정의하면서 이를 '중력에 저항하는 힘'의 하나라고 소개하였다.

T: 중력이 작용하고 있는 상황에서 중력과 맞서는 힘을 찾는 것이 이번 수업의 목적이야. 가장 쉬운 예로 책상 위에 물체가 가만히 있다. 지금부터 내가 손으로 물체를 받치고 있다가 그냥 놓아버리면 어떻게 되지?

Ss: 떨어진다.

T: 응, 떨어진다. [칠판에 그림을 그리면서] 떨어진다는 것을 이렇게 표시하면 되지? 그러면 왜 떨어지는지를 설명할 수 있는 사람?

S1: 중력이 작용하기 때문에요.

S2: 지구가 물체를 잡아당기기 때문에요.

T: 지금 지구가 물체를 잡아당기는 중력만 있기 때문에 떨어지지. 그러면 이걸 천천히 떨어지게 하려면 어떻게 하면 돼?

S2: 위에서 잡아당긴다.

T: 응, 위에서 조그마한 이런 힘을 가해주면 되겠지. 그러면 추가 안 떨어지게 하는 방법을 발표해볼 사람?

S3: 중력보다 더 큰 힘으로 위로 잡아당기면 돼요.

S4: 잡고 있다.

T: 잡고 있다 말고, 이 힘과 똑같은 힘을 반대방향으로 가해주면 됩니다. 그러면 줄다리기와 똑같아지나? 그지? 그러면 이제 머리를 좀 써야 되는데, 책상 위에 물체가 가만히 있을 때, 왜 가만히 있는지를 설명할 수 있는 사람? 틀려도 좋아.

T: 아니, 중력 때문에 떨어진다며, 그럼 중력과 크기는 같고 방향은 반대인 힘을 주면 가만히 있을 수 있다면서, 그러면 책상 위의 물체가 왜 가만히 있는지 설명해 볼 사람?

S5: 힘이 작용하지 않아서

T: 그 답변은 5점 만점에 3점정도 줄 수 있어.

S6: 책상이 중력을 방해하는 힘이 있어서.

T: '책상이 중력을 방해하는 힘이 있어서', 좀 애매하지만 4점정도 줄게, 그러면 내가 보충 설명을 해볼게. 이 물체는 중력을 받는다. 만약에 이 힘만 있다면 물체는 책상을 파고들어서 떨어지지. 근데 떨어지지 않는 이유는?

S7: 책상이 중력을 방해하는 힘이 있어서

T: 책상이 중력을 방해하는 힘이 있다고 했는데, 그 표현을 앞으로는 과학적 용어로 바꾼다. 책상이 물체를 밀어 올리는 힘이 있어. 책상이 물체를 밀어 올리는 이 힘이 있다고. 그런데 이걸 책상이 중력을 방해하는 힘으로 표현했잖아. 그걸 앞으로, 책상이 물체를 밀어 올리는 힘이라고 하고, 이 힘을 '수직항력'이라고 해.

3) 이해 점검하기

이해 점검은 강의토론 수업에서 비공식적으로 학생의 이해상태를 평가하는 과정이며, 대개는 교사의 질문을 통해 이루어진다. 이러한 점검은 학생 참여를 촉진하고 학생의 이해 상태에 대한 피드백을 제공하기 때문에 중요하다.

강의토론 모형을 활용한 실제 수업에서 교사는 몇 분간의 내용 제시와 설명에 이어서 곧바로 질문을 함으로써 이해 점검단계로 접어든다. 이해 점검단계의 중요성은 스키마 이론에 기초하고 있다. 학생들은 다양한 스키마들을 가지고 수업에 들어오고, 모든 새로운 학습은 선행 지식의 맥락에서 해석될 것이며, 학생들은 교사가 제시하는 정보를 각기 다른 방식으로 해석할 것이다. 학생의 해석이 타당하지 못하면 학생의 새로운 스키마 전체는 왜곡되거나 부정확할 것이다. 학생이 새로운 정보를 정확하게 해석했는지를 판단하기 위해 교사는 학생의 정보 이해 상태를 계속 점검해야 한다.

이해 점검을 얼마나 자주 실시해야 하는지에 대한 대답은 내용의 난이도와 학생 발달 상태에 달려있지만, 자주 할수록 좋다. 강의토론 수업은 교사의 독백으로 와해되는 경향이 있으며, 학생들은 지속적인 피드백을 필요로 하므로 교사는 지속적으로 학생의 이해 상태를 평가할 필요가 있다.

학생의 이해 상태를 점검하고 학생을 수업에 참여시키는 방법:

1) 질문/글쓰기: 질문을 제시하고 모든 학생들에게 답을 적게 한다.
2) 사례: 제시한 내용에 해당하는 추가 사례를 찾게 한다.
3) 짝을 이루어 생각하고 공유하기: 파트너와 답을 먼저 공유하고 나서 학급 전체와 공유하게 한다.
4) 투표: 각자 의견을 결정한 후 거수한다.
5) 합창 답변: 전체 학급을 참여시키기 위해 합창으로 답하게 한다.

3단계: 이해 점검
교사는 책상이 물체에 작용하는 수직항력을 학생들이 느낄 수 있도록 플라스틱 자를 이용한 실험을 체험하게 한다.

학생들이 이미 배워서 익숙한 용수철의 탄성력을 예시하면서 교사는 "용수철 위에 올려놓은 추를 용수철이 밀어 올리는 것처럼, 플라스틱 자도 위에 올려놓은 추를 밀어올리고 있고, 마찬가지로 책상도 그 위에 놓여있는 추를 중력에 저항해서 밀어올리고 있기 때문에 추가 책상 위에 가만히 놓여있는 것이라고 설명하였다.

<교사의 역할>

T: 책상 위에 놓인 물체를 떨어뜨리면 떨어지는데 왜 떨어질까?

S: 중력 때문에요.

T: 중력이 뭔데?

S: 지구 중심에서 끌어당기는 힘

T: 지구 중심에서 물체를 잡아당기는 힘이 중력이죠? 그것 때문에 아래쪽으로 떨어진다고 하면 맞죠? 이때 물체는 중력이라는 힘만 받는다. 그 다음, 책상 위에 가만히 있는 이 물체는 역시 아래쪽으로 중력이라는 힘을 받는데, 이건 가만히 있고, 이건 떨어지죠? 너희들은 이 힘을 느낄 수 있어야 돼.

T: 너희들이 중력이 있다는 걸 쉽게 느끼잖아. 왜냐면 물체 밑에 손을 넣어보면 손이 아프잖아. 그런데 수직항력은 쉽게 느끼기가 대단히 어려워. 그런데 지금부터는 그걸 느낄 수 있도록 실험을 해야 돼. 수직항력이 있다는 걸 느껴야 한다고.

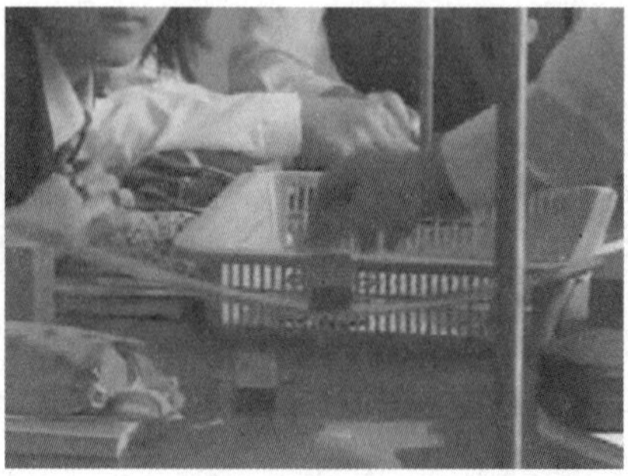

T: 용수철 위해 추를 올렸다가 놓으면 추가 압축이 되었다가 다시 추를 치우면 용수철이 다시 올라오지. 그건 이해가 돼? 그러면 지금 나무토막 두 개를 세운 다음에 그 위에 플라스틱 자를 걸쳐놓고, 그 자 위에 추를 올려놓으면 자가 내려가다가 왜 더 이상 내려가지 않지? 자가 내려가는 건 중력 때문인데, 그런데 완전히 내려가지 않는 이유는 자가 이 물체를 밀어올리고 있는 상황이잖아. 그러면 너희들이 알아야 될 것은 이 추를 내가 책상 위에 놓으면 왜 가만히 있느냐고 물으면, 중력과 자의 수직항력이 균형을 이루기 때문이지.

4) 통 합

강의토론 모델에서 질문은 또 다른 중요한 기능을 수행한다. 이 모델은 조직된 지식체에서 상호관련성을 가르치게 위해 고안된 것이다. 교사는 이러한 목적을 달성하기 위해 정보를 체계적으로 제시한 다음에 학생들의 정보 이해 여부를 점검해야 한다. 그러나 단순히 이해 상태를 점검하는 것만으로는 부족하며 통합이 요구된다. 통합이란 새로운 정보를 선행 학습과 연계하고 새로운 학습의 다양한 부분들을 서로 연계하는 과정이다. 예전 지식과 통합되지 못한 새로운 지식과 새로운 정보의 각 부분들이 상호간에 통합되지 못한 경우 조직된 지식체의 상호관계를 이해한다는 목적은 달성되기 어렵다.

> 4단계(통합): 통합이란 새로운 정보를 선행 학습과 연계하고 새로운 학습의 다양한 부분들을 서로 연계하는 과정이다.

이해 상태 점검과 마찬가지로 질문은 통합을 장려하는 효과적인 전략이다. 질문을 통하여 교사는 학생들이 상위 개념과 하위 개념을 연계하도록 하여 수직적 통합을 장려할 수 있다. 또한 교사는 질문을 통하여 등위개념들 사이의 유사점과 차이점을 기술하게 하거나 다양한 아이디어들이 서로 어떻게 관계되는지를 기술하게 함으로써 수평적 통합을 장려할 수 있다. 차이점을 파악하게 함으로써 각 아이디어의 특징을 구체화하고, 유사점을 파악함으로써 중요한 관계를 구체화할 수 있게 된다. 실제 수업에서 새로운 아이디어가 도입될 때마다 통합이 이루어져야 한다.

> 교사는 새로운 문제 상황을 제시하여, 중력과 균형을 이루는 다른 등의 개념들을 도입함으로써 수평적 통합을 시도한다.

T: 실에 추가 가만히 매달려 있는 상황이야. 실이 없더라도 천장에 전등이 매달려 있다든지 매달려 있는 상황은 다 해당이 되는 거야. 이때는 중력과 누가 평형을 이루고 있는 걸까? 이 추는 왜 실에 가만히 매달려 있을까? 너희들이 의자에 가만히 앉아 있을 수 있는 이유는 뭘까? 가만히 있다. 가만히 있는 것을 평형상태라고 했어. 왜 가만히 있지? 지난 시간에 배운 힘의 합력으로 설명하면 어떻게 될까?

5) 복습과 마무리

5단계(복습과 마무리): 중력에 저항하여 수직항력, 장력, 탄성력이 중력과 평형을 이루고 있는 세 가지 상황을 설명한 다음에 교사는 "너희들이 의자에 가만히 앉아 있을 수 있는 이유도 중력과 의자가 너희들을 밀어 올리는 수직항력이 균형을 이루고 이루기 때문"이라고 설명하고 수업을 마무리하였다.

복습과 마무리는 모든 수업에서 필수적이지만, 강의토론 모델에서는 통합을 더욱 촉진하기 때문에 특히 중요하다. 복습을 통하여 주제를 요약하고 요점을 강조하며 새로운 학습과의 연계를 제공한다. 복습은 학습활동의 모든 순간에 적절하지만 수업의 시작과 마무리 부분에서 가장 효과적이다. 대개의 경우 교사는 수업의 시작부에서 선행학습을 복습하여 새로운 정보가 선행학습의 내용 속에 연결될 수 있도록 한다. 마무리는 수업의 끝부분에서 일어나는 복습 형태이며, 주제를 요약하고 구조화하며 완성한다. 교사는 마무리를 통하여 학습한 주요 개념을 개관한다.

T: 책상 위에 물체가 가만히 놓여 있는 상황을 힘의 평형으로 설명할 수 있는 사람? 책상 위에 의자가 가만히 놓여 있는 상황을 힘의 평형으로 설명해볼 사람? 다섯 명 정도밖에 이해를 못했다는 거야? 그 두 힘의 크기가 같고 방향이 반대이고, 더해주면 0이 되기 때문에 그 물체는 평형 상태에 있을 수 있다.

위 수업이 연역적 수업 모델을 따랐다고 할 때, '유의미함'이란 관점에서 위 수업을 분석하면, 두 가지 개선점을 찾아볼 수 있다.

먼저 중력 개념이 탈맥락적으로 제시되었다. 더 좋은 방법은 실생활 맥락 속에서 중력의 사례를 제시하는 것이다. 나아가 교사는 소집단 활동을 시킴으로써 학생들의 상호작용을 높이고 더 많은 학생들을 활발하게 참여시킬 수 있었을 것이다.

3. 문제 기반 모델

이름에서 볼 수 있듯이 문제 기반 학습은 학생 조사나 탐구의 초점으로 특정 문제를 활용한다. 문제 기반 학습은 문제 해결, 탐구, 프로젝트 교수활동, 사례 기반 수업, 정박된 수업(anchored instruction) 등을 포괄한다. 이러한 다양한 전략들의 공통점은 어떤 문제를 해결하거나 질문에 대한 답을 찾으려고 노력하는 과정에서 학생들이 적극적으로 참여한다는 점이다.

문제 기반 학습은 문제해결 능력과 내용을 가르치고 자기주도적 학습능력을 개발하기 위해 고안된 전략이다. 문제 기반 학습전략은 다음 세 가지 공통점을 지닌다. 첫째, 문제 기반 학습 모델은 모두 문제나 질문으로부터 시작된다. 이러한 문제나 질문은 학생탐구 노력의 초점이 된다. 초등 과학 교실에서 '봉지속의 씨앗은 왜 자라지 않는가?'라는 학생의 질문은 학생 탐구의 초점이 된다. 둘째, 문제를 탐구하고 탐구를 실시하는 일차적인 책임은 학생들에게 있다. 문제 기반 수업에서 학생들은 글자그대로 실천하면서 학습하기 때문에 이러한 책임감은 중요하다. 셋째, 문제 기반 학습에서 교사의 일차적인 역할은 촉진하는 역할이다. 교사가 적극적으로 정보를 배포하는 보다 내용중심적인 모델과는 대조적으로 문제 기반 학습에서 교사는 문제나 질문을 제기하고, 도움이 되는 탐색적인 질문을 던지는 등 보다 간접적으로 지원하게 된다.

가. 문제 기반 학습 모델의 이론적 관점

탐구나 문제해결 학습 등과 같은 문제 기반 학습 모델에 소속된 모델은 ① 경험을 통한 학습을 강조한 듀이의 관점과 ② 언어와 상호작용이 학습을 촉진하는 방법에 대한 사회문화적 관점에 기초하고 있다.

1) 경험을 통한 학습

듀이는 기본적으로 아이들은 그들의 환경을 탐색함으로써 학습하는 사회적으로 적극적인 학습자라고 믿었다. 학교는 외부 세계를 교실 안으로 가지고 들어와 학습에 활용함으로써 학생들의 이러한 자연스런 호기심을 적극 활용해야 한다. 자연세계를 공부함에 있어서 학생들은 적극적인 탐구자여야 한다. 듀이는 이러한 적극적인 탐구가 과학적 방법을 따라야 한다고 주장하였다. 듀이는 학생들이 학습하는 지식은 책이나 강의를 통해 전달되는 활성이 없는 죽은 지식이 아니라, 어떤 문제해결에 적용되는 유용하고 살아있는 지식이어야 한다고 믿었다.

2) 학습에 대한 사회문화적 이론

사회문화적 학습관의 핵심은 '도제주의' 개념이다. 많은 복잡한 학습과제는 학생들이 그 과제를 이미 숙달한 누군가와 함께 작업함으로써 숙달할 수 있게 된다. 이는 바로 우리가 차 운전, 요리, 타이어 갈아 끼우기 등과 같은 방법을 배우는 방법이기도 하다. 즉, 우리는 우리보다 나은 누군가가 하는 것을 지켜보고, 전문가의 감독 아래 새로운 기술을 시도하면서 그러한 것들을 배워나간다.

사회문화적 이론(sociocultural theory)은 학생의 학습 공동체 참여를 강조하는 인지적 학습관이다. 비고츠키는 학습에서 사회적 상호작용의 중요성을 강조하였다. 비고츠키가 주장한 사회문화이론은 복잡한 학습 형태가 인지적 도제주의를 통해 촉진될 수 있다고 설명한다. 우리는 아이디어를 교환하고 다른 사람들의 아이디어와 우리 아이디어를 비교하는 등 다른 사람과의 상호작용을 통해서 학습한다. 최근 사회문화 이론 연구에서는 실제 학습 과제에서 학생들의 적극적인 참여의 중요성을 강조한다.

사회문화 이론은 학습자가 전문가와 함께 옆에서 수행하면서 학습할 뿐만 아니라 무언가를 특정 방식으로 수행하는 이유도 배우게 된다는 인지적 도제주의를 강조한다. 여기서 이유에 해당하는 것이 인지적 도제주의의 인지적 측면이다. 모델링, 소리 내면서 사고하기, 질문 등을 통하여 교사는 학생들이 무언가를 해내는 방법뿐만 아니라 그렇게 하는 이유를 배우도록 도울 수 있게 된다. 사회문화 이론은 학습공동체에 참여하는 것의 중요성을 강조한다. 교사는 교실을 학생들이 공동의 목적을 향하여 함께 노력하는 학습공동체로 조직함으로써 문제 기반 학습을 촉진한다. 교실을 학습공동체로 전환함에 있어서 교사의 과제는 긍정적인 학습 환경을 조성하고, 생산적인 활동 집단으로 학생들을 편성하고, 집단을 점검하고, 질문을 통하여 탐구를 촉진하는 것이다.

나. 문제 기반 학습의 목적

탐구를 비롯한 문제 기반 수업은 세 가지 상호 관련된 목적을 지닌다.

첫째, 체계적인 방법으로 질문이나 문제를 탐구하는 학생의 능력과 지식을 개발한다. 구조화된 문제 기반 활동에 참여함으로써 학생들은 보다 포괄적이고 체계적인 방법으로 유사한 문제를 공략하는 방법을 배우게 된다.

둘째, 자기 주도적인 독립적인 학습자로 발달시킨다. 자기주도적 학습은 학생이 자신의 학습과정을 스스로 인식하고 관리할 때 개발된다. 자기주도적 학습은 초인지의 하나의 유형으로써 우리가 알아야 할 것이 무엇이며, 우리가 아는 것과 모르는 것이 무엇이고, 이러한 간극을 채울 수 있는 전략을 고안하는 과정을 포함한다. 교사는 학생들의 자기주도적 학습과정을 촉진하기 위해 ① 우리가 이미 아는 것이 무엇이고, ② 우리가 필요로 하는 추가 정보는 무엇이고, ③ 이러한 정보를 어디서 찾을 수 있는지 등을 질문하게 된다.

셋째, 문제 기반 학습의 목적 중 하나는 내용 습득이다. 교사는 물론 학생들도 탐구가 정확하게 어떻게 진행될지 모르기 때문에 학생들이 문제 기반 수업에서 배우게 되는 대부분의 내용은 묵시적이고 부수적이다. 이러한 이유로 문제 기반 전략은 직접 교수법이나 강의토론과 같은 교사중심 전략에 비해 내용을 가르치기에는 덜 효과적이다. 그러나 문제 해결과정에서 배운 정보는 더 오래 기억되고 더 잘 전이된다고 한다.

다. 문제 기반 모델을 활용한 수업 설계

문제 기반 모델 중 탐구 모델을 중심으로 수업 설계 과정을 살펴본다.

∞ 문제 기반 학습 모델들의 공통점은 어떤 문제를 해결하거나 어떤 질문에 대한 답을 찾는 과정에 학생들이 적극적으로 참여하는 것이다 (예: 씨앗의 발아에 영향을 주는 요인들 탐구하기).

탐구 모델을 계획하는 것은 다른 수업모델 계획과는 다르다. 첫째 탐구 문제, 가설 및 가설 검사를 위해 사용되는 데이터가 이상적으로는 모두 학생으로부터 나오기 때문에 교사는 과정이 진행될 수 있도록 충분히 안내할 수 있도록 주의 깊게 계획해야 한다. 이때 안내를 제공하되 학생들의 경험과 주도권을 방해해서는 곤란하며, 이러한 균형을 유지하는 데는 기술과 민감성이 요구된다. 둘째, 대부분의 탐구는 지속적이어서 1차시 이상을 요구하므로 교사는 수업설계에서 시간을 고려해야 한다. 마지막으로 가장 중요한 것은 탐구수업은 탐구 능력 및 자기주도적 학습이라는 특정 목적을 달성하기 위해 고안된 것임을 기억해야 한다.

탐구활동을 활용한 수업 계획은 목표 파악, 질문 파악, 자료수집 계획, 시간 계획 등의 네 단계를 거쳐 진행된다.

1) 목표 파악하기

다른 모델들과 마찬가지로 계획 과정은 목표를 주의 깊게 검토하는 것으로 시작된다. 내용 목표와 사고력과 관련된 목표는 긴밀하게 상호관련 되어 있다. 모델에 따라 내용이나 사고력과 관련된 목표에 대한 강조 수준은 다르지만 항상 두 가지 목표가 공존한다.

첫 번째 목표는 내용 목표이다. 탐구 모델이 사용된 경우, 내용은 일차적으로 고차원적인 사고 능력을 연습할 수 있는 상황을 제공한다. 그러나 탐구모델은 학생들이 다양한 아이디어들 간의 관계를 찾아내는 주요 내용 목표에 도달하도록 돕는다. 대부분의 교과에서는 인과관계를 포함하는 주제를 가지고 있다(예: 식물의 발아는 햇빛과 물의 양, 흙의 종류 등과 관련된다. 운동의 종류는 건강 수준과 관련된다.). 탐구수업의 결과 학생들은 일반화된 진술문을 구성해낸다. 학생들의 사고가 발전할수록 사실과 관찰을 기초로 이러한 일반화된 진술문을 평가하는 사고 능력이 향상된다. 이는 내용과 사고 능력 사이의 밀접한 관계를 보여준다.

두 번째 목표는 고차원적인 비판적 사고능력이다. 탐구수업을 실시하는 교사는 문제를 인식하고, 잠정적인 답변을 제안하고, 관련된 사실을 파악하고 수집하며, 잠정적인 해결책을 비판적으로 평가하는 등과 같은 학생의 능력을 개발하려는 일차적인 목표를 가지고 있다. 이는 탐구와 관련된 사고 능력이며, 이러한 능력은 탐구 모델이 사용될 때 명시적인 절차적 목표이다. 탐구수업에서 학생들이 일차적인 탐구자이지만 교사는 이러한 과정을 촉진하기 위해 주의 깊게 계획해야만 한다. 탐구수업을 수행하기 위해 학생들은 평가할 초점 문제나 질문이 필요하며, 문제를 탐구할 수 있도록 데이터에 접근할 수 있어야 한다. 이러한 측면은 주의 깊은 계획을 요구한다.

2) 질문 파악하기

탐구할 주제나 내용을 파악한 다음에 교사는 초점 질문을 준비해야 한다. 예를 들어, 과학 수업에서 교사는 '식물의 생장에 영향을 주는 요인들은 무엇일까?'라는 질문을 던질 수 있다. 이러한 문제는 교실 논의를 통하여 자동적으로 도출되어야 하지만, 때로는 교사가 사전에 준비하기도 한다.

3) 자료수집 계획하기

문제 파악을 위한 계획을 수립한 다음에 교사는 학생들이 가설 평가에 활용될 정보를 수집하는 방법을 고려해야 한다. 문제 파악 단계와 마찬가지로, 성공적인 탐구수업이 되려면 교사가 자료수집을 사전에 계획해야 한다. 자료수집을 위한 절차는 가능하면 학생으로부터 나와야 하지만, 교사가 때로는 이 과정을 안내하거나 촉진하기도 한다. 따라서 계획이 필요하다.

고학년의 학습자나 비판적 사고에 초점을 둔 목표의 경우 일차적 자료와 이차적 자료의 구분이 중요하다. 일차적 자료(primary data sources)는 연구되는 사건에 대한 개인의 직접적인 관찰로 얻어진 자료이며, 다른 조건에서 주어진 현상을 관찰하거나 사람들과의 면담 등이 포함된다. 이차적 자료는 일차적 자료에 대한 다른 사람들의 해석으로 교재, 백과사전, 전기문 및 다른 참고 서적이 모두 이차적 자료이다. 이차적 자료는 다른 사람들의 지각이나 잠재적 편견으로 걸러진 것이어서 가능하면 일차적 자료가 좋다. 한편, 이차적 자료에 잠재된 편견을 분석하는 것 자체도 소중한 학습경험이다.

4) 시 간

많은 경우에 탐구수업은 1차시 이상이 요구되므로 교사는 수업이 다른 활동과 어떻게 통합될 수 있는지를 고려해야 한다. 위의 과학 수업에서 교사는 학생들이 다양한 조건에서 여러 주 동안 식물을 기르는 동안에 식물 단원의 다른 주제를 가르치다가 데이터가 얻어졌을 때 식물 생장으로 되돌아올 수도 있을 것이다. 유의미한 문제를 파악하고, 자료수집 방법을 파악하고, 정규 교육과정 내에서 수업을 통합적으로 운영할 방법을 결정한 경우 교사는 탐구수업을 실행할 준비가 된 것이다.

라. 문제 기반 모델을 활용한 수업 실행

∞ 탐구모델은 상황별로 특수한 문제보다는 세상의 작동방법에 대한 일반적인 인과관계에 초점을 맞춘다는 측면에서 문제해결 모델과 구분된다.

여기서는 문제 기반 학습 모델 중 탐구에 대하여 구체적인 수업장면과 관련 이론을 살펴보겠다.

탐구는 교수전략이면서 동시에 실제 세계의 작동 방법을 발견하는 방법의 하나이다. '왜 어떤 학급의 학생들이 다른 학급에서보다 더 잘 배울까?' 등과 같은 질문도 탐구의 출발점이 될 수 있다. 학생들을 탐구에 참여시키는 것은 고차원적인 사고 능력을 발달시키도록 돕는 가장 효과적인 방법 중 하나이다. 탐구모델과 문제해결 모델은 둘 다 문제 기반 학습의 일종이라는 점에서 유사하다. 탐구모델은 상황별로 특수한 문제보다는 세상의 작동방법에 대한 일반적인 인과관계에 초점을 맞춘다는 측면에서 문제해결 모델과 구분된다.

탐구수업 모델, 문제해결 모델, 개념 획득 모델의 수업 단계를 비교하여 정리하면 다음과 같다. 단계별로 다른 이름으로 표현되지만 각 단계별로 유사한 성격의 활동이 이루어짐을 알 수 있다.

탐구 모델	문제해결 모델	개념획득 모델
1. 문제 또는 질문 제시하기	(1) 문제 파악 및 관련된 정보와 무관한 정보를 구분	개념이 무엇인가?
2. 가설 설정하기	(2) 문제를 표상함으로써 문제 내의 다양한 관계를 개념화	개념의 명칭은 ... 일 수 있다.
3. 자료수집하기	(3) 전략 선택하기	학생들에게 긍정적인/부정적인 사례를 제시한다.
4. 가설 분석과 평가	(4) 전략 수행하기	사례들에 의해 지지되지 않는 가설은 기각된다.
5. 일반화하기	(5) 결과 평가하기	개념이 정의된다.
6. 탐구과정 분석하기	(6) 문제해결 과정 분석하기	

가장 기본적인 수준에서 탐구는 사실과 관찰에 기초하여 질문에 답하는 체계적인 과정으로 볼 수 있다. 이러한 과정은 우리 삶에서 강력한 역할을 한다. 탐구과정은 대개 인과관계에 대한 질문에서 시작된다(예: 진자의 주기에 영향을 주는 요인들은 무엇일까?).

수업 측면에서 볼 때 탐구 모델은 학생들에게 체계적인 사실을 도입하여 질문을 탐구하는 방법을 가르치기 위해 고안된 교수 전략이다. 탐구 모델은 (1) 질문 파악하기, (2) 가설 만들기, (3) 자료수집하기, (4) 가설 평가하기, (5) 일반화하기, (6) 탐구과정 분석하기 등의 여섯 단계로 실행된다.

탐구모델을 활용할 때 교사는 학생들이 문제나 이슈에 대한 해결책을

∞ 탐구모델의 교실 환경: 다른 문제 기반 학습모델과 마찬가지로 탐구 모델은 학생들이 개인적 위험 부담을 감수하고 비판이나 무안을 당할 두려움 없이 그들의 결론, 추측 및 증거를 자유롭게 제시할 수 있는 교실 환경을 필요로 한다. 수업의 성공은 기꺼이 위험을 감수하려는 학생들의 태도에 달려있으므로 이러한 지원적인 교실 분위기는 매우 중요하다. 교사는 이러한 환경을 조성하는데 결정적인 역할을 한다.

찾도록 이러한 여섯 단계를 거쳐서 학생들을 안내하게 된다. 마지막 단계에서 교사는 학생들이 탐구과정 자체에 대하여 생각해보게 함으로써 그들이 수행해온 단계를 인지적으로 더 잘 인식할 수 있도록 격려해야 한다.

탐구수업은 질문이나 이슈로부터 시작하며, 이어서 잠정적인 답변이나 해결책인 가설이 따라 나온다. 가설의 타당성을 결정하도록 돕기 위해 자료가 수집되며, 가설 평가가 실시된 다음에 일반화된 진술문이 구성된다. 끝으로 학생들은 탐구과정에 대하여 반추하도록 장려된다.

1) 질문 제시하기

탐구는 질문이 파악되었을 때 시작된다. 질문을 명확하게 하기 위해 교사는 칠판에 적거나 OHP에 제시하여 학생들이 질문 속의 개념과 용어를 이해하였는지를 점검해야 한다. 학생들에게 질문을 자신들의 말로 설명하게 하거나 앞의 논의 내용과 관련짓도록 함으로써 교사는 학생들이 질문을 명확하게 이해했는지를 파악할 수 있다. 질문이 학생들에게 명확한지를 확인할 수 있는 더 좋은 방법은 학생들에게 질문에 답하거나 설명할 수 있는 가설을 만들어보게 하는 것이다.

∞ 1단계: 질문 제시하기

T: 오늘은 소리가 어떻게 만들어지는지, 특히 사람의 목소리가 어떻게 만들어지는가를 공부할 거야.

T: '소리가 어떻게 만들어질까?'라고 질문을 하면은 뭐라고 답변할 거죠?

S1: 성대가 울려서 난다.

T: [칠판에 학생의 답을 적는다] 성대가 울려서 난다. 너는 소리가 왜 나는 것 같아?

탐구나 문제해결 수업에는 단기 및 장기 목적이 있다. 단기적으로 교사는 학생이 문제를 성공적으로 해결하고 문제해결에 내재된 내용을 이해하기를 바란다. 교사는 질문을 통하여 상호작용함으로써 이러한 목적을 달성한다. 질문을 통한 상호작용은 학생들을 인지적 도제주의에 참여하게 한다. 장기적으로는 학생이 문제해결 과정을 이해하고, 자기주도적인 학습자로 발달해나가는 것이다. 교사는 학생들의 활동의 각 단계를 문제해결 모델과 구체적으로 관련지음으로써 학생들이 문제해결의 과정을 이해하도록 도왔다. 교사는 학생들에게 그들이 이미 알고 있는 것과 모르는 것에 대하여 생각해볼 기회를 제공하고, 활동에 참여하면서 문제해결 과정에 대하여 생각해보도록 함으로써 학생들이 자기주도적 학습자로 발달할 수 있도록 도왔다.

2) 가설 형성하기

질문이 명확해지면 학급은 질문에 답할 준비가 된 것이다. 잠정적인 답변을 제공할 때 학생들은 가설 설정 과정에 들어간다. 가설은 데이터로 검증이 가능한 질문에 대한 잠정적인 답변이나 문제에 대한 해결이다. 때로는 가설은 잠정적인 일반화이며, 어린 학생들이 제안한 가설은 그들의 직관이나 경험에서 나온 추측이다.

이 과정을 촉진하기 위해 교사는 학생들에게 가능한 가설에 대하여 브레인스토밍 하도록 요구할 수도 있다. 먼저 모든 아이디어들을 수용하고 열거한 이후에 학생들은 각 가설이 주어진 질문이나 문제와 관련된 것인지를 결정해야 한다.

학생들이 일련의 가설을 개발해낸 다음에 탐구할 우선순위를 결정해야 한다. 예를 들어 과학 수업에서 '단진자의 진동수를 결정하는 요인은 무엇일까?'라는 문제를 탐구하고 있다고 할 때 학생들은 다음과 같은 가설을 제안할 수 있다.

- 실의 길이가 짧을수록 진동수는 커진다.
- 추의 질량이 클수록 진동수는 커진다.
- 처음에 흔드는 각도가 클수록 진동수는 커진다.

학생들은 통제해야 할 변인과 자료수집 방법을 알아내기 위해 그들이 탐구할 가설을 명확하게 해야 한다. 즉, 학생들은 초기에 탐구할 가설을 명시하여 탐구한 다음에, 두 번째, 세 번째 가설로 옮겨가야 한다. 이는 체계적으로 수행되어야 한다. 일단 가설이 진술되고 우선순위가 결정되면, 학급은 자료를 수집할 준비를 갖춘 것이다.

∞ 2단계: 가설 형성

T: '소리가 어떻게 만들어질까?'라고 질문을 하면은 뭐라고 답변할 거죠?
S1: 성대가 울려서 난다.
T: [칠판에 학생의 답을 적는다] 성대가 울려서 난다. 너는 소리가 왜 나는 것 같아?
S2: 물체랑 공기가 부딪혀서요.
S3: 공기가 진동을 해서.
S4: 물체 자체에서 진동을 하기 때문에.
S5: 물체랑 물체랑 부딪혀서요.
T: 물체랑 물체랑 부딪혀서. 너희들이 알고 있는 것과 똑같아. 여기를 봐. 소리가 만들어지는 원인은 [자를 교탁에서 한쪽 끝을 잡아 고정하고, 반대쪽을 튕겨서 소리를 낸다.] 이거야 이거. 이 소리가 왜 나지?
S: 진동을 하니까...

3) 자료수집하고 제시하기

일단 생성되면 가설은 자료수집 과정을 안내하는데 활용된다. 탐구 문제에 따라 자료수집 과정의 복잡성이 결정된다. 자료수집 과정은 힘이 들지만 이러한 경험을 통하여 학생들은 또 다른 능력을 개발하게 된다. 예를 들어 학생들은 인터넷 정보를 검색하고, 비판적으로 수집된 정보를 평가하고 중요한 정보와 무시할 정보를 판단하고, 다양한 출처로부터 수집한 정보가 상반될 때의 애매함에 대한 인내력도 개발해야 한다. 이러한 모든 과정은 학생들에게 소중한 경험이다.

이 단계에서 학생들이 직면한 주요 과제는 데이터를 조직하고 제시하는 방법이다. 자료수집 기술을 발달시키는 제일 좋은 방법은 학생들을 이 과정에 참여시켜 그들의 결과를 제시하고 활용된 전략을 논의하게 하는 것이다. 자료를 제시하고 가장 타당하고 믿을만한 데이터를 설명하는 학생의 능력은 경험과 더불어 개선된다. 표, 도표, 그래프 등 다양한 제시 방법이 활용될 수 있다.

T: [성대에 손을 대어보면서] 여기 손을 대고 있으면서, 아~ 해봐.
T: 소리굽쇠 알죠? 탁 치면 딩~ 하고 소리가 나잖아요. 왜 소리가 나죠?
T: 소리굽쇠를 쳐서 소리가 날 때 그걸 물에다 한번 넣어보세요.
T: [유리병을 후 불어서 소리를 내면서] 유리병도 한번 불어보세요. 이걸 불면 왜 소리가 나죠?

∞ 3단계(자료수집하고 제시하기): 성대 모형 만들기 활동을 시작하기 전에 교사는 소리굽쇠나 풍선을 이용하여 소리는 내는 대상이 떨려서 소리가 만들어진다는 것을 체험시켰다.
또한, 성대에 손을 대어 목청의 진동의 느끼도록 한 다음에 목청에서 성대가 떨려서 소리가 나는 과정을 촬영한 해부학적 동영상을 보여주었다.

S: 우와~ [조별로 소리굽쇠를 두드려 물에 담가보기도 하고, 유리병을 불어보기도 하고, 부푼 풍선에서 어떤 경우에 소리가 나는지를 관찰한다.]

〈소리굽쇠를 두드려 물에 담가보기〉

〈풍선 불어서 소리 만들어보기〉

T: 그리고 여길 보세요. 여기 고무풍선 두개를 찢은 것하고, 말랑말랑한 파이프가 있어요. 이걸 가지고 남은 시간 동안에 조별로 직접 성대모형을 만들어서 소리를 내어 보세요.

T: 성대 모형을 만들기 전에 모둠별로 어떻게 만들 것인지 미리 설계도를 그려보세요.

S: [학생들 모둠별로 설계도를 작성하고 성대 모형을 만들기 시작한다.]

S: [학생들 조별로 성대 모형을 만들어 소리를 내 본다.]

4) 자료 분석

이 단계에서 학생들은 데이터를 기초로 자신의 가설을 평가하게 된다. 수집한 자료에서 명확하고 분명한 패턴이 발견되는 경우에는 분석이 간단하지만, 특정 경향이 존재하지 않는 경우에는 분석이 어렵고 논쟁이 가능하다. 데이터가 일관성이 없는 것 자체가 학생에게는 소중한 경험이 된다. 실제 생활에서 애매하지 않은 데이터가 거의 없기 때문에, 잠정적인 결론을 요구하는 애매한 상황을 많이 경험할수록 학생들은 실제 생활에 대하여 더 잘 대비할 수 있게 된다. 데이터를 가설과 관련지어 논의하고 분석하는 것은 탐구 과정에서 가장 중요한 부분이다.

∞ 4단계(자료 분석하기): 학생 반응의 다양성, 다양한 모델들 출현

T: 모둠별로 만든 모형을 설계도와 함께 발표해 보세요. 자기 모둠에서 만든 모형에서 소리가 어떤 과정을 통해서 발생하는지, 또는 소리가 나지 않는다면 왜 나지 않는지를 발표해 보세요.

S1: 우리가 만든 모형에서는 겹쳐진 두 개의 풍선이 떨리면서 소리가 났어요.

S2: 겹친 풍선 두 장의 간격이 너무 커서 공기가 그냥 빠져나가서 소리가 발생하지 않아서 실패했어요.

S3: 실제 허파가 두개니까 풍선을 두 개를 달아야 하는데, 관을 하나밖에 안주셔서 우리는 하나로만 만들었는데요. 폐에 해당하는 것은 큰 풍선을 달고 반대쪽에 풍선 목을 잘라 붙여서 부풀어진 큰 풍선의 공기가 빠져나갈 때 소리가 나게 만들었어요.

〈중략〉

T: [그러면] 사람의 목소리가 왜 발생하는 지 설명할 수 있겠어요?

S1: 성대가 울려서!

T: 좀 더 자세히 설명할 수 있는 사람?

S2: 먼저 폐에서 공기고 열리고 닫히고 하고, 그 다음에 성대에서 진동이 나와서...

T: 모든 단어가 다 나온다. 정리하면서 천천히 해 보세요.

S3: 아, 그러니까 먼저요, 폐에서 공기를 내뿜으면서 성대에 진동이 울리기 때문에 소리가 납니다.

S4: 폐에서 전달된 소리가 성대에 전달되어 성대가 진동한다. 그러면서 소리가 전달되고 또 이것이 성대에 소리가 나는 것과 같다.

T: 좋아요. 폐에서 소리가 전달되는 게 아니고, 폐에서 공기가 전달되는 거야.

S5: 폐 속에 있는 공기로 인해서 몸 안에 있는 성대가 진동해서 목소리가 난다.

T: 일단은 소리가 왜 발생하는지 알겠어요? 목소리뿐만 아니고 모든 소리의 원인은 뭘까요?

5) 일반화

탐구수업에서 내용 마무리는 학생들이 데이터를 기초로 잠정적인 일반화를 도출할 때 일어난다. 데이터가 일관성이 있으면 일반화가 수월하다. 한편, 작가의 삶이 작품에 미치는 영향을 탐구하는 경우처럼 데이터에서 일관된 패턴이 발견되지 않을 경우에는 가설의 수용이나 기각을 결정하기가 어려우므로 다소 잠정적인 일반화가 이루어진다. 실제로 이 경우에는 일반화 과정에서 추가 질문이 도출되어, 새로운 탐구 문제가 시작되기도 한다. 잠정적으로 일반화하는 것을 배우면서 학생들은 삶에 대한 중요한 교훈을 얻게 된다. 실제 삶에서는 우리가 갈망하는 명확하고 구조화된 답이 때로는 존재하지 않는다는 것을 학생들은 인식하게 된다. 시간이 흐름에 따라 학생들은 복잡성이나 애매함에 대한 인내심을 기르게 되고, 이러한 인내심은 학생들이 삶을 이해하고 대처하는데 도움이 된다.

T: 좋아요. 폐에서 소리가 전달되는 게 아니고, 폐에서 공기가 전달되는 거야.

S5: 폐 속에 있는 공기로 인해서 몸 안에 있는 성대가 진동해서 목소리가 난다.

T: 일단은 소리가 왜 발생하는지 알겠어요? 목소리뿐만 아니고 모든 소리의 원인은 뭘까요?

S: 진동

T: 일단은 소리가 왜 발생하는지 알겠어요? 목소리뿐만 아니고 모든 소리의 원인은 뭘까요?

T: 진동이고, 그 다음에 목소리의 원인은 성대가 진동하기 때문인데, 너희들 여기[성대에] 손을 대보면 떨림이 있지?

S: 네

T: 그거 실제 누가 떨리는 거야?

S: 성대요.

T: 성대가 어떻게 생겼는지 이해되나요?

S: 네

∞ 5단계(일반화) 진동으로 인한 소리의 발생이 수업의 원래 목표였는데, 추가로 폐와 기관의 연결, 성대의 구조, 성대에서 소리가 발생하는 구조까지 포괄적으로 이해하는 등 수업의 범위가 확장되었다.

6) 탐구 과정 분석하기

탐구모델의 최종단계는 교사가 학생들에게 그들이 경험한 탐구과정 자체에 대하여 분석하고 반성하도록 요구하는 것이다. 수업의 마무리 단계에서 교사는 학생들에게 '우리가 무엇을 했고, 왜 그렇게 했는지'를 생각해보게 함으로써 학생들에게 탐구가 어떻게 시작되었고, 가설이 탐구과정을 어떻게 안내했는지를 파악하도록 한다. 수업의 맥락에서 탐구과정에 대하여 이야기함으로써 교사는 추상적인 아이디어를 현실화하고, 학생들이 실생활에서 탐구가 어떻게 적용되는지를 파악하도록 도울 수 있다.

학생들의 반응에서 우리는 (1) 어떤 탐구나 문제든 하나 이상의 해결책을 가질 수 있으며, (2) 문제해결은 체계적으로 진행할 수 있고, (3) 문제해결

∞ 학생들의 탐구 자료 처리 능력을 평가할 때 가장 중요한 요인은 예전에 논의된 적이 없는 문제, 즉 특이하고 유일무이한 문제여야 한다는 점이다.
예전에 접한 적이 없는 낯선 문제인 경우 학생들의 분석능력이 측정되지만, 이미 논의된 문제인 경우에는 과정능력보다

는 내용의 기억이나 이해를 측정하게 된다. 따라서 과정능력을 측정하려면 문제에서 제시되는 설명이나 자료가 학생들이 기존에 접하지 않은 것이어야 한다.

은 힘든 작업이라는 등과 같은 주요 성과를 얻었음을 짐작할 수 있다. 이는 문제해결 수업에서 얻을 수 있는 소중한 통찰이며 성과이다.

♠ 생각해볼 질문들

1. 문제 기반 학습활동은 단원의 시작이나 끝부분 중에서 언제 더 효과적으로 지도될 수 있을까? 이유는?
2. 학생들에게 탐구모델을 활용하여 연구주제를 독립적으로 추구하도록 요구하는 것의 장점과 단점은 무엇일까?
3. 문제 기반 수업 모델의 어떤 특징이 학생의 학습에 기여하는가?
4. 문제 기반 학습에서 교사와 학생의 구체적인 역할은 무엇인가?

4. 사회적 상호작용 모델

∞ 모든 협동학습의 필수요소는 (1) 집단의 공통된 목적, (2) 개인적 책무성, (3) 성공에 대한 평등한 기회 등이다.

사회적 상호작용 모델로는 집단 활동(group work), 협동학습, 토론 등이 있다.

먼저, 집단 활동 전략은 보다 내용 중심적인 모델과 통합되어 사용될 수 있는 사회적 상호작용 모델이다. 집단 활동에서는 학생들을 소집단으로 나누어, 사회적 상호작용을 장려하기 위해 이들 집단을 활용하게 된다.

협동학습은 학생들이 공동의 목적을 달성하기 위해 함께 노력하는 학습 방법이다. STAD(Student Teams Achievement Divisions), Jigsaw II, 집단탐구(Group Investigation) 등 협동학습 전략은 다양하지만, 모든 협동학습의 필수요소는 (1) 집단의 공통된 목적, (2) 개인적 책무성(협동학습 집단의 각 구성원에게 해당 개념이나 기술의 숙달을 요구함), (3) 성공을 위한 평등한 기회(능력이나 배경과 무관하게 모든 학생들이 그들의 노력을 인정받는다는 기대감) 등이다.

가. 사회적 상호작용 모델의 이론적 관점

사회적 상호작용 모델은 동료와 상호작용하려는 학생들의 욕구를 활용한 것이다. 자칫 지루할 수 있는 과제를 집단을 이루어 수행하게 하면 수행수준이 높아질 수 있다는 점에 주목하면서 동기 유발을 위해 사회적 상호작용의 효과를 활용하게 되었다(Pintrich & Schunk, 1996). 이 모델은 학생들의 능력(유식해보이고 싶어 하므로), 관계(소속감) 및 권력(지도자 의식과 집단에의 공헌)에 대한 욕구도 충족시킬 수 있다.

> 사회적 상호작용 모델은 동료와 상호작용하려는 학생들의 욕구를 활용한 것이다. 사회적 집단에 소속됨으로써 학생들은 성공의 기회를 통한 능력 증명, 관계(소속감) 및 권력(지도자 의식과 집단에의 공헌) 등과 같은 기본적인 욕구를 충족시킬 수 있다.

먼저, 학습 집단에 속하게 되면 학생들은 유식해보이고 싶어서 자신의 능력에 관심을 가진다. 이러한 능력에 대한 관심은 특히 모험심과 주도권이 요구되는 소집단에서 중요하다. 이러한 학생들의 욕구를 충족시키기 위해 교사는 집단과제를 주의 깊게 구조화하여 모든 학생들이 기여하고 성공할 기회를 누릴 수 있도록 해야 한다.

집단은 또한 학생들의 관계(소속감)에 대한 욕구를 충족시킨다. 집단에 참여함으로써 학생들은 소속감이라는 사회적 목표를 충족할 수 있다. 소속감에 대한 욕구는 모든 연령에서 발견되지만 특히 청소년기에 강하다. 결속력이 강한 지원 집단을 구성함으로써 교사는 학생들의 소속감에 대한 욕구를 활용할 수 있다.

소집단은 권력과 통제에 대한 학생들의 욕구 충족도 도울 수 있다. 이러한 욕구는 긍정적이거나 부정적일 수 있다. 예를 들어, 조롱이나 다른 형태의 공격적인 행동을 초래할 수도 있지만, 지도력과 집단에 대한 개인의 공헌을 촉진할 수도 있다. 교사는 각 집단 내에서 다양한 과제와 역할을 만들어서 모든 구성원이 기여하고 성공을 경험할 수 있도록 함으로써 학생들의 에너지를 건설적으로 활용해야 한다. 예를 들어, 학생들은 지도자, 기록자, 촉진자, 요약자 등의 역할을 교대로 맡을 수도 있다. 이러한 역할 교체는 학생들에게 다양한 형태의 성공을 맛보게 할 뿐만 아니라 다양한 사회적 상호작용 기술을 습득하게 한다.

여기서는 사회적 상호모델 중 다양한 교과 수업에 쉽게 접목이 가능한 토론을 중심으로 구체적인 수업 사례를 살펴보고자 한다.

토론은 학생들이 서로 아이디어를 공유하고 고차원적인 사고에 참여하는 수업전략이다. 토론은 학생이 동료들과 상호작용하는 과정에서 아이디어를 분석하고 통합하도록 돕기 위해 고안된 사회적 상호작용 모델이다. 토론은 학습을 촉진하기 위해 집단 상호작용을 활용한다는 점에서는 다른 사회적 상호작용 모델과 유사하지만, 그 구조와 목표 측면에서 다른 모델과 차별화된다. 목표 측면에서 토론은 학생들의 사고능력을 개발하면서 주제에 대하여 더 깊게 생각하도록 장려하기 위해 고안된 것이다. 구조 측면에서 토론은 다른 모델에 비해 교사와 학생에게 아이디어를 탐구할 수 있는 더 많은 자유와 융통성을 제공한다.

토론모델에서 학생들은 어떤 이슈나 질문을 해결하기 위해 노력하는 과정에서 내용 중심의 상호작용에 참여하게 된다. 다른 집단 상호작용 모델과 마찬가지로 이 모델에서 교사의 역할은 지시적이기보다는 촉진적이고 지원적인 역할이다. 학생들은 이전에 학습한 배경지식을 활용하여 사고를 자극하는 주제나 이슈를 토론하는 과정에서 학습하게 된다.

나. 토론 모델에서 교사의 역할

∞ 토론 중에 교사는 (1) 토론을 계획하고, (2) 학생들을 적응시키고, (3)학생 상호작용을 촉진하고, (4)집중시키고, 요약하며 복습하는 등의 주요 역할을 수행한다.

토론은 학생이 내용 중심의 주제에 대하여 활발하게 생각하고 이야기할 때 가장 효과적이다. 토론은 학생이 이미 학습한 것을 활용하고 이를 새롭게 다른 방식으로 통합할 기회를 제공한다. 이를 위해서 학생들은 자유롭게 아이디어를 탐색하고 의견을 공유하며, 관점을 교환해야 한다. 교사는 다양한 방법으로 이러한 과정을 촉진할 수 있다.

성공적인 토론을 위해 교사는 핵심적인 역할을 하지만 직접적인 수단보다는 학생들의 상호작용을 촉진시킴으로써 성공적인 토론을 이끌어낸다. 교사의 담화가 지배적인 다른 전략들과는 달리, 토론에서는 교사가 적게 말할수록 좋다. 교사는 되도록 적게 말하고 학생들이 내용과 상호간에 상호작용하게 하면서 목표를 달성하는 것이 더 좋다.

토론에서 교사의 역할은 다음과 같다.

첫째, 모든 효과적인 수업과 마찬가지로 효과적인 토론은 학생들의 사고를 유발하고 유지할 수 있는 초점이 필요하다. 교사는 학생들을 위해 생각거리를 계획함으로써 토론의 초점을 제공한다.

둘째, 효과적인 토론이 되려면 학생들은 각자의 역할을 이해해야 한다. 많은 토론 수업은 학생들이 무엇을 해야 할지를 모르기 때문에 실패하기도 한다. 교사는 학생들이 직면한 구체적인 과제에 대하여 무엇을 해야 하는지를 명확하게 안내함으로써 실패를 방지할 수 있다. 즉, 토론 중에 학생들의 사고와 상호작용을 효과적으로 집중시킬 수 있도록 학생들에게 구체적인 과제와 명확한 방향을 제시해 주어야 한다.

셋째, 토론 중 교사의 세 번째 역할은 학생들의 상호작용을 촉진하는 것이다. 교사는 ① 다양한 유형의 학습과제를 제공하여 학생들의 대화를 장려하고, ② 왜, 어떻게, 어디서, 어떤 방법으로 등과 같은 사고를 자극하는 개방형 질문을 통하여 상호작용을 촉진한다. 이러한 개방형 질문은 학생들이 아이디어를 연계하고 다른 사람들과 공유하도록 한다.

넷째, 교사의 마지막 역할은 토론이 초점을 가지고 진행되도록 하는 것이다. 교사는 '그게 우리 질문과 어떻게 관계되지?' 등과 같은 초점 질문을 던지거나 요점을 요약하고 검토함으로써 토론이 초점을 벗어나지 않도록 해야 한다. 이러한 과정에서 교사는 토론을 교사가 주도하거나 교사중심 수업으로 만들지 않도록 유의해야 한다.

∞ 토론에서 학생의 역할: 토론 중에 교사의 역할이 바뀌는 것과 마찬가지로 학생들의 역할도 바뀐다. 전통적인 수업보다 토론 수업에서 학생들은 더 활발하며 수업의 진행방향에 대하여 더 많은 책임감을 지닌다. 학생들이 논의 중인 주제에 인지적, 감정적으로 참여할 때 토론은 제대로 진행된다. 교사는 학생들의 아이디어가 수용되고 인정되는 교실 환경을 조성함으로써 학생 참여와 주도권을 장려할 수 있다.

다. 토론 모델의 목표

토론 모델에서 교사는 상호 관련된 세 가지 목표를 추구한다.

① 학생들이 내용을 깊이 있게 보다 분석적, 비판적으로 생각하고, ② 학생의 사고 능력을 발달시키며, ③ 사회적 상호작용 기술을 개발하기를 바란다.

첫 번째는 내용과 관련된 목표이다. 토론은 확실한 내용 초점을 가지며,

교사는 학생들이 연구해온 주제를 깊이 이해하도록 하기 위해 토론 전략을 활용한다. 학생들이 유의미한 활동에 아이디어를 활용할 때 학습이 향상된다고 한다. 토론은 학생들에게 아이디어들을 연계하고, 각자 입장을 취하고 다른 사람들을 상대로 자신의 입장을 방어할 기회를 제공한다.

둘째는 학생의 사고능력 발달과 관련된 목표이다. 학생들의 사고 능력은 내용이 풍부하고 유의미한 활동 속에 내재될 때 향상된다. 토론은 학생들에게 ① 아이디어를 점검하고 통합하며, ② 다양한 관점을 분석하고, ③ 대안적인 해결책을 평가할 기회를 제공한다. 학생들이 주제 토론에서 이러한 과정을 활용할 때 내용에 대한 이해가 깊어질 뿐만 아니라 아이디어를 자유자재로 다룰 수 있게 된다.

셋째는 사회적 상호작용 기술과 관련된 목표이다. 토론은 학생들에게 사회적 상호작용 기술을 개발할 기회도 제공한다. 토론에 참여함으로써 학생들은 ① 아이디어와 의견을 표현하고, ② 다른 사람의 아이디어를 듣고 반추하며, ③ 다른 관점을 존중하고, ④ 정중하게 다른 사람의 의견을 거부하고, ⑤ 다른 사람의 아이디어를 기초로 발전시키는 등의 전문성을 얻게 된다. 이는 중요한 사회적 상호작용 기술이며, 교사는 학생들이 토론 중에 이를 실습할 기회를 제공하고 시범을 보이거나 피드백을 제공함으로써 학생들의 능력 개발을 도울 수 있다.

라. 토론을 활용한 수업 설계

효과적인 토론은 우연히 일어나는 것이 아니라 사전에 면밀하게 계획되어야 한다. 토론을 활용할 때 교사는 목표를 신중하게 고려하고, 학생이 토론에 성공적으로 참여할 수 있는 충분한 배경지식을 지니고 있는지를 확인하고, 적절한 주제를 선정하고 학생들의 상호작용이 초점을 가지고 진행될 수 있도록 절차를 조직해야 한다.

1) 목 표

토론은 ① 아이디어의 통합과 분석, ② 학생 사고력 발달, ③ 사회적 상호작용 기술 발달 등의 세 가지 목표를 달성하기 위해 고안된 것이다. 토론은 학생들의 내용 학습을 돕기 위해 고안된 것이 아니며, 새로운 개념이나 기술을 도입하기에는 적합하지 않다. 또한 교사가 수업의 진행방향을 전적으로 통제하기 어려우므로 많은 양의 정보를 통합하기에는 효율적인 방법이 아니다. 토론은 학생들이 동료들과 아이디어를 교환하고 대화하는 방법을 배우면서 내용에 대하여 깊이 있게 생각하기를 원할 때 적절하다.

2) 내용 관련 배경 지식

주제에 대하여 토론하려면 학생들은 그 내용에 대하여 어느 정도 알고 있어야 한다. 토론은 학생들의 배경지식을 요구하므로, 단원의 마무리나 토론 주제에 대한 선수학습이 이루어진 다음에 진행되어야 한다. 주제에 대한 선행된 배경지식이 없을 경우 학생들은 주제에 대한 통찰을 제공할 수 없으며, 아이디어를 통합하고 평가하는 주도권을 행사하지 못하게 된다.

3) 주제 선정하기

토론이 학생들의 흥미를 유발하려면 학생들의 배경지식을 활용하면서 논쟁적이거나 학생들마다 입장이 다를 수 있는 주제를 선정해야 한다(예: 식물이나 동물에 대한 유전자 조작이 허용되어야 하는가?, 담배 생산을 제한해야 하는가?). 논쟁적인 주제에 대한 토론은 그 이슈에 대한 학생의 지식을 증가시킬 뿐만 아니라 이슈의 다양한 측면들을 깊이 있게 이해하게 한다. 이슈에 대하여 각자의 입장이 분명할 경우 학생들은 개인적으로 열중하게 되고 추상적인 주제를 이해하기 위해 인지적으로 참여하게 되므로 동기유발에 효과적이다. 교사는 학생들이 다양한 입장을 취할 수 있는 주제를 중심으로 토론을 조직함으로써 이러한 동기유발 측면을 활용할 수 있다.

4) 토론 조직하기

토론은 다양한 구조로 진행될 수 있으며 각각 장단점을 지닌다. 전체 학급 토론의 경우에는 교사가 토론의 진행 방향을 조절하기는 쉽지만 학생들의 참여기회는 줄어든다. 소집단 토론은 학생 참여기회는 증가하지만 상호작용의 속도와 방향을 조절하기 어렵다. 처음에는 소집단을 이루어 토론하게 한 다음에 전체 학급 토론을 통하여 각 소집단의 논의결과를 점검할 수도 있다.

마. 토론을 활용한 수업 실행

토론 모델은 안내, 탐색, 마무리 등의 세 단계로 진행된다. 토론을 실행할 때 교사는 먼저 해당 주제를 소개하고, 학생들로 하여금 자유롭게 그 주제를 탐색하게 하고, 요약이나 합의점을 도출함으로써 수업을 마무리해야 한다. 토론에서 아이디어를 자유롭게 논의할 수 있으려면 학생들은 충분한 배경 지식을 지녀야 한다.

1) 안 내

안내 단계는 주제를 도입하고 학생들을 토론에 끌어들이며 이슈를 설정하는 단계이다. 다른 모델과 마찬가지로 학생들은 안내된 직면한 주제에 집중해야 하며, 관련된 배경지식을 활성화해야 한다. 교사는 먼저 초점 질문을 칠판이나 OHP에 적어서 학생들이 생각하고 고려하도록 하고, 주어진 주제에 대하여 학생들이 서로의 관점을 공유하고 브레인스토밍하게 해야 한다.

교사는 '뇌사를 죽음으로 인정할 것인가?'를 주제로 뇌사를 사망으로 인정하느냐의 여부가 사회적인 문제가 되는 이유와 뇌사와 식물인간의 차이점을 설명한다.

이어서 뇌사를 죽음으로 인정하는 문제에 대한 찬반 의견을 다음과 같이 요약하여 제시한다.

뇌사를 죽음으로 인정해야	뇌사를 죽음으로 인정하지 말아야
- 인공호흡기에 의존하더라도 약 2주일 후에는 결국 심장이 멎게 된다. - 장기기증을 하여 다른 사람들에게 새 생명을 줄 수 있다. - 뇌사자 가족들의 정신적, 경제적 고통을 덜어줄 수 있다.	- 뇌는 죽었지만 심장은 뛰고 있으므로 아직은 죽은 것은 아니다. - 뇌사에 대한 자세한 정보 부족으로 식물인간인 상태를 뇌사로 잘못 판정할 위험이 있다.

⊸ 1단계: 안내
본 수업에서는 '뇌사'를 주제로 했지만, '시험관 아기', 'AIDS', '낙태', '동물복제' 등의 주제를 학생들에게 제시하고 각 조에서 주제를 선정하여 역할극과 주제발표를 준비하도록 하여 수업을 진행할 수도 있다.

이어서 갑작스런 교통사고로 뇌사상태에 빠진 사람과, 심장이식을 기다리고 있는 심장병 환자의 상황을 그린 역할극을 7-8명의 학생들로 팀을 구성하여 공연한다. 이어서 모둠을 편성하여 역할극에서 나타난 갈등상황에 관련된 사람들을 나열하고 각 입장에서의 견해를 정리하도록 한다.

T: 모둠별로 의견을 정리할 때 ① 뇌사를 사망으로 인정할 경우, 도움이 되는 점, ② 뇌사를 사망으로 인정할 경우, 생겨날 수 있는 문제점 등을 중심으로 모둠별 결론을 모아보세요.
[교사는 토론 활동지를 배부하여 토론의 방향을 안내하고, 학생들이 토론에 적극적으로 참여하도록 안내한다.]

2) 탐 색

탐색 단계에서 학생들은 주제를 중심으로 활발하게 논쟁을 벌이고, 생각을 분명히 하며, 궁극적으로는 각자의 입장을 취하게 된다. 탐색단계에서 학생들은 주제나 이슈에 대한 자신의 배경지식에 초점을 맞추어, 개인적 관점을 서로 공유하게 된다. 이 단계에서 교사는 토론이 초점을 가지고 진행될 수 있도록 하고, 집단 상호작용을 촉진하여 학생들이 상호작용 능력을 개발하도록 지원해야 한다.

토론은 학생중심이어서 표류될 가능성이 항상 존재한다. 교사는 토론의 진행과정을 주의깊게 관찰하여 질문을 통하여 초점을 회복하고 옆길로 새거나 막다른 길에 도달하지 않도록 해야 한다.

성공적인 수업은 목표와 추진력을 지닌다. 학생들은 토론이 어딘가로 향하고 있으며, 목표를 향하여 수업이 진행되고 있다는 것을 느낄 수 있어야 한다. 토론은 학생중심이어서 표류될 가능성이 항상 존재한다. 교사는 토론의 진행과정을 주의 깊게 관찰하여 질문을 통하여 초점을 회복하고 옆길로 새거나 막다른 길에 도달하지 않도록 해야 한다.

동시에 교사는 토론 중에 학생들이 상호작용 기술을 개발할 기회를 제공해야 한다. 교사는 다음과 같은 피드백과 질문을 통하여 교사는 학생들의 상호작용 기술을 개발시킬 수 있다.

- 여러분 미영이가 재호의 생각을 어떻게 발전시켰는지 봤어요?
- 미영이는 재호의 의견에 동의하지 않는구나. 그러면 다른 의견이 있는 사람?
- 주의 깊게 잘 들었구나. 너는 두 가지 아이디어 사이의 중요한 차이점을 파악한 것 같구나.

교사는 의식적으로 학생 상호작용 기술의 긍정적인 측면을 강화함으로써 학생들이 효과적인 토론에서 상호작용의 중요성을 인식할 수 있도록 해야 한다.

효과적인 토론의 장애물로는 교사 주도, 일부 학생들의 지나친 참여, 학생들의 불참 등이 있을 수 있다. 효과적인 토론의 가장 큰 장애물은 학생들이 토론의 주도권을 갖도록 교사가 허용하지 못하는 것이다. 토론을 민주적이고 비강제적인 방식으로 이끄는 것은 많은 교사에게 어려운 과제이다. 학생들이 토론에서 주인의식을 느끼고 효과적으로 참여하려면, 교사는 학생들이 주도권을 개발할 수 있도록 뒤로 물러나서 덜 활발한 역할을 맡아야 한다. 즉, 교사는 학생들이 중심이 되어 활발하게 참여하는 토론을 유지하면서도 토론이 방향을 잃지 않도록 적절하게 방향을 제공해야 한다. 일부 학생들이 토론을 주도하는 경우에 교사는 다른 학생들의 이름을 불러서 의견을 물어봄으로써 토론 에너지를 활성화할 수 있다. 많은 학생들이 참여하지 않는 경우에 교사는 소집단 전략을 활용하여 모든 학생들이 참여하게 할 수 있다.

[조별로 토론을 진행하면서 활동지를 작성한다.]

S1: 뇌사자가 인공호흡기에 의존하여 심장 박동이 일어나고 있기는 하지만 결국은 죽잖아. 기계에 의지하여 호흡을 하고 심장박동을 하다가 생명을 마치는 것이라면 차라리 환자의 죽음을 인정하는 것이 조금이라도 환자에게 적은 고통을 주는 일이라고 생각해.

S2: 그런데 뇌사자의 뇌는 죽었지만 심장은 뛰고 있으므로 아직 죽은 것은 아니잖아. 만약 네가 사랑하는 가족이 뇌사 상태에 있다면, 죽은 것으로 받아들일 수 있겠어?

S3: 한편으로는 뇌사자의 장기를 기증하여 죽어가는 다른 많은 생명을 살릴 수 있잖아. 신장, 골수 등은 살아있는 사람으로부터도 기증을 받을 수 있지만, 심장, 이자, 폐 등과 같은 기관은 뇌사자로부터 기증받는 방법 밖에 없기도 하고.

S4: 뇌사를 죽음으로 인정하고 뇌사자의 장기를 기증받게 된다면, 불법 장기매매를 줄일 수 있을 것 같아.

S5: 그렇지만, 그렇게 되면 뇌사자의 생명의 소중함보다는 뇌사자를 장기이식을 위한 일종의 도구로 밖에 생각하지 않을 것 같아.

〈중략〉

[조별 논의를 통하여 학생들이 여러 입장에서 뇌사에 대한 다양한 견해가 있음을 파악하게 된다.]

∞ 2단계: 탐색
탐색 단계에서 학생들은 각자의 입장을 취하여 뇌사를 죽음으로 인정할 것인지에 대하여 찬반 논쟁을 활발하게 벌인다.

∞ 효과적인 토론의 장애물

∞ 교사는 학생들이 중심이 되어 활발하게 참여하는 토론을 유지하면서도 토론이 방향을 잃지 않도록 적절하게 방향을 제공해야 한다.

3) 마무리

∞ 3단계: 마무리
마무리 단계에서는 토론의 과정과 내용을 요약한다. 이때, 토론의 목적이 반드시 합의나 의견의 일치에 도달하는 것이 아니라, 아이디어와 의견을 정직하게 교환하는 것임을 학생들이 알게 해야 한다.

마무리 단계에서 교사는 학생들이 제기된 요점을 파악하고 토론의 진행 과정을 요약하도록 돕는다. 효과적인 수업은 일정 방향으로 진행될 뿐만 아니라 마무리가 있어야 한다. 학생들은 그들의 노력이 뭔가를 생산해냈다고 느낄 수 있어야 한다. 교사 중심의 수업이 아니어서 수업의 방향이 명확하지 않은 토론 수업에서 이러한 측면은 특히 중요하다. 교사는 (1)학생들에게 제기된 주요 요점을 요약하게 하거나, (2)이슈에 대한 합의 여부를 거수로 확인하는 등의 방법으로 학생들이 수업을 마무리하도록 도울 수 있다. 이때 토론의 목적이 반드시 합의나 의견의 일치에 도달하는 것이 아니라, 아이디어와 의견을 정직하게 교환하는 것임을 학생들이 알게 해야 한다.

[모둠별로 입장이 어느 정도 수렴되었을 때, 교사는 모둠별로 토론결과를 발표하게 한다.]

T: 뇌사에 대해서는 여러 입장에서 다양한 견해가 있을 수 있음을 알았을 겁니다. 그러면 모둠별로 어떤 입장들이 나왔는지 발표해 봅시다.

[학습 전체가 모둠별 의견을 경청한 뒤에, 교사는 뇌사 인정과 장기이식과의 관련성을 설명하고, 사랑의 장기 기증 등록 엽서를 소개한다.]

T: 그러면 모둠별로 작성한 활동지와는 별도로 뇌사자의 장기이식에 관련된 문제상황에 대하여 각자의 의견을 정리해서 써 보세요.

[교사는 수업을 마친 뒤, 학생들 각자가 자신의 생각을 정리할 기회를 주게 위해 "12세 소녀의 성탄선물: 뇌사판정 후 장기기증, 난치환자 9명에 새 삶"이라는 신문 기사를 제시하고 각자의 생각을 정리해오는 과제를 제시한다.]

5. 수업모델은 수업지원의 도구일 뿐

4장의 수업의 굽이굽이에서는 수업진행 과정에서 직면할 수 있는 다양한 수업 모델과 방법을 점검해 보았다.

지금까지 여러 가지 교수학습 모델을 살펴보았지만, 실제 상황에서 교사는 융통성을 발휘하여 각자의 수업상황에 적합한 모델을 선택하고 조정해 나가야 한다. 즉, 설정한 목적 달성에 가장 효과적인 수업모델을 파악하고, 이 목적을 달성하기 위해 각 모델의 세부 요소들을 수정해 나가야 한다. 유능한 교사는 설정한 수업목적을 달성하기 위해 이러한 모델들을 의식적으로 통합하고 조절한다. 전문가로서 교사는 내용에 대한 깊이 있는 이해는 물론 학생들의 사고능력을 촉진할 수 있는 기회를 강조한다. 이러한 과정에서 여러 가지 모델들이 혼용된 수업을 실시하기도 한다. 수업모델은 엄격한 규칙이 아니라 수업을 개선하기 위한 도구일 뿐이다. 수업모델은 교과내용에 대한 지식, 창의성, 사람에 대한 감수성 등 교사의 근본 자질을 대체할 수 없다. 수업모델은 단지 교사가 보다 체계적이고 효율적으로 가르칠 수 있도록 지원하는 도구일 뿐이다. 따라서 교사는 그들의 창의성을 발휘하여 융통성 있게 모델을 활용해야 한다. 청사진처럼 수업모델은 하나의 설계도일 뿐이며 교사는 자신의 통찰과 능력을 발휘하여 적절한 수업모델을 의도한대로 활용할 수 있어야 한다.

∞ 실제 상황에서 교사는 융통성을 발휘하여 수업목표 달성에 가장 효과적인 수업모델을 선택하고 조정해 나가야 한다.

∞ 수업모델은 교사가 보다 체계적이고 효율적으로 가르칠 수 있도록 지원하는 도구일 뿐이다.

♠ 4장을 읽고 나서 생각해볼 질문들

실제 수업 장면을 활용하여 각 수업이 어느 모델로 설명될 수 있는지를 분석해보자.

1. 스키마는 어떻게 획득되는가? 일상 경험으로부터 세 가지 사례를 제시하시오.

2. 귀납적 모델은 구성주의 학습관을 기초로 한다. 강의토론 수업을 구성주의 수업으로 만들 수 있는 두 가지 구체적인 방법을 제안하시오.
3. 강의-토론 모델의 구체적인 장점과 약점을 제시하시오.
4. 선행조직자의 효과성에 영향을 주는 조건은 무엇일까? 학생들의 나이가 어릴수록, 자료가 새로운 것일수록, 추상적인 자료일수록 선행조직자의 효과는 어떻게 될까?
5. 오슈벨은 귀납적 모델에 대해 어떻게 반응했을까?

pedagogical content knowledge

수업에서의 평가

05

수업에서의 평가

학기말이 되면 선생님들은 몹시 바빠진다. 생활기록부 등 각종 장부를 마감해야 하는 등 할 일들이 수없이 많지만, 그중 가장 중요한 일 중 하나는 수행평가를 마무리 하는 일이다. 학생들은 한꺼번에 밀려드는 과목별 수행평가에 버거워하며, 때로는 왜 학기말에 한꺼번에 수행평가를 하느냐는 학부모의 항의 전화에 교사와 관리자는 당황해 하곤 한다.

대개 평가를 교육의 마지막 활동이라 생각하기 쉽지만, 혹자는 평가를 교육의 끝이 아니라 시작이라고 한다. 잘 계획된 평가는 교육의 과정과 질을 변화시킬 수 있으며, 그러한 연유로 많은 사람이 지금의 대학입시라는 평가 체계의 개선을 통해 우리나라 교육을 변화시켜보려 노력하고 있다.

이 장에서는 수업이라는 상황에 국한하여, 수업 속에서의 몇 가지 평가 사례를 살펴볼 것이다. 현재 '수행평가'라는 이름으로 진행되는 평가 과정을 두 교사의 인터뷰로 소개하고, 각각의 사례에서의 평가가 수업에서 어떤 기능을 하고 있는지 살펴보겠다. 각기 다른 색깔의 두 교사의 사례를 통해 진정 수업에 도움이 되는 좋은 나만의 수행평가의 방식을 찾아보기 바란다.

수업은 학생들이 가진 생각을 끄집어내서 그것을 올바른 방향으로 바꾸어주는 것

P 선생님의 수업시간은 늘 시끌벅적하다. 학생들은 언제나 망설임 없이 수업과 관련된 자신의 의견을 발표하며, 수업은 선생님과 학생사이의 대화를 통해 진행된다. P 선생님은 학생의 자발적인 발표와 토론을 매우 중요하게 생각하며, 이러한 발표를 통한 평상시의 수업참여 결과를 수행평가에 비중 있게 반영한다. P교사와의 인터뷰 내용을 통해 P교사의 평가 방법을 살펴보자.

∞ 학생들의 생각을 먼저 알고 그 생각을 과학적인 생각으로 바꾸어 주는 것이 수업이라고 생각하기 때문에 수업에서 질문을 적극적으로 활용한다.

Q. 학생들의 발표를 어떻게 점수에 반영하나요?

∞ 과학책 표지에 학생별로 수행평가 항목이 표시된 평가표를 붙여놓고 활용하자.

A. 저는 수업시간에 학생들에게 질문을 많이 하는 편이에요. 학생들의 생각을 먼저 알고 그 생각을 과학적인 생각으로 바꾸어주는 것이 수업이라고 생각하기 때문이지요. 그래서 학생들에게 질문을 많이 하는데, 학생들이 수업시간에 발표를 할 때마다 평가표에 동그라미를 쳐요. 제 과학책 표지 앞에 발표, 과제물, 실험태도 이렇게 수행평가 비율에 맞게 일일이 칸을 만들어 놓은 표를 붙여 놓았거든요. 한 학생에 대해 한 열 칸 정도 칸을 모두 만들어놨어요. 그 표에는 과학행사, 독후감 등등 각종 평가 항목이 있는데, 저는 거기에 동그라미를 치고 모든 내용을 기록해요. 이걸로 다 점수를 만들지요. 예전에 혼자 평가를 할 때는 이 동그라미 친 것으로 10점이면 10점이라는 수행평가 점수를 만들어줬는데, 다른 선생님과 함께 수행평가를 하게 되니 그 선생님께서 아주 객관화된 수행평가를 원하셨어요. 예를 들면 실험하고 나서 시험을 보는 거죠. 그래야 정확하다고요. 제가 처음 이 학교로 왔으니 제 맘대로만 할 수는 없잖아요. 그래서 시험은 시험대로 보는 것으로 하고 동그라미 많은 학생에게는 가산점을 주는 방식으로 평가를 하기로 했습니다.

Q. 만약에 시험 없이 수행평가를 하실 경우에는 공정성에 문제가 생기지는 않나요? 예를 들어서 공부 잘하는 학생이 수업시간에 전혀 발표를 안했다면, 그런 아이들은 수행평가 점수가 기본점수 수준의 형편없는 점수를 받을 수 있지 않을까요?

A. 발표만 점수에 들어갈 때 그런 문제가 생길 수 있지요. 그래서 제 평가항목에는 실험이나 이런 것들이 모두 항목으로 들어가 있어요. 예를 들면 내가 연습문제 과제를 다섯 번 내준 것 중에 몇 번 했는가?, 과제물을 제대로 했는가?, 보고서, 그 다음에 태도 점수, 과학행사 점수 체크된 것, 실험활동 한 것, 실험을 보통 한 학기에 두 개, 세 개는 하잖아요. 그런 것에 대한 기본적인 결과가 있고 발표점수가 있죠. 실험활동 한 것은 주로 보고서를 보고 평가하게 하죠. 태도는 특히 수업시간에 장난치거나 그러면 '너 한번 걸렸다' 이렇게 알려주고 F 표시를 해요. 그러면 많은 아이들은 다섯 개 되면 점수를 깎을 만큼 깎여요. 그러니까 정말 공부를 안 하고 수업시간에 산만한 아이들은 반에 다섯 명 정도는 여기 다 걸려있어요. 공부 잘하는 아이들은 실험활동이나 보고서나 과제 이런 걸 잘해오거든요. 그러니 기본적인 점수가 좋지요. 그래서 그런 문제 때문에 발표점수는 제가 추가로 가산점 형태로 주는 쪽으로 바꾸었었어요. 그리고 이 기본 점수에다가 발표를 많이 했으면 최대로 가산점을 10점 만점에 3점을 준다든지, 개수 분포를 보고 가산점을 주죠. 만일 발표가 하나도 없으면 자기 점수 그대로만 받을 뿐 만점을 받지 못하는 거죠. 예를 들어 다른 항목에 대한 평가 점수 합계가 9점이면 발표를 잘했으면 여기서 가산점을 받아서 10점을 만들어줘요. 학생들에게 태도가 좋지 않으면 점수를 감점한다고 알려주기는 하는데, 실제로는 태도가 좋지 않은 학생들은 기본 점수가 워낙 나빠서 점수를 감점할 것도 없어요. 그래서 나만 알고 있지. 실제로 감점을 하지도 않아요.

∞ 발표 점수는 기본 점수에 가산점을 주는 방식으로 산출하자.

Q. 선생님과 같은 수행평가에서 높은 점수를 받는 학생과 지필 시험 성적이 높은 학생이 일치하나요?

A. 일치 하지 않아요. 보통 중간 정도의 성적을 가지고 있고, 좀 자기 의사표현을 잘하고 이런 아이들이 제가 점수를 줄때는 좀 많이 받아요. 그런데 그 학생이 반드시 지필시험을 잘 보는 것은 아니거든요. 공부를 잘 하는 아이들이 점수를 확인하고 싶어 할 수 있어요. 자신의 점수가 왜 이것밖에 되지 않느냐고 하면 저는 기록한 평가표를 보여줘요. 네가 발표는 이만큼 했고, 이날 과제를 했고 안했고 등을 보여주고, 그래서 동그라미 다섯 개까지는 내가 플러스 1점을 줬다 이렇게 기준을 알려주고 세어보라고 하죠. 공부 잘하는 아이들 중에도 발표를 하지 않는 아이들이 있어요. 수업에 적극적으로 참여하지 않는 학생들이죠. 그런 아이들은 시험성적대로 받아요. 대신 발표 가산점을 못 받아요. 학생이 7점을 받은 경우 동그라미가 많으면 8점도 만들어주고 9점도 만들어주거든요. 그런데 그런 가산점을 못 받아요. 아이들한테 미리 3월 달 학기 시작할 때 알려주었기 때문에 아무런 문제가 없답니다.

∞ 평가 결과는 언제든지 투명하게 학생에게 공개! 학기 초에 평가기준을 학생들에게 명확하게 알려주자.

Q. 발표를 시키다 보면 늘 발표하는 학생만 발표를 한다든가, 몇몇 학생에게 발표가 집중되는 경향이 나타나지 않나요?

A. 대개 전체 학생 수가 약 40명 정도라면 그중 약 15명 정도가 발표에 참여하는데요, 특정 몇몇 학생만 발표를 하는 경우 저는 이런 방법을 써요. 먼저 학생들에게 질문에 대한 자신의 의견을 노트에 적어보도록 한 후, 무작위로 번호를 불러서 발표를 시키기도 하지요. 노트에 적은 걸 읽는 아이들도 동그라미를 쳐 주기는 하지만, 자발성을 중요하게 생각하기 때문에 학생에게 분명히 알려주죠. 예를 들면 "너는 선생님이 시켜서 하는 거다"라고 해서 아이들이 좀 자극을 받을 수 있도록 해요.

∞ 질문에 대한 답을 모든 학생이 먼저 노트에 적어보도록 한 다음 발표를 시키면 발표에 참여하지 않는 학생의 발표를 유도할 수 있다.

그리고 수업시간 한 시간에 동그라미를 하나 이상은 안 주거든요. 한 학생이 여러 번 발표를 해도 회수만큼 점수를 얻지는 못하죠. 예를 들어 '지구의 모양이 어떻다고 생각하는지 적어보자' 라는 질문에 대해 학생들이 발표를 하는 경우 학생들은 자신의 번호를 꼭 말하고 발표를 해요. 그러면 저는 발표하는 학생의 번호를 칠판에 적으면서 그 학생의 의견을 번호 옆에 정리해서 적어요. 수업이 끝나면 제가 남아서 메모를 하죠. 그때 같은 번호가 두개면 하나만 메모를 해요.

그 다음에 예를 들어 아무도 손을 안 들었으면, 어려운 질문이면 손을 안 들 수도 있고, 그러면 내가 임의로 번호를 불러서 그 중에 특별히 억지로 하는 느낌 없이 자연스런 답이 있으면 동그라미 쳐 주지요.

Q. 학생들에게 발표를 시킬 때 주의할 점은 무엇인가요?

A. 가끔 정말 중학생답지 않게 발표하는 아이들이 있어요. 예를 들면 '그림자가 왜 생기지?' 그랬더니 아이들 중 하나가 사람은 원래 마음속에 그림자가 있는 것 아니냐고 대답을 하더군요. 사람의 마음속에는 원래 그림자가 있었는데, 빛이 딱 오는 순간 그 그림자가 딱 나타난 거라고 아주 형이상학적으로 발표를 했어요. 그랬더니 그 발표에 대해서는 한 세 명 정도가 이제 반대, 찬성, 반대 토론이 진행되더라고요. 그러면 어떤 애가 돌이나 저런 것들도 그림자가 있는데 그것들은 어떻게 된 거냐고, 그것들도 마음이 있는 거냐고 이렇게 반론을 했어요. 그 아이는 자신의 생각을 조금 수정을 해서 사람만이 아니라 모든 물체들은 자기 자신이 그림자를 다 가지고 있는 것이고, 빛이 들어오면서 그 그림자가 만들어지는 거라고 설명을 하더라고요. 그러면 아이들이 처음에 '우'하고 야유를 하죠. 그걸 못하도록 해야 돼요. 다른 친구가 발표할 때 비하한다든지, 친구 발표를 놀리는 투로 말하는 이런 행동을 초반에 잡아서 다 없애줘야 돼요. 학생들이 서로를 존중할 줄 알아야 되거든요. 보통 아이들이 틀린 답이나 튀는 답을 하면 항상 어~해서 분위기 망치는 소리가 나는데, 그런 아이들은 과감히 꾸짖어서, 주변에서 어~하는 아이들을 없애줘야 해요. 저 친구는 특이한

∞ 다른 학생의 발표를 존중할 줄 아는 태도를 길러 주기

생각을 하지 않느냐고 오히려 칭찬을 해 주지요. 그래서 그런 특이한 발표를 할 때는 예상보다는 동그라미를 한개 반 정도 좀 많이 주고 그랬어요. 아이들보고 꾸짖었어요. 너희들 어릴 때 그림자가 움직이는 동화를 읽은 적 없냐고, 그러면 읽은 것 같다고. 이 친구 같은 생각을 해야 나중에 자라서 이 친구는 과학저술가, 책 쓰는 사람이 될 수도 있는 거라고. 얼마나 멋진 생각이냐고 말이죠.

∞ 틀린 답을 말하는 친구도 항상 긍정해 주기, 창의적인 생각을 발표하는 친구는 더욱 칭찬해주기

Q. 학생의 발표를 이용하여 평가를 하는 데 어려운 점은 무엇인가요? 학생들에게 발표를 많이 시키는 것이 힘들지는 않나요?

A. 아이들은 발표를 해 본적이 없고, 어떻게 발표를 하는지도 대개는 모르죠. 그런 아이들을 데리고 발표 수업을 진행하려면 보통 발표 훈련을 하는데 한두 달 정도는 시간이 걸리지요. 예를 들어 학생들에게 '지구가 어떻게 생겼지?'라고 질문할 때 보통 아이들은 '둥글게', '네모요', '세모요'라고 자기 의도는 아니지만 선생님에게 시비조로 말을 하잖아요. 일단 그것부터 고치도록 하죠. '나는 둥글다고 생각합니다.' 이런 식으로 반드시 주어, 내용, 마침표로 끝나도록 발표하는 훈련을 먼저 시켜야 되거든요. '나는 지구가 세모라고 생각합니다.' 이렇게 훈련을 시키죠. 항상 마침표를 찍게 하고 그리고 나서는, 그래도 그렇게 하다 보니 항상 발표하는 놈만 발표를 해요. 그래서 그 다음 방법은 이제 어제는 나는 지구가 둥글다는 생각을 언제 했을까를 일단 노트에 '나의 생각'이라고 해서 세 줄 정도 적게 해요. '나는 유치원 때 뭘 보고 지구가 둥글다고 생각했다.' 이렇게 근거를 적고 말을 하게 해요. 그런데 아직도 이제 어떤 질문을 했는데, 예를 들면 구름과 구름 그림자 중 누가 크냐고 내가 그러면 아직도 파악을 못한 아이들은 '구름이요!' 이렇게 하고 끝내는 경우가 있어요. 그러면 요즘 아이들이 '야, 근거가 없잖아, 근거를 말해야지' 라고 자기들끼리 어느 정도 말을 해요. 그게 한 달이 걸려요. 그리고 나면 '나는 빛이 퍼져가기 때문에 구름 그림자가 더 크다고 생각합니다.' 이런 식으로 많이 고쳐지지요.

∞ 발표하는 방법도 훈련이 필요! 주어, 내용, 마침표로 끝나는 문장으로 발표하도록 훈련시키기

∞ 발표를 할 때는 항상 '근거'를 들어서 설명하도록 지도하기

∞ 자신의 생각을 적고 표현은 나중에 하기, 친구들과 정답을 비교해보지 말기

또, 내가 '지구가 어떻게 생겼는지 발표할 준비를 하라' 또는 '구름과 구름 그림자 중 어느 게 큰지를 적어 보라'고 하면 아이들이 먼저 적어요. 그러면 아이들이 처음에는 자기 생각을 다른 친구한테 막 확인을 하려고 해요. '야, 둥근 거 맞지?, 누가 큰 거 맞지?' 이렇게 막 확인을 하려고 하는데, 그걸 못하게 해야 해요. 자신의 생각을 적으라고 했지 않느냐. 표현하는 것은 나중에 하는 거라고 훈련을 시키죠. 아이들한테 가장 많이 고친 게, 떠든다는 말이 뭔지를 이해시키는 일이에요. 선생님이 항상 떠들지 말고 조용히 하라고 하는데, 떠든다는 말이 뭔지 아느냐고 묻지요. 예를 들어 오늘 수업이 지구의 크기에 대해서 배우는 것이라면, 학생들이 수업 주제와 관련된 어떤 이야기를 하는 건 떠드는 게 아니다. 그런데 '야, 오늘 반찬 맛있니?' 이런 걸 수업시간에 하면 그건 떠드는 거라고 설명을 하지요. 그러니까 아이들한테 떠들지 말라는 말의 의미까지 이해를 시켜야 돼요. 간혹 잡담하는 아이들은 '아, 우리 지구의 크기에 대해서 이야기했다'고 말하곤 해요. 아무튼 이렇게 근거가 있는 발표를 꼭 해야 된다는 쪽으로 그 연습을 시키는데 한 한달 정도가 걸리는 것 같아요.

발표 훈련할 때 또 강조되는 게 뭐냐면, 발표를 하든 앞에 나와서 말을 하든 그 사람이 이 반의 대표라고 학생들이 인지하게 만드는 일이에요. 그리고 그 사람이 '나는 지구가 네모라고 생각합니다. 왜냐하면…' 이라고 발표를 하고나면 대개 아이들은 발표가 끝난 후 어쩔 줄을 몰라요. 들어가야 되는지 뭔지 그 방법을 아이들이 몰라요. 그러면 발표를 다했으면 '이상입니다'라는 말을 넣어야 되고, '제가 이렇게 발표했는데 혹시 질문이 있습니까?' 라고 해야 된다는 것을 알려줘야 하죠. 질문이 있으면 받고 그러면 그 애가 번호를 적거든요. '30번이 발표를 했는데 21번이 질문을 했습니다.' 라고 적거든요. 그러면 그건 훨씬 더 많은 점수를 받아가요. 발표가 잘 되면 많은 점수를 받아갈 수밖에 없다고 계속 교육을 시키거든요. 그래서 발표를 하고나서 예를 들어 어려운 질문이 나왔으면 학급의 주인은 이 발표자니까 '아, 이런 질문이 나왔는데 저는 답을 잘 모르겠습니다. 혹시 아는 분이 있습니까?'라고 또 물어 보지요. 아무도 없으면 '이 문제는 선생

∞ 수업시간에 떠드는 것은 수업과 관련 없는 이야기를 하는 것

∞ 발표를 할 때는 발표자가 학급의 대표이며 주인이 된다.

∞ 학생들에게 발표 형식을 가르치는 것도 중요!

님께 맡기도록 하겠습니다.' 라고 말하고 또 다음으로 넘어가고 그리고 난 후에 들어가는 거라고 알려줘야 하지요. 학생이 들어가고 나면 제가 어려운 질문에 대해서 한번 생각해보자고 해요. 발표 형식에 대해서 참 답이 없고 또 아이들 발표가 예상할 수 없잖아요. 그런 예상할 수 없는 부분에 대해서 내가 어떻게 이 아이를 융합시켜줘야 될까를 이런 부분에 좀 부족한 걸 많이 느껴요.

Q. 과학시간은 토론이나 글쓰기를 강조하는 국어 시간과는 다르게 가르쳐야 하는 개념이 분명하게 있습니다. 이와 같이 학생들의 발표를 평가에 반영하는 수업방식은 어떤 좋은 점이 있나요?

A. 물리 부분은 특히 좋은 것 같아요. 예를 들어 등속운동에 대한 수업에서 제가 교탁에 나무토막을 놓고 거기에 용수철을 걸어서 잡아당겨요. '얘들아 봐라. 내가 요놈을 속력을 일정하게 잡아당기고 있지? 그러면 이게 무슨 운동이겠니?' 그렇게 질문을 하면 아이들은 내가 등속으로 끈다고 했으니까 속력이 일정하다고 할 거에요. 이 나무토막이 힘을 받았는지, 아닌지를 물어보면 아이들이 정말 의견이 다양해요. '선생님이 끌어줬으니까 힘을 받았지'라는 것부터 시작해서. 그런데 등속운동은 힘을 안 받아야 되잖아요. 아이들의 온갖 이야기가 다 나와요. 이럴 때는 토론을 시키면 아이들 머릿속에 있는 걸 모두 끄집어낼 수 있어요. '아, 이 아이들은 내가 잡아당기는 걸 힘을 받는 것으로 바로 받아들이는구나!'하고 알게 되죠. 저는 학생들에게 이렇게 말하곤 해요. 제가 수업을 하는 목적은 학생들이 가진 생각을 끄집어내고, 그걸 올바른 방향으로 바꾸어주는 게 수업이라고 생각한다고요. 학생들의 생각을 다 끄집어내 놓으면 제가 뭘 가르쳐야 될지가 떠오른다고요. 그렇게 해서 이게 힘을 받지 않는 운동이고 등속운동이라는 것으로 끄집어 내면은 이 (등속운동) 그래프를 쓱 보여주고 '이게 등속운동이다.' 라고 설명하는 것 보다는 더 나은 것 같아요. [웃음] 아마

∞ 학생들이 가진 생각을 끄집어내고, 그걸 올바른 방향으로 바꾸어 주는 것이 수업

아이들한테 또 물어도 또 힘을 받았다고 그럴 거예요. 왜냐면 그때는 충격을 받아서 '아, 그러네요.'라고 하더라도, 그 아이들 말을 다 모아 봐도 힘을 받았다 그래요. 어떤 아이들은 자기가 말을 하다가, '어, 이건 힘을 안 받아야 되는데' 라고 말을 하면서 '어, 이상하다.' 라고 말을 표현을 하면서 스스로 고쳐지기도 하고. 이렇게 오개념을 끄집어내서 과학개념으로 바꿀 때는 토론하는 방법이 좋은 것 같아요.

또 한 가지, 발표할 때 가장 흐뭇한 점이 뭐냐면 정말 친구들의 다양한 생각이 서너 가지 나올 때, 예상하지 못했던 전혀 다른 생각이 나올 때, 만약에 내가 발표를 안 시켰으면 그런 걸 전혀 모르고 넘어갔을 텐데, 그런데 그런 걸 하나하나 끄집어 낼 때 '아, 정말 발표가 중요하구나!' 라고 생각하죠. 내가 오히려 학생들로부터 힌트를 많이 얻어요. 내가 생각지 못했던 것을 많이 얻어요. 특이한 질문들은 자꾸 잊어버리기 때문에 제가 메모를 다 해요. 다른 반에 가서 어떤 이야기들이 안 나오면 저반에서는 이런 이야기들이 나오는데 너희들 왜 발표 안하냐고 말하죠.

∞ 발표를 통해 교사는 학생의 생각을 알게 되고, 이는 수업의 출발점이 된다.

Q. 선생님의 지금과 같은 수업방식으로 어느 정도 학생들이 이해하는 것 같으세요?

A. 저도 그런 게 궁금해서 수업시간 중에 배운 내용을 의도적으로 확인해 보곤 해요. 물론 바쁜 때는 확인을 못하고 나오는 경우도 있지요. 확인하는 방법은, 아이들이 설명하거나 발표할 때 발표를 들은 다른 학생이 알아들었다는 듯이 '아!'라고 감탄하면 저는 그 학생에게 꼭 물어요. 그 학생이 이전에 생각했던 건 뭐고 '아!'하고 난 이후의 생각은 뭔지를 물어보면, 이전에는 이렇게 생각했는데 방금 저 친구 발표를 들으면서 이렇게 됐다라고 설명을 해요. 그러니까 이전까지 가진 생각은 뭐고 수업하고 나서 생각은 뭔가를 확인한 수업도 약 3분의 1정도는 되는 것 같아요. 시간 여유가 있을 때 확인을 해 보면 약 3분의 2정도의 학생들은 어떻게 해서라도 따라오는 것 같고, 그 다음에 3분의 1 정도는 따라오지 못해요. 어떨 때는 학생들에게

∞ 학생이 이해했다고 생각했을 때 그 이전에 생각했던 것과 이해하고 난 후 달라진 생각이 무엇인지를 학생에게 다시 묻는다.

이렇게 말하기도 해요. 내 능력으로는 좀 힘들다. 너희들 스스로 공부할 수밖에 없다고 농담도 하고 그러면 넘어가고 그러거든요. 예를 들면 삼각형을 구하는 공식이 안 된다던지, 내가 설명하는 걸 어렵다고 해서 낮추고, 낮추고 하다가, 거기까지 가게 되면 중학생 중에 10명 정도 나와요. 그러면 선생님이 수학선생님도 아니고 능력이 딸려서 힘들다고 하면 그러면 다른 아이들이 답답해하니까 그 애들은 그냥 두고 넘어갑니다.

수업과 평가는 분리된 것이 아니죠

K교사는 다양한 실험과 활동들을 수업에서 많이 활용하며, 학생들의 평소 활동 결과를 수행평가 점수에 반영한다. K교사는 수업과 평가가 분리된 활동이 아니라 유기적으로 연결되어 있어야 한다고 주장한다. K교사와의 인터뷰 내용을 통해 K교사의 평가방법을 살펴보자.

Q. 수행평가 점수를 어떻게 산출하나요?

실험 1	실험 2	포트폴리오	수업활동
10	10	10	10

A. 저희 학교는 학기당 40점이 수행평가 점수인데, 그중 20점이 실험 및 탐구 활동을 통해 산출되고, 나머지 20점은 수업관련 자료를 모아두는 포트폴리오(10점), 수업 중 각종 활동 점수 누계(10점)로 점수를 내요. 실험 점수 20점은 보통 두개의 실험활동으로 각 10점씩 평가하지요. 실험은 실험과정과 결과를 각각 5점으로 평가하여 총 10점이 되요.

Q. 보통 실험평가는 결과 보고서를 가지고 평가하는 것이 일반적인데요, 실험 과정과 결과를 어떤 방식으로 평가하나요?

A. 예를 들어 지난 학기에는 '호흡기관 모형 만들기'라는 주제로 실험

평가를 했어요. 인체의 호흡기관인 폐와 폐를 둘러싼 기관지, 늑골, 횡격막 등의 기관들을 플라스틱 병, 빨대, 고무풍선 등을 이용하여 모형을 만들고, 그 모형을 이용하여 호흡 운동이 일어나는 원리를 알아내는 실험활동이었어요. 이 실험 평가의 경우 한 학생이 혼자서 모형 하나를 만들기 어렵기 때문에 2인 1조로 실험을 진행했어요.

먼저 준비물 준비상태와 모형을 만들어 검사를 받는 것까지의 과정을 5점으로 평가했어요. 학생들이 모형을 만드는 동안 실험실을 돌아다니며, 준비물을 제대로 준비하지 않은 조, 사전에 일러준 주의사항을 지키지 않는 조와 두 명의 학생이 함께 열심히 참여하지 않는 조등을 지적하며 과정 점수에서 감점을 했어요. 모형을 다 만든 조는 바로 모형을 가지고 나와 검사를 받도록 했어요. 선생님 앞에서 직접 모형이 작동하는지 시범을 보이는 거죠. 이렇게 모형이 제대로 작동하는지 까지 확인하여 최종적으로 조별로 실험과정에 해당하는 5점의 점수를 줬어요. 아이들이 직접 만든 모형을 작동할 때의 표정이 저를 정말 즐겁게 해요. 열심히 만든 모형이 잘 작동하는 조는 좋아서 어쩔 줄 몰라 하고, 5점 만점을 받으면 뛸 듯이 기뻐하면서 뛰어 들어가요. 5점을 다 받지 못하는 경우는 왜 점수가 깎이는지 학생에게 명확하게 설명을 해 주지요. 이 활동에서 한 가지 좋은 점은 직접 호흡운동을 손으로 느낄 수 있도록 개별 학생들에게 일일이 시범을 보여 줄 수 있다는 거예요. 교과서를 통해 모형을 배우고 문제를 많이 푼 학생들도 정작 어떻게 그 모형이 들숨과 날숨의 원리를 설명하는지 정확하게 이해하지 못하는 경우가 많거든요. 모형이 작동하는지 시험해 볼 때 학생들의 손을 입구에 가져다 대어서 공기가 들어가고 나가는 것을 손으로 느껴보도록 안내해 줘요. 풍선의 커졌다 작아졌다 하면서 공기가 정말 들어가고 나가는 것을 자기 손으로 직접 느끼면서 아이들은 눈이 휘둥그레져요. 그리고 난 후에 그 이유를 탐구해 보라고 하면 둘이 머리를 맞대고 정말 열심히 상의를 하는 거죠.

이렇게 모형을 완성한 학생들은 나머지 시간동안 보고서를 완성하면서 모형을 가지고 들숨과 날숨이 일어나는 원리를 탐구해요. 보고서는 첫째,

∞ 실험의 과정과 결과를 모두 평가해야 한다.

∞ 교사의 준비와 안내가 학생의 성공적인 학습목표 달성을 돕는데 필수적이다.

∞ 탐구를 위해서는 탐구에 필요한 기본 지식을 학생들이 얼마나 알고 있는지, 즉 선행지식을 파악해야 한다.

모형을 그리고 각각에 해당하는 인체의 기관을 짝지어 이름붙이기, 둘째, 모형 작동 순서에 따른 변화상태 기록하기, 셋째, 들숨과 날숨의 원리를 설명하기라는 세 가지 활동으로 구성되어 있으니 이것을 시간 안에 다 채워야 해요. 이때 같은 테이블에 앉은 학생들끼리 함께 호흡운동의 원리에 대해서 토론하는 것은 허락했지만, 최종 보고서에 들숨과 날숨의 원리를 서술하는 것은 각자 자신이 이해한 대로 자신의 언어로 써야 한다고 강조했어요. 이렇게 작성한 보고서를 채점하여 나머지 5점을 줬어요.

Q. 제한된 시간 내에 학생들이 모형을 만들고 탐구를 하는 것이 가능한가요? 학생들은 호흡 운동의 원리를 스스로 알아내었나요?

A. 이런 활동에서 교사의 역할이 무척 중요한 것 같아요. 시간을 효율적으로 활용할 수 있도록 모든 것이 사전에 잘 준비되어 있어야 해요. 실제 모형 제작은 생각보다 간단하기 때문에 잘 준비되어 있는 경우 짧은 시간 안에 학생들이 모형을 완성하더라고요. 이 경우 좋은 방법은 사전에 완성된 모형을 하나 만들어 놓는 거예요. 완성된 모형을 미리 보여주는 것이 학생의 사고를 방해하지 않는 경우라면, 완성된 모형을 미리 보여주면 학생들은 빠른 시간 안에 과제를 수행하는데 도움이 되는 것 같아요.

ⓢ 구체적 체험(hands-on)만으로는 불충분하고, 학생들이 반드시 지적·정신적(minds-on)으로 참여해야 한다.

과제를 제작하는 것 자체에 매몰되다 보면 학생들이 몸만 바쁠 뿐(hands-on) 지적으로 이해하는 과정(minds-on)이 빠질 수 있잖아요. 그 때문에 주어진 모형을 이용하여 호흡운동의 원리를 알아내라는 또 하나의 과제를 제시한 것이죠. 이때 아무 것도 없이 모형만 던져주고 들숨과 날숨의 원리를 알아내라 하면 대부분의 학생들은 어리둥절해 해요. 원리를 알아내는 학생도 거의 없지요. 이 경우 교사는 학생의 사고를 잘 안내해 주는 것이 중요한 것 같아요. 예를 들어, 들숨, 날숨의 원리를 알아내기 위해 필요한 기본적인 지식이 있거든요. '부피가 증가하면 압력은 감소한다.'는 기본적인 개념을 이해하지 못하고 있다면 당연히 호흡 운동의 원리는 알아낼 수 없지요. 따라서 이와 같은 사전 지식을 수업전이 미리 확인하고, 잘 모르고 있던 학생들이 어떤 형식으로든 이해할 수 있도록 도와주어야 해요. 그렇지 않으면 호흡운동의 원리를 탐구를 통해 알아낸다는 것은 불가능하죠.

또한 모형을 만들어 검사를 받기 위해 가지고 나왔을 때, 단순히 모형이 제대로 만들어 졌는지 만을 보는 것이 아니라 학생들의 손을 바람이 나오는 곳에 가져다 대도록 하고 직접 공기가 드나드는 것을 느끼도록 해 줬어요. 단순한 활동이지만 교사가 모형을 작동하여 직접 들숨과 날숨의 시범을 보여주는 것은 굉장히 큰 효과가 있었던 것 같아요. 학생들은 자신이 열심히 만든 모형이 잘 작동한다는 것 이외에도, 바람을 불어 넣지도 않았는데 횡격막에 해당하는 고무풍선만 잡아당기면 안쪽 풍선이 부풀어 오르면서 공기가 드나든다는 것을 직접 느끼는 거죠. 아이들이 얼마나 신기해하는지 몰라요. 시간 활용 면에서도 효율적이고, 아이들의 탐구를 안내해주는데 효과가 있었던 것 같아요.

Q. 보고서를 채점하다가 보면 같은 조에 있는 학생들끼리 똑같이 보고서를 작성하는 경우가 매우 흔하잖아요? 위와 같은 활동에서 같은 테이블에 앉은 학생에게 토론을 허락한다면, 다른 학생의 답안을 베껴 써서 쉽게 점수를 얻는 학생(무임승차)이 생기지 않나요?

A. 물론 그런 문제가 없을 수는 없죠. 그렇지만 그럼에도 불구하고 저는 학생들끼리의 토론 활동이 중요하다고 생각해요. 학생들은 모형을 움직여 보면서 자신의 사전 지식을 총 동원하여 나름의 설명을 만들고 그것을 친구들과 공유하면서 생각을 발전시켜 나가거든요. 공부를 잘 하는 학생들이 주도하는 경우가 많긴 하지만, 그 학생은 친구들에게 설명해 주면서 자신의 사고를 발전시키고, 옆에 있는 친구들은 친구의 설명을 듣고 질문하는 과정에서 서로 배우죠. 교사의 설명보다 이렇게 친구들에게 설명을 듣

때로 학생은 교사보다 동료 학생에게 더 잘 배울 수 있다.

과학 개념을 이해한다는 것은 현상에 대한 원리를 자신의 언어로 설명할 수 있다는 것

실험이 끝나고 바로 채점하고 다음 수업시간에 채점 결과와 모범답안을 알려주는 것이 평가의 공정성과 학습효과를 높일 수 있다.

보고서를 채점하면서 학생들의 오개념을 발견하고 이것을 바로 수업에서 바로 잡아 주는 것이 노하우!

는 것이 훨씬 더 이해가 잘 된다고 말하는 학생도 많았어요. 탐구과정 동안 토론은 허용하되, 최종 보고서는 각자 자신이 이해한 자신의 언어로 써야 한다고 강조했어요. 같은 조원끼리 똑같이 보고서를 작성한 경우는 감점하겠다고 사전에 경고를 하지요. 저 같은 경우 이것이 생각보다 매우 효과가 있었어요. 학생들이 과학 개념을 이해 한다는 것은 다른 말로 말하면 현상에 대한 원리를 자신의 언어로 설명할 수 있다는 뜻인 것 같아요. 친구들과 이야기를 해서 이해를 했어도 이해한 것을 써 보라 하면 미묘하지만 조금씩 다 다르게 쓰더라고요. 친구 것을 베껴서 글씨 몇 자만 다르게 쓴 친구와 자기가 이해해서 쓴 친구는 이런 보고서의 경우 금방 구별이 가요. 정말 바르게 이해한 학생만 제대로 쓸 수가 있거든요. 그래서 이렇게 작성한 보고서로 충분히 학생을 변별할 수 있더라고요.

Q. 학생들 중 자신의 점수에 불만을 표시하는 경우는 없나요?

A. 실험 점수 10점 중 과정 점수 5점은 채점과 동시에 학생들이 알려줬어요. 학생들이 모형을 만들어 가지고 나와서 교사에게 검사를 받는 과정에서 감점의 사유를 설명하고, 직접 작동을 해 보고 최종점수를 알려주기 때문에 별다른 이의 제기가 없었어요.

나머지 호흡운동의 원리를 알아내는 탐구활동 후 보고서를 걷어서 채점을 하고 다음 수업시간에 바로 채점한 보고서를 학생들에게 나누어 줬어요. 조금 바쁘더라도 바로 다음시간까지 채점을 끝내 보고서를 나누어 주는 것이 중요한 것 같아요. 그래야 탐구 활동이 바로 학생들의 학습과 연결이 될 수 있거든요. 보고서를 나누어주면서 먼저 정확한 호흡운동의 원리를 설명해 줬어요. 아이들이 만든 모형 중 잘 된 모형을 하나 교실로 가지고 들어가서 다시 시범을 보이면서 차근차근 원리를 설명해 줬어요. 그리고 난 후 자신이 작성한 보고서에서의 설명과 비교해 보도록 했어요. 이때 많은 학생들이 일반적으로 잘못 생각하고 있었던 것을 설명해 줘요.

보고서를 채점해 보면 많은 학생들이 공통적으로 갖고 있는 오개념을 쉽게 발견할 수 있지요. 예를 들어서 호흡 운동의 경우 숨을 들이 마시기 때문에 폐가 부풀어 오른다고 생각하는 것같이 선후관계를 착각하는 경우가 많이 있어요. 이렇게 정확한 원리를 설명해 주면서 보고서의 채점 기준을 학생들에게 알려주고 이의가 있는 학생은 수업이 끝난 후 보고서를 들고 찾아오도록 해요. 그럼 제가 실수로 채점을 잘못한 경우를 제외하고는 별로 이의를 제기하는 경우가 없더라고요.

Q. 이런 식의 수행평가 방법의 좋은 점과 나쁜 점이 뭐라고 생각하시나요?

A. 가장 좋은 건 평가 활동 자체가 아이들의 개념 이해를 도울 수 있다는 점이에요. 그냥 수업을 하는 것보다 일련의 연결된 수업과 평가 활동을 통해서 학생들은 '호흡운동'이라는 개념을 스스로 탐구하고 이해할 수 있는 것 같아요. 더불어 수행평가 점수도 산출이 되니 더 없이 좋은 거죠. 평가가 수업과 분리된 것이 아니라 자연스럽게 수업 속에 녹아들어 있어야 한다고 생각해요. 말 그대로 평상시에 수업에 열심히 참여하고 열심히 공부한 학생이 좋은 점수를 받을 수 있어야 하잖아요. 그래서 이런 수업활동을 통해 이해도 높이고 평가도 하는 것이 여러 가지로 좋은 것 같아요.

∞ 평가는 수업의 한 부분

문제점은 탐구 활동이 사전 지식이 부족한 학생들에게 너무 불리한 것 같아요. 주어진 시간 내에 최대한 그 부분을 보강해 주려고 노력은 하지만, 시간도 넉넉지 않고 학생도 많고 해서 충분히 준비를 시키지 못하는 경우도 있어요. 그 부분을 어떻게 해결할 지가 저의 숙제랍니다.

지금까지 수업에서의 평가와 관련하여 두 교사의 사례를 살펴보았다. 첫 번째 사례는 평가를 통해 학생들의 적극적인 발표와 토론을 유도하고, 이를 또 다시 평가에 반영하는 교사의 사례이며, 두 번째는 학생의 탐구활동을 안내하고 평가하며 이를 수업과 유기적으로 연결시키는 수업사례를 소개하였다. 두 사례는 평가가 학생의 학습을 촉진시키는 효과가 있으며,

학생들이 평가활동을 즐거워하고 적극적으로 참여하고, 학생들이 평가 결과에 만족해하며 결과를 수긍한다는 공통점을 가지고 있다. 수행평가에 이렇다 할 정도는 있을 수 없다. 그러나 좋은 수행평가를 위해서는 교사들의 많은 고민과 노력이 필요함을 두 사례를 통해서 짐작할 수 있다.

수업 되돌아보기

pedagogical content knowledge

06-1

수업 되돌아보기

수업 컨설팅을 통한 수업 되돌아보기

교직경력 20-30년차에 초보교사가 수업에 관한 도움을 요청할 때 뭐라고 말할 수 있을까? 특별히 수업에서 '이것이다'라고 정해진 바른 정답은 없다. 수평적인 구조의 교직사회에서 같은 교사끼리 뭘 가르칠 수 있을까. 초보교사가 수업에 대한 조언을 구할 때 그저 다른 교사들의 행동을 곁눈질하면서 자연스럽게 스스로 깨우치고 배우라고 말하고 되돌아서기는 하지만, 늘 뭔지 모를 아쉬움이 남곤 했다.

사람을 얼마나 잘 가르쳤는가를 알기란 참으로 어려운 일임에는 틀림없다. 그리고 교사들은 각자의 교육방식 대로 가르치고 있고, 서로의 인격을 존중하듯이 상대방의 수업을 존중해 주어야 하는 것 또한 당연한 일이다. 그러나 이러한 상호존중이 교과 수업연구나 수업방법 개선에 대한 교류나 평가를 어렵게 하는 '자기중심주의(solipsism)'을 의미하지는 않는다. 오히려 최고의 수업을 만들기 위해서는 상호간의 존중과 신뢰를 바탕으로 서로의 수업 문을 여는 것이 교사 본분의 일이다.

대개 중등학교에는 한 학년을 2-3명의 교사가 같은 교과내용을 가르친다. 당연히 교사는 각자의 독특한 수업방식으로 학생들을 가르치며, 때로 그로 인한 문제점을 극복하기 위해서 가르칠 내용과 실험내용, 심지어 진도까지 조정하면서 같은 내용의 수업이 진행되도록 최대한 노력한다. 이러한

∞ 수업 컨설팅을 통하여 구체적인 교육목표를 달성하기 위한 단 하나의 최고의 실천("best practice")보다는 보다 나은 실천("better practices")을 담아내고자 한다.

노력이 많을수록 교사끼리 수업에 대한 정보와 의견교환이 많아지며 결국 더 좋은 수업 방법을 찾을 수 있다.

> 교사는 '자기중심주의적' 수업에서 벗어나 서로의 교실 문을 개방하고 질높은 수업을 위해 노력해야 한다.

학교현장에서 공식적, 공개적으로 이루어지는 교수학습에 대한 정보들은 대개 교과협의회나 자율장학 공개수업, 또는 같은 교사끼리 비공식적 회합을 통해 공유되고 있다. 현실적으로 교수학습에 대한 공식적 의견교환보다는 시험범위나 진도조정, 수행평가 내용, 시험 채점기준을 마련하기 위한 수업 외적인 것이 주된 협의 내용으로 채워진다. 또한 수업개선에 대해 실질적인 도움이 되어야 하는 연구수업, 공개수업은 미리 짜여진 교수학습 지도안의 틀에 맞추어 얼마나 잘 진행하였는가 하는 '결과'로서 평가되는 것이 대부분이다. 이런 이유로 경력이 늘어가도 공개적인 수업은 부담이 될 수밖에 없고, 대개 학교 현장에서는 서로 맡지 않으려는 부담으로 남아 교실수업의 벽을 더 높이고 있다.

냉정히 따져보자. 현장 교사로서 자신의 수업이 어느 위치인지 궁금하지 않을까? 남들이 잘한다고 할 때 무엇을 두고 하는 이야기일까? 나도 수업을 잘하고 싶은데 어떻게 해야 할까?

수업을 잘 하고 있는지, 잘 하기 위해서 어떻게 해야 하는지 알기 위해서는 실제 수업활동을 들여다 볼 수밖에 없다. 즉 자신의 수업을 열어서 보여주고 이를 같은 교사끼리, 아니면 다른 교사나 연구자의 관점에서 자신의 수업을 분석하고 평가해 봐야 한다. 이를 통하여 수업에 대해 더 넓은 교육학적 관점과 수업기술을 배울 수 있고, 더욱 효율적인 수업을 만들어낼 수 있다. 새롭고 더 좋은 수업을 지향하는 교사라면 수업을 들여다보고, 함께 연구하며 그를 통해 배워나가는 것을 교사의 기본 소임으로 여기는 것이 당연하다.

평소 나의 수업에 대한 나 자신과 주변의 평가는 대체로 긍정적이었다. 하지만 머릿속에 항상 머무는 문제는 항상 '그 긍정적인 것이 도대체 무슨 의미일까?'였다. 그러던 중 우연한 기회로 수업 컨설팅에 참여하게 되었다. 처음에는 수업을 함께 되돌아보고, 더 좋은 수업의 방향을 모색해보는 활동이 나의 수업개선에 도움이 될 것이라는 취지에 깊이 공감하여 참여를 결심하였으나, 실제로 내가 얻은 것은 그 이상이었다. 수업 컨설팅을 통해 교과수업에 대한 전문적인 지식과 다양한 수업방법에 대한 정보를 얻을 수 있었으며, 동료교사들과 연구자들이 서로 의견을 주고받으며 수업진행 방법과 수업목표에 대한 당위성을 새롭게 깨우칠 수 있었다. 더욱이 이러한 협력적 교류를 통해 수업이 교실에서 일어나는 고립적인 활동이라는 불안감을 넘어서서 수업에 대한 자신감과 용기까지 얻을 수 있었다.

이 글은 십여 년간 교직에 몸 담아온 교사가 교실 문을 열고 수업 컨설팅이라는 과정에 참여한 과정을 되돌아보며 서술한 글이다. 수업 컨설팅은 수업 동영상 촬영, 실제 수업진행, 전문가협의회를 통한 수업 분석과 새로운 수업 구성과정으로 연결되어 있다. 이러한 일련의 과정을 통하여 교사가 수업을 바라보는 관점이 어떻게 변화되고 있는지 보여주려고 한다. 실제 수업분석과 전문가협의회에서 나온 이야기들을 그대로 실어 진행과정에 대한 이해를 돕고자 했으며, 수업 컨설팅을 받는 교사가 겪는 어려움을 있는 그대로 보여주려고 노력하였다.

∞ 전문적 책무성: 교사가 전문직으로서 교과별 교사 (수업) 전문성 기준에 비추어 지속적으로 자신의 교수활동을 검토하고 개선하기 위해 노력하는 것

수업 컨설팅은 더 나은 수업을 위해 동료교사, 전문가와 함께 끊임없이 자신의 수업을 되돌아보는 과정이었다. 좋은 수업은 결코 저절로 만들어지는 것이 아니다. 이를 위해서는 갇혀있던 교실수업을 교실문 밖으로 꺼낼 수 있는 용기와 비평적 수업 컨설팅을 긍정적으로 받아들이는 자세가 반드시 선행되어야 한다.

1. 지금까지 수업을 어떻게 바라보았는가?

가. 초임교사 시절 나의 수업

나의 초임교사 생활은 고등학교 물리교사로 시작되었다. 학교에서 물리를 가르치기 이전에 몇 년간 입시학원에서 재수생들을 지도하면서 물리학적 지식을 마음껏 펼칠 수 있었다. 수업이란 정교화 된 수식으로 복잡한

과정을 거쳐서 결국은 간단한 답, 바로 그 답이 나올 때 학생들에게 어깨를 으쓱일 정도의 자부심을 느끼곤 하는 시간, 바로 수업이란 이런 맛으로 해야 한다는 생각이 들곤 했다. 당연히 나에게 수업은 학생들에게 기본적인 과학개념을 정리하여 핵심 내용을 이해시키는 활동이었다. 멋들어진 설명 후에는 관련된 몇 가지 유형의 문제를 반복하여 풀어 봄으로써 학생들의 과학적 지식이 향상될 수 있고, 이러한 문제를 얼마나 잘 푸는지가 학생의 과학적 개념수준과 이해도를 의미하였다. 결국 어려운 과학개념일지라도 교사의 충분한 설명과 학생의 집중만 있으면 간단한 핵심적 수식으로 결론을 제시해 주는 것이 수업이라고 생각했다. 즉, **그 당시 내게 수업이란 교사가 학생에게 설명을 통하여 과학적 지식을 얼마나 잘 이해시키느냐가 핵심이었다.**

∞ 좋은 수업은 갇혀있던 교실수업을 교실 문 밖으로 꺼낼 수 있는 용기와 비평적 수업 컨설팅을 긍정적으로 받아들이는 자세를 통해 얻어질 수 있다.

∞ 초임교사 시절의 수업이란 교사가 학생에게 설명을 통해 체계화된 과학지식을 이해시키는 것이었다?!

그러므로 교사는 교과내용을 철저히 이해하여 핵심적인 내용으로 요약할 수 있어야 하고, 어려운 문제를 막힘없이 풀어낼 수 있어야 했다. 더욱이 공부 잘하는 학생의 질문에 답을 할 정도의 실력이면 충분히 훌륭한 교사로 간주되었다. 실험이 중요하다는 사실은 알고 있었지만 여건상 실험수업이 어려웠기 때문에 특별한 경우가 아니면 진도를 맞추기 위해 문제풀이 위주로 수업이 진행되었다. 실험을 한다고 해도 먼저 교사가 실험을 실행한 후에 이 실험과정을 학생들에게 전달하여 확인하는 수준에 머물렀다. 학생들이 직접 체험하거나 경험하는 실험활동보다는 해당 실험 자체를 교사가 체험하고 수업시간에 강의를 통해 정확한 실험과정을 설명하고 그 결과를 정리해주면 대부분의 학생들이 이해할 수 있을 것이라고 생각했다.

되돌아 보건데, 젊은 교사로서 가졌던 열정은 수업활동에서 이론적 강의로, 또는 자기만족적인 개인적 실험활동으로 이어졌던 것이다. 수업이란 교사가 얼마나 잘 전달하느냐가 중요한 것이고, 교사의 명확한 학습내용 전달, 요약 이것으로 학생들을 충분히 따라오게 만들 수 있다고 믿었다. 수업은 학생들이 이해하는 것이 아니라 교사가 행하는 것이 중요하다는 생각이었다. 그리고 물리와 관련된 문제를 언제든지 풀 준비가 되어있는 과학 지식이 머릿속에 가득 찬 교사이기를 바랬다.

병아리 교사이던 시절 나의 연구수업은 어떠했을까? 실험기구를 직접 만지면서 대학 때 배운 물리실험을 바로 실행할 수 있었다. 레이저 빛 실험을 주제로 한 수업에서는 레이저 빛이 휘어지면서 굴절, 반사, 전반사되는 신기한 현상을 직접 확인하고는 이것을 학생들에게 보여주고 싶어서 직접 플라스틱 연기 통을 제작하여 레이저 빛을 볼 수 있도록 하였다. 그 연기 속에 렌즈를 통과하는 빨간색 레이저 광선이 굴절되는 모습에 감탄하였고, 렌즈에서 반사되는 광선들까지 눈에 들어올 때는 물리실험이 그렇게 즐거울 수 없었다. 그러나 지금 생각해보면, 고등학생들을 대상으로 빛의 반사, 굴절, 전반사까지 한 차시에 다루는 것은 한 차시 학습 분량으로는 너무 과도했으며, 더욱이 실험에서 학생들이 직접해보는 활동은 거의 없었다. 교사가 직접 진행하는 시범실험이 수업의 많은 부분을 차지했으며, 학생들은 단지 관찰한 것을 그리는 수준의 수동적인 학습 활동에 참여할 뿐이었다. 게다가 연구수업이 끝난 후 평가시간에는 '그런 활동이 대학수학능력시험과 관련이 있는가?'라는 질문에 초점이 맞추어졌다. 수업 평가에서 중요한 것은 대학수학능력시험문제와 얼마나 직접적으로 관련이 있는 수업활동인가였다.

나. 중학교 교사로서 다시 생각하는 수업

∞ 수업의 중심은 학생, 어떻게 하면 학생을 수업의 중심으로 끌고 올 수 있을까?

중학교 교사 생활은 고등학교와 많이 달랐다. 머릿속의 많은 물리지식은 사용될 기회가 거의 없었다. 무엇을 가르칠 것인가 보다는 어떻게 수업할 수 있는 분위기를 만들어낼 것인가가 주된 고민이 되었다. 그리고 가르쳐야 할 교과내용은 요약해버리면 너무도 간단하여 무슨 말로 수업시간을 채울지가 고민이었다. 대학입시라는 큰 틀 안에서 교사의 설명에 싫던 좋던 귀 기울이던 고등학교의 상황과는 많이 달랐다. 수업진행 중에는 너무도 다양한 상황이 발생하였다. 옆 사람과 이야기를 주고받고, 주의를 받지만 곧바로 장난으로 되돌아가는 학생, 계속 두리번거리며 집중을 못하는 학생 등 교사는 수시로 학생의 행동을 고쳐주어야 했고, 결국 수업시간은 교과내용을 가르치는 것만큼이나 학생들의 수업 태도 관리로 채워졌다.

물리 이외의 다른 과학과목까지 가르쳐야 하는 난감한 상황 속에 고민하다가 과학교사모임에 참여하기로 결정했다. 모임의 회원들은 매주 한 번씩 모임을 통하여 각자가 연구한 실험과 수업한 결과물, 새로운 수업방법을 발표하거나 공유하였다. 다양한 전공의 과학교사들로 구성되어 있어서 발표자의 전공에 따라 실제 교실에서 이루어지는 수업을 그대로 보여주었다. 참여한 교사들은 학생의 역할이 되어 실제 실험실에서 하는 수업을 그대로 배울 수 있었다. 이러한 기회를 통하여 학교 수업을 조금씩 실험수업으로, 학생중심의 활동수업, 탐구수업으로 바꾸어 나갈 수 있었다. 더 중요한 것은 각 활동에 대한 교사들의 의견들을 자유롭게 질문하고 토론을 통하여 해결하는 과정을 통해 서로의 부족한 부분을 채워가며 도움을 얻을 수 있었다는 점이다.

∞ 교사모임에 특별한 사람들이 모인 것이 아니라 거기에 올 생각을 하는 사람과 그렇지 않은 사람으로 결국 나누어진다.

과학교사모임 참여의 또 다른 이점은 다른 교사들과의 교류가 활발하다는 점이다. 특히 선배교사들은 후배교사들이 수업에서 겪는 어려움에 대해 자신의 경험을 바탕으로 조언을 제공해주므로, 교사모임은 정보 교류의 장으로서도 훌륭한 역할을 하였다. 이를 통하여 자신이 고민하고 연구한 수업 결과들을 자연스럽게 다른 사람에게 알리고 좋은 자료를 자연스레 공유할 수 있었다.

정기적으로 이루어지는 교육전문가나 과학교육학자들의 초청강연, 수업개선에 대한 고민 등으로 인해 수업이란 교사가 주도하는 일방적인 가르침이 아니라는 사실을 인식하게 되었다. 나아가 수업을 한다는 것이 결코 쉬운 일이 아님을 알게 되었고, **학생들이 가지고 있는 선개념은 결코 교사의 일방적인 강의나 시범실험을 통해서 쉽게 고쳐지지 않는다는 사실을 접하면서 학생을 수업의 중심으로 끌고 와야 한다는 생각을 가지게 되었다.**

이러한 수업을 바라보는 관점의 변화는 교실에 바로 투영되었다. 학생들이 현재 가지고 있는 생각을 충분히 끌어내고, 생활 속에서 경험한 사실이나 노래가사, 영화나 심지어 만화책 속에서도 관련 있는 것이면 뭐든지 학생들의 언어로 표현하도록 하고, 학생들이 자유롭게 말문을 열 수 있는 허용적인 수업분위기와 그 상황을 이끌어내기 위해서는 교사의 지도력이 필요했다.

교사용 지도서에도 없는 이러한 모험은 딱딱한 과학이라는 생각을 벗어나게 하는 계기가 되었다. 과학적 개념을 익히기 위해 창작 동화를 만들거나 대기권에서 지구를 탈출할 때까지 겪는 여행기, 때로는 일의 원리를 이용하여 등산에 대한 시를 만드는 활동을 구성하기도 했다. 학생들의 활동 결과나 실제 모둠별 실험결과는 반드시 학생들 수준에서 학생들의 목소리로 발표하거나 시연하도록 시간을 제공하였다. 시간이 지날수록 학생들과 일치되어 간다는 느낌을 가지게 되었고, 학생중심 수업에 대한 나의 지향점은 점점 확고해졌다.

이러한 시도가 항상 성공적이었던 것은 아니다. 실제로 어떤 수업에서는 도대체 이번 시간 배운 게 무얼까 싶을 정도로 대화가 이루어지지 않을 때도 있었고, 너무 핵심에서 멀어진 이야기로 아무 결과도 없이 수업이 끝나기도 했으며, 때로는 모둠별 발표 시간 조절이 어려워 다 듣지도 못하거나 학습내용을 정리하고 평가하는 시간이 부족하기도 했다.

그렇지만 시간이 지날수록 처음엔 자신감 없어 하던 학생들의 참여가 점차 늘어났다. 과학 수업 때마다 잘 적응하지 못하던, 그렇지만 피아노를 잘 치던 아이는 노래가사 바꾸기 활동을 가장 잘 기억했으며, 그렇게 수업한 것이 가장 기억에 남는다고 했다. 어떤 학생들은 발표하는 것을 즐기면서 참여하였고, 학기말 발표수업이 너무 재미있었다는 말로 나를 기쁘게 해 주었다. 물론 개별적으로 모든 학생들에게 발표수업이 긍정적이지는 못했다. 결과 위주의 선행학습이 잘된 우수한 학생들은 자신이 알고 있는 내용을 교과서식 서술이나 과학적 개념이 들어가는 문장으로만 표현하거나 소극적으로 결과 위주로 답하는 경우가 많았다.

이러한 시행착오를 통하여 내가 찾는 수업이란 '바로 이런 것이다'라는 생각이 들었다. 즉, 전달식 수업보다는 학생들과의 상호교류가 활발하고

∞ 전달식 수업보다는 학생들과의 상호교류가 활발하고 학생 발표에 충분한 시간이 주어지며, 관찰이나 탐구실험도 학생들이 자유로이 표현하도록 발표할 기회를 만들어주는 좋은 수업!

학생발표에 충분한 시간이 주어지고, 관찰이나 탐구실험도 학생들이 자유로이 표현하도록 발표할 기회를 만들어 주는 것이었다. 이러한 발표 단계를 준비하기 위해 학생들에게 몇 줄의 문장으로 미리 자신의 답변을 공책에 적어서 자신의 생각을 충분히 정리할 시간을 제공함으로써 학생의 과학적 사고력 함양에도 좋은 활동이라고 생각되었다.

하지만 현장에서 이러한 활동도 어려움에 부딪힐 수밖에 없다. 가장 큰 어려움은 '학교시험과 관련하여 학생들의 학업성취를 어떻게 평가할 것인가'였다. 한 교사가 같은 학년의 모든 반을 지도하는 것도 아니고 내가 가르친 것만 시험에 출제할 수도 없는 노릇이다. 결국 시험문제를 위해 다른 교사들과 협의하는 과정에서는 항상 교과서 내용의 기본이 되는 개념 위주의 지식을 측정할 수밖에 없는 경우가 많았고, 결과적으로 도출된 평가 문항은 학원에서 만들어진 것에 가까울 수밖에 없었다.

∞ 학생들이 적극적으로 참여할 수 있는 분위기와 신뢰를 쌓기 위해서는 두 달 정도의 훈련과정이 필요하다.

그래도 학생들에게 좋은 과학수업이라는 것은 학생들이 많이 참여하는 수업이라는 생각에는 변함이 없다. 학생들이 두려움 없이 적극적으로 참여할 수 있는 분위기와 신뢰를 쌓기 위한 두 달 정도의 발표 훈련과정을 거친다. 발표를 위한 실험 활동은 과학실 실험기구보다는 주변에서 쉽게 접하는 생활 소재의 이용, 실험 결과를 빨리 눈으로 확인할 수 있는 실험주제의 선택, 실험활동을 바로 발표할 수 있는 시청각 기자재의 적절한 배치 등이 과학수업을 살아있게 만들었고, 학생의 참여기회를 높일 수 있었다.

이러한 수업을 위해 교사로서 나 자신은 어떻게 변했을까? 적극적으로 참여하는 수업을 위해서는 항상 새로운 실험을 찾아 나서야 했다. 즉 새롭고 신기하고 흥미 있는 실험을 찾는 일이 과학교사의 역할이 되었다. 교사 모임이나 워크숍, 학교 밖의 다양한 과학행사, 외국서적이나 과학 잡지 속에서 중학생 수준에서 학생들과 함께 할 수 있는 새로운 실험을 찾고 재현하는 것이 내 고민의 중심이었다.

이렇게 새로이 만들어진 실험이나 활동을 매주 모이는 과학반 학생들과 함께 실험 해보고 이를 직접 수업에 적용 가능할 수 있도록 활동지를 만들고 다듬는다. 그러면 실험을 위한 수업 준비는 완료되고, 수업에 학생들을 참여시키는 과정이 남는다. 학생들에게 물이 든 샬레에 과망간산칼륨을 직접 넣게 하고, 이 과정을 모든 학생이 관찰할 수 있도록 한 다음에, 학생들에게 과망간산칼륨이 녹아드는 과정을 어떻게 표현할 것인지를 고민하도록 한다. 각자의 생각을 적고 발표하게 한다.

문제는 생각보다 학생들이 자신의 생각을 잘 표현하지 못한다는 것이다. 자신이 그림 그림을 보여주며 이것은 무엇이고, 이건 무엇이라고 설명하는 정도의 표현을 요구하지만 대부분의 학생들은 '녹는다.' 한 마디로 발표를 끝내버린다. 이때 누군가가 '천천히 색깔이 번져가고 있어요.'라고 한 마디를 하면 다른 학생들보다 관찰력이 더 좋다는 칭찬을 아끼지 않았다. 그래도 여전히 학생 참여를 끌어내기가 힘들었고, 때론 발표를 못한다고 호통을 치게 되었다. 수업을 마치고 한 학생이 '발표하고 싶은데 어떻게 말을 해야할지 모르겠어요.'라는 말을 했을 때, 나 자신이 학생들에게 아직 친절한 안내자가 되지 못했음을 알게 되었다. 결국 학생들이 생각을 잘 표현하지 못하는 이유가 나 자신에게 있음을 알게 되었고, 학생들에게 더욱 허용적이고 가까이 다가서는 말투와 발산적 개방적 질문을 통해 학생들의 입을 열려고 노력하였다.

∞ 학생들의 참여를 잘 끌어내지 못한 것은 나 자신이 학생들에게 아직 친절한 안내자가 되지 못하였기 때문이었다.

그래서 시도한 것이 주어진 질문에 대해 미리 자신의 생각을 노트에 문장으로 적게 한 후, 그 내용을 읽도록 하는 훈련을 통해 상당수의 소극적인 학생들을 수업에 참여시킬 수 있었다.

이러한 수업활동을 통해서 대학에서 소홀히 들어 넘겼던 교수학습 이론에도 관심을 갖게 되었다. 때로는 이론을 왜곡되게 해석하여 수업을 학생들의 머리 속 이해보다는 몸만 바쁘게 참여하는 것으로 마무리한 경우도 많았던 것 같다. 경력이 늘어날수록 자연히 수업에 대한 고민은 계속 되었고 수업에 대한 나의 관점도 자꾸 변해갔다.

다. 수업 컨설팅을 위한 공개수업

누군가로부터 "과학 한 단원 10차시 분량에 대해 선생님 수업의 전체

∞ 수업 컨설팅이 제대로 이루어지려면 실제 수업을 있는 그대로 노출해야 한다.

과정을 촬영하고 싶습니다."라는 제안을 받았을 때 선뜻 그렇게 하라고 대답할 수 없었다. 그것도 같은 주제에 대해 3명의 교사가 진행하는 수업을 촬영한다는 것이다.

제일 먼저 드는 생각은 나의 수업이 다른 사람들에게 노출된다는 두려움이었다. 지금까지 교실이라는 공간은 교사의 앞선 과학 지식을 학생들과 나누면서 학습이 이루어지는 '우리들'의 장소였다. 그 공간에 제3의 관찰자가 들어오고, 학생들과 교사에게 카메라가 다가가고, 의도와는 달리 편집된 제한된 장면들에 대하여 제3의 평가자가 내 수업을 평가한다는 사실 자체가 부담이 되었다. 더욱이 부담이 되었던 것은 정말 비교하기 좋게 3명의 동료교사가 같은 주제로 수업하는 모습을 기록한다는 사실이었다.

대개 공개수업은 최소한 학생들과 연출된 요소, 즉 교사가 만들어 내거나 만들 수 있는 수업을 의미하고, 수업지도안 구성요소별 평가 항목에 따라 수업이 연속적으로 진행되는지를 평가하게 된다. 따라서 '학습목표를 칠판에 제시하였는지, 학생을 얼마나 조용하게 잘 다루는지' 등을 평가하고, 대개는 '열심히 준비하느라 수고했다. 잘 했다. 고생했다.' 등 자신의 연구수업 부담을 피하게 해 준 감사의 말들이 오고가는 평가가 전부가 되곤 한다.

그런데 10차시 또는 단원 전체 수업을 촬영을 할 때는 보통의 공개수업처럼 학생들과 조금이라도 보조를 맞추는 연출도 불가능하고, 그냥 평소 수업장면을 꾸밈없이 그대로 보여줄 수밖에 없다는 생각이 들었다. 촬영 목적은 물리를 전공하지 않은 교사가 물리 내용을 가르칠 때 도움을 주기 위한 것이라고 하였다. 그렇다면 연간 수업계획표의 진도에 맞추어 촬영 계획을 잡고서 실제 수업 모습을 그대로 보여줄 수는 있다는 긍정적인 생각으로 수업촬영 제의를 승낙하였다.

2. 수업 사례 예시

여기서는 7학년 파동 단원 4차시 수업(주제: 소리의 발생)을 예로 수업촬영 및 컨설팅 과정을 서술해 보겠다.

파동 단원은 7차 교육과정에서 새롭게 추가된 내용으로 물리를 전공한 나로서는 관련 실험들을 꼭 해보고 싶은 수업이었다. 그러나 교과서 단원 순서에는 마지막 12단원에 들어 있고, 2학기말 시험이 끝나는 12월 정도에 해당하는 수업으로 평가에서 제외되어 교사와 학생으로부터 소외되곤 한다. 또한 과학 4과목으로 구성된 12개 단원을 주당 3시간 수업을 통하여 다루기에는 항상 교과서 진도 맞추기에 급급할 수밖에 없었다. 이런 사정이므로 마지막 단원인 파동 수업 6차시는 파동의 기본개념 이해나 관련 시청각 영상, 간단한 실험으로 다루어진다. 그래서 다른 교사와 협의하여 단원 순서를 학기 중간으로 조정하고, 촬영에 참여하는 물리교사들과 논의하여 전체 6차시 내용을 4차시로 압축하여 촬영하기로 결정하였다.

> ∞ 교사에게 있어서 교육과정은 미리 결정된 판에 박힌 경로가 아니라, 교사가 적극적으로 재구성해나가야 할 대상이다.

촬영은 같은 차시의 내용을 물리교사 3명이 동시에 진행하였다. 시간적 공간적으로 제약이 많은 3명의 교사들이 정확한 각 차시별 수업 내용의 범위와 깊이를 완전히 합의하지는 못하였지만, 공통적으로 결정된 사항은 파동단원을 4차시로 압축하여 수업하고, 각 차시별 주제를 합의하여 촬영 일정을 서로 겹치지 않게 잡았다.

이렇게 전반적인 방향을 결정하고 나서 각 교사는 소속된 학교의 교과 진도에 맞추어 수업을 진행하였다. 이러한 모든 과정이 짧은 시간에 결정되고 진행되어 3명의 교사 모두 수업 동영상 제작의 의도를 정확하게 이해하지 못하고, 전반적인 수업 준비시간도 부족하였다. 협의하여 결정된 파동 단원 4차시 학습내용은 다음과 같다.

- 1차시 : 파동의 기본 개념이해(파동, 파장, 진동수, 파동종류)
- 2차시 : 소리의 발생과 전달
- 3차시 : 소리의 3요소
- 4차시 : 파동의 반사와 굴절(물결파동 실험장치)

나의 수업진행은 어떻게 진행되었을까? 전체 6차시 정도의 내용을 4차시로 압축시켜 수업하는 것이 무리가 따를 수밖에 없었다. 최대한 학생들을 이해시켜야 한다는 부담과 학생을 적극적으로 참여시켜야 하고, 실험준비도 동시에 진행시켜야 했다. 그렇다고 한 차시를 앞 반에서 수업을 진행해 보고 그 경험을 다른 반에 적용할 처지도 아니었다. 대개는 촬영 대상이 된 학급이 첫 수업이 되는 경우가 많아서 때로는 무리하게 학생들을 이끌어 가는 경우도 있었다.

파동 단원 구조를 살펴보면, 논리적, 개념적 위계와 순서에 따라 수업을 진행시키는 것이 교사나 학생에게 모두 도움이 되었다. 수업준비를 위한 수업계획서를 만들다보니 교과서의 소단원 파동과 소리가 너무 독립적으로 구성되어 있는 것이 문제였다. 1차시에서 일반적인 파동의 기본개념과 파동의 발생을 학습하고, 2차시에서 파동의 종류와 기본 용어를 학습하게 된다. 다음 차시에서 다소 생소하게 소리 단원을 학습하게 되어 있어서 학생들 입장에서는 내용이 연결되지 않는 느낌이 들었다. 소리라는 소재를 활용하여 파동에 대하여 전체적으로 학습하는 구조든지, 아니면 파동의 기본 개념과 파동 실험을 학습한 후, 파동의 한 사례로 소리를 이해하는 단원구조여야 했다. 즉, 학생 이해하는 관점에서 볼 때, 교과서 내용의 연계성이 문제점으로 떠올랐다. 이러한 문제의식을 지닌 채로 결국에는 교과서에 제시된 단원 순서를 따라 수업을 연속적으로 진행하고 촬영하였다.

실제 수업 사례를 중심으로 나의 수업의도와 수업진행 과정을 구체적으로 살펴보겠다.

- 소단원 주제 : 소리의 발생
- 학습목표 : 여러 가지 소리들이 발생하는 원인을 설명할 수 있다.

가. 나의 수업의도

이 수업에서 내가 주목했던 점은 선행학습을 한 학생들이 아주 많다는 점이었다. 수업의 도입부에서 '여러분, 소리가 왜 생길까요?'라고 질문을 던지면 학생들은 아주 즉각적으로 '진동 때문에 소리가 만들어 진다'고 대답하였다. 학원밀집 지역의 학생들이라 선행학습을 한 학생이 많다는 점에 주목하면서 동시에 선행학습을 하지 않은 학생들에게 고민할 기회를 제공할 수 있도록 수업을 진행하려고 노력하였다. 대부분의 학생들은 결과론적인 '정답' 자체를 알고 있으면 이미 과학수업을 다한 것으로 생각하는 경향이 있다. 따라서 이러한 문제점을 어떻게 해결할 것인지가 수업 구성의 주안점이었다.

∞ 일반적으로 교사는 과학에 대한 지식을 학습되어야 할 답변의 형태보다는 탐구되어야 할 질문의 형태로 도입한다.

나. 수업 구성

각 모둠별로 다양한 소리를 만들어내게 하여 학생들이 소리의 발생 원인이 진동이라는 것을 파악하게 할 것인가? 아니면 특정 소리의 발생 원인을 모형으로 확인시킨 후 일반적인 소리의 발생 원인으로 확장시켜 설명할 것인가? 수업을 설계하면서 두 가지 방향을 놓고 고민을 하였다.

일반적인 수업진행은 모둠별로 주변의 다양한 재료와 소재를 제공하여 다양한 소리를 만들어내게 하고, 이것을 관찰하여 소리의 발생 원인을 귀납적으로 이해하는 방식으로 진행된다. 교과서에는 유리잔, 소리굽쇠, 사람 목소리, 자 튕기기, 다양한 악기 그림이 제시되고, 각 악기 소리의 발생 원인이 진동이라는 사실을 강조하고 있다. 여기서 학생들이 기억해야 할 내용은 모든 소리의 발생원인은 물체의 진동이라는 점을 이해하는 것이다. 실험이나 체험을 바탕으로 하지 않은 이러한 수업 진행은 학생들의 암기식 지식습득으로 연결될 수 있다는 문제점이 있다. 따라서 나는 새로운 시도로 특정 소리의 발생에 초점을 맞추었다.

소리의 발생을 주제로 한 수업에서 나는 사람 목소리에 주목하였다.

교과서에는 손을 목청부분을 대어보면 그 떨림을 느낄 수 있고 소리의 원인이 진동이라는 사실을 발견하도록 구성되어 있다. 즉, 학생들은 목소리가 어떻게 만들어지며 그 진동하는 주체가 무엇인지도 모른 채로 '목소리의 원인은 진동'이라고 익히고 것이다. 이런 방식으로 수업이 진행된다면 학생들은 소리의 원인이 진동이라는 사실과 진동만 있으면 소리가 발생한다는 형식적인 학습 수준에 머물게 될 가능성이 크다. 따라서 나는 수업 주제를 목소리의 발생으로 정하고, 목소리 하나만이라도 그 발생 원인을 정확하게 이해하여 소리가 발생하는 원리가 진동임을 이해할 수 있도록 수업을 구성하였다. 목소리의 경우를 확장하여 모든 소리의 발생에 적용하여 일반화함으로써, 소리의 발생 원인이 진동이라는 사실을 학생들이 파악할 수 있도록 수업을 구성하였다.

다. 수업 진행

① 수업목표 제시

수업목표를 직접 제시하고, 여러 가지 소리들 중에서 목소리의 발생 원인에 대해 알아볼 것이라고 수업의 범위를 제한하였다.

② 학생들의 선개념 조사

학생들의 참여를 최대한 이끌어내기 위해 칠판에 발표자의 이름과 함께 발표 내용을 요약하여 다른 학생들이 볼 수 있도록 하였다. 학생 발표에서 도출된 학생들의 선개념을 정리하면 다음과 같다.

☞ 학생의 선개념은 설명이나 시범 실험을 통해서 쉽게 바뀌지 않는다. 학생의 사고를 이끌어내고, 학생이 지닌 신념을 포기하는 과정에서 경험하게 되는 어려움에 대하여 논의하는 것이 교사의 역할이다.

- 성대가 울려서 소리가 난다.
- 물체와 공기가 부딪혀서 소리가 난다.
- 바람이 소리를 전달해서 소리가 난다.
- 물체와 물체가 부딪혀서 소리가 난다.
- 물체 자체에서 진동이 일어나서 소리가 난다.
- 성대가 떨려 목구멍에서 퍼져나가 소리가 난다.

많은 학생들이 소리의 발생 원인이 떨림이나 진동임을 알고 있었지만, 그 진동의 주체가 무엇인지는 분명하게 알지 못한다는 것을 발표를 통하여 파악할 수 있었다. 따라서 학생 발표를 통해 소리의 발생 원인이나 전달과정에 대해 좀 더 명확하게 설명해야 할 필요성을 느끼게 되었다. 학생들은 발표를 통해 자신만의 언어로 재구성하여 발표하는 능력을 키울 수 있게 된다.

③ 시청각 교재로 정보 제공 : 영상을 통한 성대 모습 관찰

사람 목의 전반적인 구조를 기관지, 성대 등을 포함하여 보여주었다. 발성 과정을 통하여 소리가 만들어지는 과정을 외관적으로 촬영하여 보여주었다. 동영상을 시청하게 하는 것만으로는 학생들의 참여율이 낮아서 영상에 제시된 내용을 파악하여 정리할 수 있도록 활동지를 제공하였다.

④ 성대 모형 만들기 활동

성대 모형 만들기는 비교적 간단한 실험활동이다. 허파에서 공기가 기도를 통해서 나올 때 목 부분의 성대가 진동하여 소리를 만들어낸다. 이러한 정보를 기초로 모형을 만들 수 있도록 말랑말랑한 비닐 호스, 풍선과 고무줄을 제공한다. 풍선을 두 장 잘라서 살짝 겹치게 하여 호스의 중앙부에 고무줄로 단단히 묶어 고정시키면 성대 모형이 완성된다.

수업 준비과정에서는 학생들이 두 개의 풍선을 고무줄로 쉽게 묶을 수 있을 것으로 예상하였는데, 풍선을 늘어나게 한 상태로 두 장을 겹쳐 묶는 작업이 생각보다 쉽지는 않았다. 결국 살짝 겹쳐지거나 약간 벌어진 상태의 풍선 두장을 묶어서 온전한 모형을 만드는 학생들이 드물어서 교사가 도움을 제공하였다.

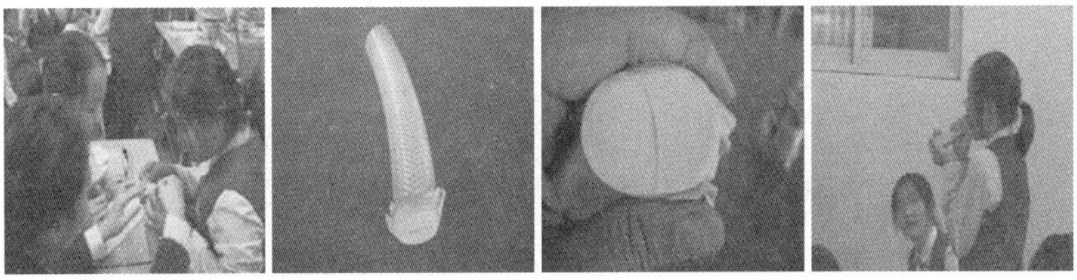

∞ 학생들이 질문에 즉각적인 답을 하도록 하는 수업이 아니라 실험활동이나 탐구를 통하여 지식을 재구조화하도록 수업이 구성되어야 한다.

⑤ 소리 만들기 활동

각 자가 만든 성대모형으로 소리를 만들어보게 한다. 고무호스를 불면 공기가 두 풍선의 겹쳐진 틈새로 빠져나간다. 이때 겹쳐진 두 장의 풍선이 진동하면서 소리가 만들어진다. 이때 학생들을 참여시켜 각자 소리를 만들어보게 하는 발표시간을 가진다. 교사의 의도는 목소리가 발생하는 원리를 성대 모형으로 정확하게 이해시키려는 것이다. 활동의 결과 학생들이 겹쳐진 두 장의 풍선이 진동하는 모습을 관찰하여 이것이 목청의 떨림에 해당한다는 것과, 공기가 뿜어져 나오는 전체 소리 발생과정을 모형과 연결시켜 설명할 수 있기를 기대하였다. 그러나 실제 수업 진행에서는 직접 제작한 성대모형으로 소리를 성공적으로 만들어내는 것이 활동의 목적이 되고 말았다. 즉, 소리의 발생 원인을 학생들이 찾아낼 수 있도록 안내하는 과정이 부족하였다.

⑥ 소리 발생과정에서 성대가 떨리는 모습을 담은 동영상 제시

목구멍 내부에서 성대의 떨림으로 소리가 만들어지는 과정을 동영상으로 보여준다. 이는 먼저 제시한 동영상과는 달리 목소리가 나는 순간에 성대가 진동하는 부분을 상세하게 담아낸 것이다. 성대의 진동이 소리를 만들어낸다는 것은 알지만 실제 성대를 관찰할 기회는 드물기 때문에, 목소리를 내는 동안의 성대 모양 변화를 촬영한 영상자료를 보여주었다.

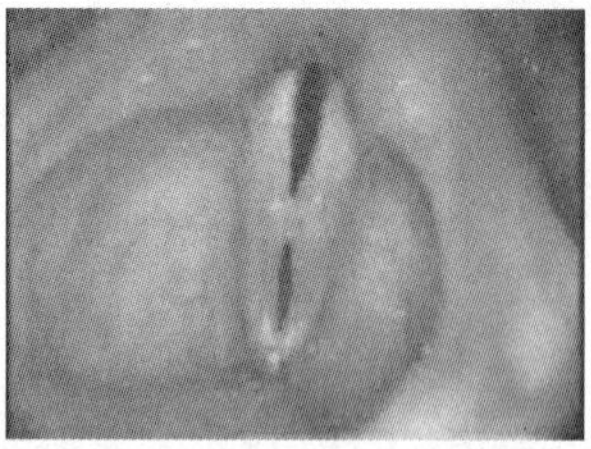

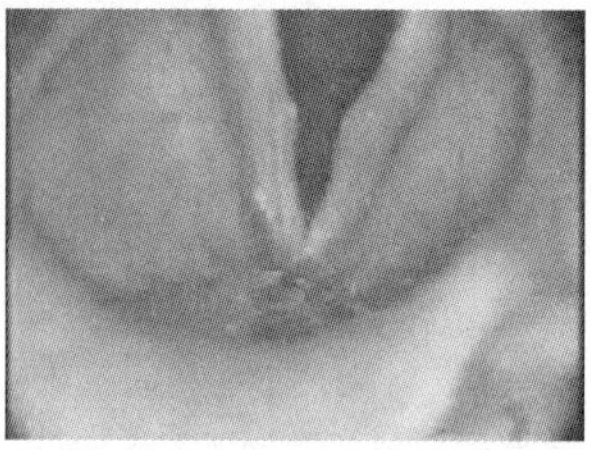

⑦ 사람 목소리 발생원인 설명하기

목소리의 발생 원인을 다시 확인하는 과정으로 학생들이 활동한 결과를

자신의 언어로 표현하고, 재구성하도록 요구하였다. 수업의 앞서 교사가 제시하였던 소리 발생에 대한 일반적인 설명과는 달리, 학생들이 성대의 진동과 관련지어 목소리의 발생을 직접 설명할 기회를 제공하였다. 학생들이 발표한 주요 내용을 제시하면 다음과 같다.

- 성대가 울려서 소리가 난다.
- 먼저 폐에서 공기가 밀려오면서 성대가 열리는 순간 소리가 나고, 닫히면 소리가 안 난다.
- 폐에서 전달된 소리가 성대까지 와서 성대가 진동한다.
  ※ 폐는 압축된 공기를 밀어 올려서 성대를 진동시키는 역할을 하며, 소리를 발생시키지는 않는다고 수정해줌.
- 폐 속에 있는 공기로 인해 몸 안의 성대가 진동해서 목소리가 난다.

⑧ 정 리

정리 단계에서는 내가 처음 정한 학습목표를 다시 질문하고, 학생들에게 목소리 발생 과정에서 실제로 진동하는 주체가 무엇인지를 질문하고 학생들의 답변을 수렴하였다. 이어서 차시 예고로, 다음 시간에는 직접 만든 성대모형에서 나는 소리가 왜 각기 다른지를 생각해보라고 하였다. 다음 차시에는 소리의 3요소 측면에서 다양한 성대 모형에서 나는 소리가 어떻게 다른지를 다룰 것이다.

∞ 실제로, 대부분의 수업상황에서는 학생들에게 과학 개념을 이해시키기 위하여 탐구 활동이나 실험을 활용한다. 탐구 활동을 통하여 탐구 능력을 개선할 수도 있지만, 과학적 탐구는 개념을 더 잘 이해할 수 있는 학습의 기회가 되기도 한다. 즉, 교사가 과학내용과 탐구방법을 적절히 관련시켜 통합적으로 지도해야 한다.

수업 동영상 촬영에서의 어려움은 교사가 수업을 진행하면서 부딪치는 모든 과정이 그대로 영상에 기록으로 남는다는 점이다. 수업에서 직면하는 어려운 문제 중 하나는 학생들이 수업에 집중하도록 만드는 과정이다. 모든 학생들이 집중하고 있어서 수업만 진행할 수 있다면 수업 진행이 매우 편하겠지만, 실상은 그렇지 못하다.

3. 자기 평가

수업 전 교사가 의도한 내용과 수업을 촬영한 후 돌이켜 볼 때 나타나는 가장 큰 차이는 무엇일까?

이 수업을 통하여 나는 실제 성대 모형을 제작하여 소리를 만들어보고, 모형과 실제를 연결시켜 성대의 진동을 이미지로 나타내어 '목소리가 성대의 진동으로 발생한다는 것'을 학생들에게 이해시키고 싶었다. 그러나 실제 수업은 내 의도와는 상당히 다르게 진행되었다. 내가 발견한 이 수업의 문제점은 다음과 같다.

첫째, 처음 의도와는 달리 학생들에게 목소리 발생에 대하여 너무 많은 정보를 제공하였고, 이를 바탕으로 성대모형을 만드는 과정까지 모든 정보를 제공하여 일률적으로 같은 모형이 만들어졌다.

둘째, 학생들이 완성한 모형을 활용하여 소리를 만들어보고 소리가 발생하는 이유를 발견하기를 원했으나, 실제 수업에서는 모형 제작이 교사주도로 안내되어 학생들은 순서를 따라 모형을 만들고 모형을 불어서 소리를 내는데 수업의 초점이 맞추어졌다. 한편, 이러한 체험활동을 통하여 비슷한 모형이지만 다양한 소리가 발생한다는 것, 풍선을 팽창시키거나 이완시켜 다양한 소리를 만들 수 있다는 것, 성대의 진동이 풍선의 진동에 해당한다는 것 등은 충분히 학습되었다.

셋째, 내가 직접 고안해낸 이 실험활동이 나도 미처 몰랐던 생물학적 성대의 구조를 설명할 수 있다는 사실이 기뻐서 활동의 초점이 성대의 구조로 다소 옮겨진 점이다. 학생들이 흥미를 가지고 직접 성대 모형을 만들고 소리를 만들어내는 활동에 참여함으로써 학생 참여도는 상당히 높았다.

4. 전문가 협의회를 통한 수업 컨설팅

나름대로 수업을 촬영하면서 나는 비전공 교사에게 조금이라도 도움을 주기 위해 다양하고 새로운 수업, 또는 학생들의 흥미와 관심을 이끌 수 있는 나만의 교수방법을 보여주는 것을 목적으로 삼았다.

이렇게 촬영한 수업 동영상이 물리를 전공하지 않은 다른 교사에게 어떤 도움이 될 수 있을까?
과학교사만이 가지는 교과교육학 지식(PCK)이란 무엇이고 어떻게 찾아낼 수 있을까?

편집된 세 교사의 수업 동영상에 대한 교차 분석이 진행되었다. 같은 주제의 수업이지만, 교사, 학생, 교재, 교실이나 실험실 여건에 따라 많은 차이가 날 수밖에 없다. 특히 교사의 특성과 지향점이 반영되어, 각 교사별 수업은 여러 차시에 걸쳐서 고유한 특징을 지니고 있었다.

촬영한 수업에 대하여 수업을 진행한 교사 3명, 교육전문가, 동료 교사 등이 참여하여 수업 컨설팅을 실시하였다. 기존의 공개수업이나 연구수업이 수업에 대한 총괄적인 평가의 성격을 지닌다면, 우리가 실시한 수업 컨설팅은 각 차시의 목적과 의미, 학생들이 배우게 될 내용과 방법 등 수업내용 자체에 대한 상담과 처방의 성격을 지닌다. 즉, 특정 과학 주제를 학생들이 이해하도록 어떻게 가르칠 것인지에 초점을 두고 수업을 분석하였다. 이러한 컨설팅 과정은 교과내용에 대한 이해, 교수방법에 대한 다양성 확보, 일관성 있는 수업진행 등을 교사가 다시 점검하도록 하는 새로운 형태의 수업상담이었다.

전문가 협의회는 기본적으로 수업을 진행한 교사에 대한 신뢰와 감사하는 마음에서 출발했다. 교사가 한 차시 수업을 진행하기 위해 얼마나 노력했으며 학습목표를 달성하기 위해 교사가 동원한 전문적인 교수기술을

∞ 교사는 학습의 초점과 방향을 제공하는 가치 있는 수업목표를 설정하며, 이러한 목표를 달성하기 위해 일관된 학습 프로그램을 개발하여 실현가능한 교수전략과 통합한다.

∞ 자기반성과 평가는 교사의 지식과 기술을 심화시키고, 실천에 엄격함을 더하게 된다. 반성은 교사의 전문적 삶을 개선하는 필수요소다.

최대한 존중하면서 논의가 진행되었다. 전문가 협의회의 목적은 각 교사가 지닌 수업진행의 노하우(즉, PCK)를 찾아내고, 각 수업의 장점을 최대한 뽑아내는 데 있었다.

많은 사람들 앞에서 내가 진행한 수업이 논의되는 것은 많은 부담으로 다가왔다. 교사의 의도대로 수업이 진행되지 않는 모습, 교사가 긴장하여 수업 진행이 매끄럽지 못한 모습, 예상치 못한 학생들의 소란스러운 행동, 수업에 집중하도록 학생들을 유도하는 그 힘든 과정 등이 드러나는 매 순간마다 심리적으로 큰 부담감을 느꼈다.

그러나 이러한 부담감은 수업 컨설팅을 통해 새로운 의견과 정보를 접하고, 새로운 수업방법을 차츰 배워나가면서 수업개선을 위한 더 없이 좋은 기회라는 생각으로 바뀌어갔다. 컨설팅 과정에서 얻은 것을 내년 수업에 반영하고 다듬어서 더 발전된 수업을 만들 수 있다는 생각에 기운이 났다. 때로는 협의회에서 나온 의견을 재조직하여 새로운 수업지도안을 바로 구성할 수도 있었고, 세부적인 장점을 꼼꼼히 기록하여 살아있는 수업정보를 모을 수도 있었다.

여러 번의 전문가 협의회 참석을 통해서 알게 된 것은 각 교사는 나름대로 학생을 가르치는 자신만의 비법이 있으며 그것이 바로 교사의 전문성이라는 점이다. 단지 그러한 전문성이 쉽게 드러나지 않고 체계적으로 정리되지 않는다는 것이 문제점이었다. 그러한 노하우를 많이 축적하고, 필요할 때에 바로 적용시킬 수 있다면 전문가라고 할 수 있지 않을까? 나아가 그런 내용을 초보교사에게 바로 전달할 수 있다면 수업의 질이 한층 발전할 수 있지 않을까? 이런 저런 생각과 함께 협의회가 진행될수록 교사만이 가지는 이런 전문성의 필요성을 더욱 절실하게 느끼게 되었다.

여러 차례 협의회를 통한 수업 컨설팅은 결국 교사만이 가지는 교수법적 지식, 즉 PCK(pedagogical content knowledge)를 찾아내는 것으로 수렴되었다. 수업을 진행하는 각 교사는 머릿속에 다년간 축적한 노하우가 있었고, 이것을 잘 발전시키는 것이 좋은 수업을 이끌 수 있다. 문제는 이러한 PCK를 어떻게 포착하고 드러내어 각 교사의 PCK가 어떻게 발전하는지를 밝혀내는 것이었다. PCK를 서로 공유하고 실제 수업에서 활용할 수 있다면, 교사 전문성이 더욱 더 발전될 수 있을 것이라는 믿음을 가지고 협의회를 진행하였다.

가. 전문가 협의회 구성

수업상담을 위한 전문가 협의회는 수업을 진행한 교사 3명, 교육전문가, 동료 교사 등으로 구성되었다. 7학년 파동 단원의 '소리의 발생'이라는 주제에 대해 각 교사가 진행한 수업을 20분 분량으로 압축 편집한 수업 동영상을 시청하면서 상담이 이루어졌다.

도대체 무엇을 보아야 할까? 수업을 얼마나 잘 했는지를 볼까? 그러면 그 잘했다는 의미는 무엇일까? 내가 수업을 촬영한 의도는 학생들이 적극적으로 참여하도록 만드는 수업을 보여주거나 다양한 수업방법을 보여주려는 것이었다.

수업분석을 위한 전문가 협의회는 수업 촬영 6개월 후부터 거의 2주마다 실시되었다. 또한 전문가 협의회의 관점이 올바른지 점검하기 위해 경력교사, 과학교육 전공 교수, 교육전문가 등 15명이 참여하는 확대된 협의회까지 여러 차례 개최하였다.

나. 수업 컨설팅 과정

수업 컨설팅은 먼저 촬영한 수업동영상을 함께 시청하는 것으로 시작된다. 이어서 수업을 한 교사가 수업 의도나 수업에 대한 상세한 정보를 제공한다. 이를 통해 교사가 수업에서 추구한 목표가 무엇이고, 목표를 달성하기 위해 어떤 활동들을 왜 진행했는지를 파악할 수 있었다. 이어진 질의응답 시간에는 수업활동에 담긴 교사의 의도나 실험활동의 의미, 수업내용 전개 등에 대하여 논의하였다. 컨설팅의 마무리 단계에서는 참여자별로 수업의 장단점을 분석하고 개선방안을 제시하였다.

수업 컨설팅의 초점은 각 교사가 학생들의 학습목표 달성을 위해 도움이 되는 노하우 즉, PCK를 어떤 형태로 발현하고 있는가에 맞추어졌다.

수업 컨설팅의 초점은 각 교사가 학생들의 학습목표 달성을 위해 도움이 되는 노하우 즉, PCK를 어떤 형태로 발현하고 있는가에 맞추어졌다. 학생 수준에서 제시된 학습목표가 적절한지, 이전 학습과의 연계가 제대로 이루어지는지, 교사의 수업의도에 비추어 특정한 질문이나 사례 제시가 적절한지 등을 논의하였다. 대부분의 경우에는 학생 수준에서 이 단원 학습의 당위성과 같은 본질적인 문제까지 논의가 확장되곤 하였다.

전문가 협의회에서의 한 교사의 수업을 두고 이러한 심층적인 논의가 가능했던 것은 수업을 개선하고자 하는 공통된 목적 인식과 상호간의 존중과 신뢰감이 뒷받침되었기 때문이다.

다. 수업 컨설팅 결과

수업 컨설팅은 수업을 진행한 교사에 대한 신뢰와 존중의 마음에서 출발한다.

전문가 협의회에서 도출된 내 수업에 대한 긍정적인 평가 결과는 다음과 같다.

첫째, '소리가 어떻게 만들어지지?'라는 수업목표를 질문의 형태로 직접 제시함으로써 수업을 시작하였고, 학생들의 적극적인 참여를 유도하였다.

둘째, 허용적인 분위기 속에서 학생들의 수업 참여를 이끌 수 있었고, 활발한 토론이나 발표가 있는 살아있는 수업이었다.

셋째, 목소리의 발생과정을 간단한 도구를 사용하여 모형화한 실험 기획이 돋보였다. 눈에 보이지 않는 성대를 모형으로 제작하여 소리를 만들어 보게 함으로써 실제 성대의 구조와 목소리 발생과정을 이해하기에 아주 적절한 자료였다.

전문가 협의회에서는 긍정적 측면과 함께 좀 더 폭넓은 시각에서 심층적인 비평도 포함되었다. 이 과정은 더 좋은 수업구성을 위한 전문적 상담에 해당된다. 전문가 협의회에서 지적된 '목소리 발생 수업'의 주요 문제점은 다음과 같다.

T1: 학생들에게 오개념 형성 가능성을 주었다. 학생들에게 먼저 빈병을 불어서 소리가 발생한다는 것을 보여준 후 호스를 제공함으로써, 호스 안의 공기가 진동하여 소리가 발생한다는 오개념과 연결되거나, 또한 호스가 열린 관의 역할을 하여 공기진동으로 정상파를 만들고 이것이 기도와 연결되어 공기진동으로 소리가 만들어진다는 것으로 연결되는 문제점이 있다.

T2: 편집된 일부 수업을 보면 빈 병을 불어 소리 내는 것과 목소리 모형이 연관된 것처럼 보여서 전체 수업과정을 볼 필요가 있다는 생각이다. 이건 동영상을 통해 수업을 분석할 때의 한계라 생각한다. 그래서 수업의 전체 과정을 담은 영상도 반드시 보관할 필요가 있다.

T3: 학생들이 호스를 불어 소리를 발생시킬 때 풍선의 떨림을 관찰하거나 주목하도록 유도하지 않았다. 수업의 목표에 비추어 여기서 중요한 것은 풍선의 떨림이다. 실제 수업 중에 보여준 성대 결절 동영상에서도 성대가 넓게 또는 좁게 움직여서 이 움직임이 소리를 발생시키는 것으로 연결될 수 있어서 이 부분에서 교사의 정확한 안내가 필요하다.

T4: 수업의 목적이 목소리를 통하여 '소리의 발생원인은 진동'이라는 것을 일반화시키는 것이고, 학생들 이해수준에서 발표와 수업참여가 너무 강조되어 '진동'을 관찰하거나 탐구하는 활동이 소홀히 취급되었다.

T5: 도입부분에서 자의 진동, 빈병, 소리굽쇠 진동까지 소리가 진동으로 만들어진다는 답을 제시했다. 그래서 학생들이 소리

∞ PCK의 발달은 교실 실천 속에 내재되어 있으므로 특정 주제를 아직 가르쳐보지 못한 교사는 해당 내용 영역에 대한 PCK를 거의 지니지 못한 것으로 간주된다.

∞ PCK는 지속적인 발전 과정에 있는 것으로 완성형을 지향하지 않는다. 특정 내용에 적합한 교수법은 하나일 수 없으며, 적게는 내용 교수법에 영향을 미치는 요인들의 수만큼, 많게는 그 주제를 가르치는 교실의 수만큼이나 다양할 수 있다.

가 왜 나는지를 스스로 탐구해야할 기회가 주어지지 않았다.

T6: 탐구요소가 없는 전형적인 확인수업이다. 가장 중요한 것은 소리가 진동을 통해서 발생한다는 사실을 학생들이 스스로 발견해내도록 수업이 구성되지 못하였다. 수업 중간 성대 결절 동영상을 제시하지 말고 주어진 재료를 마음대로 사용하여 자유로이 소리를 만들어보라는 식의 탐구수업이 되어야 한다. 학습목표가 실험활동을 통해서 계속 반복되는 확인 수업이다.

T7: 동영상을 보여줄 때 학생의 집중시간은 10분 정도이다. 동영상이 단순히 정보제공의 의미인데 활동지에 내용을 적는 것은 국어시간 활동이지 과학적 요소일 수는 없다.

∞ PCK는 명시적으로 드러나기도 하고 다른 항목 속에 내재되기도 하지만 교과별 PCK가 교사 전문성을 구성하는 중요한 요소라는 점은 널리 인정되고 있다.

이러한 협의 과정을 통해 수렴된 내 수업의 문제점은 수업이 전형적인 확인수업이라는 점이다. 과학이 다른 과목과 차별화되는 점 중의 하나는 탐구라는 학습방법을 활용한다는 것이다. 학생들이 스스로 발견해 내고 탐구할 수 있도록 안내하는 것이 교사의 역할이다. 이러한 특징을 살려내야 올바른 과학수업이 될 수 있다. 물론 동료교사들이 그러한 탐구수업은 너무 이상적이며 현재의 학생 수, 과다한 학습량, 탐구 시간제약 등으로 현실적 어려움이 있다는 것으로 반론을 폈다. 수업을 진행한 나로서는 한편으로는 이러한 비평이 심리적으로 힘들었지만, 한편으로는 항상 머릿속에만 머물던 그 '탐구수업'을 내가 충분히 고민하여 만들어내지 못하고 있었다는 반성의 기회가 되었다. 전문가 협의회를 통해서 내 머릿속에만 머물고 있던 탐구수업을 발견할 수 있었고, 내가 수업에서 고민해야 할 부분도 바로 이 부분임을 알게 되었다.

5. 수업 컨설팅 후 수업 재구성

수업 컨설팅을 위한 전문가 협의회를 통해서 많은 것을 배울 수 있었다. 그것은 평소 공개수업을 통해서 얻을 수 있는 수업진행에 대한 피상적인 평가와는 많이 달랐다. 수업 내용이 학생들에게 어떤 의미가 있으며, 학생 입장에서 얼마나 학습이 되었을까가 논의의 주제였다. 따라서 수업의 전개 과정뿐만 아니라 매 단계별 내용 전환과 흐름까지 해석해야 했다.

이러한 관점에서 분석한 결과, 교사의 수업활동은 단지 몇몇 개념을 학습하는 것 이상의 의미를 지니고 있었다. 학습내용의 선정과 조직, 특정 차시와 전체 단원과의 연계성 확보, 학생 수준에서 특정 차시의 의미와 수업의 당위성, 때로는 교사의 철학적 지향점까지 되짚어 볼 수 있는 좋은 기회였다. 비록 물리 수업을 소재로 한 분석이었지만, 이러한 논의는 다른 교과의 다른 수업에도 충분히 적용될 수 있다.

가. 이 수업을 다시 한다면 무엇을 바꾸어야 할까?

① 탐구적인 요소가 많이 들어가야 한다.

과학수업은 탐구의 과정이라는 사실을 알면서도 실제 수업에는 탐구 관련 내용을 찾아보기 어려웠다. 시간적 제약이나 학생 수가 항상 문제가 되지만, 개인적으로도 탐구수업을 할 준비가 부족함을 항상 느끼고 있었다. 탐구라고 하면 가설설정, 실험설계, 실험수행, 결론도출이라는 복합적 과정을 의미하고 우리나라의 현실 여건과 맞지 않는 이상적인 과학 수업모델로 남아 있다. 이러한 생각은 탐구수업에 대한 두려움, 지도방법에 대한 경험 부족으로 등으로 기존 수업방법에서 밀려나는 실정이다. 그럼에도 불구하고 과학수업은 탐구수업이어야 한다는 점을 염두에 두고, 현실적 여건을 최대한 고려한 상태에서 최대한 탐구적 요소를 접목하는 것이 교사의 역할일 것이다.

∞ 교사는 과학에 대한 지식을 학습되어야 할 답변의 형태보다는 탐구되어야 할 질문의 형태로 도입해야 한다.

② 풍부한 사례, 시청각 자료, 시뮬레이션 자료 등이 제시되어야 한다.

과학수업이 항상 실험으로 이루어지지는 않는다. 대부분의 과학수업은 교실에서 이루어진다. 교실수업이라고 해서 항상 교사의 일방적인 수업으로 진행되는 것은 아니다. 기본적인 개념을 강조하는 수업일수록 특히 학생의 이해를 돕기 위한 다양한 시청각 자료를 많이 사용해야 한다. 교사는 활용할 수 있는 자료에 대한 정보를 많이 가지고 있어야 하고, 필요에 따라서 음성이나 영상을 재편집하여 학생의 탐구의욕을 높일 수 있어야 한다. 이러한 시청각 자료는 개념과 관련지어 필요할 때 수 십분 정도 활용해야 학생의 집중력이 높고 효율적일 수 있다.

③ 학생들이 참여하고 활동하는 수업이 되어야 한다.

수업은 교사와 학생이 교육과정이라는 내용을 가지고 상호작용하는 것이다. 학생들의 사고를 자극하는 질문과 허용적인 분위기를 조성하여 학생들이 수업에 직접 참여할 수 있도록 유도해야 한다. 이를 통하여 교사는 학생 수준의 의견을 종합하고 정리하여 새로운 과학개념에 접근하도록 도와주어야 한다.

④ 교사는 차시 목적을 교육과정의 전체 구조 속에서 파악하고 있어야 한다.

'소리의 발생'이라는 본 차시가 파동 단원에서 차지하는 개념 구조상의 위치, 앞뒤 차시 수업과의 연관성, 학생 입장에서 이 내용을 학습해야 할 필요성 등 교사는 교육과정에 대한 배경지식을 파악하고 있어야 한다. 이를 바탕으로 수업목표가 지향하는 주요개념이 학습되도록 활동지를 새롭게 구성해야 한다.

나. 다시 하는 탐구학습 '목소리 발생' 수업 예시

수업 컨설팅에서 수렴된 의견을 반영하여 '소리의 발생' 수업을 탐구학습으로 재구성하여 수업의 단계를 예시하면 다음과 같다.

∞ 대부분의 실제 수업 상황에서는 학생들에게 과학 개념을 이해시키기 위해 탐구 활동이나 실험을 활용한다.

① 풍선을 불어서 풍선 목을 손으로 가볍게 잡아 소리 만들기

팽팽하게 바람을 넣은 풍선의 목을 두 손가락으로 가볍게 잡는다. 이때

바람이 조금씩 빠져나가게 하면 소리가 만들어진다. 이 과정에서 학생들에게 소리의 발생 원인을 생각하여 발표하게 한다. 발표 후에 학생들의 이해를 돕기 위해, 소리굽쇠를 쳐서 소리가 날 때 물에 살짝 담가보는 활동을 준비한다. 활동의 결과 학생들은 진동으로 인해 소리가 발생함을 파악하게 된다.

② 목구멍 속의 성대(성대날개) 진동 모습을 포착한 시청각 영상을 보여준다. 이때 목소리가 발생하는 원리를 발견하도록 한다. 이러한 정보를 바탕으로 목소리 발생과정을 그림으로 그려보게 한다.

③ 학생들에게 모둠별로 파이프, 풍선, 고무 밴드, 가위를 제공하고 이를 사용하여 성대 모형을 자유롭게 만들게 한다. 모형을 만들기 전에 모둠별로 학생들은 앞서 그린 목소리 발생과정에 대한 그림을 토대로 제작할 성대 모형을 설계하게 한다.

∞ 과학 탐구는 주요 과학 개념을 실천적인 직접 경험과 연결시키는 과정이다.

다음과 같이 학생들은 다양한 모형을 만들어낼 것이다.

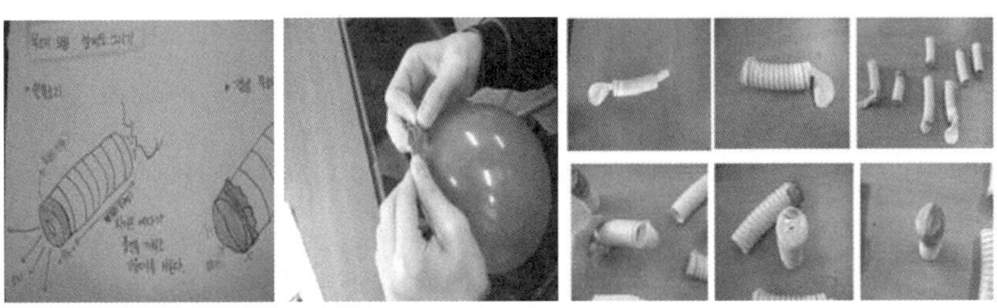

④ 각 모둠별로 직접 만든 성대 모형을 활용하여 소리의 내어보게 하고, 모둠별로 관찰한 결과를 발표하게 한다.

⑤ 소리 발생과정을 정리 평가하고, 차시 학습내용을 알린다.

6. 수업 컨설팅에서 얻은 것들

내 수업이 다른 사람들 앞에서 집중적인 논의의 주제가 된다는 것은 상당한 부담이 된다. 또한 칭찬만으로 채워지기 어려운 것이 상호간의 수업 컨설팅일 것이다. 이러한 컨설팅은 수업개선이라는 목적 공유와 상호간의 신뢰가 뒷받침이 되었기 때문에 가능할 수 있었다. 각 교사의 수업에서 좋은 점, 즉 좋은 PCK를 찾아냄으로써 다음 수업 설계에 큰 도움이 되었다. 같은 주제로 수업을 전개하더라도 각 교사만의 독특한 수업전개 방식이 나타나므로 새롭게 꾸밀 수업은 이러한 참고사항을 반영하여 충분히 개선될 수 있을 것이다. 이러한 정보들은 협의회에 참여하지 않으면 얻을 수 없는 소중한 것이고, 이것이 바로 교사끼리 의견을 교류해야하는 이유이기도 하다.

서로 다른 공간에서, 각 교사의 스타일대로 이루어진 다른 색깔의 수업이지만 각 교사가 부딪히는 공통의 문제점도 있었다. 교과서 문제풀이, 교과서 그림이나 용어 해설, 탐구나 실험 활동 등 항상 교과서 범위를 벗어날 수 없으므로 교과서를 기준으로 수업을 진행해야 한다는 제약 조건이 따라다녔다. 따라서 교사는 항상 자유로운 수업 구성과 교과서 내용 사이에서 학생들에게 제일 적합한 수업지도안을 구성해내어야 했다. 평가를 대비해야 하는 학생 입장에서는 교과서 내용을 하나라도 빠트리면 배우지 않은 것이 된다. 결국 지금의 상황에서 교사의 교수활동의 토대는 교과서일 수밖에 없었다.

이처럼 수업 컨설팅을 통해서 배우거나 내적으로 변화된 내용을 정리하면 다음과 같다.

가. 수업을 바라보는 관점의 변화

① 수업이란 학생의 이해를 바탕으로 한다.

과학수업에서 예전에 내가 중요하게 생각했던 것 중 하나는 '새로운 아이템'이었다. 학습해야 할 내용이 정해지면 항상 수업내용과 관련된 새로운 실험을 찾곤 하였다. 항상 새로운 실험과 새로운 볼거리를 찾아다닌 이유는 학생들이 과학을 어려워하므로 이를 극복하려면 학생들의 시선이나 관심을 이끌어낼 수 있는 재미있고 신기한 실험을 찾아내야 하기 때문이었다. 대부분의 과학교사는 새로운 실험을 어떻게 구할 것인지를 고민하게 되고, 이는 과학 교과모임이나 교사 워크숍을 찾게 되는 주된 이유이기도 했다. 이러한 완성물이나 결과 위주의 체험(hands-on) 활동은 주변의 '공개수업'이나 '교육청 주관의 동영상 촬영수업', '과학중심 학교 및 영재반 수업'에서도 쉽게 발견된다. 이러한 수업에서 대부분의 수업시간은 활동이나 구조물 제작과정에 사용되고, 마지막 조금 남은 시간은 주로 그 구조물의 원리를 이해하는 활동으로 구성된다. 그마저도 학생들 수준에서 이해하기 어려운 완성품인 경우에는 내용이나 원리 탐색 없이 만드는 행위로 끝나는 경우도 많았다.

수업 컨설팅을 통해서 내가 체험한 가장 큰 변화는 수업을 바라보는 관점의 변화이다. 이전에는 '내가 어떻게 가르칠까?'를 고민했는데, 지금은 '학생들이 어떻게 이해하고 있고 어떻게 변화시킬까?'로 바뀌었다. 즉, '학생들이 모르면 수업하지 않은 것이다.' 또는 '수업은 학생들이 가진 생각을 끄집어내는 과정이 필요하고, 그래야 변화시킬 가능성이 있다.' 등의 인식과 함께 수업의 중심이 학생에게로 많이 옮겨갔다.

∞ 거의 경력 십년이 지나서야 비로소 아이들의 눈빛이나 표정이나 하는 행동에서 투영되어서 수업이 읽혀지고, 아이들이 눈에 들어오기 시작했거든요. ... 실제로 그런 건 긴 시간동안 서 있어 봐야 비로소 느껴지는 문제인 것 같아요.

∞ 수업 컨설팅을 통하여 수업에 대한 다양하고 깊은 관점까지 얻을 수 있다.

② 과학수업은 탐구수업이다.

내가하는 수업은 '과학수업'이며, 과학수업은 '탐구수업'이어야 한다. 따라서 학생들이 스스로 만들어보고, 그 활동을 통해서 새로운 사실을 발견하여 원인을 밝혀내고 나름대로 과학적 결론을 도출하게 해야 한다. 여기서 교사의 역할은 새로운 실험을 찾는 데 시간을 투자하기보다는 학생들이 참여할 수 있는 탐구수업 구성에 더 많은 시간을 투자해야 한다. 일반적으로 교사들은 이상적인 탐구학습이 어떤 것인지 잘 알고 있다. 나 역시 탐구학습을 현실적으로 구현하기 어렵다는 이유로 합리화하면서 그동안 더 편한 방법으로 수업을 해 온 것이 사실이다. 이제 교사가 고민해야 할 것은 현장의 어려운 여건에도 불구하고 탐구학습 기회를 제공하기 위해 더 많은 시간을 투자해야 한다는 점이다. 물론 기존 수업 중에도 탐구적 활동이 많지만 수업 컨설팅을 통해서 얻은 것은 교수학습 활동에서 탐구활동이 중심이 되어야 한다는 것이다.

또 하나 중요한 것은 수업 진행에서 학습목표라는 큰 틀을 잊어서는 안 된다는 점이다. 교사가 구성한 각 수업요소는 학습목표라는 큰 틀에서 학생들의 이해를 돕기 위한 활동이다. 이러한 수업요소들은 서로 연관되고 체계적으로 조직화되어 '의도적'으로 학생들에게 제공된다. 실험활동이나 학생 발표, 교사의 행동과 상호작용 등 각 요소가 수업목적을 달성하기 위해 제 역할을 해내야 한다. 따라서 탐구수업을 설계할 때도 의도된 목표 달성을 위해 학습량이나 시간 배분 등 교사의 적절한 안내활동이 잘 결합되어야 한다.

③ 좋은 수업을 위해서는 좋은 PCK를 끊임없이 만들어가야 한다.

∞ 교사는 주어진 여건 속에서 탐구수업을 어떻게 가능케 할 것인지를 고민해야 한다.

수업은 교과서 내용을 연속적으로 다루고 배울 차례를 체크했다가 다음 수업에서 그대로 이어가는 것이 아니라, 전체 단원구조 속에서 차시별로 완결된 수업구조를 가져야 한다. 교사가 만든 각 차시별 교수학습 자료나 활동자료는 수업에 적용되고, 보완되어서 매 차시 또는 매년 발전된 형태의 자료가 되어야 한다. 이러한 교사의 교수학습을 기록한 매 차시의 수업일지, 수업계획서, 교수학습지도안, 수업활동 기록지 등은 교사만이 가질 수 있는 전문적인 노하우로서의 가치를 지니게 된다. 또한 이것은 다음 수업을 위한 좋은 수업 컨설팅의 자료가 될 수 있을 것이다. 교사는 이러한 자료 파일을 지속적으로 기록하고 적용하여 다시 보완하면서 자신만의 노하우, 즉 PCK를 축적해나가야 한다. 이것이 바로 교사의 전문성이다.

이 밖에 수업 컨설팅을 통해 내가 얻은 것들을 정리해 보면 다음과 같다.

첫째, 수업은 교육내용이라는 뚜렷한 목적의식을 가지고 학생들에게 행해지는 활동이다. 교사는 학습목표에 부합하는 다양한 재료나 활동, 심지어 행동이나 몸짓까지도 의도적이 되어야 한다.

둘째, 수업에 대한 반성적 과정을 반드시 거쳐야 한다. 수업은 학습내용을 학생들에게 이해시키는 것이 목적이다. 학생의 입장에서 새로운 과학개념이 어떻게 받아들여지고 있는지를 고민해 보아야 한다. 학생의 학습결과는 특히 수업이 끝난 후 학생들 머리속에 남아 있는 것이 무엇인지에 대한 반성적 사고과정을 거치면서 분명해지며, 이를 통해 자신의 수업이 어떠했는지 알 수 있다.

셋째, 수업은 학생에 대한 맥락적 이해에서 시작하여 새로운 과학경험을 만들어가는 과정이다.

7. 마치면서

교직생활 10년이 훨씬 넘어버린 지금도 어떤 선배교사에게 들은 이야기가 아직도 기억에 남아있다. 어떤 교사가 소위 말하는 '베테랑 교사'냐는 질문에 대해, '베테랑 교사라면 특정한 수업에 대해 다양한 교수방법을 지니고 있으며, 각 교수방법에 대한 학생들의 반응까지도 알고 있고 각 상황에 적합한 좋은 교수방법을 권해줄 수 있는 교사이다. 내가 이런 방법으로 수업을 진행했더니, 그때 학생들의 반응은 이러했고, 또 다르게 수업을 했더니 결과가 이렇게 나타났다. 그러니 당신도 이런 방법으로 시도하여 결과를 비교해 보거나 아니면 다른 방법으로 한번 시도해 보라고 말할 수 있는 교사이다.'라고 대답하였다. '그리고 그 베테랑 교사는 해마다 진행한 수업과정과 활동지, 결과물을 꼼꼼히 잘 정리하여 기록하고 있고 누가 어떤 수업상담을 하든지 그 자료들을 증거로서 얼마든지 제시해 줄 수 있어야 한다.'는 것이었다.

∞ 많은 교사들은 교수활동에 대한 반성 능력이 전문성의 표시라고 믿는다. 이는 반성을 통해서 진정한 성장과 수월성을 이룰 수 있기 때문이다. 자신의 실천 결과를 이해하려고 노력하고 대안적인 실천 방법을 심사숙고함으로써, 교사는 자신의 교수 레퍼토리를 확장할 수 있게 된다.

그때부터 나도 수업 진행과정과 결과를 기록하기 시작했다. 때로는 교과서에, 때로는 가지고 들어간 노트에 짧은 메모를 시작했다. 물론 수업이 진행되는 도중에는 수업진행 주체로서 기록할 시간적 여유가 없지만 최대한 기록하려고 노력하였다. 학생들의 반응과 질문도 기록하기 시작했다. 학생들에게는 자신을 표현할 기회를 충분히 주는 것이 목적이었지만 이러한 수업경험을 통해 학생의 발표력, 자신의 생각을 정확하게 표현하는 능력, 과학적 개념으로 실생활을 해석하는 활동 등도 좋아졌다.

수업 되돌아보기

pedagogical content knowledge

06-2

수업 되돌아보기

공연 경험이 별로 없는 배우들은 공연을 마치고 뒤돌아서면서 "대사가 틀려서 어떡하지, 좀 더 잘 할 수 있었는데.., 다음 공연에서는 더 많이 연습해서 멋진 모습을 보여줘야지"라고 생각할 것이다. 교직 경력이 얼마 되지 않은 나 또한 수업이 끝난 후 텅 빈 과학실에서 수업을 정리할 때 "내가 준비한 것을 얼마나 잘 표현했지? 더 잘 할 수 있었는데.. 다음 수업에서는 좀 더 잘 해야지"라는 생각을 하곤 했다. 그러나 구체적으로 수업을 어떻게 발전시켜야 할지 알 수 없는 채로 막연히 "다음번에는 더 잘해야지..." 라는 생각만 들 뿐이었다.

초임교사시절 과학 지식에 대해서는 자신감이 있었지만 학생들 앞에 선다는 것이 늘 부담스러웠다. 학교 현장은 수업 이외에도 너무나 복잡하게 처리해야 할 일이 많아 선배 교사들에게 수업 내용이나 수업 방법에 대해 물어볼 시간적인 여유도 없거니와 시간을 내서 모인 자리에서는 과학 행사나 수행평가 등에 대해 논의하는 데 많은 시간을 할애할 수밖에 없었다.

대부분의 신규 교사들이 처음 발령이 나면 바로 수업을 해야 하기 때문에 같은 학년에 들어가는 선생님께서 만들어주신 프린트를 감사히 받아 들고 학생들한테 나누어 주고 수업을 할 수 밖에 없을 것이다. 그러나 우연한 기회에 다른 교사들과의 모임 자리에서 서로 수업방법을 이야기 하다가,

∞ 초임 교사들은 학생들이 수업 내내 바빴거나, 교사들이 무사히 수업을 끝낸 경우에 그 수업이 '좋았다'고 믿는 경향이 있다. 경험이 늘어날수록, 교사는 자신의 실수는 물론 성공적인 접근방법을 분별해내고 제대로 평가할 수 있게 된다.

∞ 교사는 자신의 실천에 대하여 반성하며, 경험으로부터 배워 나간다.

다른 사람이 만든 수업자료가 지닐 수 있는 한계를 지적하는 선배 교사의 이야기를 듣게 되었다. 수업 방법에 대해 고민해보고 활동지를 직접 만들어 보는 과정을 충분히 겪어야 학생들의 수준에 맞는 수업 준비와 실행을 잘 할 수 있음을 깨닫고 나의 수업자료를 만들기 시작하였다. 그런 생각을 하면서 시간이 흘렀고, 학교생활에도 적응이 되었으나 늘 수업을 하며 돌아서면 여전히 아쉬움이 남았다. 뭔가 수업을 더 잘해보고 싶지만 뾰족한 답을 찾을 수 없었다. 그러던 끝에 대학원 진학을 결심하게 되었다. 대학원의 수업 과정과 연구 활동은 학생들의 생각에 대해 더욱 잘 이해할 수 있도록 도움을 주었고, 전공분야에 대해 친근하게 접할 수 있는 기회를 주었다. 그러나 대학원에서의 공부가 내가 갈증을 내던, 나의 실제 수업에 대한 충분한 피드백을 주지는 못했다. 그러던 중 수업 동영상을 찍어 보자는 제의를 받게 되었다. 지금 생각하면 정말 뭘 몰라서 감히 시작할 수 있었다는 생각이 들지만, 내 수업에 대해 깊이 생각해보고 비판할 수 있었던 너무나 소중한 경험이었다.

여러 차례 내 수업을 동영상으로 찍어서 다시 보면서 "나는 과연 학생들이 얼마나 이해할 수 있다고 생각하고 수업을 준비한 걸까? 왜 학생들의 목소리를 귀담아 듣지 않고 좀 더 기다려 주지 않았을까?"라는 생각에 부끄러워졌다. "같은 주제로 교사는 여러 번 수업하지만 학생들에게 그 수업은 일생에 단 한 번이 아닌가!"

이러한 생각이 뇌리를 스칠 때면 어디론가 숨고 싶어진다. 현장의 많은 교사들이 학생을 평가하는데 많은 시간을 할애하지만 정작 자신의 수업을 돌아볼 여유는 없다. 동영상 촬영을 하면서 내 수업을 다시 되돌아보고 여러 선생님들과 함께 논의하는 과정에서 때로는 서운하다 싶을 정도로 비판받기도 하였다. 그러나 지나고 보면 너무나 좋은 피드백 기회가 되었다. 현장에서는 아직까지 다른 선생님의 수업을 엿보기가 쉽지 않고 수업의 공개는 오랜 시간 동안 잘 준비한 연구수업 1차시가 고작인 경우가 대부분이다. 누구나 '내가 가르치는 이 수업을 다른 선생님은 어떻게 할까?' 하는 궁금증을 가지고 이지만, 실제로 수업을 공유할 수 있는 기회는 거의 없다. 현장에서 실제 수업을 함께 공유하며 수업에 대해 반성의 기회를 갖게 된다면 현장 교육이 좀 더 발전적인 방향으로 변화할 것이다.

촬영한 여러 수업 중에서 “빛” 단원 수업을 되돌아보고자 한다. 너무나 부족한 점이 많은 내 수업을 다시 되돌아보게 된 소중한 경험을 함께 공유해보려고 한다.

1. 나의 수업 일기

가. 좌충우돌 교육 실습

처음 교육 실습을 나가서 고등학교 1학년 물리를 지도하게 되었다. 뉴턴의 제1,2,3 법칙부터 운동량, 충격량 등 물리의 가장 핵심 주제들이었다. 첫 시간 수업 준비부터 마지막까지 긴장의 연속이었다. 친구와 번갈아 최종 리허설까지 하면서 1차시 분량의 수업을 거의 3일에 걸쳐 준비하였다. 과학사 부분에 대한 설명이 조금씩 들어가야 할 것 같은데 과학사 책을 읽어도 학생들에게 어떻게 효과적으로 전달할 수 있을지가 고민이 되었다. 수업을 하고 나와서의 그 찜찜함, ‘이게 아닌데…이게 아닌데…’ 하는 마음으로 수업을 마치곤 했다. 학생들과도 정이 많이 들고 수업도 이제 좀 더 잘할 수 있을 것 같다는 생각이 들었을 때 바로 교육 실습 기간이 끝나버리고 말았다. 입시학원이나 학원 강사의 경험보다는 과외 경험이 많았던 나로서는 거의 40명 가까운 학생들과 함께 수업을 해본 것 자체만으로 소중한 경험이 되었다. 교육 실습 담당 선생님께서 해주신 충고와 조언을 바탕으로 또 다시 학생들 앞에 섰지만 워낙 짧은 기간이라 변화되기는 어려웠던 것 같다.

∞ 예비교사 기간 동안 대학에서 이론을 충분히 배우면, 교사 스스로 학교 현장에서 실천으로 자연스레 옮길 수 있을 것으로 기대하지만, 이론을 실천으로 연계하는 과정(theory into practice)이 교사들이 경험하는 가장 큰 어려움이다.

∞ 적절한 교육 실습기간은 어느 정도일까?

나. 과학 선생님이 되다!

너무나 꿈꿔왔던 과학 선생님이 되어 벅찬 마음으로 첫 출근길에 나섰지만 걱정이 앞섰다. 3월 2일 출근 첫날부터 과학 선생님으로서 교실에 들어가 학생들 앞에 서야하는 상황이 부담스러웠기 때문이다. 어떤 학년을 맡을지 어떤 교과서로 가르칠지도 모르는 상황에서 수업 준비를 하기란 거의 불가능했다. 첫 시간은 오리엔테이션 시간을 가지면서 학생들과 첫 만남을 가졌다. 너무나 설레고 학생들이 과학 과목을 좋아한다는 것을 느끼고 상당히 기분이 좋았다. 하지만 학기 초 많은 업무로 바쁜 선생님께 수업을 어떻게 구성해야 할지 여쭈어 보기에는 현실적으로 불가능했다.

시간이 흘러가면서 어떻게 수업을 해야 할지 고민할 만할 여유가 생겼지만 막상 엄두가 나지 않았다. 다른 선생님의 수업을 들어보고 싶었지만 입장을 바꾸어 놓고 생각해보니 허락하시기가 힘들 것 같다는 생각이 들었다.

그러던 중 연구 수업을 하게 되었다. 연구 수업을 한 후 협의회를 하면서 여러 의견을 들을 수 있었다. 주로 장점만을 말씀하셨고 수고했다는 말씀을 많이 하셔서 준비한 보람을 느낄 수 있었다. 그 수업을 지금 본다면 많은 부분에서 부족한 면이 많을 텐데 연구 수업을 준비하는 교사의 노고를 생각해서 보통 그렇게 협의회를 마치는 것이 일반적이다.

모르면 용감하다고 첫 해에는 학생들이 좋아한다면 다른 선생님들께서 위험하다고 말씀하시는 실험까지 학생들과 함께 해보았다. 과학시간에는 실험을 많이 할수록 참여도가 높아지고 좋은 수업을 했다는 느낌이 들었기 때문에 실험을 최대한 많이 하려고 노력하였다. 하지만 실험 수업의 비중이 커지다 보니 진도가 늦기 일쑤였고, 시험기간에 맞추어 진도를 나가려다 보니 나중에는 내용을 요약하는 시간을 가질 때도 있었다. 즉 실험수업 따로 개념수업 따로 진행될 수밖에 없었다. 수업에 임하는 학생들도 과학실에 가면 의례 과학 실험을 한다는 생각에 수업 태도가 좋지 않아서 애를 많이 먹었던 기억이 난다.

"어떻게 수업을 하는 것이 더 효과적일까?"하는 고민을 하는 과정에서 실험수업을 할 때 활동지를 통해 평가를 하는 방법이 효과적일 것이라는 생각이 들었다. 그래서 번거롭더라도 실험시간에 작성한 활동지를 되도록 이면 수행평가에 많이 반영하려고 하였다. 워낙 평가에 민감한 지역 학생들이라서 수업태도에 많은 변화가 생겼고, 실험과 관련된 개념 이해부분까지도 그 시간에 언급할 수 있는 여유가 생겼다.

해를 거듭하면서 수업시간이 익숙해지게 되었지만 수업 방법 측면에서는 내가 생각하는 기준에는 달하지 못하여 연구의 필요성을 느끼게 되었다. 대학원 과정을 수료하면서 수업 방법 개선에 계속 관심을 가질 수 있게 되었다. 학생들이 가장 어려워하는 과목 중 하나인 과학을 공부하는데 있어서 학생들에 대한 이해가 꼭 필요하다고 생각하였다. 그 중 특정 개념에 대한 학생들의 이해수준을 아는 것이 매우 중요하다는 생각이 들어 학생들의 생각을 물어보기 시작하였다.

이러한 활동들이 수업을 재구성하는데 있어서는 정말 큰 도움이 되었지만 실제 수업 진행에서는 준비한 만큼 수업을 다 하지 못했다는 생각이 들었다. 어떤 부분이 얼마나 부족한지를 객관적으로 파악할 수 없기 때문에 어렴풋이 부족하다는 느낌 정도였다. 1년을 마무리하는 연말에 학생들에게 수업평가서를 받아보고 어떤 점을 수정해야 할지에 대한 정보를 얻으려고 했지만 정작 수업을 들었던 학생들은 객관적으로 판단하지 못하는 경우가 많았고, 1년 동안 감사했다는 등의 인사말이 대부분이었다.

⚭ 수업평가지에서 나타나지 않는 학생들의 머릿속 생각을 어떻게 알아낼 수 있을까?

다. 수업 컨설팅을 통한 수업평가

교직경력 3년차, 1학기가 막 시작될 무렵 경력이 많은 선배 교사 두 분과 함께 같은 주제로 10차시 분량의 동영상을 찍어보자는 제안을 듣고 너무나 놀라웠다. 경력도 별로 안 된 교사가 수업하는 것을 동영상으로 찍어서 무엇을 하려는지 궁금하기도 했다. 처음에는 긴장도 많이 했지만 시간이 지날수록 카메라 앞에서 수업하는 것을 크게 신경 쓰지 않게 되었

⚭ 수업 컨설팅과 수업평가의 차이점은?

다. 수업을 하고 난 후의 기분은 매번 달랐지만 늘 부족함을 많이 느꼈다. 수업 촬영 후 전문가 협의회를 통해 같은 주제를 촬영한 선생님들 및 그 밖의 선생님들과 촬영한 수업을 보면서 컨설팅을 받는 과정에서 명확하게 잘못된 부분을 지적받을 수 있었다. 때로는 부끄럽기도 하고 속상하기도 했지만, 돌이켜보면 결국 나를 채찍질하고 발전할 수 있는 밑거름이 되었던 시간들이었다. 만약 연구수업 후의 모습처럼 칭찬이 주를 이루는 분위기였다면 당장은 기분이 좋았겠지만 나의 수업을 크게 개선하지는 못했을 것이다.

∞ 수업지도안과 활동지 구성 순서를 염두에 두고 수업에 사용할 자료를 제작하였다.

2. 수업 사례 예시

다음은 수업 컨설팅의 대상이 되었던 7학년 빛 단원 1차시 수업(수업 주제: '물체를 어떻게 볼 수 있을까?')의 준비와 실제 진행과정에 대한 예시이다.

가. 수업 준비하기

나의 수업의도

이 수업에 참여하는 학생들에게 "물체를 어떻게 볼 수 있을까?"라고 질문하면, "물체에서 빛이 반사되어서요."라고 즉각 대답하는 경우가 많았다. 따라서 방학 전과는 달리 빛 단원에 대한 선행학습을 하였다는 점을 염두에 두고 수업을 진행해야겠다는 생각이 들었다. 학생들은 알고 있다고 생각하지만 정작 우리 눈에 물체가 어떻게 보이는지 깊게 고민해 본 학생들은 거의 없고 구체적으로 그림으로 표현하는 방법을 모르는 학생들이 많았다. 실제 물체를 보게 되는 과정은 매우 여러 개념이 포함되어 있어서 완벽하게 이해하기는 어렵지만, 이 수업에서는 물체를 볼 때 빛이 이동하는 경로와 광원-물체-눈의 상호작용을 관련지어 이해하고, 광선을 그림으로 나타낼 수 있도록 하는 데 중점을 두었다.

① 학생 생각 엿보기(선개념 조사)

학생들의 생각을 조사하기 위해 설문과 인터뷰를 실시하였다. 처음에는 수업 바로 전에 설문과 인터뷰를 하려고 하였으나 지역 특성상 선행학습을 하고 오는 경우가 많기 때문에 방학 이전에 앞당겨 실시하였다. 학생들이 그림은 비슷하게 그려내면서도 생각은 각기 달라서 심층면담의 필요성을 느꼈다. 학생들과의 면담 후 학생들이 빛의 기초 개념에 대해 매우 다양한 생각을 갖고 있다는 사실에 놀랐다.

② 수업 설계

- 제작한 어둠상자를 활용하여 학습 동기 유발하기
- 물체를 보는 과정에 대하여 자유롭게 발표하기
- 광원과 물체의 차이점 알아보기
- 빛의 이동 경로 그리기
- 플래시 자료를 활용하여 수업내용 정리

※ 수업 구성의 주안점: 초등학교 3학년의 '그림자 놀이'와 5학년의 '거울과 렌즈'를 학습했으므로 이미 기초개념은 알고 있다고 판단하여, 기존 교과서 단원 구조에 광원역할 등 기초개념을 추가하여 교과서 내용을 재구성하였다. 따라서 이번 수업에서는 기초개념을 강조하는 수업을 설계하였다.

③ 수업 지도안 및 활동지 구성하기: 미리 학생들의 응답을 예상하여 수업진행 상황을 상세히 작성하고, 활동지는 학생들의 생각을 잘 드러낼 수 있도록 실험 후 결과를 그림으로 나타내도록 구성하였다.

∞ 동료 선생님과 의논한 결과 학생들이 잘못 알고 있는 개념을 말로만 설명하여 바로 잡기에는 한계가 있다고 생각하여 필

요한 소품을 제작하였다.

④ 수업에 사용할 소품 제작하기: 치약 통, 검은색 시트지, 상품광고 전단지의 사진을 이용하여 어둠상자를 제작하였다.

나. 수업 진행

'물체를 어떻게 볼 수 있을까'를 주제로 한 수업의 실제 진행과정을 살펴보면 다음과 같다.

- 소단원 주제 : 물체를 어떻게 볼 수 있을까?
- 학습목표

① 물체를 보는 과정을 이해한다.
② 빛이 이동하는 경로를 이해하고, 광원, 물체, 눈 사이의 상호작용을 이해한다.

1) 도 입

⚭ 교사는 실험 수업 이전에 미리 실험을 해 보고, 필요한 경우 실험과정을 재구성하거나, 실험기구나 방법을 일상생활에서 구할 수 있는 간단한 것으로 대체하기도 한다.

학생들이 어려워하는 빛 단원의 첫 시간이라서 무엇보다 학생들이 학습하고자 하는 동기를 유발하는 도입이 꼭 필요하다고 생각하였다. 준비했던 소품인 어둠상자를 이용하여 학생들이 물체를 보려면 광원이 필요하다는 것을 활동을 통해 스스로 알아낼 수 있도록 유도하였다. 어둠상자는 식품 광고 전단지에 나오는 여러 제품 사진을 치약통에 붙인 후 검은색 시트지를 둘러싸서 빛이 들어가지 못하게 만들었다. 가운데 덮개를 열었다 닫았다 하면서 학생들이 숨겨진 사진을 발견할 수 있도록 하였다. 이 활동을 하면서 학생들이 어둠상자 안의 선물을 보려면 어떻게 해야 하는지에 대해 활동지에 적고 모둠별로 발표하도록 하여 활동의 의미를 찾고자 하였다.

 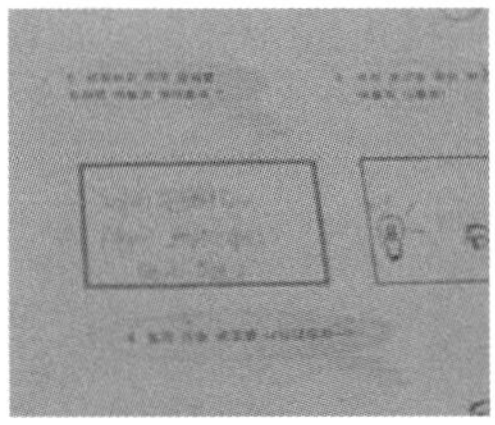 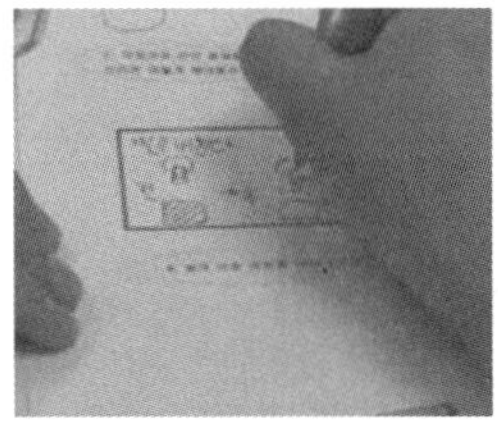

2) 전 개

① "물체를 어떻게 볼 수 있을까?"에 대해 자유롭게 발표하기

어둠상자 활동을 통해 학생들은 물체를 보려면 빛이 필요하다는 것을 파악하였다. 다른 학생들은 어떻게 생각하는지 생각을 공유할 수 있도록 발표를 시켰는데 처음 발표한 학생이 이번 시간의 학습 주제인 과학적 개념을 발표해버려서 나머지 학생들이 가지고 있는 오개념을 드러낼 기회가 없었다. 카메라를 의식해선지 자신이 없는 학생들은 자신의 생각을 발표하기를 더욱 꺼려하여 안타깝게도 수업의 목표인 "물체를 어떻게 볼 수 있을까?"에 대한 학생들의 다양한 생각을 파악할 수 없었다.

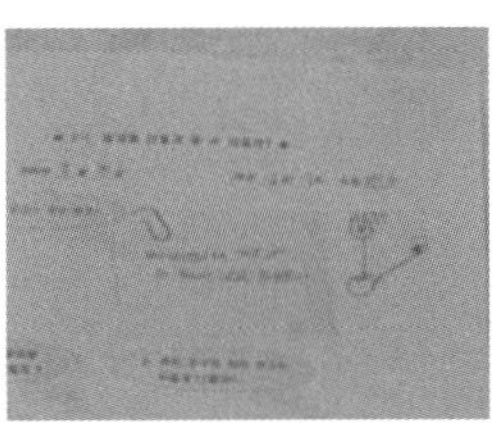  

② 광원과 물체의 차이점 알아보기

켜진 전구와 꺼진 전구를 통해 1차 광원과 2차 광원의 차이를 알아보도록 하는 활동을 실시하였다. "켜진 전구와 꺼진 전구는 어떻게 볼 수 있을까?"라는 질문에 대하여 학생들에게 그림을 그려서 발표하도록 하였다. 이와 더불어 우리 주위에서 스스로 빛을 내는 것과 스스로 빛을 내지 않는 것을 구분하는 활동을 하였다.

내 머릿속에 떠오르거나 파악한 내용을 밖으로 표현해낼 때 교사는 다양한 표상(representation) 수단을 동원하여 학생들이 이해할 수 있는 형태로 제시한다. 이때 학생들이 내용 제시 방법이나 표상에 기여할 기회를 제공해야 한다.

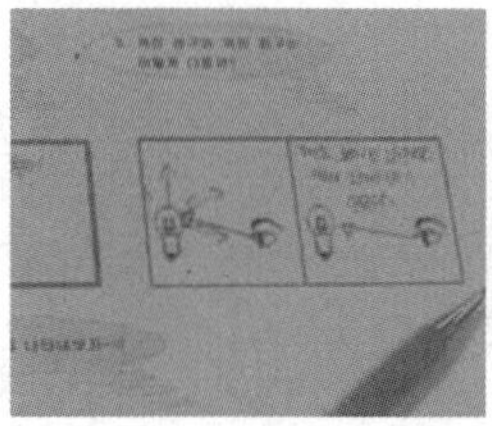 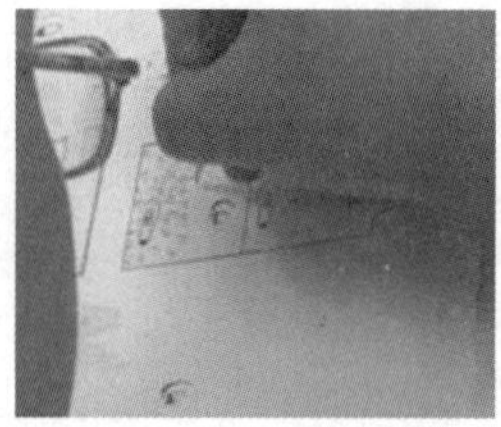 

③ 빛의 이동 경로 그리기

앞의 활동을 통해서 빛을 그림으로 나타내는 활동을 해보았기 때문에 학생들이 광원에서 빛이 사방으로 퍼져 나가는 것을 그림으로 자연스럽게 나타내게 되었다. 따라서 광원, 물체, 눈 사이를 빛의 이동 경로를 화살표로 나타내도록 하고 학생들이 직접 칠판에 나와서 그림을 그리고 발표하도록 하였다. 예상했던 것처럼 학생들은 빛을 여러 줄기의 광선으로 표현하였지만 다양한 형태의 그림을 그려내었다.

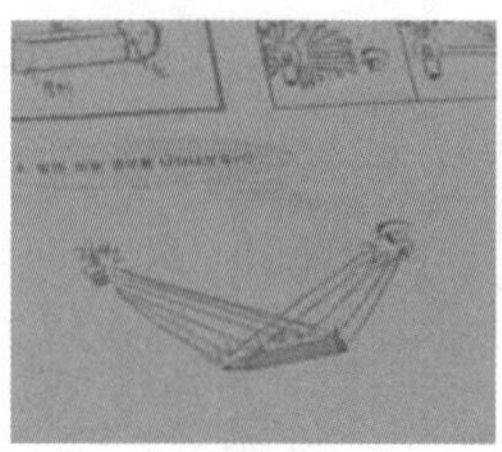  

3) 정 리

① 시청각 자료 보충설명

한편, 수업의 정리 단계에서 물체를 보는 과정을 애니메이션 플래시자료 제시를 통해 학생 이해에 도움을 주고자 하였다. 학생들은 자료를 단순히 받아들이기만 했으며 자료 도중의 '난반사'개념까지 등장하여 이해에 혼란이 되기도 했다.

∞ 그래픽이나 그림, 동영상 등과 같은 다양한 형태로 과학적 개념이나 이론을 표현하고, 과학개념의 현실적인 적용 사례를 적극적으로 소개한다.

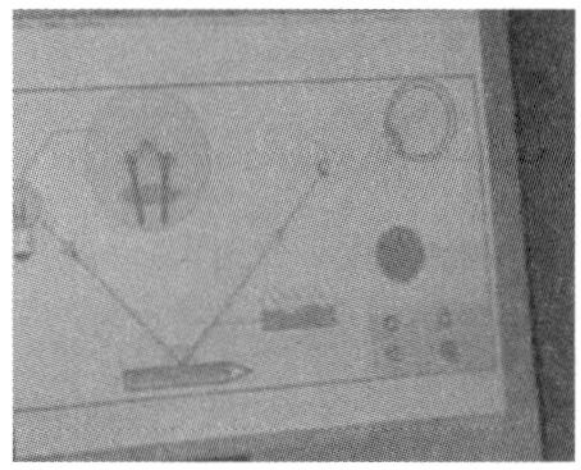

② 빛 모델 적용하기

물체를 보는 과정에 대해서 어느 정도 이해한 상태에서 "광선 검은 과연 가능한가?", "빛이 진행하는 경로를 보기 위해서는 어떻게 해야 할까?" 하는 물음에 대한 답을 학생들에게 발표시키고, 교과서 탐구활동 문제를 함께 풀면서 수업을 마무리 하였다.

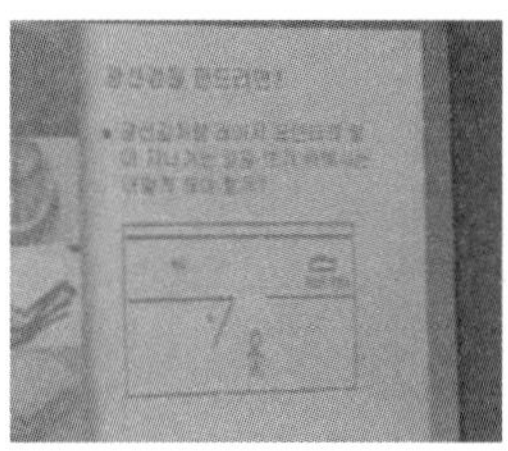

3. 자기 평가와 수업 컨설팅

수업 촬영을 마친 후 내 수업에 대한 평가를 스스로 해보기로 하였다. 평가라기보다는 수업 전반에 대해 부족한 면이나 수업 흐름이 매끄럽지 못해 학생들에게 혼란을 준 부분을 찾아내려고 시도하였다. 그러나 혼자서 자신의 수업을 되돌아보는 것은 좁은 시야로 인한 한계가 있으므로 더 심층적인 분석을 위해서는 외부 전문가들이 참여한 전문적 수업 컨설팅 과정이 필요했다.

∞ 자기평가와 수업 컨설팅은 어떤 차이가 있으며, 왜 필요할까?

여기서는 수업에 대한 자기평가와 전문가협의회를 통한 수업 컨설팅 과정을 기술하고자 한다.

이 수업의 장점과 약점을 중심으로 다음 4가지 측면을 선정하여, 여기에 초점을 두고 수업장면을 다시 점검하였다.

(1) 학생의 배경 지식과 경험에 대한 지식
(2) 유의미한 학습 프로그램 설계하기
(3) 과학학습 문화 조성
(4) 학생들에게 효과적인 피드백 제공하기

가. 학생의 배경 지식과 경험에 대한 지식

이 평가항목에 대한 자기반성의 주요 내용과 관련된 수업 컨설팅 결과를 제시하면 다음과 같다.

학생들의 빛에 대한 선개념 조사결과를 수업에 활용하려고 시도하였다. 학생들은 빛이 눈에서 나온다거나 눈에서 반사된다는 등의 오개념을 가지고 있었고 이 오개념은 한 번에 수정되지 않는다는 것을 면담을 통해 알 수 있었다. 또한 학생들은 빛의 이동경로를 그림으로 표현하는 것을 매우 어려워하였다. 따라서 수업을 진행할 때, 학생들의 오개념 수정을 돕기 위해 자신의 생각을 그림으로 표현하도록 하는 데 초점을 맞추었다. 예전의 수업과 비교해서 가장 발전한 점이 바로 부분이었다. 기존 수업에서는 내가 아는 지식을 수업 시간에 설명하는 데만 급급했던 반면에 이번 수업에서는 학생들이 무엇을 어려워하고 모르는지를 먼저 조사해보고 이를 수업 설계에 반영하려고 노력하였다.

전문가 협의회에서 논의된 구체적인 내용을 정리하면 다음과 같다. (T1: 수업을 진행한 교사, T2: 선배교사1, T3: 선배교사2)

T1: 빛의 직진을 먼저 다루어야 하는 이유가 있나요? 빛의 직진

은 이미 학생들이 초등학교 교육과정에서 다루고 올라왔다고 생각해서 간단히 다루었거든요.

T2: 실제로 제가 수업할 때 학생들이 절대로 빛이 나가는 것을 화살표로 안 그리더라고요. 그냥 가는 경로만 그려요. "내가 봐서는 어디로 가는지 모르겠다."고 되물어보면 "그냥 이렇게, 이렇게 갔어요."라고 말하지 그걸 화살표로 나타내지는 않더라고요.

T1: 저는 학생들이 화살표를 그리지 않는 것과 빛의 직진을 이해하지 못한다는 것을 연결해서 생각하지 못했어요.

T2: '빛의 직진'을 먼저 하고 '물체를 어떻게 볼 수 있을까?'를 다루는 방법이 있고, '물체를 어떻게 볼 수 있을까?'를 먼저하고 '빛의 직진'을 나중에 다루는 방법이 있죠. 근데 그렇게 하면 '빛의 직진'은 의미가 줄어들어버리죠.

T1: 근데 저는 학생들 머리속에는 이미 '빛의 직진' 개념이 들어와 있다고 생각했거든요.

T2: 화살표로 그릴 수 있다는 것 자체가 빛의 직진을 배웠다는 뜻이에요. 그러니까 화살표가 휘어져 가도록 그리지는 않잖아요. 예를 들면 그런 부분을 나타내기 위한 모델이 그림자 놀이죠. 그림자가 만들어질 때에 빛이 안가는 부분을 표현하기 위해 선을 막 그려서 물체를 만들어 내는 과정이 있잖아요. 그런 과정이 필요해요. 초등학교 선생님들도 학생들이 안다고 생각하고 넘어가는 것들이 있어요. 예컨대, '왜 빛을 직선 화살표로 그리지?'라고 분명히 누군가가 궁금해야 하거든요. 왜냐하면 아이들한테 그림을 그리라고 하면, 해를 그리고 난 다음에 햇빛을 빛나는 것처럼 그리지 쭉 가는 게 없어요. 그래서 우리가 앞으로 빛 단원에서 공부할 때 어디 가서 부딪치건 반사를 하건 빛은 어쨌든 시작점과 끝점이 있다는 걸 강조해야 해요.

T3: 빛의 경로를 나타내는 방법을 합의를 하고 가야한다는 거죠. 그래서 왜 똑바로 직선으로 가는지를 이제 보여줄 필요가 꼭 있을 것 같아요.

∞ 같은 수업을 대상으로 한 자기평가와 수업 컨설팅 결과가 차이가 나는 이유는 무엇일까?

∞ PCK의 중요한 영역인 학생에 대한 지식의 차이가 수업에 어떤 영향을 미칠까?

∞ 전문가 협의회를 통해 교사는 무엇을 얻을 수 있을까?

현장에서의 수업평가와 수업 컨설팅 과정은 어떤 차이가 있을까?

〈수업 컨설팅 결과〉

PCK의 구성요소 중 학생에 대한 교사의 이해는 매우 중요하다. 나름대로 학생들의 배경과 선개념에 대하여 어느 정도 파악하고 있다고 생각하고 수업을 진행하였지만, 전문가 협의회에서 내가 미처 고려하지 못한 측면이 제기되었다. 같은 주제의 수업을 실시한 선배 교사는 학생의 배경지식에 있어서 나와 생각을 달리하였다.

나의 수업	(3학년 '그림자놀이') → '물체를 어떻게 볼 수 있을까?'
선배 교사	'광원'과 '빛의 직진' → '물체를 어떻게 볼 수 있을까?'

선배 교사는 '광원'과 '빛의 직진'에 대해 먼저 다루고 '물체를 어떻게 볼 수 있을까?' 에 대해 다루었다고 한다. 교사들은 학생들이 당연히 알고 있다고 생각하지만, 학생들은 빛의 이동 경로를 화살표로 나타내지 못한다고 선배교사는 지적하면서, 화살표로 빛의 이동 경로를 나타내는 모델을 정확하게 제시할 필요가 있다고 주장하였다. 다른 선배 교사도 이 의견에 동의하였고 '광선'이라는 모델을 사용할 것을 권장하였다.
반면 내 수업에서는 학생들이 초등학교 교육과정에 제시되어 있는 3학년 '그림자놀이'서 빛이 직진한다는 것을 이미 배우고 왔을 것이라고 짐작하고 학생들에게 빛의 직진 개념을 강조하여 수업을 진행하지는 않았다. 이렇게 교사에 따라 학생의 배경 지식에 대한 이해 정도가 다르기 때문에 같은 주제로 수업을 진행하면서도 구체적인 수업의 양상이 큰 차이를 보이게 된다는 것을 알게 되었다.

나. 유의미한 학습 프로그램 설계하기

교과내용 및 다양한 학습자의 특성을 고려하여 학생들에게 유의미한 학습 프로그램을 설계하였는지에 대하여 점검해 보았다. 이 평가항목에 대한 자기반성의 주요 내용과 관련된 수업 컨설팅 결과를 제시하면 다음과 같다.

첫째, 이번 수업은 단원의 첫 시간이므로 '빛' 단원은 무조건 어렵다는 학생들의 선입견을 없애는 것이 매우 중요하였다. 이와 관련하여 어둠상자 활동은 반응이 좋은 편이었다. 수업 후 면담 결과 학생들은 어둠상자 활동이 가장 기억에 남는 활동이었다고 대답하였다. 그러나 여러 학생들이 그 활동을 한 목적보다는 어둠상자 속 선물에 더 관심을 가졌기 때문에 다시 수업에 집중하기까지 상당한 시간이 걸렸다. 학생들이 재미있어 하는 활동을 할 경우 학생들은 그 활동에 몰입하여 다음 활동 진행에 어려움을 겪는 경우가 많다.

둘째, 정리 단계에서 빛이 지나가는 길을 볼 수 있는 방법을 찾아내도록 하였을 때, 몇몇 학생들은 수업시간에 배운 개념을 쉽게 적용하였지만 질문의 의미를 잘 파악하지 못한 학생들도 있었다. 이 정리 부분은 다음 차시의 도입 부분에서 퀴즈 형식으로 제시했더라면 효과가 더 컸을 것이라는 생각이 들었다. 학생들의 수업 내용 정리를 돕기 위해 제공한 플래시는 빛 단원 전반에 대한 내용 이해를 전제하고 있었기 때문에 학생들이 이해하기에는 좀 무리가 있었던 것 같다. 플래시 자료는 빛 단원 수업을 모두 마치고 나서 제시하는 것이 훨씬 더 효과적이었을 것이라는 생각이 들었다.

셋째, 수업 활동 전반에 걸쳐서 평가활동을 연계하여 수업 중간에 형성평가를 포함하여 학생들의 이해 수준을 점검했어야 하는데, 수업 준비 단계에서부터 이 부분을 미처 고려하지 못한 점이 아쉬웠다.

∞ 학생들은 자신이 이미 알고 있는 것을 기초로 새로운 지식의 의미를 파악해나간다고 할 때, 학생들이 학교 학습에 가지고 들어오는 배경 지식과 경험은 학습에 영향을 미치는 중요한 변인이 된다.

학생 활동과 가르치고자 하는 주요 개념을 잘 연결하여 설명할 수 있도록 유의미한 학습 프로그램을 설계하는 것은 나에게 쉬운 일은 아니었다. 결국 수업에서 제공한 모든 활동이 학생들의 수업 목표 달성에 도움이 된 것은 아니었다. 수업 후 면담 결과 켜진 전구와 꺼진 전구를 비교하는 활동은 학생들에게는 별로 흥미롭지 않고 어렵게 느껴졌다고 한다.

전문가 협의회에서 논의된 구체적인 내용을 정리하면 다음과 같다.

T2: 이 수업을 아마 장학사님들이 봤으면 최고의 수업이라고 했을 거예요. 왜냐하면 다양한 멀티미디어 자료를 직접 만들어서 하니까... 항상 교사는 학생들에게 뭔가 해줘야할 것 같은 강박감, 비주얼한 것이 있어야 될 것 같고. 뭔가 보여줄 쇼를

유의미한 학습 프로그램이 되기 위해서는 어떤 조건이 필요할까?

많이 만들어야 한다는 그런 강박관념이 있었거든요. 아마 방금 보여줬던 것의 소품[어둠상자]만 갖고도 충분히 좋은 수업을 할 수 있었을 것이라는 생각이 들어요. 그러면 아마 훨씬 여유 있게 할 수 있었겠지요.

T1: 저는 수업할 때 그렇게 여유 있게 해본 적이 별로 없었던 것 같아요.

T2: 그러니까 설계를 너무 욕심을 냈다니까요. 지난 시간 수업도 제가 종합선물세트라고 했지요. 이번에도 역시나 마찬가지야 그러니까 종합선물세트에는 비집고 들어갈 공간이 없다니까요.

T3: 맞아요. 여유가 있어야 애들한테 질문도 하고, 질문도 받고 할 수 있죠.

〈수업 컨설팅 결과〉

수업 설계는 학생 수준과 수업목표에 적합하도록 해야 한다. 즉, 어떻게 해야 학습목표를 효과적으로 달성해야 할지에 초점을 맞추어야 한다. 수업 동영상을 관찰한 후 선배 교사는 '어둠상자 활동' 1개만으로도 충분히 좋은 활동이 되었을 것이라고 지적하였다. 즉 수업 자료를 유의미한 학습에 도움이 되도록 적정 수준으로 활용하는 것이 바람직하다고 하였다. 흔히 연구 수업을 설계할 때 욕심을 내서 이러한 실수를 많이 하게 된다. 수업은 학생들과의 상호작용인데 자칫 잘못하면 '보여 주기식의 수업'이 되어 학생들의 개념 이해와 학생들과의 상호작용은 뒷전이 되는 경우가 있다. 따라서 수업을 설계할 때는 적정한 활동량과 내용량을 잘 선택해서 수업의 질을 높이는 데 초점을 두어야 한다는 점을 깨달을 수 있었다.

다. 과학학습 문화 조성

과학학습 동기유발과 과학을 배우는 것에 대한 자부심, 과학적 분위기 형성과 관련하여 수업을 평가해 보았다. 이 평가항목에 대한 자기반성의 주요 내용과 관련된 수업 컨설팅 결과를 제시하면 다음과 같다.

과학은 학생들의 사고를 자극할 수 있다는 점에서 다른 교과와 차별화된다. 그러나 실제 수업에서 이를 실현하기란 참으로 어렵다. 수업에 참여하는 학생들 중에는 호기심 어린 눈빛으로 열심히 참여하는 학생도 있는 반면에 억지로 수업에 임하는 학생들도 있다. 따라서 과학 지식이나 개념을 가르치기 이전에 학생들에게 과학을 학습하는 문화를 올바르게 조성해 주는 것도 중요한 교사의 역할 중 하나이다. 특히 수업의 도입 부분에서 흥미를 유발하기 위한 질문이나 학생들의 오개념을 점검하는 질문을 하면 선행학습을 하고 온 학생들이 수업의 흐름을 끊어버리기 일쑤여서 난감한 경우가 많았다. 이 수업에서는 학생들에게 물체를 어떻게 볼 수 있는지를 발표하도록 하였는데 역시 자신이 없고 자신의 생각이 틀렸다고 생각하는 학생들은 발표를 꺼렸다. 실험실을 돌아다니면서 학생들의 활동지를 점검한 결과, 상당수의 학생들은 여전히 '눈에서 빛이 나간다.'고 생각한다거나 '눈에서 반사된 빛이 눈으로 들어온다.'고 생각하고 있었다. 이러한 생각을 다른 학생들과 함께 공유하면서, 왜 그 생각이 잘못되었는지 찾아보는 활동으로 연결되었더라면 학생들의 사고를 자극하는 과학수업다운 수업이 되었을 것이다. 내가 수업하는 교실이 언젠가는 일부 학생들만이 발표하는 수업이 아닌 많은 학생들의 참여를 유도하는 과학학습 문화가 조성된 교실이 될 수 있도록 많은 노력이 필요할 것이다.

> ☞ 올바른 과학 학습 문화를 조성하기 위해서 고려해야 할 공교육 현장 및 사회 전반에 걸친 문제점은 무엇인가?

전문가 협의회에서 논의된 구체적인 내용을 정리하면 다음과 같다.

T1: 근데 저는 수업 하면서 걱정되는 것 중 하나가 이미 선수학습을 많이 한 학생들이라서 도입할 때 질문하기가 참 어렵고, 질문하면 바로 답이 나와 버려요.

T4: 그게 바로 수업 문화에요. 정답만 나오면 아는 것으로 인정하는 분위기를 잡으면 안돼요. '네가 아는 걸 제대로 설명해 봐.'라고 해야지. 답만 알면 통용이 되는 문화가 만들어지면, 다른 학생들의 목소리가 다 죽어버려요. 다른 학생들이 배울

> ☞ 과학 학습문화를 조성하기 위해 어떤 노력이 필요할까?

기회를 박탈해버려요. 선생님이 출발점을 거기서부터 잡으면 안 되고, 바로 잡아줘야 합니다.

T2: 대개는 선행 학습한 학생들이 겉핥기로 배워 와서는 미리 말해버리죠.

T3: 난 그런 학생들한테는 왜 그게 답인지를 확실히 말해 보라고 확실히 말해요.

T4: 다른 학생들이 어떤 생각을 가지고 있는지 세 가지만 말해보라고 하면 몰라요. 그런 학생들이 입을 다물면, 다른 학생들의 여러 가지 생각이 나오죠. 그런 학생들이 전혀 생각하지 못한 게 나올 수 있죠.

〈수업 컨설팅 결과〉

전문가 협의회에서도 과학 수업 문화를 변화시킬 필요가 있다는 지적이 제기되었다. 답만 알면 되는 것이 아니라 제대로 설명할 수 있도록 학생들에게 계속 질문을 던지는 것이 중요하다고 지적하였다. 학생들에게 자신의 생각이 아닌 다른 학생들의 생각을 경청하는 것이 중요하다는 것을 깨닫게 하기 위해, 다른 학생이 발표한 주요 내용 세 가지만 이야기해보도록 하면 분위기가 점차 바뀔 것이라고 조언하였다. 또한 발표에 대한 학생들의 두려움을 없애기 위해서 개별 발표가 아닌 모둠별 발표를 활용해보라고 하였다. 발표에 익숙하지 않은 학생이라도 모둠의 생각을 발표하는 것에는 좀 더 자신감을 갖고 임하게 된다고 한다.

∞ 대기시간의 적당한 길이는 어느 정도일까?

라. 학생들에게 효과적인 피드백 제공하기

이 평가항목에 대한 자기반성의 주요 내용과 관련된 수업 컨설팅 결과를 제시하면 다음과 같다.

내 수업 동영상을 다시 보면서 계속되는 습관을 발견할 수 있었다. 준비한 질문을 하고 학생들의 대답을 기다리는 과정에서 학생들의 대답이 나올 때까지 기다리지 못하고 내가 먼저 정답을 이야기해버리는 것이었다. 수업 동영상을 다시 보지 않았더라면 내가 학생들의 대답을 충분히 기다려 주지 못한다는 점을 발견하지 못했을 것이다. 주어진 시간 내에 진도를 모두 끝내야 한다는 생각 때문에 항상 수업을 여유 있게 진행하기 못하는 것으로 보였다. 나름대로 열심히 준비한 수업을 이러한 습관 때문에 수업의 효과를 축소시키는 점은 빨리 수정해야 할 부분일 것이다.

교사는 수업을 통해 학생들이 생각이 즉각 변화되기를 바라지만 생각보다 쉽지 않은 경우가 많다. 구성주의에서 강조하고 있는 것처럼 학생 나름대로의 개념이 이미 확고히 자리 잡고 있기 때문일 것이다. 수업을 준비할 때 어떻게 하면 학생들의 생각을 바꿀 수 있을지에 대하여 많은 고민을 해보지만 특별히 좋은 방법이 떠오르지 않는 경우도 많다. 이번 수업을 통하여 정답이 아니더라도 학생들의 생각을 자신 있게 말할 수 있도록 하는 효과적인 피드백에 중점을 두어야 한다는 것을 배우게 되었다.

∞ 피드백은 교사가 학생에게 학습 진전 상황에 대한 정보를 제공하는 것이다.

전문가 협의회에서 논의된 구체적인 내용을 정리하면 다음과 같다.

T1: 제가 설문조사 했을 때, 광원에서 눈에 반사되어서 저 물체를 비춘다는 학생들도 있어요.

T4: 그 과정이 나타냈으면 좋았을 텐데...

T2: 애들이 이런 관점이 있다는 거요. 수업에서 학생들한테서 끄집어냈어요?

T1: 수업에서는 학생들이 활동지에 썼으니까. 수업이 학생이 발표해서 그린 거 있잖아요.

T1: 아까 나와서 한 학생은 제가 시킨 게 아니고 자기가 발표하겠다고 했어요.

T3: 먼저 답 아는 학생을 시키면 안 될 것 같아요.

T4: 학생이 자원해서 나오기에 대표적인 오개념이 나올 줄 알고 기다렸는데 정답을 말해버려서 다른 학생들은 정답을 베끼고... 선생님은 '잘했어'하고 넘어가 버렸어요.

T1: 저도 아쉬웠는데... 다른 학생들이 안 나오려고 해요. 자꾸 수줍어하고. 특히 틀린 학생들은 자기가 자신이 없어서 안 나오려고 해요.

∞ 교사는 학생들에게 다양한 학습 경로를 제공하며, 학생들의 피드백을 반영하여 지속적으로 학습 프로그램을 수정해 나간다.

T4: 네 가지 유형이 발견되는 것 같아요 하고 학생들의 대표적인 오개념을 그림으로 그려서 띄워보면 어떨까? 이렇게 그린 사람 손들어봐. 이렇게 그린 사람..이렇게 그린 사람..이렇게... 말만해서는 학생들이 이해하지 못해요. 학생들한테 갑론을박을 하게 해야 해요. 몇 가지 관점에 대하여 학생들끼리 생각을 하고 얘기를 해야죠. 사과를 보게 되는 것도 한 명이 그려놓은 걸 보고 너 잘했어~ 하고 넘어가 버리고 그건 마치 문제를 풀 때 학생들이 문제를 읽고 뒤에 정답을 보고 넘어가는 것과 똑같아요. 뭐가 아쉬웠냐면 설계도 굉장히 좋았고, 활동지 구성도 다 좋았는데, 끝부분에 마무리가 없었어요.

(중략)

T4: 선생님이 작년보다 한 단계 더 나아간 게 뭐냐면, '얘들아, 우리가 물체를 보려면 세 가지가 있어야 해. 광원, 물체, 눈이야.'라고 말하는 단계에서 넘어서서 물체를 보려면 뭐가 필요한지를 물어는 보는데, 학생들이 그걸 자기 것으로 만드는 시간까지는 안주는 거죠.

T1: 맞아요. 급해서...

T4: 그렇게 하다 보니 활동을 시킨 의미가 퇴색돼버린다는 거죠. 학생들이 그려 놓고 생각할 기회를 갖지 못하면 탐구나 아무리 좋은 활동도 의미가 없다고 하거든요. 도입 부분 수업이 아주 잘 진행되어서 기대가 컸었는데, 그려봐 해놓고.. 정답이라고 넘어가버리고.. 그 반 학생들 1번부터 끝번까지 무얼 배웠냐고 물어보면 선생님 그렇게 가르치고 싶었던 것 '광원에서 나와서 반사되어서 그것이 내 눈에 들어온 것이다'라는 목표까지는 아마 몇 명 못 갔을 겁니다.

T1: 의외로 정답 그리는 과정은 잘 해요.

T2: 그게 문제라니까요. 공부 잘하는 학생은 답을 알고 있어요. 그런데 학생들한테 손을 들고 발표를 하게 하면 자기표현을 안 하거든요. 잘하는 학생 주변에서 들은 대로 무조건 답은 그렇게 하지만 정작에 이해를 못해요.

〈수업 컨설팅 결과〉

전문가 협의회를 하면서 어떻게 하면 학생들의 학습 효과를 높일 수 있는 피드백을 제공할 수 있을까에 대한 고민을 털어놓게 되었다.

첫째, 과학 학습 문화 조성과 관련되는 부분으로 학생들의 오개념을 충분히 드러내지 못한 점이 아쉬웠다고 지적하면서 학생들의 다양한 생각이 나타나서 학급 전체 학생들이 생각해 볼 수 있는 기회가 되었으면 좋았을 것이라고 하였다.

둘째, 잘하는 학생을 발표시키고 칭찬해 주고 넘어가는 바람에 학생들이 정답을 엿보고 넘어가는 것과 같은 상황을 만들어 버린 점이 아쉽다고 지적하였다. 학생들의 활동지를 보면서, 학생들이 앞에 나가서 다양한 생각을 발표 하게 하고 논쟁을 붙였으면 더 좋았을 것이라고 하였다.

셋째, 학생들에게 질문을 해 놓고 기다려주지 않고 내가 대답을 해버리는 문제점 역시 협의회에서 지적되었다. 전문가들의 공통된 의견이 교사가 질문은 하는데 학생의 대답을 기다려 주지 않고 정답으로 바로 넘어가 버리는 부분이 아쉽다고 지적하였다.

∞ 그 밖에 어떤 조언을 해 줄 수 있을까?

효과적인 피드백 제공 측면에서 선배교사의 수업을 내 수업과 비교해 보고 싶어서 선배교사의 수업 동영상을 함께 관찰하였다. 어떻게 학생들의 다양한 생각을 이끌어내어 과학적 개념으로 잘 유도하는지를 파악하려고 동영상을 관찰하였다.

∞ 교사는 학생들의 현재 이해 수준 및 이해 수준 발달에 대하여 유용한 피드백을 제공하기 위한 모든 기회를 활용한다.

♠ 선배교사 수업에서 효과적인 피드백 방법 배우기

선배 교사가 가르치는 학생과 내가 가르치는 학생은 이해 수준, 경험, 가정환경, 경제적 수준 등이 매우 달랐다. 선배 교사가 가르치는 학생들은 선행학습의 경험이 거의 없었고, 자신의 생각을 자유롭게 발표하고 틀린 답을 발표하더라도 전혀 창피해하지 않았으며, 오히려 정답을 발표하는 학생이 자신감 없는 행동을 보이고 있었다. 이러한 수업 상황이 나에게는 충격으로 다가왔다. 내가 수업의 도입 부분에서 실패했던 학생들의 생각을 자유롭게 드러내는 부분에서 선배교사는 너무나도 능숙하게 학생들의 생각을 발표하도록 칭찬해주고 격려하고 있었다.

∞ 같은 주제를 수업한 다른 교사의 수업을 관찰할 때의 장점은 무엇일까?

이것이 바로 내가 지니지 못한 전문성이라는 생각이 들었다. 즉, 10년 이상의 교직 생활을 통해 얻은 노하우일 것이다. 만약 이 선배 교사의 동영상을 보지 못하였다면 좀 더 효과적인 수업에 대하여 막연하게 상상만 했을 것이다. 하지만 같은 주제로 수업을 실시한 다른 교사의 수업을 함께 보면서 서로의 수업에서 장단점을 찾아내는 시간은 정말 어디에서도 얻을 수 없는 소중한 경험이었다.

4. 수업 컨설팅 후 수업 재구성

여러 번의 전문가 협의회와 여러 번의 수업 공개에서 보다 개선된 수업을 위한 배움의 자세로 임했기 때문에 이러한 논의가 가능했다고 생각된다. 기존 연구수업 후 실시되는 협의회에서는 절대로 오갈 수 없는 이러한 날카로운 비판들이 때로는 마음의 상처가 되기도 하였지만, 협의 내용을 정리하면서 내 수업의 문제점을 명확하게 파악할 수 있었고, 이를 바탕으로 조금씩 변해가는 내 자신을 발견할 수 있었다.

수업 컨설팅을 통해 배우게 된 가장 중요한 점은 좋은 수업이란 교사가 만족한 수업이 아니라 학생들이 만족한 수업이라는 점이었다. 교직경력이 짧은 나로서는 빨리 이러한 기회를 갖게 된 점이 무엇보다 좋은 경험이었다. 경력이 오래될수록 나만의 수업 스타일이 굳어져서 그 수업 방식을 바꾸는 것은 더욱 어려울 것이기 때문이다.

수업 컨설팅의 목적은 결국 어떻게 수업을 하는 것이 좋은 수업인지에 대한 답을 찾기 위해 끊임없이 노력하도록 과정이라고 생각한다. 따라서 전문가 협의회에서 논의의 귀착점은 결국 이 수업을 다시 한다면 어떻게 하면 좋을지에 대해 의견을 모으는데 초점이 맞추어졌다. 그 중 [유의미한 학습 프로그램 설계하기] 부분에 대해 심층적인 논의가 이루어졌다.

수업 컨설팅을 받기 전에 내가 구성한 빛 단원의 수업 순서와 수업 컨설팅 결과를 반영하여 재구성한 빛 단원의 수업 순서는 다음과 같다.

〈수업 컨설팅 이전의 단원 설계〉	〈수업 컨설팅 이후의 단원 설계〉
광원의 역할 (어둠상자 활동) ↓ 물체를 어떻게 볼 수 있을까? (광원 - 물체 - 눈 의 상호작용) ↓ 빛의 직진, 눈의 수동적 역할 ↓ 거울에서의 반사 ↓ 빛의 굴절, 분산, 합성	빛의 직진 ↓ 광원의 역할 (어둠상자 활동) ↓ 물체에서의 반사 (난반사) ↓ 눈의 수동적 역할 ↓ 물체를 어떻게 볼 수 있을까? (광원 - 물체 - 눈의 상호작용) ↓ 거울에서의 반사 ↓ 빛의 굴절, 분산, 합성

선생님들과의 논의를 정리해보니 다음과 같은 방법으로 수업을 진행하는 것이 바람직하다고 결론을 내리게 되었다.

물체를 보는 과정을 이해하는 것은 통합적인 사고를 요구하므로 먼저 빛의 직진, 광원, 물체에서의 반사, 눈의 수동적 역할 등을 학습한 후에 물체를 어떻게 볼 수 있을까에 대해 생각해보는 것이 보다 바람직한 것으로 판단되었다. 수업은 학생 및 수업상황과 밀접하게 연관되어 있기 때문에 이러한 진행 순서가 항상 옳다고 단정할 수는 없지만 학생들의 이해를 돕기 위해 교과서에 제시된 단원의 순서를 적극적으로 재구성하는 것은 의미 있는 활동일 것이다.

∞ 학생의 인지수준과 성취 수준에 따라 단원 설계를 다르게 구성한다면?

∞ 많은 교사들은 교수 활동에 대한 반성 능력이 전문성의 표시라고 믿는다. 자신의 실천 결과를 이해하려고 노력하고 대안적인 실천 방법을 심사숙고함으로써, 교사는 가르치는 레퍼토리를 확장할 수 있게 된다.

5. 학생이 바라본 수업

∞ 수업에 대한 학생들의 솔직한 대답은 교사의 전문성 신장에 어떤 영향을 줄까?

전문가의 의견도 중요하고 수업을 하는 교사의 의견도 중요하지만 무엇보다 학생들의 생각이 가장 중요하다는 생각이 들었다. 즉, 수요자 중심으로 수업 활동을 재구성하기 위해서는 수업 후 학생들의 의견을 파악할 필요가 있다. 따라서 학생들에게 빛 단원 수업을 모두 마친 후 빛 단원 수업 전반에 대해 면담을 실시하였다. 학생들과의 면담 내용을 정리한 결과 다음과 같은 점을 발견할 수 있었다.

1) 빛 단원이 어렵다는 선입견의 감소

∞ 어떤 학생은 빛 단원 수업하면서 제일 기억에 남는 것이 면담하고 설문한 것이라고 하였다. 학생들에게는 수업을 평가하는 것 자체가 매우 생소한 경험이다.

수업 전에는 빛 단원이 너무나 어렵다는 학생들이 많았다. 그래서 어떻게 하면 학생들이 빛을 친근하게 느낄 수 있을지에 대하여 고민을 많이 하였다. 다행히 학생들은 여러 가지 활동을 통해 빛을 조금은 친근하게 느끼고 있고, 그렇게 어려운 단원이 아니라고 생각하고 있었다. 강의식으로 수업을 했으면 어려웠을 텐데, 활동 위주의 수업이어서 재밌었다고 대답한 학생들이 있었다. 특히 어둠상자 활동이나, 빛의 반사와 굴절에서 실제 빛의 이동 경로를 눈으로 보는 활동, 스펙트럼을 관찰하는 활동 등이 가장 기억에 남는다고 대답하였다.

∞ 모든 새로운 학습은 선행 지식의 맥락에서 해석될 것이며, 학생들은 교사가 제시하는 정보를 각기 다른 방식으로 해석할 것이다.

S1: 빛 할 때 재밌었고요. 실험을 해봤더니 이런 과정을 좀 더 잘 알게 된 거 같아요. 좀 더 이해하기 쉬웠던 거 같아요.

S2: 처음에 어렵다고 생각했었는데. 배우고 나니까 처음보다 쉬워졌어요.

S3: 빛이 일직선으로 나가고, 왜 물체가 보이고, 이런 걸 알아서 재밌었던 거 같아요.

S4: 플래시 프로그램이나 동영상 같은 거 돌려서 수업하는 게 좋았어요.

S5: 빛 할 때 재밌었고요. 실험을 해봤더니 이런 과정을 좀 더 알게 된 것 같아요. 좀 더 이해하기 쉬웠던 것 같아요.

S8: 원래 다른 수업은 대충 듣고 집에 가서 공부하고 그러는데, 수업시간에 활동할 때 이해가 잘 되어서 따로 공부할 필요가 없어서 좋았어요.

2) 실험 수업에 대한 높은 선호도

실험실 여건이 잘 갖추어져 있어서 빛 단원의 모든 수업을 실험실에서 진행하였다. 실험 기구가 2인 1조로 제공되는데도 어떤 학생은 실험을 같이 하는 것에 대해 불만을 품고 있을 정도로 실험 수업을 선호하고 있었다. 어떤 학생은 활동을 많이 한 점이 가장 좋았다고 하면서 활동을 많이 한 것 같은데 막상 시험범위는 적어서 좋았다고 하였다. 또한 활동을 통해서 모르고 있던 사실을 알게 되었다고 답변하였다. 성취도가 높은 일부 학생들은 플래시 프로그램이나 선생님의 설명만으로도 이해가 가능하다고 하면서 실험실에서 하는 것이 좋긴 하지만 여건이 안 되면 교실에서 하는 것도 괜찮다고 지적하였다.

S1: 활동지로 활동했던 거요. 교실에서 수업하는 거보다 실험실에서 하는 게 좋아요.

S2: 활동은 많이 한 것 같은데 막상 시험 볼 내용은 적어서 좋아요.

S5: 실험하면서 더 쉽고 재밌었어요. [어둠] 상자 안에 쿠폰 있었잖아요. 빛이 없으면 왜 물체를 볼 수 없는지 몰랐는데요. 그것 땜에 알았어요.

T: 빛이 필요하다는 걸 어떻게 알았어? 처음부터 알았어?

S6: 실험하다가요. 불을 끄고 보는 거 있잖아요. 어두운 상자에서...

S7: 어떤 아이들이 거의 혼자서 실험을 다 하려고 해서요. 안 그랬으면 좋겠어요.

3) 복습의 필요성 제시

∞ 효과적인 교사는 학생들의 성취수준에 대한 기대를 명확하게 표현할 뿐만 아니라 이러한 기대에 도달하기 위해 요구되는 학생 자신의 책임감과 책무성을 강조한다.

빛 단원 수업은 거의 활동 위주로 진행하여, 주어진 시간동안 활동지를 완성하는 형태로 수업을 설계하였다. 이러한 수업진행은 긍정적인 측면도 있지만 시간이 부족하여 지난 시간에 배운 내용을 복습할만한 시간적 여유를 갖지 못하였다. 따라서 학생들은 지난 시간에 배운 것을 더 많이 복습했으면 좋겠다는 의견을 제시하였고, 성취도가 낮은 학생들을 위하여 여러 번 설명해주었으면 좋겠다고 지적하였다.

S1: 지난 시간에 배운 걸 좀 더 많이 복습했으면 좋겠어요.
S2: 여러 번 설명해주셨으면 좋겠어요.

4) 실험 활동이나 경험과 개념 사이의 유의미한 연결의 어려움

학생들은 실험활동은 너무나 좋아하면서 그 실험과 관련된 개념에 대해 설명해 보라고 하면 거의 대답을 못하였다. 물론 중학교 수준에서 어려운 내용이기도 했지만 학생들이 가장 어려워하는 부분이 현상과 개념을 관련짓는 것이라는 측면에서 보면 좀 더 다양한 현상을 제시하고 이를 개념과 연관시킬 수 있도록 학생들의 입으로 표현할 기회를 많이 제공하는 수업을 구성해야겠다는 생각이 들었다.

T: 거울과 물체, 거울과 상사이의 거리가 같잖아요. 그걸 어떻게 알았어요?
S: 똑같은 거리에 생기는지는 알겠는데 왜 그런지는 잘 설명 못 하겠어요.
T: 실제로 우리가 경험했나요?
S: 거울 볼 때 경험했어요.
T: 왜 상이 여기 생기는지 설명할 수 있겠어?

S: 잘 모르겠어요.
T: 그럼 같은 거리에 생긴다는 것은 어떻게 알았어?
S: 지난번에 과학 실험했을 때요. 거울을 놓고 분필가지고 실험했을 때요. 그때 알았어요.

5) 실생활과의 관련성 증가

학생들에게 '빛'단원을 모두 배우고 나서 실생활에서 달라진 점이 있는지를 물어본 결과, 학생들은 특히 물체를 보는 과정에서 빛이 꼭 필요하다는 것을 실제 생활에 적용하고 있음을 알 수 있었다.

∞ 효과적인 교사는 수업에서 학생의 경험을 바탕으로 실생활과의 연계를 만들어 낸다.

S1: 빛을 배우기 전에는 눈에 사물이 보이는 것을 아무렇지 않게 생각했는데요. 빛을 배우고 나니까 빛이 꼭 필요하다는 걸 알게 되었고요. 그 다음에 반사되는 거 유심히 보게 되었어요. 그런 점이 달라졌어요.
S2: 반사 현상을 보면 그냥 지나치지 않고 보게 돼요.
S3: 물체를 볼 때 눈을 비추지 말고 사물을 비춰라, 예전에는 눈을 비춰야 한다고 생각했었던 거 같아요.
S4: 공부할 때 스탠드 밑에서 공부하잖아요. 책을 볼 때 신기했어요. 내가 그냥 보게 되는 게 아니라 여러 과정을 거쳐서 우리 눈에 들어온다니까 신기했어요.

또한, 학생들에게 '선생님이 다음에 수업을 다시 한다면 어떤 점을 보완하면 좋을까?'라고 질문하였다. 학생들의 답변 내용 일부를 제시하면 다음과 같다.

S1: 아이들이 쉽다고 생각하는 기본적인 부분을 그냥 넘어가신 것 같아요. 빛의 직진이라든가, 반사의 법칙에서 입사각과 반사각 같은 것을 좀 더 명확하게 알려주면 좋겠어요.

∞ 교사에게 있어서 전문성은 단순히 자율성만을 의미하는 것이 아니라 상호 책무성을 나타낸다. 교직공동체 구성원으로서 교사는 교육의 질은 전문직 공동체의 능력에 달려있음을 인식한다.

S2: 지금 학생들이 발표하면 가산점을 주잖아요. 그런데 점수에 관심 없는 애들은 계속 발표를 안 하니까 좀 더 참여를 잘 하게 할 수 있는 방법을 찾아야 할 것 같아요.

이번 면담을 통해서 학생들의 의견이 너무나 소중하다는 것을 느낄 수 있었고 학생들의 희망사항을 잘 반영한다면 다음번에는 좀 더 좋은 수업을 구성할 수 있을 것이라고 생각하였다.

또한, 수업 후 학생들의 의견을 반영하여 수업을 계속 개선하려고 하는 교사의 취지를 학생들에게 충분히 전달할 필요가 있을 것이다. 이러한 취지를 설명한 후 학생들에게 수업에서 보완해야 할 점을 자유롭게 이야기하도록 한다면 학생들은 수업에 대해 좀 더 진지한 이야기를 들려줄 것이다.

6. 마치면서

교사에게는 매년 수업이 반복되고, 같은 차시가 여러 번 반복될 수 있지만 학생에게는 다시는 돌아오지 않는 소중한 한 시간이라는 생각을 하면 지금보다 더 많이 노력하여야 한다는 생각을 하게 된다. 수업을 하고 나서 '더 좋은 방법이 있을 텐데..., 무엇 때문에 아이들의 반응이 시큰둥하지?, 더 의미 있는 수업을 할 수는 없을까?'하고 고민하는 교사들이 많을 것이다. 그래서 다른 교사들의 수업 동영상을 보는 교사들도 점차 늘어나고 있지만 아무리 좋은 수업도 수업을 보는 관찰자가 안목을 갖추지 않고서는 좋은 점이나 개선점을 발견하기 어려울 것이다. 또한 다른 사람의 수업을 보는 것만으로는 문제점을 발견하기는 어렵기 때문에 자신의 수업 동영상을 관찰해보는 활동이 함께 병행되어야 할 것이다.

기존 평가 방법처럼 장단점을 지적하는 수업평가와는 달리 진정한 의미의 수업 컨설팅이란 교사의 교수 활동을 진단하고, 수업을 개선할 수 있는 다양한 사례를 포함하여 적절한 대안을 제시해 줄 수 있어야 한다. 만약 내가 선생님들과 논의하면서 내 수업에 대해 비판만 받고 해결 방법을 찾지 못했다면 자신감만 낮아졌을 것이다. 하지만 직접 여러 차례 수업 동영상을 찍고 수업 컨설팅에 대한 안목을 갖춘 전문가로부터 수업 컨설팅을 받는 것은 수업 개선을 위해 더없이 좋은 기회가 되었다. 그런 의미에서 수업 컨설팅을 의뢰하는 교사는 수업을 평가받는다는 기분이 아니라, 다음 수업을 더 잘 하기 위한 발판을 마련하는 기회라는 생각을 가져야 한다. 이러한 인식과 수업 개선 활동이 교사들 사이에서 보편화된다면 이는 교직 스스로 전문성과 신뢰를 획득하는 토대가 될 것이다.

수업 컨설팅, 이론을 알고 해보자

07

수업 컨설팅, 이론을 알고 해보자

『벽암록』(현암사, 2000)을 보면 배움에 대한 이미지가 나온다. "스승은 제자가 가지고 있는 전제와 믿고 있는 기반을 뺏는다. 제자는 스승이 말해주지 않은 것을 훔쳐낸다. 진짜 좋은 스승은 아무 것도 말해주지 않는다는 것이다. 아무것도 말해주지 않아도 제자가 자신에게서 뭔가를 뺏어갈 수 있게끔 질문을 던지는 스승이 좋은 스승이다." 그래서 배움은 이중의 생성이다. 수업에서도 서로가 주고받는 방식으로 배울 수 있을 것이다.

교과교육학 지식(이하 PCK)이란 '특정 내용을 특정 학생들의 이해를 촉진할 수 있도록 가르치는 방법에 대한 교사의 지식'을 말한다(Shulman, 1986; 1987). PCK에는 주제, 절차 및 개념에 대한 상당량의 교과 내용 지식 및 이들 간의 관계에 대한 이해가 포함된다. 잘 발달된 PCK를 갖춘 교사는 학생들의 잘못된 이해를 방지하면서, 심층적인 이해를 촉진할 수 있는 능력을 가지고 있다. PCK는 본질적으로 교과 내용에 따라 달라지므로, 교과 내용에 고유한 교수법(content-specific pedagogy)이라고도 불린다.

∞ 내용 교수법(Pedagogical Content Knowledge, PCK)은 교수법적 내용지식, 교과교육학 지식, 내용 교수법적 지식 등 다양하게 번역된다. 여기서는 교과교육학 지식(PCK)이라고 표기한다.

특정 교과를 가르치는 것은 고도로 복잡한 인지 활동이며, 교사는 다양한 영역들로부터의 지식을 종합적으로 적용해야 한다. 학생들이 통합되고 심화된 지식을 개발하도록 돕는 수업을 설계하고 실행함에 있어서 제한적이고 분절된 지식을 가진 교사보다는 분화되고 통합된 지식을 지닌 교사가 더 유리하다. 효과적인 교사는 주어진 여건과 한계 속에서 다양한 집단으로 구성된 학생들이 교과 지식을 개발하고 교과 활동을 이해하도록 돕기 위한 학습경험을 설계하고 지도하는 가장 좋은 방법을 안다(Barnett & Hodson, 2001).

1. 전문직으로서의 교사

⟹ 교사 전문직화 : 교사라는 직업을 보다 존경받고, 책임감이 있으며, 보다 보상받는 직업으로 위상을 높이려는 1980년대의 일련의 움직임.

1986년부터 미국에서는 교육 활동과 교직 개혁에 관심을 기울이기 시작하였다. 이러한 관심에서 화두가 된 것은 교사 전문직화(teacher professionalism)였다. 교사 전문직화란 교사라는 직업을 보다 존경받고, 책임감이 있으며, 보다 보상받는 직업으로 위상을 높이려는 움직임이다.

⟹ PCK는 교과내용에 따라 달라지므로, 교과내용별로 고유한 교수법(content- specific pedagogy) 이라고도 표현된다.

스탠포드 대학의 Shulman(1986)은 교직을 전문직으로 개혁해야 한다고 주창하면서, 전문직인 교사가 지닌 교수(teaching)에 대한 고유한 지식 기반을 PCK(Pedagogical Content Knowledge)라고 불렀다. 즉, 슐만(1986, 1987)은 교사들이 교과내용 지식을 알고 이해해야 할 뿐만 아니라, 특정 내용을 효과적으로 가르치는 방법도 알아야 한다고 주장하면서 PCK라는 표현을 처음 사용하였다. PCK란 결국 특정 내용을 해당 학생들의 이해를 촉진할 수 있도록 가르치는 방법에 대한 교사의 지식을 말한다(Shulman, 1986; 1987). 달리 표현하면, 교과내용을 학생들이 잘 이해할 수 있도록 표현하고 공식화하는 방법, 즉 '학생들이 잘 이해할 수 있도록 교사가 내용지식(주제, 개념, 원리 등)을 지도하는 교수방법'에 대한 지식이다. PCK에는 주제, 절차 및 개념에 대한 상당량의 교과내용 지식 및 이들 간의 관계에 대한 이해가 포함된다. 잘 발달된 PCK를 갖춘 교사는 학생들의 잘못된 이해를 방지하면서 심층적인 이해를 촉진할 수 있는 능력을 가지고 있다.

PCK의 유래?
슐만이 이러한 주장을 내세운 데는 정치적인 이유도 있다. 즉, 교사가 지닌 전문 지식을 학문적 용어로 정의함으로써 이러한 지식을 지닌 교사들은 다른 학문영역의 전문가들이 지닌 권리, 특권 및 책임감 등을 주장할 수 있는 입지를 강화하게 된다.

⟹ PCK 정의(I): 사회의 일반 구성원들이 교사가 소유하고 있기를 기대하는 전문 지식이지만, 사회

교직의 전문직화와 교수활동에 대한 지식 기반 형성에서 슐만의 가장 큰 기여는 전문직으로서 교사의 고유한 지식에 해당하는 PCK라는 구인을 파악해낸 점이다. PCK는 사회의 일반 구성원들이 교사가 소유하고 있기를 기대하는 전문적 지식에 해당된다. 그러나 사회 일반 구성원은 대체로 PCK

의 미묘함과 복잡성을 미처 인식하지 못한다.

PCK 개념에 대하여 논쟁이 있었지만, PCK 발달은 교실 실천 속에 내재되어 있으므로 특정 주제를 아직 가르쳐보지 못한 교사는 해당 내용영역에 대한 PCK를 거의 지니고 있지 못함을 시사한다(Mulhall et al., 2003). 한편, 주어진 내용영역에서 학생들의 학습을 촉진할 수 있는 성공적인 교사는 해당 내용영역에 대한 잘 발달된 PCK를 지니고 있는 것으로 간주된다.

유능한 교사는 교과내용을 학생들의 이해할 수 있는 형태로 변환시킨다. 그러기 위해 교사들은 교수법적 지식(교수학습 방법에 대한 지식)을 활용하여 구체적인 교과내용 맥락에 맞추어 교수법적 지식을 변경함으로써 PCK를 개발하게 된다.

교사의 지식은 명시적이지 않으며, 교사는 교실에서 그들이 무엇을, 왜 하는지에 대하여 되돌아볼 기회를 거의 갖지 못하는 것이 문제점으로 지적되곤 한다. 직업으로서 그리고 전문직으로서 교직의 좌절 중의 하나는 개인적, 집단적 건망증이다. 즉, 실천가들이 터득한 최고의 창조물들이 당대는 물론 미래의 동료들에게 알려지지 않는다는 점이다. 건축, 법률, 의료, 또는 체스 게임이나 발레 등과는 달리 교수활동은 동료들로 구성된 청중이 없이 진행되므로, 실전의 역사가 기록되거나 보존되지 않는다(Shulman, 1987). 교사들은 한 번도 명료하게 표현하려고 시도한 적은 없지만 상당히 많은 것을 알고 있다. 대개의 경우 교사의 숙련된 수행활동의 원천은 묵시적이어서 명시하기가 어렵다. 그러나 가르친다는 것은 특별한 전문성과 기술을 요구하며, 교사 전문성의 주요 특징 중 하나는 설명하고 보여주는 것이다.

일반 구성원은 대체로 PCK의 미묘함과 복잡성을 미처 인식하지 못한다.

∞ PCK 정의(II):
PCK는 교실 실천 속에 내재된 것으로 특정 주제를 아직 가르쳐보지 못한 교사는 해당 내용영역에 대한 PCK를 거의 지니고 있지 못함을 시사한다. PCK는 경험과 더불어 발전한다.

∞ PCK 정의(III):
교과내용을 가르치고 배우는 실제 경험을 통하여 터득한 교사의 묵시적이고 복합적인 실천지에 해당하는 것이 PCK라는 구인이다.

교직은 왜 전문직으로 충분히 인정받지 못하는가?
이러한 전문적인 지식 기반을 갖춘 교사는 전문직임에도 불구하고 사회 일반 구성원들로부터 전문직으로서의 대우를 받지 못하는 것은 무슨 까닭일까? 이는 비고츠키(Vygotsky)와 인지적 도제 학습에서 그 이유를 찾아볼 수 있을 것이다.

2. 내용 교수법과 일반 교수법의 차이

빙산에서 명시적으로 드러난 부분에 해당하는 PCK를 뒷받침하는 다양한 교사 전문지식 영역이 있다. 이러한 빙산 아래 영역은 묵시적인 것으로 교사의 실천 속에 내재되어 있다. 때로는 교사도 자신이 지니고 있는 전문성의 구성영역을 명시하는 데 어려움을 겪는다.

PCK와 교사전문성을 구성하는 범주들(domains of teacher knowledge) 간의 관계를 나타내면 다음과 같다(이화진 외, 2006)

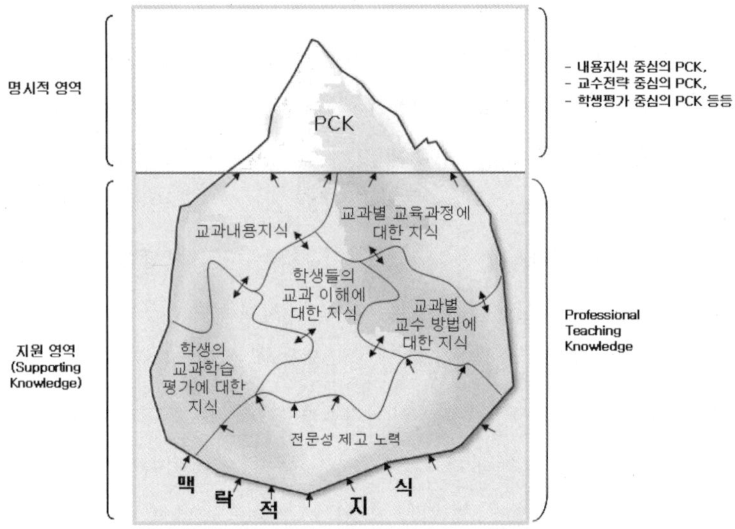

[그림] PCK와 교사 전문성 영역의 관계

그림에서 볼 수 있듯이 어떤 교사의 수업 실천에서 명시적으로 드러나는 PCK에는 이를 뒷받침하는 다양한 교사 전문 지식 영역들이 있다. PCK를 뒷받침하는 교사 전문 지식의 영역들은 교과별로 다소 다를 수 있지만, 일반적으로 (1) 교과 내용 지식, (2) 교수 방법에 대한 지식, (3) 학생에 대한 지식 등이 공통으로 포함된다. 수업에서 PCK라는 양식으로 표출되는 교사의 전문적 실천이 어떠한 요인의 영향을 받아서 어떤 의사결정 단계를 거쳐서 특정한 PCK 양태를 띠게 되는지를 심층적으로 탐색해 볼 필요가 있다. 즉, 빙산의 드러난 부분을 떠받치고 있는 거대한 지식 기반의 유형과 역할을 재조명해볼 필요가 있을 것이다. 교사가 지도하는 수업 주제와 교사가 지향하는 목표에 따라 명시화된 PCK는 때로는 내용 지식에 초점을 맞추기도 하고, 교수방법이나 전략에 중점을 두기도 하는 등 다양한 양태로 표출될 수 있다. PCK가 표출되는 특징은 교사의 상황 인식과 교사 수업의 지향점에 따라 달라진다.

PCK는 교사지식을 구성하는 교과내용 지식, 일반 교수법적 지식 및 상황 지식 영역의 영향을 받아서 재구성되는 영역이다. 즉, 일반 교수법적 지식은 PCK에 영향을 미치는 중요한 교사 지식의 한 영역이다. 교사는 일반 교수법적 지식을 비롯하여 다양한 지식 영역을 기초로 수준 높은 학습을 촉진할 수 있는 교수 절차와 방법을 선택하여 활용하게 된다.

∞ 교사는 기술자인가, 전문가인가?

∞ 전문가는 자신의 기술을 실천하고 이해할 뿐만 아니라 전문적 결정이나 행동의 이유를 다른 사람들에게 의사소통할 수 있는 역량을 지닌 사람이다.

3. PCK와 수업 컨설팅

다음 그림에서 볼 수 있듯이 내용 교수법(PCK)은 교과별 교사 전문성 기준(또는 수업평가 기준), 수업 컨설팅, 맞춤형 교사 전문성 발달 프로그램 등 세 단계 모두에서 찾아볼 수 있다. 교사 전문성 기준을 구성하는 주체에 따라 교과교육학 지식(PCK)은 명시적으로 드러나기도 하고 다른 기준 항목 속에 내재되기도 하지만 교과별 PCK가 교사 전문성을 구성하는 중요한 요소라는 점은 널리 인정되고 있다.

교과별 교사 전문성 기준(Teaching Standards)		수업 컨설팅		맞춤형 교사 전문성 발달 프로그램
영역1: 전문적 지식(교과 내용, 내용 교수법, 교육과정 등) 영역2: 계획 영역3: 실천 영역4: 전문적 책임감	⇨	- 문제 영역/ 사례별 수업 컨설팅 - 내용교수법(PCK)별 수업 컨설팅 - 주제별/영역별 수업 컨설팅 등등	⇨	- 교과 내용 지식 심화 연수 - 교과별 내용교수법(PCK) 연수 - 수업 실천 개선 연수 - 동료 장학 연수 등등

[그림] 내용 교수법과 교사 전문성 개발

∞ 교과별 PCK는 교사 전문성 기준(수업전문성 기준 또는 수업평가 기준)의 주요 구성요소 중 하나이다.

이러한 맥락에서 볼 때 교과별 PCK는 교사 전문성의 중요한 구성요소이며, 교과별 수업 컨설팅은 교사 전문성의 구성 요소별 문제점 진단 및 학습 프로그램 처방이라고 볼 수 있다. 따라서 수업 컨설팅의 주요 유형 중 하나로 교과별 PCK에 대한 컨설팅이 이루어질 수 있을 것이다.

참고로 한국교육과정평가원에서 개발한 일반 및 교과별 교사전문성 평가기준(일명 수업평가 기준)의 평가 영역을 예시하면 다음과 같다.

∞ 교사는 전문직임에도 불구하고 왜 교직 안팎에서 전문성을 인정받는 데 어려움을 겪을까?

〈표 1〉 수업전문성 기준의 구성 영역

대영역	중영역
영역 1: 전문 지식	Ⅰ. 교과 내용 및 교육과정에 대한 지식
	Ⅱ. 교과별 PCK
	Ⅲ. 학생에 대한 지식
영역 2: 지식과 실천의 연계	Ⅳ. 수업 설계
영역 3: 실천	Ⅴ. 교실환경(수업 분위기 조성)
	Ⅵ. 수업 실행(수업 방법/수업 내용)
	Ⅶ. 학습 결과의 평가
영역 4: 전문적 책임감	Ⅶ. 전문성 발달

표에서 볼 수 있듯이, 교사 전문지식의 구성 요소 중 하나로 교과별 PCK가 포함되어 있음을 알 수 있다.

♠ **생각해볼 질문들**

1. 교사가 전문직인 이유는?
2. 최근 들어 교육에서 교사가 화두가 되고 있는 이유는 무엇인가?
3. 좋은 수업이란?

4. 수업평가와 수업 컨설팅

교직 사회에서 수업평가에 대한 거부감이 줄어들지 않고 있지만, 한편으로는 수업평가의 필요성을 인정하고 긍정적인 도입을 시도하는 목소리가 힘을 얻고 있는 가운데, 수업 컨설팅(teaching consulting)이 새로이 화두로 떠오르고 있다. 수업 컨설팅은 형성적 목적의 수업평가 즉, 수업 개선을 위한 수업평가의 성격을 지니고 있다는 점에서는 수업평가와 유사하나, 수업평가와 몇 가지 차이점이 있다. 수업평가는 수업과 관련된 교사의 모든 활동을 평가의 대상으로 삼는다. 수업을 하기 위해 교사가 지니고 있는 교과내용, 교육과정, 학생, 교수학습 이론에 대한 지식을 비롯하여, 수업을 설계하는 능력, 그리고 실제 수업활동이 모두 평가 대상에 포함되며, 특히 수업 전문성 개선을 위한 교사의 전문성 발달 노력까지 평가 대상에 포함된다. 그에 비해 수업 컨설팅은 실제 교실에서 일어나는 수업 상황을 중심으로 문제점을 진단하고 해결책을 제시하거나 교사 스스로 해결책을 찾도록 안내하는 활동이 중심이 된다. 물론 이때 교사가 가지고 있는 수업과 관련된 지식을 넓히는 것이 문제를 해결하는 방법이 될 수도 있고, 수업 개선을 위한 교사의 전문성 발달 의욕을 고취시키는 효과가 있을 수 있으나, 그것이 수업 컨설팅의 대상이 되지는 않는다. 그런 의미에서 수업 컨설팅은 수업평가보다 그 대상 범위가 좁다.

> 수업 평가라는 말보다 수업컨설팅이라는 용어가 교사들의 수업 개선 과정을 더 잘 표현한다.

참여 주체들의 관계에 있어서 수업평가와 수업 컨설팅은 차이를 보인다. 형성적인 목적의 수업평가가 수업 개선을 목적으로 삼으며 평가 결과가 교사들의 전문성 신장을 위한 것임에도 불구하고, 전통적으로 평가라는 단어가 지니고 있는 의미는 교사들에게 도움을 주기 위한 것이라기보다는 결과에 대한 책임을 묻고 관리 감독을 위한 도구로서 받아들여지고 있는 것이 사실이다. 이는 학교에서 평가라 하면 중간고사나 기말고사를 떠올릴 뿐, 수업 중간 중간 실시되는 형성평가를 언뜻 떠올리지 않는 것과 같은 맥락이다. 따라서 교사와 학생의 관계처럼, 수업평가에서 평가자는 교장, 교감, 장학사와 같은 '높은' 사람들이고 비평가자는 수업을 하는 교사로

> 수업 컨설팅이 수업평가보다는 교사들에게 접근성 있는 단어로 선택될 수 있다.

인식되어 진다. 즉, 평가자와 피평가자는 교사들에게 수직적인 관계로 받아들여지기 쉽다. 그러나 컨설팅, 즉 상담에서는 상황이 다르다. '상담자'는 보다 전문적인 지식과 자격증을 갖춘 사람들이라고 생각하며, '내담자'는 이미 상담자에게 도움을 받을 마음의 준비를 하고 상담자를 찾아간다. 이때 '상담자'와 '내담자'는 수직적인 관계라기보다는 서로 대화하고 해결방안을 함께 모색하는 조력자, 즉 수평적인 관계로 인식된다.

이런 까닭으로 수업평가보다는 수업 컨설팅이 보다 교사들에게 접근성 있는 단어로 선택될 수 있다.

일반 상담에서 자격을 갖춘 전문 상담자가 되기 위해서는 먼저 내담자로서 자기 자신의 상담으로부터 출발하여, 많은 사람들과의 상담을 하고 상담일지를 쓰고, 그리하여 보다 숙련된 상담전문가로부터 상담에 대한 상담을 받는 견습생(apprentice)의 과정을 거치는 것으로 알려져 있다. 스스로 내담자가 되어 봄으로써 내담자의 마음을 이해할 수 있고, 상담자를 관찰하고 상담의 방법을 학습하게 된다. 상담자가 되어 직접 상담을 하면서 자신의 상담 과정을 보다 전문적인 상담자에게 다시 상담을 받으면, 자신의 상담 과정을 메타분석 할 수 있다.

∞ 수업 컨설턴트의 자격 요건은 전문적인 수업상담능력을 갖추는 것이다.

수업 컨설팅이 학교 현장에서 활성화되기 위해서는 수업 컨설팅에 대한 긍정적인 인식의 토대 위에 전문적인 수업상담 능력을 갖춘 컨설턴트가 반드시 요구된다. 일반 상담에서 상담가를 양성해 내는 것과 같이, 수업 컨설턴트 또한 직접 수업을 해 본 경험이 있어야 하며, 자신의 수업을 공개하고 상담을 받아보고 그 과정을 통해 수업을 개선하려는 교사의 입장과 상담 과정에서 받게 되는 다양한 자극들을 직접 경험해 봐야 하며, 수업상담의 과정을 수련하는 과정 또한 필요할 것이다. 이러한 과정이 잘 체계화된다면 자격을 갖춘 전문 수업상담가가 양성될 수 있을 것이며, 이는 분명 학교에서 수업 전문성을 부각시키고 수업의 질을 제고하는데 큰 기여를 할 수 있으리라 생각한다.

5. 수업 컨설팅의 과정

1) 수업 컨설팅을 위한 자료 출처

수업 컨설팅이나 평가에 필요한 자료는 다양하다. 수업분석에서 반드시 고려해야 할 자료는 다음과 같다.

> - 교사가 설정한 수업목표 및 학생들에게 기대하는 결과
> - 교사의 수업 계획
> - 교수학습과정안, 교수학습 활동과 관련된 자료들, 평가 방법 등의 샘플들을 포함하고 있는' 교사의 포트폴리오(해당되는 경우)
> - 여러 차례 관찰한 수업 사례들
> - 수업에 대한 교사의 자기 분석
> - 수업의 결과 학생들의 이해 수준 및 과학적 성향을 보여주는 증거 자료들

수업의 상황은 너무나 복잡하다. 따라서 이러한 복잡성을 제대로 이해하려면 다양한 수업상황에서 다양한 출처로부터 자료를 수집하여야 한다. 수업 컨설팅을 목적으로 할 때는 단 한 차례의 관찰이나 정보원에만 의존할 것이 아니라, 여러 번의 수업 관찰과 다양한 자료 유형에 기초해야 한다. 일례로, 고등학교 1학년 과학수업을 관찰할 때 물리를 전공한 교사가 다행히 물리 단원을 가르치는 날 수업을 관찰했다면 개념적으로 깊이가 있으면서도 학생들의 이해를 추구한 '좋은 수업'이었다고 분석을 했겠지만, 똑같은 교사가 생물 단원 수업을 하는 날 수업을 관찰했다면 '엄청난 지식을 주입하려고 하며 자칫하면 오개념을 심어주기 쉬운' 수업이라고 전혀 다른 각도의 해석을 내놓을 수도 있을 것이다. 따라서 공정하고 타당한 수업 컨설팅이 되려면 다양한 상황으로부터 충분한 자료를 수집하여서 해당 교사의 수업 능력을 정확하게 진술할 수 있어야 한다.

수업 컨설팅을 위한 첫 번째 자료는 수업의 결과 학생들이 도달하기를

⚭ 수업의 상황은 너무나 복잡하므로, 이러한 복잡성을 제대로 이해하려면 다 양한 출처로부터 다 양한 자료를 수집하여야 한다.

기대하는 결과로써, 교사가 설정한 수업의 목표이다. 수업을 관찰하기 전에 교사와의 논의를 통하여 교사가 의도하는 수업목표를 미리 파악하여야 한다. 교사와의 논의 시간을 확보하지 못한 경우에는 미리 교수 학습 과정안을 수집하여 참고할 수도 있을 것이다. 수업을 여러 차례 관찰해야 하는 이유는 이전 수업에서 다루어진 수업목표와 다음 시간에 다루어질 수업목표와의 연장선상에서 해당 수업의 목표와 내용의 적절성을 판단해야 한다. 즉, 단원이나 주제의 전체 맥락 속에서 해당 수업을 파악하고 분석해야 하므로 수업관찰은 일련의 수업을 장기적, 주기적으로 관찰해야 한다.

아울러 교사의 수업 전문성을 제대로 파악하려면 다양한 학생들을 대상으로, 다양한 과학 주제로, 다양한 맥락에서 진행하는 수업을 관찰해야 한다. 해당 교사의 수업을 장기적으로 여러 번 관찰함으로써 다양한 교수 학습 방법을 활용한 수업을 관찰할 수 있을 것이다.

그러나 주어진 기간 동안 해당 교사의 수업 양태와 상황을 모두 관찰하기란 불가능하므로, 교사가 장기적으로 누적해온 포트폴리오 자료를 수업관찰의 보조 자료로 활용할 수도 있다. 이러한 포트폴리오에는 교수 학습 과정안, 교수학습 활동과 관련된 자료들, 평가 방법 등의 샘플들이 포함되어 있어서 해당 교사의 교실수업 맥락에 대한 정보를 제공해 줄 것이다.

이러한 자료들과 함께, 자신의 수업 과정에 대한 교사의 자기평가 자료를 수집하여야 한다. 교사의 자기평가 자료는 교사의 수업 의도를 파악하게 할 뿐만 아니라, 교사의 수업 개선을 위한 기초 자료가 되기도 한다.

∞ 교수의 질이 학생들의 성공적인 학습에서 가장 중요한 요인이다.

수업의 결과 성취된 학생들의 이해 수준 및 과학적 성향을 보여주는 증거 자료도 유용한 정보원이다. 그러나 학생들의 성취 결과만을 근거로 수업을 분석하는 것은 곤란하며, 다른 자료와 함께 검토하여야 한다. 또한 학생들의 성취수준은 과학 지식이나 내용 영역에만 편향하여 판단할 것이 아니라, 교육 목표 전반에 대하여 평가하여야 한다. 나아가 일부 학생들만을 위한 것이 아니라 모든 학생들을 위한 학습기회가 제공되는지를 평가하여야 한다.

교사와의 면담에서는 수업관찰에서 발견된 사실이나 의문점을 질문하기도 한다. 교사면담 시 구체적인 질문의 범주는 다음과 같다.

- 교사가 의도한 해당 수업의 학습목표
- 학급 내 학생들의 특징
- 수업시간에 활용된 교수학습 자료
- 해당 수업 주제 및 수업 시간에 활용한 특정 수업전략에 대한 교사의 자신감 및 준비성에 대한 교사의 자기 진단
- 교사의 수업을 둘러싼 주변 상황과 이러한 주변 상황이 교사의 수업에 미치는 영향

2) 수업 컨설팅의 절차

효과적인 수업 컨설팅 체제를 구성하는 세 가지 필수 요소는 (1) 좋은 교수활동에 대한 일관된 정의(즉, 수업 전문성 기준), (2) 교수활동의 다양한 측면을 평가하기 위한 기법 및 절차(즉, 평가의 방법), (3) 교수활동에 대한 증거를 기초로 교사의 수행활동에 대한 일관된 판단을 내릴 수 있는 훈련된 평가자 등이다(Danielson & McGreal, 2000). 이를 토대로 앞 절에서 제안된 수업전문성(수업평가) 기준의 활용 방안을 소개하고자 한다.

자신의 수업을 스스로 평가해 보는 것이 수업개선의 좋은 방법이지만, 자기 평가의 경우 자신에 대한 평가에서 엄격하기 어렵고 방어적이 되기 쉽다는 문제점이 있다. 그에 비해 자신이 아닌 제3의 평가자가 수업을 바라보고 보다 중립적인 견지에서 평가를 해 준다면 그 또한 의미 있는 정보를 제공할 것이다.

수업 컨설팅을 하는 평가자는 교장이나 교감과 같은 관리자, 장학사, 전문 연구원이나 또는 동료교사일 수도 있다. 다른 사람의 수업을 분석하고 평가할 때는 무엇보다도 수업의 맥락과 의도를 정확하게 이해하는 것이 중요하며, 섣부른 판단을 내리기에 앞서서 반드시 수업을 한 교사의 설명을

∞ 효과적인 수업 컨설팅을 만들기 위한 세 가지 필수 요소

∞ 잘 마련된 수업평가 기준을 교사들이 고유한 지식을 지닌 전문직이라고 주장할 수 있는 합법적인 근거를 제공한다.

듣는 과정을 포함해야 한다. 수업전문성 기준을 활용하여 다른 사람의 수업을 평가할 때는 대개 다음과 같은 절차를 거치게 된다.

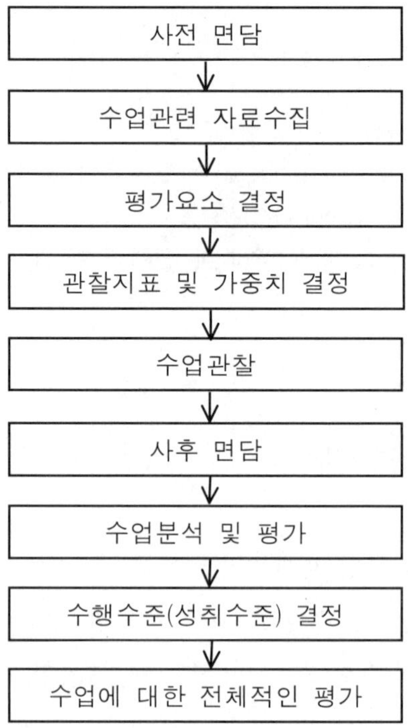

[그림] 수업 컨설팅 절차

수업 컨설팅 또한 위에서 제시한 수업평가와 비슷한 과정을 거친다.

① 사전 면담

수업 컨설팅을 받을 교사와 평가자는 수업을 관찰하기 전에 사전 면담을 하는 것이 좋다. 사전 면담을 통해 평가자는 학교와 학생을 둘러싼 여러 가지 환경 변인을 알 수 있으며, 교사의 수업 계획안을 통해 수업의 맥락을 이해할 수 있다. 사전 면담이 어려운 경우 관련된 자료를 확보하는 것도 도움이 된다. 과학과 수업기준의 4가지 대영역 중 두 번째 대영역인 '이론과 실천의 연계'는 사전 면담을 통해 평가될 수 있다.

② 수업 관련 자료수집

사전면담 중에 또는 사전 면담 이후에 수업과 관련된 자료를 수집한다. 여기에는 교수 학습 과정안이나 교사의 포트폴리오, 학생 활동지 등이 모두 포함된다.

③ 평가요소 결정

과학과 수업전문성 기준의 27개 평가요소 중 평가하고자 하는 수업의 성격과 형태에 적합한 평가요소를 추출한다. 수업을 하는 교사의 의견과 평가자의 의견을 절충하여 적합한 평가요소를 추출한다.

교사가 자신의 수업을 스스로 평가하거나 타인의 수업을 제대로 관찰하기 위해서는 우선 교과별 수업전문성 기준을 명확하게 이해해야 한다. 이를 위해서 먼저 과학과 평가기준의 '평가요소 해설 및 평가방법 안내'를 여러 차례 반복하여 읽어서 충분히 숙지한 다음에, 수업 분석의 기준이 되는 평가항목을 선정해야 한다. 이때 평가항목은 해당 수업과 관련성이 있는 것을 가급적 모두 선택하되 가중치를 부여할 수도 있다. 선정한 평가항목은 다음 표에 예시한 것처럼 수업전문성 기준에 ✓로 표시한다.

∞ 수업컨설팅을 의뢰하는 교사는 교과별 수업평가 기준이 무엇으로 구성되어 있으며, 또 평가자가 강조하는 평가기준이 무엇인지를 미리 파악하고 있어야 한다.

④ 관찰지표 및 가중치 결정

추출한 평가요소별로 관찰지표를 고른다. 과학과 평가기준에는 한 평가요소 당 적게는 5개, 많게는 30여개의 관찰지표가 포함되어 있다. 이는 다양한 교사의 수업형태와 특징에 따라 각각 적합한 관찰지표를 선택하여 활용하도록 하려는 것이다. 평가자는 수업분석에 적합한 관찰지표를 평가요소 당 2～3개를 최종적으로 선택한다. 그리고 각 평가요소에 가중치를 부여할 것인지도 결정한다.

⑤ 수업관찰

수업에 대한 가장 직접적이고 구체적인 정보를 얻을 수 있는 기회는 바로 수업관찰이다. 때로는 직접 수업을 참관하는 대신 녹화한 동영상 자

<표> 과학과 수업전문성 기준에서 평가 요소 선정(예시)

<table>
<tr><th>대영역</th><th colspan="2">중영역</th><th>평가요소</th><th>평가 항목</th></tr>
<tr><td rowspan="3">영역1: 전문적 지식</td><td colspan="2">Ⅰ. 교과내용 및 교육과정에 대한 지식</td><td>Ⅰ-1. [전공 분야(교과내용)에 대한 이해]
Ⅰ-2. [과학과 교육과정에 대한 지식]</td><td></td></tr>
<tr><td colspan="2">Ⅱ. 과학과 PCK</td><td>Ⅱ-1. [다양한 교수학습 방법에 대한 지식]
Ⅱ-2. [수업에 활용할 수 있는 자원들에 대한 지식]
Ⅱ-3. [과학과 평가에 대한 지식]</td><td></td></tr>
<tr><td colspan="2">Ⅲ. 학생에 대한 지식</td><td>Ⅲ-1. [학생의 학습과 발달에 대한 지식]
Ⅲ-2. [학생의 배경 지식과 경험에 대한 지식]
Ⅲ-3. [학생의 다양한 개인차 존중: 수준별 학습]</td><td></td></tr>
<tr><td rowspan="3">영역2: 지식과 실천의 연계</td><td colspan="2" rowspan="3">Ⅳ. 수업 설계</td><td>Ⅳ-1. [수업의 목표 선정하기]</td><td>✓</td></tr>
<tr><td>Ⅳ-2. [유의미한 학습 프로그램 설계하기]</td><td>✓</td></tr>
<tr><td>Ⅳ-3. [학생 평가 계획]</td><td></td></tr>
<tr><td rowspan="13">영역3: 실천</td><td colspan="2" rowspan="5">Ⅴ. 교실환경</td><td>Ⅴ-1. [상호작용과 존중]</td><td></td></tr>
<tr><td>Ⅴ-2. [과학 학습 문화 조성]</td><td>✓</td></tr>
<tr><td>Ⅴ-3. [학급 운영]</td><td></td></tr>
<tr><td>Ⅴ-4. [학생 행동 관리하기]</td><td></td></tr>
<tr><td>Ⅴ-5. [물리적 환경 유지]</td><td></td></tr>
<tr><td rowspan="6">Ⅵ. 과학 수업 실제</td><td rowspan="3">수업 방법</td><td>Ⅵ-1. [다양하고 적절한 교수 학습 방법의 활용]</td><td>✓</td></tr>
<tr><td>Ⅵ-2. [학생들에게 효과적인 피드백 제공하기]</td><td></td></tr>
<tr><td>Ⅵ-3. [탄력적인 수업 운영]</td><td></td></tr>
<tr><td rowspan="3">수업 내용</td><td>Ⅵ-4. [과학 개념 이해]</td><td>✓</td></tr>
<tr><td>Ⅵ-5. [과학적 탐구(능력) 촉진]</td><td></td></tr>
<tr><td>Ⅵ-6. [과학에서의 연계성 짓기]</td><td></td></tr>
<tr><td colspan="2" rowspan="2">Ⅶ. 학습 결과의 평가</td><td>Ⅶ-1. [평가 실행]</td><td>✓</td></tr>
<tr><td>Ⅶ-2. [평가 결과 활용 및 의사소통]</td><td></td></tr>
<tr><td rowspan="3">영역4: 전문적 책임감</td><td colspan="2" rowspan="3">Ⅷ. 전문성 발달</td><td>Ⅷ-1. [교수 활동에 대한 반성과 개선을 위한 노력]</td><td></td></tr>
<tr><td>Ⅷ-2. [동료 교사와 협력(교직공동체에 기여)]</td><td></td></tr>
<tr><td>Ⅷ-3. [학부모 및 지역 사회와의 관계]</td><td></td></tr>
</table>

료를 통해 수업을 관찰할 수도 있다. 앞서 선정한 평가 요소를 중심으로 평가의 근거를 찾아 실제 수업을 분석해 본다. 수업관찰시 평가자는 수업 컨설팅에 필요한 각종 정보를 모두 수집하여 잘 기록하고 정리해 두어야 한다.

⑥ 사후 면담

수업참관 후 평가자는 교사와 사후 협의회를 갖는 것이 좋다. 사후 협의회를 통해 수업을 관찰하면서 생긴 의문점이나 교사의 의도 등을 질문하고, 수업을 한 교사로부터 보충 설명을 들을 기회를 갖는다.

⑦ 수업분석 및 평가

각 평가요소의 의미와 관찰지표에 근거하여 수업을 실제로 분석하고 평가해본다. 각각의 평가를 뒷받침할 증거자료를 수업장면이나 교수 학습 과정안, 수업내용 스크립트, 학생 활동지, 교사 면담자료 등에서 찾는다.

⑧ 수행수준(성취수준)을 결정하기

과학과 수업전문성 기준에서는 평가요소별로 '미흡-초보-우수-탁월'의 네 단계의 성취수준을 설정해 놓았다. 수업분석 결과를 토대로 평가요소별 성취수준을 결정한다.

⑨ 수업에 대한 전체적인 평가

선정된 평가요소별 평가 결과를 종합하여 수업에 대한 전체적인 평가를 내린다. 수업을 한 교사에게 평가 결과를 알려서 수업 개선을 위한 정보로 활용할 수 있도록 한다.

∞ 컨설턴트는 수업관찰 후 결론을 내리기 전에, 반드시 사후 면담이나 협의회를 통하여 수업을 한 교사가 자신의 수업에 대하여 보충설명하고 변명할 기회를 주어야 한다. 수업도 사람의 일이라 교사의 의도대로 진행되지 않는 경우가 많기 때문에 교사에게 수업 후 설명 기회를 제공해야 한다.

4. 결 론

∞ 우리가 기존에 수업이라고 생각했던 배치에 반란을 일으킬 필요가 있다. 즉, 수업이라는 배치를 바라보는 새로운 존재론을 이해하고 나면 어떤 수업이 좋은 수업인지를 얘기할 수 있게 될 것이다.

연구결과에 따르면 교수의 질이 학생들의 성공적인 학습에서 가장 중요한 요인임을 보여주고 있으며, 실제로 효과적으로 가르쳤을 때 학생들은 무언가를 배울 것이라는 진술은 당연한 것이다. 교육의 목적이 학생들의 학습을 개선하는 것이고, 교사의 수행활동이 이러한 목적에 영향을 미치는 가장 중요한 요인이라면, 공적인 책무성과 전문성 개선이라는 두 가지 목적을 달성하기 위해 교사들의 업무를 효과적으로 진지하게 평가할 필요가 있다.

수업평가든 수업 컨설팅이든 궁극적으로는 수업 개선과 교육의 질 향상을 목표로 하고 있다. 학교 현장에서 수업 전문성이 교사 전문성의 핵심으로 인정될 수 있다면 교사에 대한 신뢰와 권위는 저절로 확보될 것이다. 수업 개선의 주체는 누가 뭐라 해도 현장의 아이들 앞에 서는 교사일 수밖에 없으므로 교사가 질 좋은 수업을 할 수 있도록 지원하는 일이 가장 중요하다. 즉, 교사가 필요한 과제를 수행할 수 있는 역량을 갖출 수 있도록 투자하지 않고서는 교수활동의 질 개선이라는 목적을 달성하기는 어렵다. 수업 개선과 수업 전문성 향상을 위한 교사의 자발적인 노력을 적극적으로 격려해야 하며, 수업을 열심히 하는 교사가 인정받을 수 있는 풍토가 조성되어야 한다. 교직은 오래된 관료적 책무성을 벗어나 스스로의 전문적 학습과 개선에 대한 책임을 질 수 있어야 한다. 결국 수업 컨설팅이 어떤 형식을 취해야 하는가 보다는, 수업 컨설팅에 어떠한 자세로 다가가는지가 그 성패를 결정할 것이다.

♠ 생각해볼 질문들

1. 수업평가, 수업장학, 수업 컨설팅은 어떻게 차별화 되는가?
2. 타당한 수업 컨설팅 절차는?
3. 수업평가나 수업 컨설팅에서 사전, 사후 면담이 필요한 이유는?
4. 바람직한 수업 컨설턴트나 수업평가자의 자격과 역할은?

참·고·문·헌

곽영순, 강호선(2004). 교사평가 수업평가-수업평가 바로하기. 서울: 도서출판 원미사.

이화진 외(2006). 수업컨설팅 프로그램 및 내용 교수법(PCK) 개발 연구. 한국교육과정평가원 연구보고 RRI 2006-1.

Barnett, F. & Hodson, D. (2001). Pedagogical content knowledge: Toward a fuller understanding of what good science teachers know. Science Education, 85: 426-453.

Brophy(2001). Subject-specific instructional methods and activities((Advances in Research on Teaching). Oxford, UK: JAI Press.

Danielson C., & McGreal, T. L.(2000). Teacher evaluation to enhance professional practice. ASCD

Eggen, P. D., & Kauchak D. P.(2000). Strategies for Teachers: Teaching Content and Thinking Skills(4th ed.). Boston, MA: Allyn & Bacon.

Mulhall, P., Berry, A., & Loughran, J.(2003). Frameworks for representing science teachers' pedagogical content knowledge. Asia-Pacific Forum on Science Learning and Teaching, 4(2), Article 2.

Pintrich, P., & Schunk, D. (1996). Motivation in education: Theory, research, and applications. Upper Saddle River, NJ: Prentice Hall.

Shulman, L.S. (1986). Those who understand; knowledge growth in teaching, Educational Researcher, 15(2), pp. 4-14.

Shulman, L.S. (1987). Knowledge and Teaching: Foundations of the new reform, Harvard Educational Review, 57, 1-22.

찾•아•보•기

ㄱ

가중치 359
강의토론 모델 219
개념 획득 모델 239
개념망(concept webs) 223
개념화 125
개방형 질문 208
견습생 354
과학학습 문화 330
관찰지표 359
관찰학습(observationa learning) 220
교과 내용에 고유한 교수법 347
교과교육학 지식 347
교과교육학 지식(PCK) 20
교과별 교사 전문성 기준 351
교사 전문직화 348
교사 효과성 연구(teacher-effectiveness research) 199
교수 학습 과정안 356
교육 실습 317
구성주의 198
귀납모델 198
귀납적 모델 199
근접발달 영역(zone of proximal development) 221

ㄴ

내용 교수법 347

ㄷ

동기유발 209

ㅁ

맞춤형 교사 전문성 발달 프로그램 351
명시적인 수업(explicit instruction) 215
모델링 220
문제 기반 모델 198

ㅂ

부르너(Bruner) 113
브레인스토밍 241
비계(scaffolding) 221
비고츠키(Lev Vygotsky) 216

ㅅ

사례연구 203
사전 면담 358
사회문화적 이론(sociocultural theory) 234
사회적상호 적용모델 198
사후 면담 361
선행조직자 218
선행학습 67
수업 사례 320
수업 재구성 304
수업 컨설팅 351
수업관찰 359
수업모델 197
수행수준(성취수준) 361
수행평가 263
스캐폴딩(scaffodling) 43
스키마 216
시범실험 68
실험수업 286

ㅇ

ICT 71
STAD 248
역할 놀이 204
역할극 255
연역모델 198
유의미한 언어적 학습 218
인지구조 213
인지적 도제주의 234
인지학습이론 200

ㅈ

Jigsaw 248
자기 주도성(self-regulation) 18
자기주도적 학습 236
자기중심주의(solipsism) 281
적용(application) 104
전달식 수업 287
전문가 협의회 299
전문적 책무성 283
전문직 348
지식의 구조 15
직접 교수법 215
집단 탐구 248
집단 활동(group work) 248

ㅊ

책임의 전이(transfer of responsibility) 216

ㅌ

탐구수업 286

ㅍ

평가요소 359
포트폴리오 356
표상 64, 87
피드백 199
PCK 20, 87, 347

ㅎ

학문의 구조 109
학습공동체 234
학습목표 129
형성평가 151

저·자·소·개

※ **곽영순**

서울대학교 사범대학 지구과학교육과 졸업
서울대학교 사범대학 과학교육과 석사
1993 - 1997, 고등학교 교사
2001, 3. 미국 오하이오 주립대학교(The Ohio State University) 철학 박사(과학교육: 교사교육전공)
2001년, 고등학교 교사
2002년 - 현재, 평가원 연구원

※ **강호선**

서울대학교 사범대학 생물교육과 졸업
서울대학교 사범대학 과학교육과 석사
1998 - 2006 중·고등학교 교사
2006 - 현재, 미국 미시간 주립대학교 과학교육 박사과정 수학 중

※ **남경식**

서울대학교 사범대학 물리교육과 졸업
서울대학교 사범대학 과학교육과 박사 수료
1997 - 현재, 중학교 교사

※ **백종민**

부산대학교 사범대학 물리교육과 졸업
고려대학교 교육대학원 물리교육과 석사
1995 - 현재, 중·고등학교 교사

※ **방소윤**

단국대학교 사범대학 과학교육과 졸업
서울대학교 사범대학 과학교육과 석사 수료
2003 - 현재, 중학교 교사

저자와의
협의하에
인지 생략

수업 컨설팅 바로하기

2007년 4월 25일 인쇄
2007년 4월 30일 발행

공 저 곽영순 · 강호선 · 남경식
백종민 · 방소윤
발행자 박준식

발행처 도서출판 원미사
서울 성북구 장위 2동 65-192호 우남빌딩 202호
전화 : 02) 919-9630, 942-1276
등록 : 1994년 1월 18일(제6-192호)
E-mail : wonmisa@unitel.co.kr

※ 잘못된 책은 교환해 드립니다. 정가 17,000원

ISBN / 978-89-5544-116-1